COLETÂNEA DE QUESTÕES

DIREITO

2012 © Wander Garcia

Coordenador da Coleção: Wander Garcia
Organizadores: Wander Garcia e Elson Garcia
Editor: Márcio Dompieri
Projeto gráfico, Capa e Diagramação: R2 Criações

FICHA CATALOGRÁFICA ELABORADA PELO

Sistemas de Bibliotecas da UNICAMP /
Diretoria de Tratamento da Informação
Bibliotecária: Helena Joana Flipsen – CRB-8ª / 5283

G	Garcia, Wander.
	Coletânea de Questões de Habilidades Gerais e Específicas do ENADE – Direito: – 2ª Ed. / Wander Garcia -- Campinas, SP : Editora Foco, 2012.
	p.
	1. Direito. 2. Exames - Questões. 3. Educação.
I. Título.	
	CDD - 340
	- 371.261
	- 370
	ISBN 978-85-62168-73-4

Índices para Catálogo Sistemático:

1. Direito	340
2. Exames - Questões	371.261
3. Educação	370

2012
Proibida a reprodução total ou parcial.
Os infratores serão processados na forma da lei.
Todos os direitos reservados à
Editora Foco Jurídico Ltda
Al. José Amstalden 491 – Cj. 52
CEP 13331-100 – Indaiatuba – SP
E-mail: contato@editorafoco.com.br

www.editorafoco.com.br

SUMÁRIO

CAPÍTULO I
AVALIAÇÃO DAS HABILIDADES E CONTEÚDOS GERAIS E ESPECÍFICOS ... 7

CAPÍTULO II
QUESTÕES DE FORMAÇÃO GERAL ... 11

HABILIDADE 01
INTERPRETAR, COMPREENDER E ANALISAR TEXTOS, CHARGES, FIGURAS, FOTOS, GRÁFICOS E TABELAS ... 15

HABILIDADE 02
ESTABELECER COMPARAÇÕES, CONTEXTUALIZAÇÕES, RELAÇÕES,
CONTRASTES E RECONHECER DIFERENTES MANIFESTAÇÕES ARTÍSTICAS ... 23

HABILIDADE 03
ELABORAR SÍNTESES E EXTRAIR CONCLUSÕES ... 35

HABILIDADE 04
CRITICAR, ARGUMENTAR, OPINAR, PROPOR SOLUÇÕES E FAZER ESCOLHAS ... 43

GABARITO E PADRÃO DE RESPOSTA ... 51

Habilidade 1 – Interpretar, compreender e analisar textos, charges, figuras, fotos, gráficos e tabelas ... 51

Habilidade 2 – Estabelecer comparações, contextualizações, relações,
contrastes e reconhecer diferentes manifestações artísticas ... 51

Habilidade 3 – Elaborar sínteses e extrair conclusões ... 51

Habilidade 4 – Criticar, argumentar, opinar, propor soluções e fazer escolhas ... 53

CAPÍTULO III
QUESTÕES DE COMPONENTE ESPECÍFICO ... 57

CONTEÚDO 01
ECONOMIA E CIÊNCIA POLÍTICA ... 61

CONTEÚDO 02
HISTÓRIA E SOCIOLOGIA GERAL E JURÍDICA ... 63

CONTEÚDO 03
FILOSOFIA GERAL E JURÍDICA ... 67

CONTEÚDO 04
TEORIA DO ESTADO..73

CONTEÚDO 05
INTRODUÇÃO AO ESTUDO DO DIREITO..75

CONTEÚDO 06
DIREITO CONSTITUCIONAL..79

CONTEÚDO 07
DIREITO ADMINISTRATIVO...89

CONTEÚDO 08
DIREITO AMBIENTAL...99

CONTEÚDO 09
DIREITO TRIBUTÁRIO..101

CONTEÚDO 10
DIREITO CIVIL..105

CONTEÚDO 11
DIREITO PROCESSUAL CIVIL...117

CONTEÚDO 12
DIREITO EMPRESARIAL..127

CONTEÚDO 13
DIREITO DO CONSUMIDOR..133

CONTEÚDO 14
DIREITO PENAL...137

CONTEÚDO 15
DIREITO PROCESSUAL PENAL..147

CONTEÚDO 16
DIREITO DO TRABALHO..155

CONTEÚDO 17
DIREITO PROCESSUAL DO TRABALHO..165

CONTEÚDO 18
DIREITO INTERNACIONAL..169

CONTEÚDO 19
DIREITO HUMANOS...173

CONTEÚDO 20
DIREITO DA CRIANÇA E DO ADOLESCENTE..177

CONTEÚDO 21
ÉTICA PROFISSIONAL...179

CAPÍTULO IV
GABARITO E PADRÃO DE RESPOSTA — 185

CONTEÚDO 01 – ECONOMIA E CIÊNCIA POLÍTICA..187

CONTEÚDO 2 – HISTÓRIA E SOCIOLOGIA GERAL E JURÍDICA..187

CONTEÚDO 3 – FILOSOFIA GERAL E JURÍDICA 188

CONTEÚDO 4 – TEORIA DO ESTADO 189

CONTEÚDO 5 – INTRODUÇÃO AO ESTUDO DO DIREITO 189

CONTEÚDO 6 – DIREITO CONSTITUCIONAL 189

CONTEÚDO 7 – DIREITO ADMINISTRATIVO 190

CONTEÚDO 8 – DIREITO AMBIENTAL 191

CONTEÚDO 9 – DIREITO TRIBUTÁRIO 191

CONTEÚDO 10 – DIREITO CIVIL 192

CONTEÚDO 11 – DIREITO PROCESSUAL CIVIL 192

CONTEÚDO 12 – DIREITO EMPRESARIAL 193

CONTEÚDO 13 – DIREITO DO CONSUMIDOR 194

CONTEÚDO 14 – DIREITO PENAL 194

CONTEÚDO 15 – DIREITO PROCESSUAL PENAL 195

CONTEÚDO 16 – DIREITO DO TRABALHO 196

CONTEÚDO 17 – DIREITO PROCESSUAL DO TRABALHO 197

CONTEÚDO 18 – DIREITO INTERNACIONAL 197

CONTEÚDO 19 – DIREITO HUMANOS 198

CONTEÚDO 20 – DIREITO INTERNACIONAL 198

CONTEÚDO 21 – ÉTICA PROFISSIONAL 198

Capítulo I
Avaliação das Habilidades e Conteúdos Gerais e Específicos

Avaliação das Habilidades e Conteúdos Gerais e Específicos

Mais do que nunca as Instituições de Ensino Superior, o Ministério da Educação e o mercado de trabalho buscam a formação de profissionais que desenvolvam habilidades, competências e conteúdos gerais e específicos.

Nesse sentido, o Exame Nacional de Desempenho dos Estudantes - ENADE, instituído pela Lei 10.861/04, vem submetendo, principalmente junto aos alunos concluintes, exame **obrigatório** que avalia habilidades e competências destes, e não apenas a capacidade de decorar do estudante, o que faz com que essa avaliação esteja muito mais próxima do que é a "vida real", o mercado de trabalho, do que outros exames de proficiência e de concursos com os quais o estudante se depara durante sua vida escolar e profissional.

Esse exame tem os seguintes **objetivos**:

a) avaliar o desempenho dos estudantes com relação aos **conteúdos programáticos** previstos nas diretrizes curriculares dos cursos de graduação;

b) avaliar o desempenho dos estudantes quanto ao **desenvolvimento de competências e habilidades** necessárias ao aprofundamento da formação geral e profissional;

c) avaliar o desempenho dos estudantes quanto ao **nível de atualização** com relação à realidade brasileira e mundial;

d) servir como um dos **instrumentos de avaliação** das instituições de ensino superior e dos cursos de graduação.

Dessa forma, o exame não privilegia o verbo **decorar**, mas sim os verbos analisar, comparar, relacionar, organizar, contextualizar, interpretar, calcular, **raciocinar**, argumentar, propor, dentre outros.

É claro que será aferido também se os conteúdos programáticos ministrados nos cursos superiores foram bem compreendidos, mas o foco maior é a avaliação do desenvolvimento da capacidade de compreensão, de síntese, de crítica, de argumentação e de proposição de soluções por parte dos estudantes.

Além disso, o exame é **interdisciplinar** e **contextualizado**, inserindo o estudante dentro de situações-problemas, de modo a verificar a capacidade deste de *aprender a pensar*, a *refletir* e a *saber como fazer*.

O exame é formado por 40 questões, sendo 10 questões de **Formação Geral, das quais duas são subjetivas**, e 30 questões de **Componente Específico, das quais três são subjetivas**.

As questões subjetivas costumam avaliar textos argumentativos a serem escritos, em geral, em até 15 linhas.

O peso da parte de formação geral é de 25%, ao passo que o peso da segunda parte é de 75%.

O objetivo da presente obra é colaborar com esse processo contínuo de desenvolvimento de habilidades e conteúdos gerais e específicos junto aos alunos, a partir do conhecimento e resolução de questões do exame mencionado e do Exame Nacional de Cursos, questões essas que, como se viu, primam pela avaliação desses conteúdos e competências.

Capítulo II
Questões de Formação Geral

1) Conteúdos e Habilidades objetos de perguntas nas questões de Formação Geral.

As questões de Formação Geral avaliam, junto aos estudantes, o conhecimento e a compreensão, dentre outros, dos seguintes **Conteúdos**:

a) Arte, cultura e filosofia;

b) Avanços tecnológicos;

c) Ciência, tecnologia e inovação;

d) Democracia, ética, cidadania e direitos humanos;

e) Ecologia e biodiversidade;

f) Globalização e geopolítica;

g) Políticas públicas: educação, habitação, saneamento, saúde, transporte, segurança, defesa e desenvolvimento sustentável;

h) Relações de trabalho;

i) Responsabilidade social e redes sociais: setor público, privado, terceiro setor;

j) Sociodiversidade: multiculturalismo, tolerância, inclusão e exclusão (inclusive digital), relações de gênero; minorias;

k) Tecnologias de Informação e Comunicação;

l) Vida urbana e rural;

m) Violência e terrorismo;

n) Relações interpessoais;

o) Propriedade intelectual;

p) Diferentes mídias e tratamento da informação.

Tais conteúdos são o pano de fundo para avaliação do desenvolvimento dos seguintes grupos de Habilidades:

a) **Interpretar**, **compreender** e **analisar** textos, charges, figuras, fotos, gráficos e tabelas.

b) Estabelecer **comparações**, contextualizações, relações, contrastes e reconhecer diferentes manifestações artísticas.

c) Elaborar sínteses e extrair **conclusões**.

d) **Criticar**, **argumentar**, opinar, propor **soluções** e fazer escolhas.

As questões objetivas costumam trabalhar com as três primeiras habilidades, ao passo que as questões discursivas trabalham, normalmente, com a quarta habilidade.

Com relação às questões de Formação Geral optamos por classificá-las nesta obra pelas quatro Habilidades acima enunciadas.

2) Questões de Formação Geral classificadas por Habilidades.

Habilidade 01

INTERPRETAR, COMPREENDER E ANALISAR TEXTOS, CHARGES, FIGURAS, FOTOS, GRÁFICOS E TABELAS

1. (EXAME 2004)

TEXTO

"O homem se tornou lobo para o homem, porque a meta do desenvolvimento industrial está concentrada num objeto e não no ser humano. A tecnologia e a própria ciência não respeitaram os valores éticos e, por isso, não tiveram respeito algum para o humanismo. Para a convivência. Para o sentido mesmo da existência.

Na própria política, o que contou no pós-guerra foi o êxito econômico e, muito pouco, a justiça social e o cultivo da verdadeira imagem do homem. Fomos vítimas da ganância e da máquina. Das cifras. E, assim, perdemos o sentido autêntico da confiança, da fé, do amor. As máquinas andaram por cima da plantinha sempre tenra da esperança. E foi o caos."

ARNS, Paulo Evaristo. **Em favor do homem.** Rio de Janeiro: Avenir, s/d. p.10.

De acordo com o texto, pode-se afirmar que

(A) a industrialização, embora respeite os valores éticos, não visa ao homem.
(B) a confiança, a fé, a ganância e o amor se impõem para uma convivência possível.
(C) a política do pós-guerra eliminou totalmente a esperança entre os homens.
(D) o sentido da existência encontra-se instalado no êxito econômico e no conforto.
(E) o desenvolvimento tecnológico e científico não respeitou o humanismo.

2. (EXAME 2004)

Millôr e a ética do nosso tempo

A charge de Millôr aponta para

(A) a fragilidade dos princípios morais.
(B) a defesa das convicções políticas.
(C) a persuasão como estratégia de convencimento.
(D) o predomínio do econômico sobre o ético.
(E) o desrespeito às relações profissionais.

3. (EXAME 2004)

Os países em desenvolvimento fazem grandes esforços para promover a inclusão digital, ou seja, o acesso, por parte de seus cidadãos, às tecnologias da era da informação. Um dos indicadores empregados é o número de hosts, ou seja, número de computadores que estão conectados à Internet. A tabela e o gráfico abaixo mostram a evolução do número de hosts nos três países que lideram o setor na América Latina.

Numero de *hosts*

	2000	2001	2002	2003	2004
Brasil	446444	876596	1644575	2237527	3163349
México	404873	559165	918288	1107795	1333406
Argentina	142470	270275	465359	495920	742358

Fonte: Internet Systems Consortium, 2004

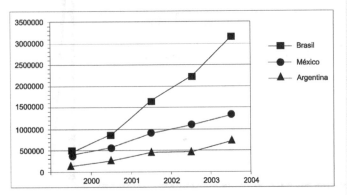

Fonte: Internet Systems Consortium, 2004

Dos três países, os que apresentaram, respectivamente, o maior e o menor crescimento percentual no número de hosts no período 2000-2004 foram:

(A) Brasil e México.
(B) Brasil e Argentina.
(C) Argentina e México.
(D) Argentina e Brasil.
(E) México e Argentina.

4. (EXAME 2005)

As ações terroristas cada vez mais se propagam pelo mundo, havendo ataques em várias cidades, em todos os continentes.

Nesse contexto, analise a seguinte notícia:

> No dia 10 de março de 2005, o Presidente de Governo da Espanha José Luis Rodriguez Zapatero em conferência sobre o terrorismo, ocorrida em Madri para lembrar os atentados do dia 11 de março de 2004, "assinalou que os espanhóis encheram as ruas em sinal de dor e solidariedade e dois dias depois encheram as urnas, mostrando assim o único caminho para derrotar o terrorismo: a democracia. Também proclamou que não existe álibi para o assassinato indiscriminado. Zapatero afirmou que não há política, nem ideologia, resistência ou luta no terror, só há o vazio da futilidade, a infâmia e a barbárie. Também defendeu a comunidade islâmica, lembrando que não se deve vincular esse fenômeno com nenhuma civilização, cultura ou religião. Por esse motivo apostou na criação pelas Nações Unidas de uma aliança de civilizações para que não se continue ignorando a pobreza extrema, a exclusão social ou os Estados falidos, que constituem, segundo ele, um terreno fértil para o terrorismo".

(MANCEBO, Isabel. Madri fecha conferência sobre terrorismo e relembra os mortos de 11-M. (Adaptado). Disponível em: http://www2.rnw.nl/rnw/pt/atualidade/europa/at050311_onzedemarco?Acesso em Set. 2005)

A principal razão, indicada pelo governante espanhol, para que haja tais iniciativas do terror está explicitada na seguinte afirmação:

(A) O desejo de vingança desencadeia atos de barbárie dos terroristas.
(B) A democracia permite que as organizações terroristas se desenvolvam.
(C) A desigualdade social existente em alguns países alimenta o terrorismo.
(D) O choque de civilizações aprofunda os abismos culturais entre os países.
(E) A intolerância gera medo e insegurança criando condições para o terrorismo.

5. (EXAME 2005)

(Laerte. *O condomínio*)

(Laerte. *O condomínio*)

(Disponível em: http://www2.uol.com.br/laerte/tiras/index-condomínio.html)

As duas charges de Laerte são críticas a dois problemas atuais da sociedade brasileira, que podem ser identificados pela crise

(A) na saúde e na segurança pública.
(B) na assistência social e na habitação.
(C) na educação básica e na comunicação.
(D) na previdência social e pelo desemprego.
(E) nos hospitais e pelas epidemias urbanas.

6. (EXAME 2005)

```
POSTALES GLOBALES
¿APRUEBA USTED, EL TRATADO
DE LA CONSTITUCIÓN EUROPEA?

☐ SÍ              ☐ ABSTENCIÓN ACTIVA
☐ NO              ☐ ABSTENCIÓN PASIVA
☐ SÍ, PERO NO     ☐ VOTO EN BLANCO
☐ NO, PERO SÍ     ☐ OTROS

MARQUE CON UNA CRUZ UN MÁXIMO DE DOS CASILLAS
```

(La Vanguardia, 04 dez. 2004)

O referendo popular é uma prática democrática que vem sendo exercida em alguns países, como exemplificado, na charge, pelo caso espanhol, por ocasião da votação sobre a aprovação ou não da Constituição Européia. Na charge, pergunta-se com destaque:

"Você aprova o tratado da Constituição Européia?", sendo apresentadas várias opções, além de haver a possibilidade de dupla marcação.

A **crítica** contida na charge indica que a prática do referendo deve

(A) ser recomendada nas situações em que o plebiscito já tenha ocorrido.
(B) apresentar uma vasta gama de opções para garantir seu caráter democrático.
(C) ser precedida de um amplo debate prévio para o esclarecimento da população.
(D) significar um tipo de consulta que possa inviabilizar os rumos políticos de uma nação.
(E) ser entendida como uma estratégia dos governos para manter o exercício da soberania.

7. (EXAME 2006)

Jornal do Brasil, 3 ago. 2005.

Tendo em vista a construção da idéia de nação no Brasil, o argumento da personagem expressa

(A) a afirmação da identidade regional.
(B) a fragilização do multiculturalismo global.
(C) o ressurgimento do fundamentalismo local.
(D) o esfacelamento da unidade do território nacional.
(E) o fortalecimento do separatismo estadual.

8. (EXAME 2006)

A formação da consciência ética, baseada na promoção dos valores éticos, envolve a identificação de alguns conceitos como: "consciência moral", "senso moral", "juízo de fato" e "juízo de valor".

A esse respeito, leia os quadros a seguir.

Quadro I - Situação
Helena está na fila de um banco, quando, de repente, um indivíduo, atrás na fila, se sente mal. Devido à experiência com seu marido cardíaco, tem a impressão de que o homem está tendo um enfarto. Em sua bolsa há uma cartela com medicamento que poderia evitar o perigo de acontecer o pior.
Helena pensa: "Não sou médica – devo ou não devo medicar o doente? Caso não seja problema cardíaco – o que acho difícil –, ele poderia piorar? Piorando, alguém poderá dizer que foi por minha causa – uma curiosa que tem a pretensão de agir como médica. Dou ou não dou o remédio? O que fazer?"
Quadro II - Afirmativas
1 - O "senso moral" relaciona-se à maneira como avaliamos nossa situação e a de nossos semelhantes, nosso comportamento, a conduta e a ação de outras pessoas segundo idéias como as de justiça e injustiça, certo e errado.
2 - A "consciência moral" refere-se a avaliações de conduta que nos levam a tomar decisões por nós mesmos, a agir em conformidade com elas e a responder por elas perante os outros.

Qual afirmativa e respectiva razão fazem uma associação mais adequada com a situação apresentada?

(A) Afirmativa 1- porque o "senso moral" se manifesta como conseqüência da "consciência moral", que revela sentimentos associados às situações da vida.
(B) Afirmativa 1- porque o "senso moral" pressupõe um "juízo de fato", que é um ato normativo enunciador de normas segundo critérios de correto e incorreto.
(C) Afirmativa 1- porque o "senso moral" revela a indignação diante de fatos que julgamos ter feito errado provocando sofrimento alheio.
(D) Afirmativa 2- porque a "consciência moral" se manifesta na capacidade de deliberar diante de alternativas possíveis que são avaliadas segundo valores éticos.
(E) Afirmativa 2- porque a "consciência moral" indica um "juízo de valor" que define o que as coisas são, como são e por que são.

9. (EXAME 2006)

A legislação de trânsito brasileira considera que o condutor de um veículo está dirigindo alcoolizado quando o teor alcoólico de seu sangue excede 0,6 gramas de álcool por litro de sangue. O gráfico abaixo mostra o processo de absorção e eliminação do álcool quando um indivíduo bebe, em um curto espaço de tempo, de 1 a 4 latas de cerveja.

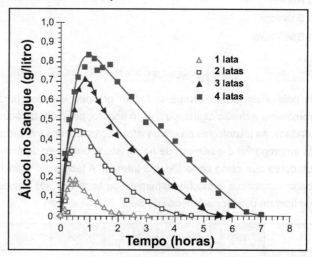

(Fonte: National Health Institute, Estados Unidos)

Considere as afirmativas a seguir.

I. O álcool é absorvido pelo organismo muito mais lentamente do que é eliminado.
II. Uma pessoa que vá dirigir imediatamente após a ingestão da bebida pode consumir, no máximo, duas latas de cerveja.
III. Se uma pessoa toma rapidamente quatro latas de cerveja, o álcool contido na bebida só é completamente eliminado após se passarem cerca de 7 horas da ingestão.

Está(ão) correta(s) a(s) afirmativa(s)

(A) II, apenas.
(B) I e II, apenas.
(C) I e III, apenas.
(D) II e III, apenas.
(E) I, II e III.

10. (EXAME 2006)

A tabela abaixo mostra como se distribui o tipo de ocupação dos jovens de 16 a 24 anos que trabalham em 5 Regiões Metropolitanas e no Distrito Federal.

Distribuição dos jovens ocupados, de 16 a 24 anos, segundo posição na ocupação
Regiões Metropolitanas e Distrito Federal - 2005 (em porcentagem)

Regiões Metropolitanas e Distrito Federal	Assalariados				Autônomos			Empregado Doméstico	Outros
	Total	Setor privado		Setor público	Total	Trabalha para o público	Trabalha para empresas		
		Total	Com carteira assinada	Sem carteira assinada						
Belo Horizonte	79,0	72,9	53,2	19,7	6,1	12,5	7,9	4,6	7,4	(1)
Distrito Federal	80,0	69,8	49,0	20,8	10,2	9,8	5,2	4,6	7,1	(1)
Porto Alegre	86,0	78,0	58,4	19,6	8,0	7,7	4,5	3,2	3,0	(1)
Recife	69,8	61,2	36,9	24,3	8,6	17,5	8,4	9,1	7,1	(1)
Salvador	71,6	64,5	39,8	24,7	7,1	18,6	14,3	4,3	7,2	(1)
São Paulo	80,4	76,9	49,3	27,6	3,5	11,3	4,0	7,4	5,3	(1)

(Fonte: Convênio DIEESE / Seade, MTE / FAT e convênios regionais. PED - Pesquisa de Emprego e Desemprego Elaboração: DIEESE)
Nota: (1) A amostra não comporta a desagregação para esta categoria.

Das regiões estudadas, aquela que apresenta o maior percentual de jovens sem carteira assinada, dentre os jovens que são assalariados do setor privado, é

(A) Belo Horizonte.
(B) Distrito Federal.
(C) Recife.
(D) Salvador.
(E) São Paulo.

11. (EXAME 2007)

Os países em desenvolvimento fazem grandes esforços para promover a inclusão digital, ou seja, o acesso, por parte de seus cidadãos, às tecnologias da era da informação. Um dos indicadores empregados é o número de *hosts*, isto é, o número de computadores que estão conectados à Internet. A tabela e o gráfico abaixo mostram a evolução do número de *hosts* nos três países que lideram o setor na América do Sul.

	2003	2004	2005	2006	2007
Brasil	2.237.527	3.163.349	3.934.577	5.094.730	7.422.440
Argentina	495.920	742.358	1.050.639	1.464.719	1.837.050
Colômbia	55.626	115.158	324.889	440.585	721.114

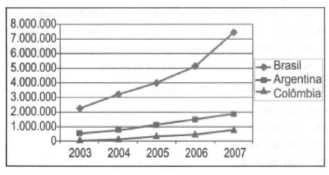

Fonte: IBGE (Network Wizards, 2007)

Dos três países, os que apresentaram, respectivamente, o maior e o menor crescimento percentual no número de *hosts*, no período 2003 – 2007, foram

(A) Brasil e Colômbia.
(B) Brasil e Argentina.
(C) Argentina e Brasil.
(D) Colômbia e Brasil.
(E) Colômbia e Argentina.

12. (EXAME 2008)

CIDADÃS DE SEGUNDA CLASSE?

As melhores leis a favor das mulheres de cada país-membro da União Européia estão sendo reunidas por especialistas.

O objetivo é compor uma legislação continental capaz de contemplar temas que vão da contracepção à eqüidade salarial, da prostituição à aposentadoria. Contudo, uma legislação que assegure a inclusão social das cidadãs deve contemplar outros temas, além dos citados.

São dois os temas mais específicos para essa legislação:

(A) aborto e violência doméstica.
(B) cotas raciais e assédio moral.
(C) educação moral e trabalho.
(D) estupro e imigração clandestina.
(E) liberdade de expressão e divórcio.

13. (EXAME 2008)

A foto a seguir, da americana Margaret Bourke-White (1904-71), apresenta desempregados na fila de alimentos durante a Grande Depressão, que se iniciou em 1929.

STRICKLAND, Carol; BOSWELL, John. **Arte Comentada**: da pré-história ao pós-moderno. Rio de Janeiro: Ediouro [s.d.].

Além da preocupação com a perfeita composição, a artista, nessa foto, revela

(A) a capacidade de organização do operariado.
(B) a esperança de um futuro melhor para negros.
(C) a possibilidade de ascensão social universal.
(D) as contradições da sociedade capitalista.
(E) o consumismo de determinadas classes sociais.

14. (EXAME 2008)

CENTROS URBANOS MEMBROS DO GRUPO "ENERGIA-CIDADES"

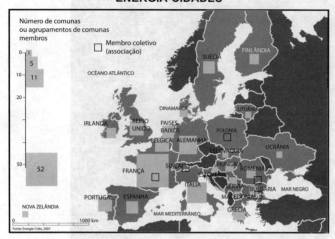

LE MONDE Diplomatique Brasil. **Atlas do Meio Ambiente**, 2008. p. 82.

No mapa, registra-se uma prática exemplar para que as cidades se tornem sustentáveis de fato, favorecendo as trocas horizontais, ou seja, associando e conectando territórios entre si, evitando desperdícios no uso de energia.

Essa prática exemplar apóia-se, fundamentalmente, na

(A) centralização de decisões políticas.
(B) atuação estratégica em rede.
(C) fragmentação de iniciativas institucionais.
(D) hierarquização de autonomias locais.
(E) unificação regional de impostos.

15. (EXAME 2008)

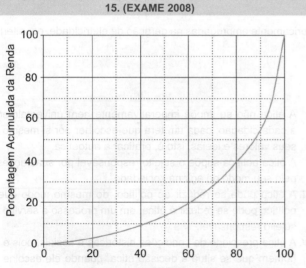

Disponível em: http://www.ipea.gov.br/sites/000/2/livros/
desigualdaderendanobrasil/cap_04_avaliandoasignificancia.pdf

Apesar do progresso verificado nos últimos anos, o Brasil continua sendo um país em que há uma grande desigualdade de renda entre os cidadãos. Uma forma de se constatar este fato é por meio da Curva de Lorenz, que fornece, para cada valor de x entre 0 e 100, o percentual da renda total do País auferido pelos x% de brasileiros de menor renda. Por exemplo, na Curva de Lorenz para 2004, apresentada ao lado, constata-se que a renda total dos 60% de menor renda representou apenas 20% da renda total.

De acordo com o mesmo gráfico, o percentual da renda total correspondente aos 20% de **maior** renda foi, aproximadamente, igual a

(A) 20%
(B) 40%
(C) 50%
(D) 60%
(E) 80%

16. (EXAME 2009)

Leia o trecho:

> **O sertão vai a Veneza**
>
> Festival de Veneza exibe "Viajo Porque Preciso, Volto Porque Te Amo", de Karim Aïnouz e Marcelo Gomes, feito a partir de uma longa viagem pelo sertão nordestino. [...] Rodaram 13 mil quilômetros, a partir de Juazeiro do Norte, no Ceará, passando por Pernambuco, Paraíba, Sergipe e Alagoas, improvisando dia a dia os locais de filmagem. "Estávamos à procura de tudo que encetava e causava estranhamento. Queríamos romper com a ideia de lugar isolado, intacto, esquecido, arraigado numa religiosidade intransponível. Eu até evito usar a palavra 'sertão' para ter um novo olhar sobre esse lugar", conta Karim.
>
> A ideia era afastar-se da imagem histórica da região na cultura brasileira. "Encontramos um universo plural que tem desde uma feira de equipamentos eletrônicos a locais de total desolação", completa Marcelo.

CRUZ, Leonardo. Folha de S. Paulo, p. E1, 05/09/2009.

A partir da leitura desse trecho, é INCORRETO afirmar que

(A) a feira de equipamentos eletrônicos, símbolo da modernidade e da tecnologia sofisticada, é representativa do contrário do que se pensa sobre o sertão nordestino.
(B) as expressões isolamento, esquecimento e religiosidade, utilizadas pelos cineastas, são consideradas adequadas para expressar a atual realidade sertaneja.
(C) o termo "sertão" tem conotação pejorativa, por implicar atraso e pobreza; por isso, seu uso deve ser cuidadoso.
(D) os entrevistados manifestam o desejo de contribuir para a desmitificação da imagem do sertão nordestino, congelada no imaginário de parte dos brasileiros.
(E) revela o estranhamento que é comum entre pessoas mal informadas e simplificadoras, que veem o sertão como uma região homogênea.

17. (EXAME 2009)

Leia o planisfério, em que é mostrada uma imagem noturna da superfície terrestre, obtida a partir de imagens de satélite:

http://antwrp.gsfc.nasa.gov/apod/image/0011/earthlights_dmsp_big.jpg (Acessado em 21 set. 2009).

Com base na leitura desse planisfério, é CORRETO afirmar que as regiões continentais em que se verifica luminosidade noturna mais intensa

(A) abrigam os espaços de economia mais dinâmica do mundo contemporâneo, onde se localizam os principais centros de decisão que comandam a atual ordem mundial.

(B) expressam a divisão do Planeta em dois hemisférios – o Leste e o Oeste – que, apesar de integrados à economia-mundo, revelam indicadores sociais discrepantes.

(C) comprovam que o Planeta pode abrigar o dobro de seu atual contingente populacional, desde que mantido o padrão de consumo praticado pela sociedade contemporânea.

(D) registram fluxos reduzidos de informação, de pessoas, de mercadorias e de capitais, tendo em vista a saturação de suas redes de circulação, alcançada no início do século XXI.

(E) substituíram suas tradicionais fontes de energia não renováveis, historicamente empregadas na geração de eletricidade, por alternativas limpas e não poluentes.

18. (EXAME 2010)

A charge acima representa um grupo de cidadãos pensando e agindo de modo diferenciado, frente a uma decisão cujo caminho exige um percurso ético. Considerando a imagem e as ideias que ela transmite, avalie as afirmativas que se seguem.

I. A ética não se impõe imperativamente nem universalmente a cada cidadão; cada um terá que escolher por si mesmo os seus valores e ideias, isto é, praticar a autoética.

II. A ética política supõe o sujeito responsável por suas ações e pelo seu modo de agir na sociedade.

III. A ética pode se reduzir ao político, do mesmo modo que o político pode se reduzir à ética, em um processo a serviço do sujeito responsável.

IV. A ética prescinde de condições históricas e sociais, pois é no homem que se situa a decisão ética, quando ele escolhe os seus valores e as suas finalidades.

V. A ética se dá de fora para dentro, como compreensão do mundo, na perspectiva do fortalecimento dos valores pessoais.

É correto apenas o que se afirma em

(A) I e II.
(B) I e V.
c). II e IV.
(D) III e IV.
(E) III e V.

19. (EXAME 2010)

De agosto de 2008 a *janeiro* de 2009, o desmatamento na Amazônia Legal concentrou-se em regiões específicas. Do ponto de vista fundiário, a maior parte do desmatamento (cerca de 80%) aconteceu em áreas privadas ou em diversos estágios de posse. O restante do desmatamento ocorreu em assentamentos promovidos pelo INCRA, conforme a política de Reforma Agrária (8%), unidades de conservação (5%) e em terras indígenas (7%).

Disponível em: <WWW.imazon.org.br>.
Acesso em: 26 ago. 2010. (com adaptações).

Infere-se do texto que, sob o ponto de vista fundiário, o problema do desmatamento na Amazônia Legal está centrado

(A) nos grupos engajados na política de proteção ambiental, pois eles não aprofundaram o debate acerca da questão fundiária.
(B) nos povos indígenas, pois eles desmataram a área que ocupavam mais do que a comunidade dos assentados pelo INCRA.
(C) nos posseiros irregulares e proprietários regularizados, que desmataram mais, pois muitos ainda não estão integrados aos planos de manejo sustentável da terra.
(D) nas unidades de conservação, que costumam burlar leis fundiárias; nelas, o desmatamento foi maior que o realizado pelos assentados pelo INCRA.
(E) nos assentamentos regulamentados pelo INCRA, nos quais o desmatamento foi maior que o realizado pelos donos de áreas privadas da Amazônia Legal.

20. (EXAME 2010)

Levantamento feito pelo jornal Folha de S. Paulo e publicado em 11 de abril de 2009, com base em dados de 2008, revela que o índice de homicídios por 100 mil habitantes no Brasil varia de 10,6 a 66,2. O levantamento inclui dados de 23 estados e do Distrito Federal. De acordo com a Organização Mundial da Saúde (OMS), áreas com índices superiores a 10 assassinatos por 100 mil habitantes são consideradas zonas epidêmicas de homicídios.

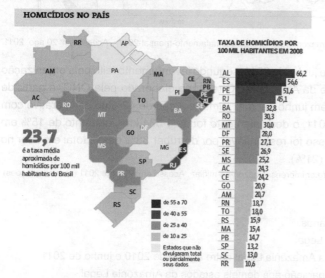

Análise da mortalidade por homicídios no Brasil. Disponível em:
<http://www1.folha.uol.com.br/folha/cotidiano/ult95u549196.shtml>.
Acesso em: 22 ago. 2010.

A partir das informações do texto e do gráfico acima, conclui-se que

(A) o número total de homicídios em 2008 no estado da Paraíba é inferior ao do estado de São Paulo.
(B) os estados que não divulgaram os seus dados de homicídios encontram-se na região Centro-Oeste.
(C) a média aritmética das taxas de homicídios por 100 mil habitantes da região Sul é superior à taxa média aproximada do Brasil.
(D) a taxa de homicídios por 100 mil habitantes do estado da Bahia, em 2008, supera a do Rio Grande do Norte em mais de 100%.
(E) Roraima é o estado com menor taxa de homicídios por 100 mil habitantes, não se caracterizando como zona epidêmica de homicídios.

21. (EXAME 2011)

Retrato de uma princesa desconhecida

Para que ela tivesse um pescoço tão fino
Para que os seus pulsos tivessem um quebrar de caule
Para que os seus olhos fossem tão frontais e limpos
Para que a sua espinha fosse tão direita
E ela usasse a cabeça tão erguida
Com uma tão simples claridade sobre a testa
Foram necessárias sucessivas gerações de escravos
De corpo dobrado e grossas mãos pacientes
Servindo sucessivas gerações de príncipes
Ainda um pouco toscos e grosseiros
Ávidos cruéis e fraudulentos
Foi um imenso desperdiçar de gente
Para que ela fosse aquela perfeição
Solitária exilada sem destino

ANDRESEN, S. M. B. Dual. Lisboa: Caminho, 2004. p. 73.

No poema, a autora sugere que

(A) os príncipes e as princesas são naturalmente belos.
(B) os príncipes generosos cultivavam a beleza da princesa.
(C) a beleza da princesa é desperdiçada pela miscigenação racial.
(D) o trabalho compulsório de escravos proporcionou privilégios aos príncipes.
(E) o exílio e a solidão são os responsáveis pela manutenção do corpo esbelto da princesa.

22. (EXAME 2011)

A cibercultura pode ser vista como herdeira legítima (embora distante) do projeto progressista dos filósofos do século XVII. De fato, ela valoriza a participação das pessoas em comunidades de debate e argumentação. Na linha reta das morais da igualdade, ela incentiva uma forma de reciprocidade essencial nas relações humanas. Desenvolveu-se a partir de uma prática assídua de trocas de informações e conhecimentos, coisa que os filósofos do Iluminismo viam como principal motor do progresso. (...) A cibercultura não seria pós-moderna, mas estaria inserida perfeitamente na continuidade dos ideais revolucionários e republicanos de liberdade, igualdade e fraternidade. A diferença é apenas que, na cibercultura, esses "valores" se encarnam em dispositivos técnicos concretos. Na era das mídias eletrônicas, a igualdade se concretiza na possibilidade de cada um transmitir a todos; a liberdade toma forma nos *softwares* de codificação e no acesso a múltiplas comunidades virtuais, atravessando fronteiras, enquanto a fraternidade, finalmente, se traduz em interconexão mundial.

LEVY, P. Revolução virtual. Folha de S. Paulo.
Caderno Mais, 16 ago. 1998, p.3 (adaptado).

O desenvolvimento de redes de relacionamento por meio de computadores e a expansão da Internet abriram novas perspectivas para a cultura, a comunicação e a educação.

De acordo com as ideias do texto acima, a cibercultura

(A) representa uma modalidade de cultura pós-moderna de liberdade de comunicação e ação.
(B) constituiu negação dos valores progressistas defendidos pelos filósofos do Iluminismo.
(C) banalizou a ciência ao disseminar o conhecimento nas redes sociais.
(D) valorizou o isolamento dos indivíduos pela produção de *softwares* de codificação.
(E) incorpora valores do Iluminismo ao favorecer o compartilhamento de informações e conhecimentos.

23. (EXAME 2011)

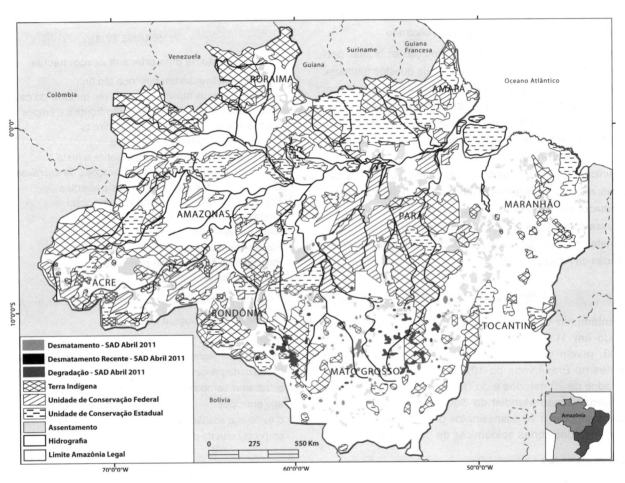

Desmatamento na Amazônia Legal. Disponível em: <www.imazon.org.br/mapas/desmatamento-mensal-2011>. Acesso em: 20 ago. 2011.

O ritmo de desmatamento na Amazônia Legal diminuiu no mês de junho de 2011, segundo levantamento feito pela organização ambiental brasileira Imazon (Instituto do Homem e Meio Ambiente da Amazônia). O relatório elaborado pela ONG, a partir de imagens de satélite, apontou desmatamento de 99 km² no bioma em junho de 2011, uma redução de 42% no comparativo com junho de 2010. No acumulado entre agosto de 2010 e junho de 2011, o desmatamento foi de 1 534 km², aumento de 15% em relação a agosto de 2009 e junho de 2010. O estado de Mato Grosso foi responsável por derrubar 38% desse total e é líder no *ranking* do desmatamento, seguido do Pará (25%) e de Rondônia (21%).

Disponível em: <http://www.imazon.org.br/imprensa/imazon-na-midia>. Acesso em: 20 ago. 2011 (com adaptações).

De acordo com as informações do mapa e do texto,

(A) foram desmatados 1 534 km² na Amazônia Legal nos últimos dois anos.
(B) não houve aumento do desmatamento no último ano na Amazônia Legal.
(C) três estados brasileiros responderam por 84% do desmatamento na Amazônia Legal entre agosto de 2010 e junho de 2011.
(D) o estado do Amapá apresenta alta taxa de desmatamento em comparação aos demais estados da Amazônia Legal.
(E) o desmatamento na Amazônia Legal, em junho de 2010, foi de 140 km2, comparando-se o índice de junho de 2011 ao índice de junho de 2010.

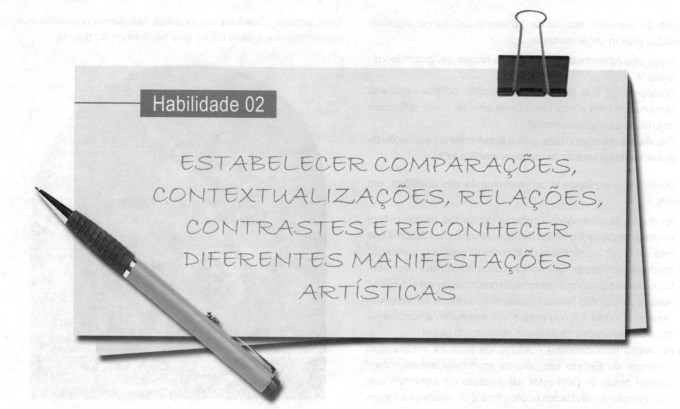

Habilidade 02

ESTABELECER COMPARAÇÕES, CONTEXTUALIZAÇÕES, RELAÇÕES, CONTRASTES E RECONHECER DIFERENTES MANIFESTAÇÕES ARTÍSTICAS

TEXTO I

"O homem se tornou lobo para o homem, porque a meta do desenvolvimento industrial está concentrada num objeto e não no ser humano. A tecnologia e a própria ciência não respeitaram os valores éticos e, por isso, não tiveram respeito algum para o humanismo. Para a convivência. Para o sentido mesmo da existência.

Na própria política, o que contou no pós-guerra foi o êxito econômico e, muito pouco, a justiça social e o cultivo da verdadeira imagem do homem. Fomos vítimas da ganância e da máquina. Das cifras. E, assim, perdemos o sentido autêntico da confiança, da fé, do amor. As máquinas andaram por cima da plantinha sempre tenra da esperança. E foi o caos."

ARNS, Paulo Evaristo. **Em favor do homem.** Rio de Janeiro: Avenir, s/d. p.10.

TEXTO II

Millôr e a ética do nosso tempo

1. (EXAME 2004)

A charge de Millôr e o texto de Dom Paulo Evaristo Arns tratam, em comum,

(A) do total desrespeito às tradições religiosas e éticas.
(B) da defesa das convicções morais diante da corrupção.
(C) da ênfase no êxito econômico acima de qualquer coisa.
(D) da perda dos valores éticos nos tempos modernos.
(E) da perda da fé e da esperança num mundo globalizado.

2. (EXAME 2004)

"Os determinantes da globalização podem ser agrupados em três conjuntos de fatores: tecnológicos, institucionais e sistêmicos."

GONÇALVES, Reinaldo. **Globalização e Desnacionalização.** São Paulo: Paz e Terra, 1999.

"A ortodoxia neoliberal não se verifica apenas no campo econômico. Infelizmente, no campo social, tanto no âmbito das idéias como no terreno das políticas, o neoliberalismo fez estragos (...).

SOARES, Laura T. **O Desastre Social.** Rio de Janeiro: Record, 2003.

"Junto com a globalização do grande capital, ocorre a fragmentação do mundo do trabalho, a exclusão de grupos humanos, o abandono de continentes e regiões, a concentração da riqueza em certas empresas e países, a fragilização da maioria dos Estados, e assim por diante (...). O primeiro passo para que o Brasil possa enfrentar esta situação é parar de mistificá-la."

BENJAMIM, Cesar & outros. **A Opção Brasileira.** Rio de Janeiro: Contraponto, 1998.

Diante do conteúdo dos textos apresentados acima, algumas questões podem ser levantadas.

1. A que está relacionado o conjunto de fatores de "ordem tecnológica"?
2. Considerando que globalização e opção política neoliberal caminharam lado a lado nos últimos tempos, o que defendem os críticos do neoliberalismo?
3. O que seria necessário fazer para o Brasil enfrentar a situação da globalização no sentido de "parar de mistificá-la"?

A alternativa que responde corretamente às três questões, em ordem, é:

(A) revolução da informática / reforma do Estado moderno com nacionalização de indústrias de bens de consumo / assumir que está em curso um mercado de trabalho globalmente unificado.

(B) revolução nas telecomunicações / concentração de investimentos no setor público com eliminação gradativa de subsídios nos setores da indústria básica / implementar políticas de desenvolvimento a médio e longo prazos que estimulem a competitividade das atividades negociáveis no mercado global.

(C) revolução tecnocientífica / reforço de políticas sociais com presença do Estado em setores produtivos estratégicos / garantir níveis de bem-estar das pessoas considerando que uma parcela de atividades econômicas e de recursos é inegociável no mercado internacional.

(D) revolução da biotecnologia / fortalecimento da base produtiva com subsídios à pesquisa tecnocientífica nas transnacionais / considerar que o aumento das barreiras ao deslocamento de pessoas, o mundo do trabalho e a questão social estão circunscritos aos espaços regionais.

(E) Terceira Revolução Industrial / auxílio do FMI com impulso para atração de investimentos estrangeiros / compreender que o desempenho de empresas brasileiras que não operam no mercado internacional não é decisivo para definir o grau de utilização do potencial produtivo, o volume de produção a ser alcançado, o nível de emprego e a oferta de produtos essenciais.

3. (EXAME 2004)

A leitura do poema de Carlos Drummond de Andrade traz à lembrança alguns quadros de Cândido *Portinari*.

Portinari

De um baú de folhas-de-flandres no caminho da roça
um baú que os pintores desprezaram
mas que anjos vêm cobrir de flores namoradeiras
salta João Cândido trajado de arco-íris
saltam garimpeiros, mártires da liberdade, São João da Cruz
salta o galo escarlate bicando o pranto de Jeremias
saltam cavalos-marinhos em fila azul e ritmada
saltam orquídeas humanas, seringais, poetas de e sem óculos, transfigurados
saltam caprichos do nordeste – nosso tempo
(nele estamos crucificados e nossos olhos dão testemunho)
salta uma angústia purificada na alegria do volume justo e da cor autêntica
salta o mundo de Portinari que fica lá no fundo maginando novas surpresas.

ANDRADE, Carlos Drummond de. **Obra completa**. Rio de Janeiro: Companhia Editora Aguilar, 1964. p.380-381.

Uma análise cuidadosa dos quadros selecionados permite que se identifique a alusão feita a eles em trechos do poema.

I

II

III

IV

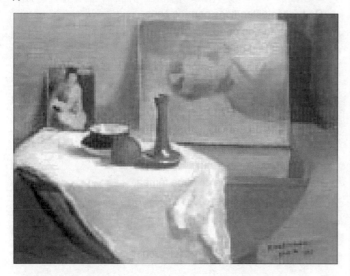

V

Podem ser relacionados ao poema de Drummond os seguintes quadros de Portinari:

(A) I, II, III e IV.
(B) I, II, III e V.
(C) I, II, IV e V.
(D) I, III, IV e V.
(E) II, III, IV e V.

4. (EXAME 2005)

Leia e relacione os textos a seguir

> O Governo Federal deve promover a inclusão digital, pois a falta de acesso às tecnologias digitais acaba por excluir socialmente o cidadão, em especial a juventude.

(Projeto Casa Brasil de inclusão digital começa em 2004.
In: MAZZA, Mariana. *JB online*.)

Comparando a proposta acima com a charge, pode-se concluir que

(A) o conhecimento da tecnologia digital está democratizado no Brasil.
(B) a preocupação social é preparar quadros para o domínio da informática.
(C) o apelo à inclusão digital atrai os jovens para o universo da computação.
(D) o acesso à tecnologia digital está perdido para as comunidades carentes.
(E) a dificuldade de acesso ao mundo digital torna o cidadão um excluído social.

5. (EXAME 2005)

Leia trechos da carta-resposta de um cacique indígena à sugestão, feita pelo Governo do Estado da Virgínia (EUA), de que uma tribo de índios enviasse alguns jovens para estudar nas escolas dos brancos.

> "(...) Nós estamos convencidos, portanto, de que os senhores desejam o nosso bem e agradecemos de todo o coração. Mas aqueles que são sábios reconhecem que diferentes nações têm concepções diferentes das coisas e, sendo assim, os senhores não ficarão ofendidos ao saber que a vossa idéia de educação não é a mesma que a nossa. (...) Muitos dos nossos bravos guerreiros foram formados nas escolas do Norte e aprenderam toda a vossa ciência. Mas, quando eles voltaram para nós, eram maus corredores, ignorantes da vida da floresta e incapazes de suportar o frio e a fome. Não sabiam caçar o veado, matar o inimigo ou construir uma cabana e falavam nossa língua muito mal. Eles eram, portanto, inúteis. (...) Ficamos extremamente agradecidos pela vossa oferta e, embora não possamos aceitá-la, para mostrar a nossa gratidão concordamos que os nobres senhores de Virgínia nos enviem alguns de seus jovens, que lhes ensinaremos tudo que sabemos e faremos deles homens."

(BRANDÃO, Carlos Rodrigues. *O que é educação*. São Paulo: Brasiliense, 1984)

A relação entre os dois principais temas do texto da carta e a forma de abordagem da educação privilegiada pelo cacique está representada por:

(A) sabedoria e política / educação difusa.
(B) identidade e história / educação formal.
(C) ideologia e filosofia / educação superior.
(D) ciência e escolaridade / educação técnica.
(E) educação e cultura / educação assistemática.

6. (EXAME 2005)

(Colecção Roberto Marinho. Seis décadas da arte moderna brasileira. Lisboa: Fundação Calouste Gulbenkian, 1989. p.53.)

A "cidade" retratada na pintura de Alberto da Veiga Guignard está tematizada nos versos

(A) Por entre o Beberibe, e o oceano
Em uma areia sáfia, e lagadiça
Jaz o Recife povoação mestiça,
Que o belga edificou ímpio tirano.

(MATOS, Gregório de. *Obra poética*. Ed. James Amado. Rio de Janeiro: Record, 1990. Vol. II, p. 1191.)

(B) Repousemos na pedra de Ouro Preto,
Repousemos no centro de Ouro Preto:
São Francisco de Assis! igreja ilustre, acolhe,
À tua sombra irmã, meus membros lassos.

(MENDES, Murilo. *Poesia completa e prosa*. Org. Luciana Stegagno Picchio. Rio de Janeiro: Nova Aguilar, 1994. p. 460.)

(C) Bembelelém
Viva Belém!
Belém do Pará porto moderno integrado na equatorial
Beleza eterna da paisagem
Bembelelém
Viva Belém!

(BANDEIRA, Manuel. *Poesia e prosa*. Rio de Janeiro: Aguilar, 1958. Vol. I, p. 196.)

(D) Bahia, ao invés de arranha-céus, cruzes e cruzes
De braços estendidos para os céus,
E na entrada do porto,
Antes do Farol da Barra,
O primeiro Cristo Redentor do Brasil!

(LIMA, Jorge de. *Poesia completa*. Org. Alexei Bueno. Rio de Janeiro: Nova Aguilar, 1997. p. 211.)

(E) No cimento de Brasília se resguardam
maneiras de casa antiga de fazenda,
de copiar, de casa-grande de engenho,
enfim, das casaronas de alma fêmea.

(MELO NETO, João Cabral. *Obra completa*. Rio de Janeiro: Nova Aguilar, 1994. p. 343.)

7. (EXAME 2006)

INDICADORES DE FRACASSO ESCOLAR NO BRASIL

ATÉ OS ANOS 90	DADOS DE 2002
Mais da metade (52%) dos que iniciavam não conseguiam concluir o Ensino Fundamental na idade correta.	Já está em 60% a taxa dos que concluem o Ensino Fundamental na idade certa.
Quando conseguiam, o tempo médio era de 12 anos.	Tempo médio atual é de 9.7 anos.
Por isso não iam para o Ensino Médio, iam direto para o mercado de trabalho.	Ensino Médio - 1 milhão de novos alunos por ano e idade média de ingresso caiu de 17 para 15, indicador indireto de que os concluintes do Fundamental estão indo para o Médio.
A escolaridade média da força de trabalho era de 5.3 anos.	A escolaridade média da força de trabalho subiu para 6.4 anos.
No Ensino Médio, o atendimento à população na série correta (35%) era metade do observado em países de desenvolvimento semelhante, como Argentina, Chile e México.	No Ensino Médio, o atendimento à população na série correta é de 45%.

(Disponível em http://revistaescola.abril.com.br/edicoes/0173/aberto/fala_exclusivo.pdf)

Observando os dados fornecidos no quadro, percebe-se

(A) um avanço nos índices gerais da educação no País, graças ao investimento aplicado nas escolas.
(B) um crescimento do Ensino Médio, com índices superiores aos de países com desenvolvimento semelhante.
(C) um aumento da evasão escolar, devido à necessidade de inserção profissional no mercado de trabalho.
(D) um incremento do tempo médio de formação, sustentado pelo índice de aprovação no Ensino Fundamental.
(E) uma melhoria na qualificação da força de trabalho, incentivada pelo aumento da escolaridade média.

8. (EXAME 2006)

José Pancetti

O tema que domina os fragmentos poéticos abaixo é o mar. Identifique, entre eles, aquele que mais se aproxima do quadro de Pancetti.

(A) Os homens e as mulheres
adormecidos na praia
que nuvens procuram
agarrar?

(MELO NETO, João Cabral de. Marinha. **Os melhores poemas**. São Paulo: Global, 1985. p. 14.)

(B) Um barco singra o peito
rosado do mar.
A manhã sacode as ondas
e os coqueiros.

(ESPÍNOLA, Adriano. Pesca. **Beira-sol**. Rio de Janeiro: TopBooks, 1997. p. 13.)

(C) Na melancolia de teus olhos
Eu sinto a noite se inclinar
E ouço as cantigas antigas
Do mar.

(MORAES, Vinícius de. Mar. **Antologia poética**. 25 ed. Rio de Janeiro: José Olympio, 1984. p. 93.)

(D) E olhamos a ilha assinalada
pelo gosto de abril que o mar trazia
e galgamos nosso sono sobre a areia
num barco só de vento e maresia.

(SECCHIN, Antônio Carlos. A ilha. **Todos os ventos**. Rio de Janeiro: Nova Fronteira, 2002. p. 148.)

(E) As ondas vêm deitar-se no estertor da praia larga...
No vento a vir do mar ouvem-se avisos naufragados...
Cabeças coroadas de algas magras e de estrados...
Gargantas engolindo grossos goles de água amarga...

(BUENO, Alexei. Maresia. **Poesia reunida**. Rio de Janeiro: Nova Fronteira, 2003. p. 19.)

9. (EXAME 2006)

Observe as composições a seguir.

(CAULOS. **Só dói quando eu respiro.** Porto Alegre: L & PM, 2001.)

QUESTÃO DE PONTUAÇÃO

Todo mundo aceita que ao homem
cabe pontuar a própria vida:
que viva em ponto de exclamação
(dizem: tem alma dionisíaca);

viva em ponto de interrogação
(foi filosofia, ora é poesia);
viva equilibrando-se entre vírgulas
e sem pontuação (na política):

o homem só não aceita do homem
que use a só pontuação fatal:
que use, na frase que ele vive
o inevitável ponto final.

(MELO NETO, João Cabral de. **Museu de tudo e depois.** Rio de Janeiro: Nova Fronteira, 1988.)

Os dois textos acima relacionam a vida a sinais de pontuação, utilizando estes como metáforas do comportamento do ser humano e das suas atitudes.

A exata correspondência entre a estrofe da poesia e o quadro do texto "Uma Biografia" é

(A) a primeira estrofe e o quarto quadro.
(B) a segunda estrofe e o terceiro quadro.
(C) a segunda estrofe e o quarto quadro.
(D) a segunda estrofe e o quinto quadro.
(E) a terceira estrofe e o quinto quadro.

10. (EXAME 2007)

Cidadezinha qualquer

Casas entre bananeiras
mulheres entre laranjeiras
pomar amor cantar.

Um homem vai devagar.
Um cachorro vai devagar.
Um burro vai devagar.
Devagar... as janelas olham.

Eta vida besta, meu Deus.

ANDRADE, Carlos Drummond de. Alguma poesia. In: **Poesia completa**. Rio de Janeiro: Nova Aguilar, 2002, p. 23.

Cidadezinha cheia de graça...
Tão pequenina que até causa dó!
Com seus burricos a pastar na praça...
Sua igrejinha de uma torre só...

Nuvens que venham, nuvens e asas,
Não param nunca nem num segundo...
E fica a torre, sobre as velhas casas,
Fica cismando como é vasto o mundo!...

Eu que de longe venho perdido,
Sem pouso fixo (a triste sina!)
Ah, quem me dera ter lá nascido!

Lá toda a vida poder morar!
Cidadezinha... Tão pequenina
Que toda cabe num só olhar...

QUINTANA, Mário. A rua dos cataventos In: **Poesia completa**. Org. Tânia Franco Carvalhal. Rio de Janeiro: Nova Aguilar, 2006, p. 107.

Ao se escolher uma ilustração para esses poemas, qual das obras, abaixo, estaria de acordo com o tema neles dominante?

(A)
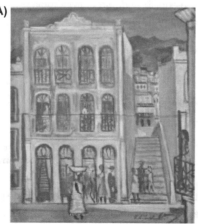
Di Cavalcanti

(B)

Tarsila do Amaral

(C)

Taunay

(D)

Manezinho Araújo

(E)

Guignard

11. (EXAME 2007)

Vamos supor que você recebeu de um amigo de infância e seu colega de escola um pedido, por escrito, vazado nos seguintes termos:

> "Venho mui respeitosamente solicitar-lhe o empréstimo do seu livro de Redação para Concurso, para fins de consulta escolar."

Essa solicitação em tudo se assemelha à atitude de uma pessoa que

(A) comparece a um evento solene vestindo *smoking* completo e cartola.
(B) vai a um piquenique engravatado, vestindo terno completo, calçando sapatos de verniz.
(C) vai a uma cerimônia de posse usando um terno completo e calçando botas.
(D) freqüenta um estádio de futebol usando sandálias de couro e bermudas de algodão.
(E) veste terno completo e usa gravata para proferir um conferência internacional.

12. (EXAME 2008)

O escritor Machado de Assis (1839-1908), cujo centenário de morte está sendo celebrado no presente ano, retratou na sua obra de ficção as grandes transformações políticas que aconteceram no Brasil nas últimas décadas do século XIX.

O fragmento do romance *Esaú e Jacó*, a seguir transcrito, reflete o clima político-social vivido naquela época.

> *Podia ter sido mais turbulento. Conspiração houve, decerto, mas uma barricada não faria mal. Seja como for, venceu-se a campanha. (...)*
>
> *Deodoro é uma bela figura. (...)*
>
> *Enquanto a cabeça de Paulo ia formulando essas idéias, a de Pedro ia pensando o contrário; chamava o movimento um crime.*
>
> *— Um crime e um disparate, além de ingratidão; o imperador devia ter pegado os principais cabeças e mandá-los executar.*
>
> ASSIS, Machado de. Esaú e Jacó. In:_. **Obra completa**. Rio de Janeiro: Nova Aguilar, 1979. v. 1, cap. LXVII (Fragmento).

Os personagens a seguir estão presentes no imaginário brasileiro, como símbolos da Pátria.

I

Disponível em: http://www.morcegolivre.vet.br/tiradentes_lj.html

II

ERMAKOFF, George. Rio de Janeiro, 1840- **1900**: Uma crônica fotográfica. Rio de Janeiro: G. Ermakoff Casa Editorial, 2006. p.189.

III

ERMAKOFF, George. Rio de Janeiro, 1840-1900: Uma crônica fotográfica. Rio de Janeiro: G. Ermakoff Casa Editorial, 2006. p.38.

IV

LAGO, Pedro Corrêa do; BANDEIRA, Júlio. Debret e o Brasil: Obra Completa 1816-1831. Rio de Janeiro: Capivara, 2007. p. 78.

V

LAGO, Pedro Corrêa do; BANDEIRA, Julio. Debret e o Brasil: Obra Completa 1816-1831. Rio de Janeiro: Capivara, 2007. p. 93.

Das imagens acima, as figuras referidas no fragmento do romance *Esaú e Jacó* são

(A) I e III
(B) I e V
(C) II e III
(D) II e IV
(E) II e V

13. (EXAME 2008)

Quando o homem não trata bem a natureza, a natureza não trata bem o homem.

Essa afirmativa reitera a necessária interação das diferentes espécies, representadas na imagem a seguir.

Disponível em: http://curiosidades.spaceblog.com.br. Acesso em: 10 out. 2008.

Depreende-se dessa imagem a

(A) atuação do homem na clonagem de animais pré-históricos.
(B) exclusão do homem na ameaça efetiva à sobrevivência do planeta.
(C) ingerência do homem na reprodução de espécies em cativeiro.
(D) mutação das espécies pela ação predatória do homem.
(E) responsabilidade do homem na manutenção da biodiversidade.

14. (EXAME 2008)

O filósofo alemão Friedrich Nietzsche(1844-1900), talvez o pensador moderno mais incômodo e provocativo, influenciou várias gerações e movimentos artísticos. O Expressionismo, que teve forte influência desse filósofo, contribuiu para o pensamento contrário ao racionalismo moderno e ao trabalho mecânico, através do embate entre a razão e a fantasia.

As obras desse movimento deixam de priorizar o padrão de beleza tradicional para enfocar a instabilidade da vida, marcada por angústia, dor, inadequação do artista diante da realidade. Das obras a seguir, a que reflete esse enfoque artístico é

(A)

Homem idoso na poltrona Rembrandt van Rijn - Louvre, Paris Disponível em: http://www.allposters.com/ gallery.asp?startat=/ getposter. aspolAPNum=1350898

(B)

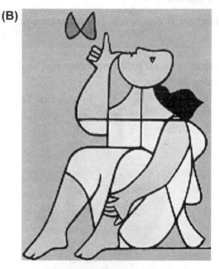

Figura e borboleta Milton Dacosta Disponível em: http://www.unesp.br/ouvidoria/ publicacoes/ed_0805.php

O grito - Edvard Munch - Museu Munch, Oslo Disponível em: http://members.cox.net/ claregerber2/The%20Scream2.jpg

Menino mordido por um lagarto Michelangelo Merisi (Caravaggio) – National Gallery, Londres Disponível em: http://vr.theatre.ntu.edu.tw/artsfile/ artists/images/Caravaggio/Caravaggio024/File1.jpg

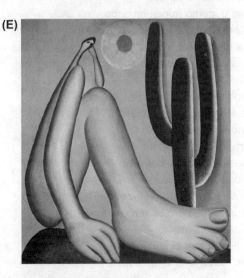

Abaporu - Tarsila do Amaral Disponível em: http://tarsiladoamaral.com.br/index_frame.htm

15. (EXAME 2009)

A urbanização no Brasil registrou marco histórico na década de 1970, quando o número de pessoas que viviam nas cidades ultrapassou o número daquelas que viviam no campo. No início deste século, em 2000, segundo dados do IBGE, mais de 80% da população brasileira já era urbana.

Considerando essas informações, estabeleça a relação entre as charges:

PORQUE

BARALDI, Márcio. http://www.marciobaraldi.com.br/baraldi2/component/joomgallery/?func=detail&id=178. (Acessado em 5 out. 2009)

Com base nas informações dadas e na relação proposta entre essas charges, é CORRETO afirmar que

(A) a primeira charge é falsa, e a segunda é verdadeira.

(B) a primeira charge é verdadeira, e a segunda é falsa.

(C) as duas charges são falsas.

(D) as duas charges são verdadeiras, e a segunda explica a primeira.

(E) as duas charges são verdadeiras, mas a segunda não explica a primeira.

16. (EXAME 2009)

Leia o gráfico, em que é mostrada a evolução do número de trabalhadores de 10 a 14 anos, em algumas regiões metropolitanas brasileiras, em dado período:

http://www1.folha/uol.com.br/folha/cotidiano/ult95u85799.shtml, acessado em 2 out. 2009. (Adaptado)

Leia a charge:

www.charges.com.br, acessado em 15 set. 2009.

Há relação entre o que é mostrado no gráfico e na charge?

(A) Não, pois a faixa etária acima dos 18 anos é aquela responsável pela disseminação da violência urbana nas grandes cidades brasileiras.

(B) Não, pois o crescimento do número de crianças e adolescentes que trabalham diminui o risco de sua exposição aos perigos da rua.

(C) Sim, pois ambos se associam ao mesmo contexto de problemas socioeconômicos e culturais vigentes no país.

(D) Sim, pois o crescimento do trabalho infantil no Brasil faz crescer o número de crianças envolvidas com o crime organizado.

(E) Ambos abordam temas diferentes e não é possível se estabelecer relação mesmo que indireta entre eles.

17. (EXAME 2010)

Painel da série Retirantes, de Cândido Portinari.
Disponível em: <http://3.bp.blogspot.com>. Acesso em 24 ago. 2010.

Morte e Vida Severina

(trecho)

Aí ficarás para sempre,
livre do sol e da chuva,
criando tuas saúvas.
— Agora trabalharás
só para ti, não a meias,
como antes em terra alheia.
— Trabalharás uma terra
da qual, além de senhor,
serás homem de eito e trator.
— Trabalhando nessa terra,
tu sozinho tudo empreitas:
serás semente, adubo, colheita.
— Trabalharás numa terra
que também te abriga e te veste:
embora com o brim do Nordeste.
— Será de terra
tua derradeira camisa:
te veste, como nunca em vida.
— Será de terra
e tua melhor camisa:
te veste e ninguém cobiça.
— Terás de terra
completo agora o teu fato:
e pela primeira vez, sapato.
Como és homem,
a terra te dará chapéu:
fosses mulher, xale ou véu.
— Tua roupa melhor
será de terra e não de fazenda:
não se rasga nem se remenda.
— Tua roupa melhor
e te ficará bem cingida:
como roupa feita à medida.

João Cabral de Meio Neto. **Morte e Vida Severina.**
Rio de Janeiro: Objetiva. 2008.

Analisando o painel de Portinari apresentado e o trecho destacado de Morte e Vida Severina, conclui-se que

(A) ambos revelam o trabalho dos homens na terra, com destaque para os produtos que nela podem ser cultivados.

(B) ambos mostram as possibilidades de desenvolvimento do homem que trabalha a terra, com destaque para um dos personagens.

(C) ambos mostram, figurativamente, o destino do sujeito sucumbido pela seca, com a diferença de que a cena de Portinari destaca o sofrimento dos que ficam.

(D) o poema revela a esperança, por meio de versos livres, assim como a cena de Portinari traz uma perspectiva próspera de futuro, por meio do gesto.

(E) o poema mostra um cenário próspero com elementos da natureza, como sol, chuva, insetos, e, por isso, mantém uma relação de oposição com a cena de Portinari.

18. (EXAME 2010)

Para preservar a língua, é preciso o cuidado de falar de acordo com a norma padrão. Uma dica para o bom desempenho linguístico é seguir o modelo de escrita dos clássicos. Isso não significa negar o papel da gramática normativa; trata-se apenas de ilustrar o modelo dado por ela. A escola é um lugar privilegiado de limpeza dos vícios de fala, pois oferece inúmeros recursos para o domínio da norma padrão e consequente distância da não padrão. Esse domínio é o que levará o sujeito a desempenhar competentemente as práticas sociais; trata-se do legado mais importante da humanidade.

PORQUE

A linguagem dá ao homem uma possibilidade de criar mundos, de criar realidades, de evocar realidades não presentes. E a língua é uma forma particular dessa faculdade [a linguagem] de criar mundos. A língua, nesse sentido, é a concretização de uma experiência histórica. Ela está radicalmente presa à sociedade.

XAVIER, A. C. & CORTEZ. s. (orgs.). Conversas com Linguistas: virtudes e controvérsias da Linguística. Rio de Janeiro: Parábola Editorial, p.72-73. 2005 (com adaptações).

Analisando a relação proposta entre as duas asserções acima, assinale a opção correta.

(A) As duas asserções são proposições verdadeiras, e a segunda é uma justificativa correta da primeira.

(B) As duas asserções são proposições verdadeiras, mas a segunda não é uma justificativa correta da primeira.

(C) A primeira asserção é uma proposição verdadeira, e a segunda é uma proposição falsa.

(D) A primeira asserção é uma proposição falsa, a segunda é uma proposição verdadeira.

(E) As duas asserções são proposições falsas.

19. (EXAME 2011)

Com o advento da República, a discussão sobre a questão educacional torna-se pauta significativa nas esferas dos Poderes Executivo e Legislativo, tanto no âmbito Federal quanto no Estadual. Já na Primeira República, a expansão da demanda social se propaga com o movimento da escolar-novista; no período getulista, encontram-se as reformas de Francisco Campos e Gustavo Capanema; no momento de crítica e balanço do pós-1946, ocorre a promulgação da primeira Lei de Diretrizes e Bases da Educação Nacional, em 1961. É somente com a Constituição de 1988, no entanto, que os brasileiros têm assegurada a educação de forma universal, como um direito de todos, tendo em vista o pleno desenvolvimento da pessoa no que se refere a sua preparação para o exercício da cidadania e sua qualificação para o trabalho. O artigo 208 do texto constitucional prevê como dever do Estado a oferta da educação tanto a crianças como àqueles que não tiveram acesso ao ensino em idade própria à escolarização cabida.

Nesse contexto, avalie as seguintes asserções e a relação proposta entre elas.

A relação entre educação e cidadania se estabelece na busca da universalização da educação como uma das condições necessárias para a consolidação da democracia no Brasil.

PORQUE

Por meio da atuação de seus representantes nos Poderes Executivos e Legislativo, no decorrer do século XX, passou a ser garantido no Brasil o direito de acesso à educação, inclusive aos jovens e adultos que já estavam fora da idade escolar.

A respeito dessas asserções, assinale a opção correta.

(A) As duas são proposições verdadeiras, e a segunda é uma justificativa correta da primeira.

(B) As duas são proposições verdadeiras, mas a segunda não é uma justificativa correta da primeira.

(C) A primeira é uma proposição verdadeira, e a segunda, falsa.

(D) A primeira é uma proposição falsa, e a segunda, verdadeira.

(E) Tanto a primeira quanto a segunda asserções são proposições falsas.

20. (EXAME 2011)

A definição de desenvolvimento sustentável mais usualmente utilizada é a que procura atender às necessidades atuais sem comprometer a capacidade das gerações futuras. O mundo assiste a um questionamento crescente de paradigmas estabelecidos na economia e também na cultura política. A crise ambiental no planeta, quando traduzida na mudança climática, é uma ameaça real ao pleno desenvolvimento das potencialidades dos países.

O Brasil está em uma posição privilegiada para enfrentar os enormes desafios que se acumulam. Abriga elementos fundamentais para o desenvolvimento: parte significativa da biodiversidade e da água doce existentes no planeta; grande extensão de terras cultiváveis; diversidade étnica e cultural e rica variedade de reservas naturais.

O campo do desenvolvimento sustentável pode ser conceitualmente dividido em três componentes: sustentabilidade ambiental, sustentabilidade econômica e sustentabilidade sociopolítica.

Nesse contexto, o desenvolvimento sustentável pressupõe

(A) a preservação do equilíbrio global e do valor das reservas de capital natural, o que não justifica a desaceleração do desenvolvimento econômico e político de uma sociedade.

(B) a redefinição de critérios e instrumentos de avaliação de custo-benefício que reflitam os efeitos socioeconômicos e os valores reais do consumo e da preservação.

(C) o reconhecimento de que, apesar de os recursos naturais serem ilimitados, deve ser traçado um novo modelo de desenvolvimento econômico para a humanidade.

(D) a redução do consumo das reservas naturais com a consequente estagnação do desenvolvimento econômico e tecnológico.

(E) a distribuição homogênea das reservas naturais entre as nações e as regiões em nível global e regional.

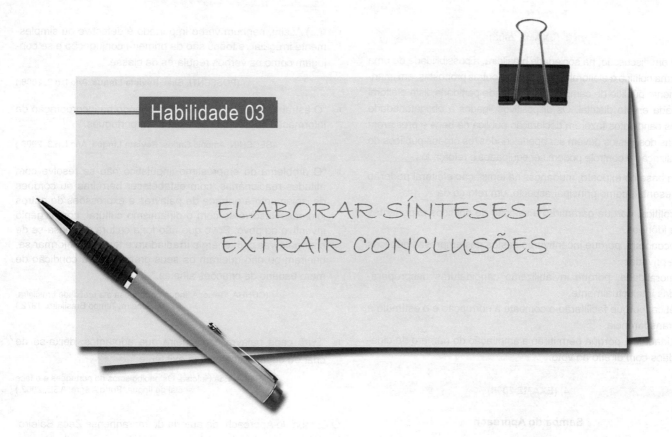

Habilidade 03

ELABORAR SÍNTESES E EXTRAIR CONCLUSÕES

1. (EXAME 2004)

"Crime contra Índio Pataxó comove o país

(...) Em mais um triste "Dia do Índio", Galdino saiu à noite com outros indígenas para uma confraternização na Funai. Ao voltar, perdeu-se nas ruas de Brasília (...). Cansado, sentou-se num banco de parada de ônibus e adormeceu. Às 5 horas da manhã, Galdino acordou ardendo numa grande labareda de fogo. Um grupo "insuspeito" de cinco jovens de classe média alta, entre eles um menor de idade, (...) parou o veículo na avenida W/2 Sul e, enquanto um manteve-se ao volante, os outros quatro dirigiram-se até a avenida W/3 Sul, local onde se encontrava a vítima. Logo após jogar combustível, atearam fogo no corpo. Foram flagrados por outros jovens corajosos, ocupantes de veículos que passavam no local e prestaram socorro à vítima. Os criminosos foram presos e conduzidos à 1ª Delegacia de Polícia do DF onde confessaram o ato monstruoso. Aí, a estupefação: 'os jovens queriam apenas se divertir' e 'pensavam tratar-se de um mendigo, não de um índio,' o homem a quem incendiaram. Levado ainda consciente para o Hospital Regional da Asa Norte – HRAN, Galdino, com 95% do corpo com queimaduras de 3º grau, faleceu às 2 horas da madrugada de hoje."

Conselho Indigenista Missionário - Cimi, Brasília-DF, 21 abr. 1997.

A notícia sobre o crime contra o índio Galdino leva a reflexões a respeito dos diferentes aspectos da formação dos jovens.

Com relação às questões éticas, pode-se afirmar que elas devem:

(A) manifestar os ideais de diversas classes econômicas.
(B) seguir as atividades permitidas aos grupos sociais.
(C) fornecer soluções por meio de força e autoridade.
(D) expressar os interesses particulares da juventude.
(E) estabelecer os rumos norteadores de comportamento.

2. (EXAME 2004)

Muitos países enfrentam sérios problemas com seu elevado crescimento populacional.

Em alguns destes países, foi proposta (e por vezes colocada em efeito) a proibição de as famílias terem mais de um filho.

Algumas vezes, no entanto, esta política teve conseqüências trágicas (por exemplo, em alguns países houve registros de famílias de camponeses abandonarem suas filhas recém-nascidas para terem uma outra chance de ter um filho do sexo masculino). Por essa razão, outras leis menos restritivas foram consideradas. Uma delas foi: as famílias teriam o direito a um segundo (e último) filho, caso o primeiro fosse do sexo feminino.

Suponha que esta última regra fosse seguida por todas as famílias de um certo país (isto é, sempre que o primeiro filho fosse do sexo feminino, fariam uma segunda e última tentativa para ter um menino). Suponha ainda que, em cada nascimento, sejam iguais as chances de nascer menino ou menina.

Examinando os registros de nascimento, após alguns anos de a política ter sido colocada em prática, seria esperado que:

(A) o número de nascimentos de meninos fosse aproximadamente o dobro do de meninas.
(B) em média, cada família tivesse 1,25 filhos.
(C) aproximadamente 25% das famílias não tivessem filhos do sexo masculino.
(D) aproximadamente 50% dos meninos fossem filhos únicos.
(E) aproximadamente 50% das famílias tivessem um filho de cada sexo.

3. (EXAME 2005)

Está em discussão, na sociedade brasileira, a possibilidade de uma reforma política e eleitoral. Fala-se, entre outras propostas, em financiamento público de campanhas, fidelidade partidária, lista eleitoral fechada e voto distrital. Os dispositivos ligados à obrigatoriedade de os candidatos fazerem declaração pública de bens e prestarem contas dos gastos devem ser aperfeiçoados, os órgãos públicos de fiscalização e controle podem ser equipados e reforçados.

Com base no exposto, mudanças na legislação eleitoral poderão representar, como principal aspecto, um reforço da

(A) política, porque garantirão a seleção de políticos experientes e idôneos.
(B) economia, porque incentivarão gastos das empresas públicas e privadas.
(C) moralidade, porque inviabilizarão candidaturas despreparadas intelectualmente.
(D) ética, porque facilitarão o combate à corrupção e o estímulo à transparência.
(E) cidadania, porque permitirão a ampliação do número de cidadãos com direito ao voto.

4. (EXAME 2006)

Samba do Approach

Venha provar meu brunch
Saiba que eu tenho approach
Na hora do lunch
Eu ando de ferryboat

Eu tenho savoir-faire
Meu temperamento é light
Minha casa é hi-tech
Toda hora rola um insight
Já fui fã do Jethro Tull
Hoje me amarro no Slash
Minha vida agora é cool
Meu passado é que foi trash

Fica ligada no link
Que eu vou confessar, my love
Depois do décimo drink
Só um bom e velho engov
Eu tirei o meu green card
E fui pra Miami Beach
Posso não ser pop star
Mas já sou um nouveau riche

Eu tenho sex-appeal
Saca só meu background
Veloz como Damon Hill
Tenaz como Fittipaldi
Não dispenso um happy end
Quero jogar no dream team
De dia um macho man
E de noite uma drag queen.

(Zeca Baleiro)

I. "(...) Assim, nenhum verbo importado é defectivo ou simplesmente irregular, e todos são da primeira conjugação e se conjugam como os verbos regulares da classe."

(POSSENTI, Sírio. **Revista Língua**. Ano I, n.3, 2006.)

II. "O estrangeirismo lexical é válido quando há incorporação de informação nova, que não existia em português."

(SECCHIN, Antonio Carlos. **Revista Língua**, Ano I, n.3, 2006.)

III. "O problema do empréstimo lingüístico não se resolve com atitudes reacionárias, com estabelecer barreiras ou cordões de isolamento à entrada de palavras e expressões de outros idiomas. Resolve-se com o dinamismo cultural, com o gênio inventivo do povo. Povo que não forja cultura dispensa-se de criar palavras com energia irradiadora e tem de conformar-se, queiram ou não queiram os seus gramáticos, à condição de mero usuário de criações alheias."

(CUNHA, Celso. A língua portuguesa e a realidade brasileira. Rio de Janeiro: Tempo Brasileiro, 1972.)

IV. "Para cada palavra estrangeira que adotamos, deixa-se de criar ou desaparece uma já existente."

(PILLA, Éda Heloisa. Os neologismos do português e a face social da língua. Porto Alegre: AGE, 2002.)

O Samba do Approach, de autoria do maranhense Zeca Baleiro, ironiza a mania brasileira de ter especial apego a palavras e a modismos estrangeiros. As assertivas que se confirmam na letra da música são, apenas,

(A) I e II.
(B) I e III.
(C) II e III.
(D) II e IV.
(E) III e IV.

5. (EXAME 2007)

Revista **Isto É Independente**. São Paulo: Ed. Três [s.d.]

O alerta que a gravura acima pretende transmitir refere-se a uma situação que

(A) atinge circunstancialmente os habitantes da área rural do País.
(B) atinge, por sua gravidade, principalmente as crianças da área rural.
(C) preocupa no presente, com graves conseqüências para o futuro.
(D) preocupa no presente, sem possibilidade de ter conseqüências no futuro.
(E) preocupa, por sua gravidade, especialmente os que têm filhos.

6. (EXAME 2007)

Os ingredientes principais dos fertilizantes agrícolas são nitrogênio, fósforo e potássio (os dois últimos sob a forma dos óxidos P_2O_5 e K_2O, respectivamente). As percentagens das três substâncias estão geralmente presentes nos rótulos dos fertilizantes, sempre na ordem acima. Assim, um fertilizante que tem em seu rótulo a indicação 10–20–20 possui, em sua composição, 10% de nitrogênio, 20% de óxido de fósforo e 20% de óxido de potássio. Misturando-se 50 kg de um fertilizante 10–20–10 com 50 kg de um fertilizante 20–10–10, obtém-se um fertilizante cuja composição é

(A) 7,5–7,5–5.
(B) 10–10–10.
(C) 15–15–10.
(D) 20–20–15.
(E) 30–30–20.

7. (EXAME 2007)

Leia o esquema abaixo.

1. Coleta de plantas nativas, animais silvestres, microorganismos e fungos da floresta Amazônica.
2. Saída da mercadoria do país, por portos e aeroportos, camuflada na bagagem de pessoas que se disfarçam de turistas, pesquisadores ou religiosos.
3. Venda dos produtos para laboratórios ou colecionadores que patenteiam as substâncias provenientes das plantas e dos animais.
4. Ausência de patente sobre esses recursos, o que deixa as comunidades indígenas e as populações tradicionais sem os benefícios dos *royalties*.
5. Prejuízo para o Brasil!

Com base na análise das informações acima, uma campanha publicitária contra a prática do conjunto de ações apresentadas no esquema poderia utilizar a seguinte chamada:

(A) Indústria farmacêutica internacional, fora!
(B) Mais respeito às comunidades indígenas!
(C) Pagamento de *royalties* é suficiente!
(D) Diga não à biopirataria, já!
(E) Biodiversidade, um mau negócio?

8. (EXAME 2007)

Entre 1508 e 1512, Michelangelo pintou o teto da Capela Sistina no Vaticano, um marco da civilização ocidental. Revolucionária, a obra chocou os mais conservadores, pela quantidade de corpos nus, possivelmente, resultado de seus secretos estudos de anatomia, uma vez que, no seu tempo, era necessária a autorização da Igreja para a dissecação de cadáveres.

Recentemente, perceberam-se algumas peças anatômicas camufladas entre as cenas que compõem o teto. Alguns pesquisadores conseguiram identificar uma grande quantidade de estruturas internas da anatomia humana, que teria sido a forma velada de como o artista "imortalizou a comunhão da arte com o conhecimento".

Uma das cenas mais conhecidas é "A criação de Adão". Para esses pesquisadores ela representaria o cérebro num corte sagital, como se pode observar nas figuras a seguir.

 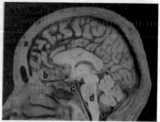

BARRETO, Gilson e OLIVEIRA, Marcelo G. de. **A arte secreta de Michelangelo - Uma lição de anatomia na Capela Sistina.** ARX.

Considerando essa hipótese, uma ampliação interpretativa dessa obra-prima de Michelangelo expressaria

(A) o Criador dando a consciência ao ser humano, manifestada pela função do cérebro.
(B) a separação entre o bem e o mal, apresentada em cada seção do cérebro.
(C) a evolução do cérebro humano, apoiada na teoria darwinista.
(D) a esperança no futuro da humanidade, revelada pelo conhecimento da mente.
(E) a diversidade humana, representada pelo cérebro e pela medula.

9. (EXAME 2008)

A exposição aos raios ultravioleta tipo B (UVB) causa queimaduras na pele, que podem ocasionar lesões graves ao longo do tempo. Por essa razão, recomenda-se a utilização de filtros solares, que deixam passar apenas uma certa fração desses raios, indicada pelo Fator de Proteção Solar (FPS).

Por exemplo, um protetor com FPS igual a 10 deixa passar apenas 1/10 (ou seja, retém 90%) dos raios UVB. Um protetor que retenha 95% dos raios UVB possui um FPS igual a

(A) 95 (B) 90 (C) 50 (D) 20 (E) 5

10. (EXAME 2009)

O Ministério do Meio Ambiente, em junho de 2009, lançou campanha para o consumo consciente de sacolas plásticas, que já atingem, aproximadamente, o número alarmante de 12 bilhões por ano no Brasil.

Veja o *slogan* dessa campanha:

O possível êxito dessa campanha ocorrerá porque

I. se cumpriu a meta de emissão zero de gás carbônico estabelecida pelo Programa das Nações Unidas para o Meio Ambiente, revertendo o atual quadro de elevação das médias térmicas globais.

II. deixaram de ser empregados, na confecção de sacolas plásticas, materiais oxibiodegradáveis e os chamados bioplásticos que, sob certas condições de luz e de calor, se fragmentam.

III. foram adotadas, por parcela da sociedade brasileira, ações comprometidas com mudanças em seu modo de produção e de consumo, atendendo aos objetivos preconizados pela sustentabilidade.

IV. houve redução tanto no quantitativo de sacolas plásticas descartadas indiscriminadamente no ambiente, como também no tempo de decomposição de resíduos acumulados em lixões e aterros sanitários.

Estão CORRETAS somente as afirmativas

(A) I e II.
(B) I e III.
(C) II e III.
(D) II e IV.
(E) III e IV.

11. (EXAME 2009)

Leia o trecho:

> O movimento antiglobalização apresenta-se, na virada deste novo milênio, como uma das principais novidades na arena política e no cenário da sociedade civil, dada a sua forma de articulação/atuação em redes com extensão global. Ele tem elaborado uma *nova gramática no repertório das demandas e dos conflitos sociais*, trazendo novamente as lutas sociais para o palco da cena pública, e a política para a dimensão, tanto na forma de operar, nas ruas, como no conteúdo do debate que trouxe à tona: o modo de vida capitalista ocidental moderno e seus efeitos destrutivos sobre a natureza (humana, animal e vegetal).

GOHN, 2003.

É INCORRETO afirmar que o movimento antiglobalização referido nesse trecho

(A) cria uma rede de resistência, expressa em atos de desobediência civil e propostas alternativas à forma atual da globalização, considerada como o principal fator da exclusão social existente.

(B) defende um outro tipo de globalização, baseado na solidariedade e no respeito às culturas, voltado para um novo tipo de modelo civilizatório, com desenvolvimento econômico, mas também com justiça e igualdade social.

(C) é composto por atores sociais tradicionais, veteranos nas lutas políticas, acostumados com o repertório de protestos políticos, envolvendo, especialmente, os trabalhadores sindicalizados e suas respectivas centrais sindicais.

(D) recusa as imposições de um mercado global, uno, voraz, além de contestar os valores impulsionadores da sociedade capitalista, alicerçada no lucro e no consumo de mercadorias supérfluas.

(E) utiliza-se de mídias, tradicionais e novas, de modo relevante para suas ações com o propósito de dar visibilidade e legitimidade mundiais ao divulgar a variedade de movimentos de sua agenda.

12. (EXAME 2009)

O Brasil tem assistido a um debate que coloca, frente a frente, como polos opostos, o desenvolvimento econômico e a conservação ambiental. Algumas iniciativas merecem considerações, porque podem agravar ou desencadear problemas ambientais de diferentes ordens de grandeza.

Entre essas iniciativas e suas consequências, é INCORRETO afirmar que

(A) a construção de obras previstas pelo PAC (Programa de Aceleração do Crescimento) tem levado à redução dos prazos necessários aos estudos de impacto ambiental, o que pode interferir na sustentabilidade do projeto.

(B) a construção de grandes centrais hidrelétricas nas bacias do Sudeste e do Sul gera mais impactos ambientais do que nos grandes rios da Amazônia, nos quais o volume de água, o relevo e a baixa densidade demográfica reduzem os custos da obra e o passivo ambiental.

(C) a exploração do petróleo encontrado na plataforma submarina pelo Brasil terá, ao lado dos impactos positivos na economia e na política, consequências ambientais negativas, se persistir o modelo atual de consumo de combustíveis fósseis.

(D) a preocupação mais voltada para a floresta e os povos amazônicos coloca em alerta os ambientalistas, ao deixar em segundo plano as ameaças aos demais biomas.

(E) os incentivos ao consumo, sobretudo aquele relacionado ao mercado automobilístico, para que o Brasil pudesse se livrar com mais rapidez da crise econômica, agravarão a poluição do ar e o intenso fluxo de veículos nas grandes cidades.

13. (EXAME 2010)

Conquistar um diploma de curso superior não garante às mulheres a equiparação salarial com os homens, como mostra o estudo "Mulher no mercado de trabalho: perguntas e respostas", divulgado pelo Instituto Brasileiro de Geografia e Estatística (IBGE), nesta segunda-feira, quando se comemora o Dia Internacional da Mulher.

Segundo o trabalho, embasado na Pesquisa Mensal de Emprego de 2009, nos diversos grupamentos de atividade econômica, a escolaridade de nível superior não aproxima os rendimentos recebidos por homens e mulheres. Pelo contrário, a diferença acentua-se. No caso do comércio, por exemplo, a diferença de rendimento para profissionais com escolaridade de onze anos ou mais de estudo é de R$ 616,80 a mais para os homens. Quando a comparação é feita para o nível superior, a diferença é de R$ 1.653,70 para eles.

Disponível em: <http://oglobo.globo.com/economia/boachance/mat/2010/03/08>. Acesso em: 19 out. 2010 (com adaptações).

Considerando o tema abordado acima, analise as afirmações seguintes.

I. Quanto maior o nível de análise dos indicadores de gêneros, maior será a possibilidade de identificação da realidade vivida pelas mulheres no mundo do trabalho e da busca por uma política igualitária capaz de superar os desafios das representações de gênero.

II. Conhecer direitos e deveres, no local de trabalho e na vida cotidiana, é suficiente para garantir a alteração dos padrões de inserção das mulheres no mercado de trabalho.

III. No Brasil, a desigualdade social das minorias étnicas, de gênero e de idade não está apenas circunscrita pelas relações econômicas, mas abrange fatores de caráter histórico-cultural.

IV. Desde a aprovação da Constituição de 1988, tem havido incremento dos movimentos gerados no âmbito da sociedade para diminuir ou minimizar a violência e o preconceito contra a mulher, a criança, o idoso e o negro.

É correto apenas o que se afirma em

(A) I e II.
(B) II e IV.
(C) III e IV.
(D) I, II e III.
(E) I, II e IV.

14. (EXAME 2010)

O mapa abaixo representa as áreas populacionais sem acesso ao saneamento básico.

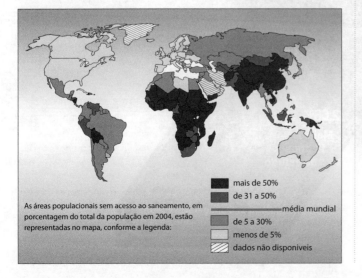

Considerando o mapa apresentado, analise as afirmações que se seguem.

I. A globalização é fenômeno que ocorre de maneira desigual entre os países, e o progresso social independe dos avanços econômicos.

II. Existe relação direta entre o crescimento da ocupação humana e o maior acesso ao saneamento básico.

III. Brasil, Rússia, Índia e China, países pertencentes ao bloco dos emergentes, possuem percentual da população com acesso ao saneamento básico abaixo da média mundial.

IV. O maior acesso ao saneamento básico ocorre, em geral, em países desenvolvidos.

V. Para se analisar o índice de desenvolvimento humano (IDH) de um país, deve-se diagnosticar suas condições básicas de infraestrutura, seu PIB per capita, a saúde e a educação.

É correto apenas o que se afirma em

(A) I e II.
(B) I e III.
(C) II e V.
(D) III e IV.
(E) IV e V.

15. (EXAME 2010)

Isótopos radioativos estão ajudando a diagnosticar as causas da poluição atmosférica. Podemos, com essa tecnologia, por exemplo, analisar o ar de uma região e determinar se um poluente vem da queima do petróleo ou da vegetação.

Outra utilização dos isótopos radioativos que pode, no futuro, diminuir a área de desmatamento para uso da agricultura é a irradiação nos alimentos. A técnica consiste em irradiar com isótopos radioativos para combater os micro-organismos que causam o apodrecimento dos vegetais e aumentar a longevidade dos alimentos, diminuindo o desperdício. A irradiação de produtos alimentícios já é uma realidade, pois grandes indústrias que vendem frutas ou suco utilizam essa técnica.

Na área médica, as soluções nucleares estão em ferramentas de diagnóstico, como a tomografia e a ressonância magnética, que conseguem apontar, sem intervenção cirúrgica, mudanças metabólicas em áreas do corpo. Os exames conseguem, inclusive, detectar tumores que ainda não causam sintomas, possibilitando um tratamento precoce do câncer e maior possibilidade de cura.

A notícia acima

(A) comenta os malefícios do uso de isótopos radioativos, relacionando-os às causas da poluição atmosférica.

(B) elenca possibilidades de uso de isótopos radioativos, evidenciando, assim, benefícios do avanço tecnológico.

(C) destaca os perigos da radiação para a saúde, alertando sobre os cuidados que devem ter a medicina e a agroindústria.

(D) propõe soluções nucleares como ferramentas de diagnóstico em doenças de animais, alertando para os malefícios que podem causar ao ser humano.

(E) explica cientificamente as várias técnicas de tratamento em que se utilizam isótopos radioativos para matar os micro-organismos que causam o apodrecimento dos vegetais.

16. (EXAME 2011)

Exclusão digital é um conceito que diz respeito às extensas camadas sociais que ficaram à margem do fenômeno da sociedade da informação e da extensão das redes digitais. O problema da exclusão digital se apresenta como um dos maiores desafios dos dias de hoje, com implicações diretas e indiretas sobre os mais variados aspectos da sociedade contemporânea.

Nessa nova sociedade, o conhecimento é essencial para aumentar a produtividade e a competição global. É fundamental para a invenção, para a inovação e para a geração de riqueza. As tecnologias de informação e comunicação (TICs) proveem uma fundação para a construção e aplicação do conhecimento nos setores públicos e privados. É nesse contexto que se aplica o termo exclusão digital, referente à falta de acesso às vantagens e aos benefícios trazidos por essas novas tecnologias, por motivos sociais, econômicos, políticos ou culturais.

Considerando as ideias do texto acima, avalie as afirmações a seguir.

I. Um mapeamento da exclusão digital no Brasil permite aos gestores de políticas públicas escolherem o públicoalvo de possíveis ações de inclusão digital.

II. O uso das TICs pode cumprir um papel social, ao prover informações àqueles que tiveram esse direito negado ou negligenciado e, portanto, permitir maiores graus de mobilidade social e econômica.

III. O direito à informação diferencia-se dos direitos sociais, uma vez que esses estão focados nas relações entre os indivíduos e, aqueles, na relação entre o indivíduo e o conhecimento.

IV. O maior problema de acesso digital no Brasil está na deficitária tecnologia existente em território nacional, muito aquém da disponível na maior parte dos países do primeiro mundo.

É correto apenas o que se afirma em

(A) I e II.
(B) II e IV.
(C) III e IV.
(D) I, II e III.
(E) I, III e IV.

17. (EXAME 2011)

A educação é o Xis da questão

Disponível em: <http://ead.uepb.edu.br/noticias,82>. Acesso em: 24 ago. 2011.

A expressão "o Xis da questão" usada no título do infográfico diz respeito

(A) à quantidade de anos de estudos necessários para garantir um emprego estável com salário digno.
(B) às oportunidades de melhoria salarial que surgem à medida que aumenta o nível de escolaridade dos indivíduos.
(C) à influência que o ensino de língua estrangeira nas escolas tem exercido na vida profissional dos indivíduos.
(D) aos questionamentos que são feitos acerca da quantidade mínima de anos de estudo que os indivíduos precisam para ter boa educação.
(E) à redução da taxa de desemprego em razão da política atual de controle da evasão escolar e de aprovação automática de ano de acordo com a idade.

18. (EXAME 2011)

Em reportagem, Owen Jones, autor do livro **Chavs: a difamação da classe trabalhadora**, publicado no Reino Unido, comenta as recentes manifestações de rua em Londres e em outras principais cidades inglesas.

Jones prefere chamar atenção para as camadas sociais mais desfavorecidas do país, que desde o início dos distúrbios, ficaram conhecidas no mundo todo pelo apelido *chavs*, usado pelos britânicos para escarnecer dos hábitos de consumo da classe trabalhadora. Jones denuncia um sistemático abandono governamental dessa parcela da população: "Os políticos insistem em culpar os indivíduos pela desigualdade", diz. (...) "você não vai ver alguém assumir ser um *chav*, pois se trata de um insulto criado como forma de generalizar o comportamento das classes mais baixas. Meu medo não é o preconceito e, sim, a cortina de fumaça que ele oferece. Os distúrbios estão servindo como o argumento ideal para que se faça valer a ideologia de que os problemas sociais são resultados de defeitos individuais, não de falhas maiores. Trata-se de uma filosofia que tomou conta da sociedade britânica com a chegada de Margaret Thatcher ao poder, em 1979, e que basicamente funciona assim: você é culpado pela falta de oportunidades. (...) Os políticos insistem em culpar os indivíduos pela desigualdade".

Suplemento Prosa & Verso, O Globo, Rio de Janeiro, 20 ago. 2011, p. 6 (adaptado).

Considerando as ideias do texto, avalie as afirmações a seguir.

I. *Chavs* é um apelido que exalta hábitos de consumo de parcela da população britânica.
II. Os distúrbios ocorridos na Inglaterra serviram para atribuir deslizes de comportamento individual como causas de problemas sociais.
III. Indivíduos da classe trabalhadora britânica são responsabilizados pela falta de oportunidades decorrente da ausência de políticas públicas.
IV. As manifestações de rua na Inglaterra reivindicavam formas de inclusão nos padrões de consumo vigente.

É correto apenas o que se afirma em

(A) I e II.
(B) I e IV.
(C) II e III.
(D) I, III e IV.
(E) II, III e IV.

QUESTÕES DISCURSIVA

1. (EXAME 2004) DISCURSIVA

Leia o e-mail de Elisa enviado para sua prima que mora na Itália e observe o gráfico.

Vivi durante anos alimentando os sonhos sobre o que faria após minha aposentadoria que deveria acontecer ainda este ano.

Um deles era aceitar o convite de passar uns meses aí com vocês, visto que os custos da viagem ficariam amenizados com a hospedagem oferecida e poderíamos aproveitar para conviver por um período mais longo.

Carla, imagine que completei os trinta anos de trabalho e não posso me aposentar porque não tenho a idade mínima para a aposentadoria. Desta forma, teremos, infelizmente, que adiar a idéia de nos encontrar no próximo ano.

Um grande abraço, Elisa.

Fonte: Brasil em números 1999. Rio de Janeiro. IBGE, 2000.

Ainda que mudanças na dinâmica demográfica não expliquem todos os problemas dos sistemas de previdência social, apresente:

a) uma explicação sobre a relação existente entre o envelhecimento populacional de um país e a questão da previdência social;

b) uma situação, além da elevação da expectativa de vida, que possivelmente contribuiu para as mudanças nas regras de aposentadoria do Brasil nos últimos anos.

2. (EXAME 2005) DISCURSIVA

Nos dias atuais, as novas tecnologias se desenvolvem de forma acelerada e a Internet ganha papel importante na dinâmica do cotidiano das pessoas e da economia mundial. No entanto, as conquistas tecnológicas, ainda que representem avanços, promovem conseqüências ameaçadoras.

Leia os gráficos e a situação-problema expressa através de um diálogo entre uma mulher desempregada, à procura de uma vaga no mercado de trabalho, e um empregador.

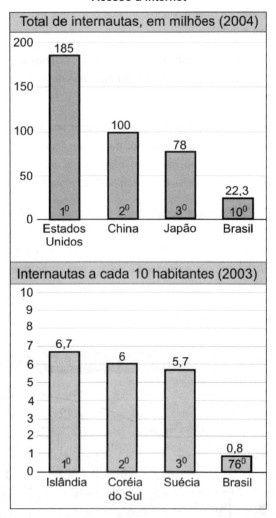

Situação-problema

- **mulher:**
– Tenho 43 anos, não tenho curso superior completo, mas tenho certificado de conclusão de secretariado e de estenografia.

- **empregador:**
– Qual a abrangência de seu conhecimento sobre o uso de computadores? Quais as linguagens que você domina? Você sabe fazer uso da Internet?

- **mulher:**
– Não sei direito usar o computador. Sou de família pobre e, como preciso participar ativamente da despesa familiar, com dois filhos e uma mãe doente, não sobra dinheiro para comprar um.

- **empregador:**
– Muito bem, posso, quando houver uma vaga, oferecer um trabalho de recepcionista. Para trabalho imediato, posso oferecer uma vaga de copeira para servir cafezinho aos funcionários mais graduados.

Apresente uma conclusão que pode ser extraída da análise

a) dos dois gráficos;

b) da situação-problema, em relação aos gráficos.

3. (EXAME 2006) DISCURSIVA

Sobre a implantação de "políticas afirmativas" relacionadas à adoção de "sistemas de cotas" por meio de Projetos de Lei em tramitação no Congresso Nacional, leia os dois textos a seguir.

Texto I

"Representantes do Movimento Negro Socialista entregaram ontem no Congresso um manifesto contra a votação dos projetos que propõem o estabelecimento de cotas para negros em Universidades Federais e a criação do Estatuto de Igualdade Racial.

As duas propostas estão prontas para serem votadas na Câmara, mas o movimento quer que os projetos sejam retirados da pauta. (...) Entre os integrantes do movimento estava a professora titular de Antropologia da Universidade Federal do Rio de Janeiro, Yvonne Maggie. 'É preciso fazer o debate. Por isso ter vindo aqui já foi um avanço', disse."

(Folha de S.Paulo – Cotidiano, 30 jun. 2006 com adaptação.)

Texto II

"Desde a última quinta-feira, quando um grupo de intelectuais entregou ao Congresso Nacional um manifesto contrário à adoção de cotas raciais no Brasil, a polêmica foi reacesa. (...) O diretor executivo da Educação e Cidadania de Afrodescendentes e Carentes (Educafro), frei David Raimundo dos Santos, acredita que hoje o quadro do país é injusto com os negros e defende a adoção do sistema de cotas."

(Agência Estado-Brasil, 03 jul. 2006.)

Ampliando ainda mais o debate sobre todas essas políticas afirmativas, há também os que adotam a posição de que o critério para cotas nas Universidades Públicas não deva ser restritivo, mas que considere também a condição social dos candidatos ao ingresso.

Analisando a polêmica sobre o sistema de cotas "raciais", identifique, no atual debate social,

a) um argumento coerente utilizado por aqueles que o criticam;

b) um argumento coerente utilizado por aqueles que o defendem.

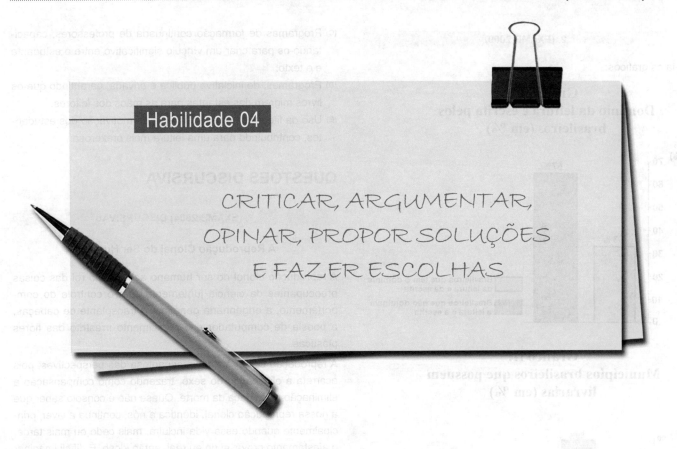

Habilidade 04

CRITICAR, ARGUMENTAR, OPINAR, PROPOR SOLUÇÕES E FAZER ESCOLHAS

1. (EXAME 2007)

Desnutrição entre crianças quilombolas

"Cerca de três mil meninos e meninas com até 5 anos de idade, que vivem em 60 comunidades quilombolas em 22 Estados brasileiros, foram pesados e medidos. O objetivo era conhecer a situação nutricional dessas crianças.(...)

De acordo com o estudo, 11,6% dos meninos e meninas que vivem nessas comunidades estão mais baixos do que deveriam, considerando-se a sua idade, índice que mede a desnutrição. No Brasil, estima-se uma população de 2 milhões de quilombolas.

A escolaridade materna influencia diretamente o índice de desnutrição. Segundo a pesquisa, 8,8% dos filhos de mães com mais de quatro anos de estudo estão desnutridos. Esse indicador sobe para 13,7% entre as crianças de mães com escolaridade menor que quatro anos.

A condição econômica também é determinante. Entre as crianças que vivem em famílias da classe E (57,5% das avaliadas), a desnutrição chega a 15,6%; e cai para 5,6% no grupo que vive na classe D, na qual estão 33,4% do total das pesquisadas.

Os resultados serão incorporados à política de nutrição do País. O Ministério de Desenvolvimento Social prevê ainda um estudo semelhante para as crianças indígenas."

BAVARESCO, Rafael. UNICEF/BRZ. Boletim, ano 3, n. 8, jun. 2007.

O boletim da UNICEF mostra a relação da desnutrição com o nível de escolaridade materna e a condição econômica da família. Para resolver essa grave questão de subnutrição infantil, algumas iniciativas são propostas:

I. distribuição de cestas básicas para as famílias com crianças em risco;
II. programas de educação que atendam a crianças e também a jovens e adultos;
III. hortas comunitárias, que ofereçam não só alimentação de qualidade, mas também renda para as famílias.

Das iniciativas propostas, pode-se afirmar que

(A) somente I é solução dos problemas a médio e longo prazo.
(B) somente II é solução dos problemas a curto prazo.
(C) somente III é solução dos problemas a curto prazo.
(D) I e II são soluções dos problemas a curto prazo.
(E) II e III são soluções dos problemas a médio e longo prazo.

2. (EXAME 2009)

Leia os gráficos:

**Gráfico I:
Domínio da leitura e escrita pelos brasileiros (em %)**

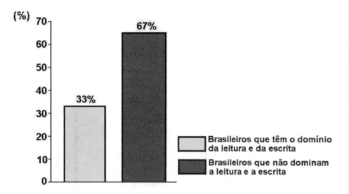

**Gráfico II:
Municípios brasileiros que possuem livrarias (em %)**

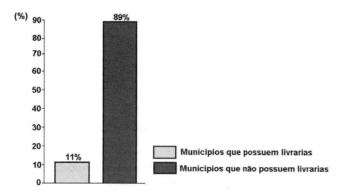

Indicador Nacional de Alfabetismo Funcional - INAF, 2005.

Relacione esses gráficos às seguintes informações:

O Ministério da Cultura divulgou, em 2008, que o Brasil não só produz mais da metade dos livros do continente americano, como também tem parque gráfico atualizado, excelente nível de produção editorial e grande quantidade de papel. Estima-se que 73% dos livros do país estejam nas mãos de 16% da população.

Para melhorar essa situação, é necessário que o Brasil adote políticas públicas capazes de conduzir o país à formação de uma sociedade leitora.

Qual das seguintes ações NÃO contribui para a formação de uma sociedade leitora?

(A) Desaceleração da distribuição de livros didáticos para os estudantes das escolas públicas, pelo MEC, porque isso enriquece editoras e livreiros.

(B) Exigência de acervo mínimo de livros, impressos e eletrônicos, com gêneros diversificados, para as bibliotecas escolares e comunitárias.

(C) Programas de formação continuada de professores, capacitando-os para criar um vínculo significativo entre o estudante e o texto.

(D) Programas, de iniciativa pública e privada, garantindo que os livros migrem das estantes para as mãos dos leitores.

(E) Uso da literatura como estratégia de motivação dos estudantes, contribuindo para uma leitura mais prazerosa.

QUESTÕES DISCURSIVA

1. (EXAME 2004) DISCURSIVAS

A Reprodução Clonal do Ser Humano

A reprodução clonal do ser humano acha-se no rol das coisas preocupantes da ciência juntamente com o controle do comportamento, a engenharia genética, o transplante de cabeças, a poesia de computador e o crescimento irrestrito das flores plásticas.

A reprodução clonal é a mais espantosa das perspectivas, pois acarreta a eliminação do sexo, trazendo como compensação a eliminação metafórica da morte. Quase não é consolo saber que a nossa reprodução clonal, idêntica a nós, continua a viver, principalmente quando essa vida incluirá, mais cedo ou mais tarde, o afastamento provável do eu real, então idoso. É difícil imaginar algo parecido à afeição ou ao respeito filial por um único e solteiro núcleo; mais difícil ainda é considerar o nosso novo eu auto-gerado como algo que não seja senão um total e desolado órfão. E isso para não mencionar o complexo relacionamento interpessoal inerente à auto-educação desde a infância, ao ensino da linguagem, ao estabelecimento da disciplina e das maneiras etc. Como se sentiria você caso se tornasse, por procuração, um incorrigível delinquente juvenil na idade de 55 anos?

As questões públicas são óbvias. Quem será selecionado e de acordo com que qualificações? Como enfrentar os riscos da tecnologia erroneamente usada, tais como uma reprodução clonal autodeterminada pelos ricos e poderosos, mas socialmente indesejáveis, ou a reprodução feita pelo Governo de massas dóceis e idiotas para realizarem o trabalho do mundo? Qual será, sobre os não-reproduzidos clonalmente, o efeito de toda essa mesmice humana? Afinal, nós nos habituamos, no decorrer de milênios, ao permanente estímulo da singularidade; cada um de nós é totalmente diverso, em sentido fundamental, de todos os bilhões. A individualidade é um fato essencial da vida. A idéia da ausência de um eu humano, a mesmice, é aterrorizante quando a gente se põe a pensar no assunto.

(...)

Para fazer tudo bem direitinho, com esperanças de terminar com genuína duplicata de uma só pessoa, não há outra escolha. É preciso clonar o mundo inteiro, nada menos.

THOMAS, Lewis. A medusa e a lesma.
Rio de Janeiro: Nova Fronteira, 1980. p.59.

Em no máximo dez linhas, expresse a sua opinião em relação a uma – e somente uma – das questões propostas no terceiro parágrafo do texto.

2. (EXAME 2005) DISCURSIVA

A queimada é um dos muitos crimes que ainda se comete contra o ecossistema

(JB ECOLÓGICO. JB, Ano 4, n. 41, junho 2005, p.21.)

Agora é vero. Deu na imprensa internacional, com base científica e fotos de satélite: a continuar o ritmo atual da devastação e a incompetência política secular do Governo e do povo brasileiro em contê-la, a Amazônia desaparecerá em menos de 200 anos. A última grande floresta tropical e refrigerador natural do único mundo onde vivemos irá virar deserto.

Internacionalização já! Ou não seremos mais nada. Nem brasileiros, nem terráqueos. Apenas uma lembrança vaga e infeliz de vida breve, vida louca, daqui a dois séculos.

A quem possa interessar e ouvir, assinam essa declaração: todos os rios, os céus, as plantas, os animais, e os povos índios, caboclos e universais da Floresta Amazônica. Dia cinco de junho de 2005.

Dia Mundial do Meio Ambiente e Dia Mundial da Esperança. A última.

(CONCOLOR, Felis. Amazônia? Internacionalização já! In: JB ecológico. Ano 4, nº 41, jun. 2005, p. 14, 15. fragmento)

A tese da internacionalização, ainda que circunstancialmente possa até ser mencionada por pessoas preocupadas com a região, longe está de ser solução para qualquer dos nossos problemas. Assim, escolher a Amazônia para demonstrar preocupação com o futuro da humanidade é louvável se assumido também, com todas as suas conseqüências, que o inaceitável processo de destruição das nossas florestas é o mesmo que produz e reproduz diariamente a pobreza e a desigualdade por todo o mundo.

Se assim não for, e a prevalecer mera motivação "da propriedade", então seria justificável também propor devaneios como a internacionalização do Museu do Louvre ou, quem sabe, dos poços de petróleo ou ainda, e neste caso não totalmente desprovido de razão, do sistema financeiro mundial.

(JATENE, Simão. Preconceito e pretensão. In: JB ecológico. Ano 4, nº 42, jul. 2005, p. 46, 47. fragmento)

A partir das idéias presentes nos textos acima, expresse a sua opinião, fundamentada em dois argumentos sobre **a melhor maneira de se preservar a maior floresta equatorial do planeta.** (máximo de 10 linhas)

3. (EXAME 2005) DISCURSIVA

Vilarejos que afundam devido ao derretimento da camada congelada do subsolo, uma explosão na quantidade de insetos, números recorde de incêndios florestais e cada vez menos gelo – esses são alguns dos sinais mais óbvios e assustadores de que o Alasca está ficando mais quente devido às mudanças climáticas, disseram cientistas.

As temperaturas atmosféricas no Estado norte-americano aumentaram entre 2 °C e 3 °C nas últimas cinco décadas, segundo a Avaliação do Impacto do Clima no Ártico, um estudo amplo realizado por pesquisadores de oito países.

(Folha de S. Paulo, 28 set. 2005)

O aquecimento global é um fenômeno cada vez mais evidente devido a inúmeros acontecimentos como os descritos no texto e que têm afetado toda a humanidade.

Apresente duas sugestões de providências a serem tomadas pelos governos que tenham como objetivo minimizar o processo de aquecimento global.

4. (EXAME 2006) DISCURSIVA

Leia com atenção os textos abaixo.

Duas das feridas do Brasil de hoje, sobretudo nos grandes centros urbanos, são a banalidade do crime e a violência praticada no trânsito. Ao se clamar por solução, surge a pergunta: de quem é a responsabilidade?

São cerca de 50 mil brasileiros assassinados a cada ano, número muito superior ao de civis mortos em países atravessados por guerras. Por que se mata tanto? Por que os governantes não se sensibilizam e só no discurso tratam a segurança como prioridade? Por que recorrer a chavões como endurecer as leis, quando já existe legislação contra a impunidade? Por que deixar tantos jovens morrerem, tantas mães chorarem a falta dos filhos?

(O Globo. Caderno Especial. 2 set. 2006.)

Diante de uma tragédia urbana, qualquer reação das pessoas diretamente envolvidas é permitida. Podem sofrer, revoltar-se, chorar, não fazer nada. Cabe a quem está de fora a atitude. Cabe à sociedade perceber que o drama que naquela hora é de três ou cinco famílias é, na verdade, de todos nós. E a nós não é reservado o direito da omissão. Não podemos seguir vendo a vida dos nossos jovens escorrer pelas mãos. Não podemos achar que evoluir é aceitar crianças de 11 anos consumindo bebidas alcoólicas e, mais tarde, juntando esse hábito ao de dirigir, sem a menor noção de responsabilidade. (...) Queremos diálogo com nossos meninos. Queremos campanhas que os alertem. Queremos leis que os protejam. Queremos mantê-los no mundo para o qual os trouxemos. Queremos – e precisamos – ficar vivos para que eles fiquem vivos.

(**O Dia**, Caderno Especial, Rio de Janeiro, 10 set. 2006.)

Com base nas idéias contidas nos textos acima, responda à seguinte pergunta, fundamentando o seu ponto de vista com argumentos.

Como o Brasil pode enfrentar a violência social e a violência no trânsito?

Observações:
- Seu texto deve ser dissertativo-argumentativo (não deve, portanto, ser escrito em forma de poema ou de narração).
- O seu ponto de vista deve estar apoiado em argumentos.
- Seu texto deve ser redigido na modalidade escrita padrão da Língua Portuguesa.
- O texto deve ter entre 8 e 12 linhas.

5. (EXAME 2007) DISCURSIVA

Leia, com atenção, os textos a seguir.

JB Ecológico. Nov. 2005

Revista Veja. 12 out. 2005.

"Amo as árvores, as pedras, os passarinhos. Acho medonho que a gente esteja contribuindo para destruir essas coisas."

"Quando uma árvore é cortada, ela renasce em outro lugar. Quando eu morrer, quero ir para esse lugar, onde as árvores vivem em paz."

Antônio Carlos Jobim. **JB Ecológico**.
Ano 4, nº 41, jun. 2005, p.65.

Desmatamento cai e tem baixa recorde

O governo brasileiro estima que cerca de 9.600 km2 da floresta amazônica desapareceram entre agosto de 2006 e agosto de 2007, uma área equivalente a cerca de 6,5 cidades de São Paulo.

Se confirmada a estimativa, a partir de análise de imagens no ano que vem, será o menor desmatamento registrado em um ano desde o início do monitoramento, em 1998, representando uma redução de cerca de 30% no índice registrado entre 2005 e 2006. (...)

Com a redução do desmatamento entre 2004 e 2006, "o Brasil deixou de emitir 410 milhões de toneladas de CO_2 (gás do efeito estufa). Também evitou o corte de 600 milhões de árvores e a morte de 20 mil aves e 700 mil primatas. Essa emissão representa quase 15% da redução firmada pelos países desenvolvidos para o período 2008-2012, no Protocolo de Kyoto." (...)

"O Brasil é um dos poucos países do mundo que tem a oportunidade de implementar um plano que protege a biodiversidade e, ao mesmo tempo, reduz muito rapidamente seu processo de aquecimento global."

SELIGMAN, Felipe. **Folha de S. Paulo.**
Editoria de Ciência, 11 ago. 2007 (Adaptado).

Soja ameaça a tendência de queda, diz ONG

Mesmo se dizendo otimista com a queda no desmatamento, Paulo Moutinho, do IPAM (Instituto de Pesquisa Ambiental da Amazônia), afirma que é preciso esperar a consolidação dessa tendência em 2008 para a "comemoração definitiva".

"Que caiu, caiu. Mas, com a recuperação nítida do preço das commodities, como a soja, é preciso ver se essa queda acentuada vai continuar", disse o pesquisador à Folha.

"O momento é de aprofundar o combate ao desmatamento", disse Paulo Adário, coordenador de campanha do Greenpeace.

Só a queda dos preços e a ação da União não explicam o bom resultado atual, diz Moutinho.

"Estados como Mato Grosso e Amazonas estão fazendo esforços particulares. E parece que a ficha dos produtores caiu. O desmatamento, no médio prazo, acaba encarecendo os produtos deles."

GERAQUE, Eduardo. **Folha de S. Paulo.**
Editoria de Ciência. 11 ago. 2007 (Adaptado)

A partir da leitura dos textos motivadores, redija uma proposta, fundamentada em dois argumentos, sobre o seguinte tema:

EM DEFESA DO MEIO AMBIENTE

Procure utilizar os conhecimentos adquiridos, ao longo de sua formação, sobre o tema proposto.

Observações

- Seu texto deve ser dissertativo-argumentativo (não deve, portanto, ser escrito em forma de poema ou de narração).
- A sua proposta deve estar apoiada em, pelo menos, dois argumentos.
- O texto deve ter entre 8 e 12 linhas.
- O texto deve ser redigido na modalidade escrita padrão da Língua Portuguesa.
- Os textos motivadores não devem ser copiados.

6. (EXAME 2007) DISCURSIVA

Sobre o papel desempenhado pela mídia nas sociedades de regime democrático, há várias tendências de avaliação com posições distintas. Vejamos duas delas:

Posição I: A mídia é encarada como um mecanismo em que grupos ou classes dominantes são capazes de difundir idéias que promovem seus próprios interesses e que servem, assim, para manter o *status quo*. Desta forma, os contornos ideológicos da ordem hegemônica são fixados, e se reduzem os espaços de circulação de idéias alternativas e contestadoras.

Posição II: A mídia vem cumprindo seu papel de guardiã da ética, protetora do decoro e do Estado de Direito. Assim, os órgãos midiáticos vêm prestando um grande serviço às sociedades, com neutralidade ideológica, com fidelidade à verdade factual, com espírito crítico e com fiscalização do poder onde quer que ele se manifeste.

Leia o texto a seguir, sobre o papel da mídia nas sociedades democráticas da atualidade - exemplo do jornalismo.

> "Quando os jornalistas são questionados, eles respondem de fato: 'nenhuma pressão é feita sobre mim, escrevo o que quero'. E isso é verdade. Apenas deveríamos acrescentar que, se eles assumissem posições contrárias às normas dominantes, não escreveriam mais seus editoriais. Não se trata de uma regra absoluta, é claro. Eu mesmo sou publicado na mídia norte-americana. Os Estados Unidos não são um país totalitário. (...) Com certo exagero, nos países totalitários, o Estado decide a linha a ser seguida e todos devem-se conformar. As sociedades democráticas funcionam de outra forma: a linha jamais é anunciada como tal; ela é subliminar. Realizamos, de certa forma, uma "lavagem cerebral em liberdade". Na grande mídia, mesmo os debates mais apaixonados se situam na esfera dos parâmetros implicitamente consentidos – o que mantém na marginalidade muitos pontos de vista contrários."

Revista Le Monde Diplomatique Brasil, ago. 2007 - texto de entrevista com Noam Chomsky.

Sobre o papel desempenhado pela mídia na atualidade, faça, em no máximo, 6 linhas, o que se pede:

a) escolha entre as posições I e II a que apresenta o ponto de vista mais próximo do pensamento de Noam Chomsky e explique a relação entre o texto e a posição escolhida;

b) apresente uma argumentação coerente para defender seu posicionamento pessoal quanto ao fato de a mídia ser ou não livre.

7. (EXAME 2008) DISCURSIVA

DIREITOS HUMANOS EM QUESTÃO

O caráter universalizante dos direitos do homem (...) não é da ordem do saber teórico, mas do operatório ou prático: eles são invocados para agir, desde o princípio, em qualquer situação dada.

François JULIEN, filósofo e sociólogo.

Neste ano, em que são comemorados os 60 anos da Declaração Universal dos Direitos Humanos, novas perspectivas e concepções incorporam-se à agenda pública brasileira. Uma das novas perspectivas em foco é a visão mais integrada dos direitos econômicos, sociais, civis, políticos e, mais recentemente, ambientais, ou seja, trata-se da integralidade ou indivisibilidade dos direitos humanos. Dentre as novas concepções de direitos, destacam-se:

- a habitação como **moradia digna** e não apenas como necessidade de abrigo e proteção;
- a segurança como **bem-estar** e não apenas como necessidade de vigilância e punição;
- o trabalho como **ação para a vida** e não apenas como necessidade de emprego e renda.

Tendo em vista o exposto acima, selecione **uma** das concepções destacadas e esclareça por que ela representa um avanço para o exercício pleno da cidadania, na perspectiva da integralidade dos direitos humanos.

Seu texto deve ter entre **8** e **10** linhas.

LE MONDE Diplomatique Brasil. Ano 2, n. 7, fev. 2008, p. 31.

8. (EXAME 2008) DISCURSIVA

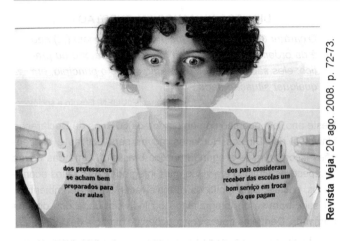

Revista Veja, 20 ago. 2008. p. 72-73.

Alunos dão nota 7,1 para ensino médio

Apesar das várias avaliações que mostram que o ensino médio está muito aquém do desejado, os alunos, ao analisarem a formação que receberam, têm outro diagnóstico. No questionário socioeconômico que responderam no Enem (Exame Nacional do Ensino Médio) do ano passado, eles deram para seus colégios nota média 7,1. Essa boa avaliação varia pouco conforme o desempenho do aluno. Entre os que foram mal no exame, a média é de 7,2; entre aqueles que foram bem, ela fica em 7,1.

GOIS, Antonio. **Folha de S.Paulo**, 11 jun. 2008 (Fragmento).

Entre os piores também em matemática e leitura

O Brasil teve o quarto pior desempenho, entre 57 países e territórios, no maior teste mundial de matemática, o Programa Internacional de Avaliação de Alunos (Pisa) de 2006. Os estudantes brasileiros de escolas públicas e particulares ficaram na 54ª posição, à frente apenas de Tunísia, Qatar e Quirguistão. Na prova de leitura, que mede a compreensão de textos, o país foi o oitavo pior, entre 56 nações.

Os resultados completos do Pisa 2006, que avalia jovens de 15 anos, foram anunciados ontem pela Organização para a Cooperação e o Desenvolvimento (OCDE), entidade que reúne países adeptos da economia de mercado, a maioria do mundo desenvolvido.

WEBER, Demétrio. Jornal **O Globo**, 5 dez. 2007, p. 14 (Fragmento).

Ensino fundamental atinge meta de 2009

O aumento das médias dos alunos, especialmente em matemática, e a diminuição da reprovação fizeram com que, de 2005 para 2007, o país melhorasse os indicadores de qualidade da educação. O avanço foi mais visível no ensino fundamental. No ensino médio, praticamente não houve melhoria. Numa escala de zero a dez, o ensino fundamental em seus anos iniciais (da primeira à quarta série) teve nota 4,2 em 2007. Em 2005, a nota fora 3,8. Nos anos finais (quinta a oitava), a alta foi de 3,5 para 3,8. No ensino médio, de 3,4 para 3,5. Embora tenha comemorado o aumento da nota, ela ainda foi considerada "pior do que regular" pelo ministro da Educação, Fernando Haddad.

GOIS, Antonio e PINHO, Angela. **Folha de S.Paulo**, 12 jun. 2008 (Fragmento).

A partir da leitura dos fragmentos motivadores reproduzidos, redija um texto dissertativo (fundamentado em pelo menos **dois** argumentos), sobre o seguinte tema:

A CONTRADIÇÃO ENTRE OS RESULTADOS DE AVALIAÇÕES OFICIAIS E A OPINIÃO EMITIDA PELOS PROFESSORES, PAIS E ALUNOS SOBRE A EDUCAÇÃO BRASILEIRA.

No desenvolvimento do tema proposto, utilize os conhecimentos adquiridos ao longo de sua formação.

Observações

- Seu texto deve ser de cunho dissertativo-argumentativo (não deve, portanto, ser escrito em forma de poema, de narração etc.).
- Seu ponto de vista deve estar apoiado em pelo menos **dois** argumentos.
- O texto deve ter entre **8** e **10** linhas.
- O texto deve ser redigido na modalidade padrão da Língua Portuguesa.
- Seu texto não deve conter fragmentos dos textos motivadores.

9. (EXAME 2009) DISCURSIVA

O Ministério da Educação (MEC) criou o Índice Geral de Cursos – IGC, que é o resultado das notas atribuídas a cada instituição de Ensino Superior pelo MEC, considerando-se a qualidade dos cursos de graduação de cada uma delas. O IGC tem como função orientar o público sobre a qualidade do ensino oferecido em cada instituição.

Segundo o sítio do Ministério da Educação, as instituições recebem uma nota de 1 a 5, considerando:

I. o resultado dos estudantes no Enade; e
II. variáveis de insumo, tais como:
- corpo docente (formação acadêmica, jornada e condições de trabalho);
- infraestrutura da instituição (instalações físicas, biblioteca, salas de aula, laboratórios);
- programa pedagógico.

Com base nessas informações, considere a situação a seguir e faça o que se pede:

Um universitário que frequenta um curso de graduação em uma escola **Y** consulta o sítio do MEC e verifica que seu curso recebeu IGC 2,0. No mesmo endereço, ele consulta os critérios empregados pelo Ministério para o cálculo desse índice.

a) Leia esta afirmativa: (Valor: 4 pontos)

O critério corpo docente é o que contribuiu de forma determinante para a obtenção do IGC 2,0, da escola Y.

Assinale com um X, no espaço indicado, se você concorda ou não com essa afirmativa.

☐ Sim, concordo.   ☐ Não concordo.

Apresente dois argumentos que deem suporte à sua resposta.

Argumento 1:_____

Argumento 2:_____

b) Proponha duas ações para que os atores envolvidos no curso de graduação da escola Y devem empreender com vistas à melhoria da qualidade de ensino e consequente elevação do IGC na próxima avaliação a ser realizada pelo MEC. (Valor: 6 pontos)

10. (EXAME 2009) DISCURSIVA

Leia o trecho:

> Quais as possibilidades, no Brasil atual, de a cidadania se enraizar nas práticas sociais? Essa é uma questão que supõe discutir as possibilidades, os impasses e os dilemas da construção da cidadania, tendo como foco a dinâmica da sociedade. Antes de mais nada, é preciso dizer que tomar a sociedade como foco de discussão significa um modo determinado de problematizar a questão dos direitos. Os direitos são aqui tomados como práticas, discursos e valores que afetam o modo como as desigualdades e diferenças são figuradas no cenário público, como interesses se expressam e os conflitos se realizam.

TELLES, 2006. (Adaptado)

Na abordagem salientada nesse trecho, qual direito social você destacaria para diminuir as desigualdades de renda familiar no Brasil? Apresente dois argumentos que deem suporte à sua resposta.

11. (EXAME 2010) DISCURSIVA

As seguintes acepções dos termos democracia e ética foram extraídas do Dicionário Houaiss da Língua Portuguesa.

democracia. POL. **1** governo do povo; governo em que o povo exerce a soberania **2** sistema político cujas ações atendem aos interesses populares **3** governo no qual o povo toma as decisões importantes a respeito das políticas públicas, não de forma ocasional ou circunstancial, mas segundo princípios permanentes de legalidade **4** sistema político comprometido com a igualdade ou com a distribuição equitativa de poder entre todos os cidadãos **5** governo que acata a vontade da maioria da população, embora respeitando os direitos e a livre expressão das minorias

ética. **1** parte da filosofia responsável pela investigação dos princípios que motivam, distorcem, disciplinam ou orientam o comportamento humano, refletindo esp. a respeito da essência das normas, valores, prescrições e exortações presentes em qualquer realidade social **2** p.ext. conjunto de regras e preceitos de ordem valorativa e moral de um indivíduo, de um grupo social ou de uma sociedade

Dicionário Houaiss da Língua Portuguesa.
Rio de Janeiro: Objetiva, 2001.

Considerando as acepções acima, elabore um texto dissertativo, com até 15 linhas, acerca do seguinte tema:

COMPORTAMENTO ÉTICO NAS SOCIEDADES DEMOCRÁTICAS.

Em seu texto, aborde os seguintes aspectos:

a) conceito de sociedade democrática; (valor: 4,0 pontos)
b) evidências de um comportamento não ético de um individuo; (valor: 3,0 pontos)
c) exemplo de um comportamento ético de um futuro profissional comprometido com a cidadania (valor: 3,0 pontos)

12. (EXAME 2010) DISCURSIVA

Para a versão atual do Plano Nacional de Educação (PNE), em vigor desde 2001 e com encerramento previsto para 2010, a esmagadora maioria dos municípios e estados não aprovou uma legislação que garantisse recursos para cumprir suas metas. A seguir, apresentam-se alguns indicativos do PNE 2001.

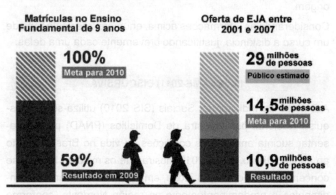

Entre 2001 e 2007, 10,9 milhões de pessoas fizeram parte de turmas de Educação de Jovens e Adultos (EJA). Parece muito, mas representa apenas um terço dos mais de 29 milhões de pessoas que não chegaram à 4ª série e seriam o público-alvo dessa faixa de ensino. A inclusão da EJA no Fundo de Manutenção e Desenvolvimento da Educação Básica e de Valorização dos Profissionais da Educação (FUNDEB) representou uma fonte de recursos para ampliar a oferta, mas não atacou a evasão, hoje em alarmantes 43%.

Disponível em: <http://revistaescola.abril.com.br/politicas-publicas>.
Acesso em: 31 ago. 2010 (com adaptações).

Com base nos dados do texto acima e tendo em vista que novas diretrizes darão origem ao PNE de 2011 - documento que organiza prioridades e propõe metas a serem alcançadas nos dez anos seguintes -, redija um único texto argumentativo em, no máximo, 15 linhas, acerca da seguinte assertiva:

O DESAFIO, HOJE, NÃO É SÓ MATRICULAR, MAS MANTER OS ALUNOS DA EDUCAÇÃO DE JOVENS E ADULTOS NA ESCOLA, DIMINUINDO A REPETÊNCIA E O ABANDONO.

Em seu texto, contemple os seguintes aspectos:

a) a associação entre escola e trabalho na vida dos estudantes da EJA; (valor: 5,0 pontos)

b) uma proposta de ação que garanta a qualidade do ensino e da aprendizagem e diminua a repetência e a evasão. (valor: 5,0 pontos)

13. (EXAME 2011) DISCURSIVA

A Educação a Distância (EaD) é a modalidade de ensino que permite que a comunicação e a construção do conhecimento entre os usuários envolvidos possam acontecer em locais e tempos distintos. São necessárias tecnologias cada vez mais sofisticadas para essa modalidade de ensino não presencial, com vistas à crescente necessidade de uma pedagogia que se desenvolva por meio de novas relações de ensino-aprendizagem.

O Censo da Educação Superior de 2009, realizado pelo MEC/INEP, aponta para o aumento expressivo do número de matrículas nessa modalidade. Entre 2004 e 2009, a participação da EaD na Educação Superior passou de 1,4% para 14,1%, totalizando 838 mil matrículas, das quais 50% em cursos de licenciatura. Levantamentos apontam ainda que 37% dos estudantes de EaD estão na pós-graduação e que 42% estão fora do seu estado de origem.

Considerando as informações acima, enumere três vantagens de um curso a distância, justificando brevemente cada uma delas.

14. (EXAME 2011) DISCURSIVA

A Síntese de Indicadores Sociais (SIS 2010) utiliza-se da Pesquisa Nacional por Amostra de Domicílios (PNAD) para apresentar sucinta análise das condições de vida no Brasil. Quanto ao analfabetismo, a SIS 2010 mostra que os maiores índices se concentram na população idosa, em camadas de menores rendimentos e predominantemente na região Nordeste, conforme dados do texto a seguir.

A taxa de analfabetismo referente a pessoas de 15 anos ou mais de idade baixou de 13,3% em 1999 para 9,7% em 2009. Em números absolutos, o contingente era de 14,1 milhões de pessoas analfabetas. Dessas, 42,6% tinham mais de 60 anos, 52,2% residiam no Nordeste e 16,4% viviam com ½ salário-mínimo de renda familiar *per capita*. Os maiores decréscimos no analfabetismo por grupos etários entre 1999 a 2009 ocorreram na faixa dos 15 a 24 anos. Nesse grupo, as mulheres eram mais alfabetizadas, mas a população masculina apresentou queda um pouco mais acentuada dos índices de analfabetismo, que passou de 13,5% para 6,3%, contra 6,9% para 3,0% para as mulheres.

SIS 2010: Mulheres mais escolarizadas são mães mais tarde e têm menos filhos. Disponível em: <www.ibge.gov.br/home/presidencia/noticias>. Acesso em: 25 ago. 2011 (adaptado).

Com base nos dados apresentados, redija um texto dissertativo acerca da importância de políticas e programas educacionais para a erradicação do analfabetismo e para a empregabilidade, considerando as disparidades sociais e as dificuldades de obtenção de emprego provocadas pelo analfabetismo. Em seu texto, apresente uma proposta para a superação do analfabetismo e para o aumento da empregabilidade.

População analfabeta com idade superior a 15 anos	
ano	porcentagem
2000	13,6
2001	12,4
2002	11,8
2003	11,6
2004	11,2
2005	10,7
2006	10,2
2007	9,9
2008	10,0
2009	9,7

Fonte: IBGE

ANEXO I

GABARITO E PADRÃO DE RESPOSTA

HABILIDADE 1 – INTERPRETAR, COMPREENDER E ANALISAR TEXTOS, CHARGES, FIGURAS, FOTOS, GRÁFICOS E TABELAS

1. E
2. A
3. A
4. C
5. A
6. C
7. A
8. D
9. D
10. C
11. D
12. A
13. D
14. B
15. D
16. B
17. A
18. A
19. C
20. A
21. D
22. E
23. C

HABILIDADE 2 – ESTABELECER COMPARAÇÕES, CONTEXTUALIZAÇÕES, RELAÇÕES, CONTRASTES E RECONHECER DIFERENTES MANIFESTAÇÕES ARTÍSTICAS

1. D
2. C
3. B
4. E
5. E
6. B
7. E
8. B
9. E
10. E
11. B
12. C
13. E
14. C
15. E
16. C
17. C
18. D
19. A
20. B

HABILIDADE 3 – ELABORAR SÍNTESES E EXTRAIR CONCLUSÕES

1. E
2. C
3. D
4. C
5. C
6. C
7. D
8. A
9. D
10. E
11. C
12. B
13. E
14. E
15. B
16. A
17. B
18. E

QUESTÕES DISCURSIVA

1. DISCURSIVA

ANÁLISE OFICIAL – PADRÃO DE RESPOSTA

a) O envelhecimento da população, resultado de um processo de aumento da participação dos idosos no conjunto total da população, se, por um lado, é um dado positivo porque expressa o aumento da expectativa de vida das pessoas, por outro, implica um ônus maior para os sistemas previdenciários e de saúde, pois os governos têm que pagar por mais tempo os benefícios/direitos de aposentadoria e arcar com assistência médica e hospitalar de um número maior de idosos (a elevação da expectativa de vida do brasileiro prolonga o tempo de recebimento dos benefícios da aposentadoria). Isso implica a necessidade de medidas eficazes por parte da previdência social que possam garantir aposentadoria e assistência médica satisfatória.

b) Pode ser apresentada uma das seguintes situações:
- a redução das taxas de fecundidade deverá provocar, a médio e longo prazos, a diminuição de contribuintes ao sistema previdenciário;
- ao contrário dos países desenvolvidos que primeiro acumularam riquezas e depois envelheceram, o Brasil entra num processo de envelhecimento da população com questões econômicas e sociais não resolvidas;
- grande parcela de trabalhadores no Brasil não é contribuinte do sistema previdenciário;
- o sistema previdenciário, ao longo do tempo, permitiu a coexistência de milhares de aposentadorias extremamente elevadas ao lado de milhões de aposentadorias miseráveis;

- fraudes no sistema previdenciário, inclusive com formação de quadrilhas;
- o alargamento de benefícios a outras camadas da população que não pagaram a previdência pelo tempo regular;
- a opção política neoliberal, com a proposta de redução do papel do Estado, estimulou a previdência privada;
- a metodologia que anteriormente era adotada no cálculo da previdência social.

2. DISCURSIVA

ANÁLISE OFICIAL – PADRÃO DE RESPOSTA

a) Poderá ser apresentada uma das conclusões:
- O Brasil, que é uma das nações mais populosas do mundo, tem um número absoluto de internautas alto, correspondendo a 22,3 milhões em 2004, o que coloca o país na 10ª posição no *ranking* mundial. Porém, isso representa uma pequena parcela da população, pois, para cada 10 habitantes, em 2003, havia menos de 1 internauta.
- O Brasil reflete um panorama global de desigualdade no acesso às novas tecnologias de informática, como o uso da internet, o que caracteriza um índice considerável de exclusão digital: em números absolutos somos o 10º país com maior quantidade de internautas, mas em números relativos o quadro muda, visto que mais de 80% dos brasileiros ainda não têm acesso à Internet.
- leitura comparativa dos países que aparecem no gráfico, levando em conta os valores absolutos e relativo/tamanho da população.

b) Poderá ser apresentada uma das conclusões:
- Com a introdução das novas tecnologias de informática, o desemprego estrutural é uma realidade no Brasil e no mundo, reduzindo os postos de trabalho e de tarefas no mundo do trabalho e exigindo pessoas preparadas para o uso dessas novas tecnologias.
- A pequena oferta de trabalho pelo desemprego estrutural gera o deslocamento de pessoas com bom nível de educação formal, mas sem preparo para o uso das novas tecnologias de informática, para atividades que exigem baixa qualificação profissional.
- No mundo atual, a camada mais pobre da população precisa, além de outros fatores, se preocupar com mais um obstáculo para ter uma vida digna: a exclusão digital. Não possuir acesso à rede mundial na área de informática significa mais dificuldade para conseguir emprego e perda em aspectos primordiais da cidadania. Assim, dominar recursos básicos de informática torna-se exigência para quem quer ingressar no mercado de trabalho. Na atualidade, além da exigência de qualificação para o uso das novas tecnologias de informática, a discriminação da mulher no mercado de trabalho, com o aumento dodesemprego estrutural, é facilitada, colocando-a numa situação subalterna, mesmo quando ela tem bom nível de educação formal.

3. DISCURSIVA

ANÁLISE OFICIAL – PADRÃO DE RESPOSTA

Tema – Políticas Públicas / Políticas Afirmativas / Sistema de Cotas "raciais

a) O aluno deverá apresentar, num texto coerente e coeso, a essência de um dos argumentos a seguir contra o sistema de cotas.

– Diversos dispositivos dos projetos (Lei de cotas e Estatuto da Igualdade Racial) ferem o princípio constitucional da igualdade política e jurídica, visto que todos são iguais perante a lei. Para se tratar desigualmente os desiguais, é preciso um fundamento razoável e um fim legítimo e não um fundamento que envolve a diferença baseada, somente, na cor da pele.

– Implantar uma classificação racial oficial dos cidadãos brasileiros, estabelecer cotas raciais no serviço público e criar privilégios nas relações comerciais entre poder público e empresas privadas que utilizem cotas raciais na contratação de funcionários é um equívoco. Sendo aprovado tal estatuto, o País passará a definir os direitos das pessoas com base na tonalidade da pele e a História já condenou veementemente essas tentativas.

– Políticas dirigidas a grupos "raciais estanques em nome da justiça social não eliminam o racismo e podem produzir efeito contrário; dando-se respaldo legal ao conceito de "raça, no sentido proposto, é possível o acirramento da intolerância.

– A adoção de identidades étnicas e culturais não deve ser imposta pelo Estado. A autorização da inclusão de dados referentes ao quesito raça/cor em instrumentos de coleta de dados em fichas de instituições de ensino e nas de atendimento em hospitais, por exemplo, pode gerar ainda mais preconceito.

– O sistema de cotas valorizaria excessivamente a raça, e o que existe, na verdade, é a raça humana. Além disso, há dificuldade para definir quem é negro porque no País domina a miscigenação.

– O acesso à Universidade deve basear-se em um único critério: o de mérito. Não sendo assim, a qualidade acadêmica pode ficar ameaçada por alunos despreparados. Nesse sentido, a principal luta é a de reivindicar propostas que incluam maiores investimentos na educação básica.

– O acesso à Universidade Pública que não esteja unicamente vinculado ao mérito acadêmico pode provocar a falência do ensino público e gratuito, favorecendo as faculdades da rede privada de ensino superior.

b) O aluno deverá apresentar, num texto coerente e coeso, a essência de um dos argumentos a seguir a favor do sistema de cotas.

– É preciso avaliar sobre que "igualdade se está tratando quando se diz que ela está ameaçada com os projetos em questão. Há necessidade de diferenciar a igualdade formal (do ordenamento jurídico e da estrutura estatal) da igualdade material (igualdade de fato na vida econômica). Ao longo da História, manteve-se a centralização política e a exclusão de grande parte da população brasileira na maioria dos direitos, perpetuando-se o mando sobre uma enorme massa de população.
É preciso, então, fazer uma reparação.

– Não se pode ocultar a diversidade e as especificidades sociopolíticas e culturais do povo brasileiro.

– O princípio da igualdade assume hoje um significado complexo que deve envolver o princípio da igualdade na lei, perante a lei e em suas dimensões formais e materiais. A cota não tira direitos, mas rediscute a distribuição dos bens escassos da nação até que a distribuição igualitária dos serviços públicos seja alcançada.

– Não se pode negar a dimensão racial como uma categoria de análise das relações sociais brasileiras. A acusação de que a defesa do sistema de cotas promove a criação de grupos sociais estanques não procede; é injusta e equivocada. Admitir as diferenças não significa utilizá-las para inferiorizar um povo, uma pessoa pertencente a um determinado grupo social.

– A utilização das expressões "raça e "racismo pelos que defendem o sistema de cotas está relacionada ao entendimento informal, e nunca como purismo biológico; trata-se de um conceito político aplicado ao processo social construído sobre diferenças humanas, portanto, um construto em que grupos sociais se identificam e são identificados.

– Na luta por ações afirmativas e pelo Estatuto da Igualdade Racial se defende muito mais do que o aumento de vagas para o trabalho e o ensino; defende-se um projeto político contra a opressão e a favor do respeito às diferenças.

– Dizer que é difícil definir quem é negro é uma hipocrisia, pois não faltam agentes sociais versados em identificar negros e discriminá-los.

– As Universidades Públicas no Brasil sempre operaram num velado sistema de cotas para brancos afortunados, visto que a metodologia dos vestibulares acaba por beneficiar os alunos egressos das escolas particulares e dos cursinhos caros.

– Pesquisas revelam que, para as Universidades que já adotaram o sistema de cotas, não há diferenças de rendimento entre alunos cotistas e não-cotistas; os números revelam, inclusive, que no quesito freqüência os cotistas estão em vantagem (são mais assíduos).

HABILIDADE 4 – CRITICAR, ARGUMENTAR, OPINAR, PROPOR SOLUÇÕES E FAZER ESCOLHAS

1. E
2. A

QUESTÕES DISCURSIVA

1. DISCURSIVA

ANÁLISE OFICIAL – PADRÃO DE RESPOSTA

O estudante poderá focalizar uma das seguintes questões:
- qualificação para o processo de seleção clonal;
- autodeterminação pelos ricos e poderosos da reprodução de indivíduos socialmente indesejáveis;
- riscos de tecnologia, erroneamente usada pelo Governo, de massas dóceis e idiotas para realizar trabalhos do mundo;
- efeito de toda a mesmice humana sobre os não-reproduzidos clonalmente;
- estímulo à singularidade que acompanha o homem há milênios;
- individualidade como fato essencial da vida;
- aterrorizante ausência de um eu-humano, a mesmice.

Na análise das respostas, serão considerados os seguintes aspectos:

- adequação ao tema
- coerência
- coesão textual
- correção gramatical do texto

2. DISCURSIVA

ANÁLISE OFICIAL – PADRÃO DE RESPOSTA

O candidato deverá, em no máximo 10 linhas, apresentar uma proposta de preservação da Floresta Amazônica, fundamentada em dois argumentos coerentes com a proposta e coerentes entre si, no padrão formal culto da língua.

O aluno poderá utilizar os textos apresentados, articulando-os para elaborar sua resposta, ou utilizálos como estímulo para responder à questão.

No desenvolvimento do tema o candidato deverá fornecer uma proposta que garanta, pelo menos uma das três possibilidades: a proteção, ou a recuperação, ou a sustentabilidade da Floresta Amazônica.

Algumas possibilidades de encaminhamento do tema:

1) Articulação entre o aspecto ecológico e econômico da preservação da Amazônia.
2) A Amazônia é uma das nossas principais riquezas naturais. Os países ricos acabaram com as suas florestas e agora querem preservar a nossa a qualquer custo. Internacionalizar a Floresta Amazônica é romper com a soberania nacional, uma vez que ela é parte integrante do território brasileiro.
3) A Floresta Amazônica é tão importante para o Brasil quanto para o mundo e, como o nosso país não tem conseguido preservá-la, a internacionalização tornou-se uma necessidade.
4) Para preservar a floresta amazônica deve-se adotar uma política de auto-sustentabilidade que valorize, ao mesmo tempo a produção para a sobrevivência e a geração de riquezas sem destruir as árvores.
5) Na política de valorização da Amazônia, deve-se reflorestar o que tiver sido destruído, sobretudo a vegetação dos mananciais hídricos.
6) Criar condições para que a população da floresta possa sobreviver dignamente com os recursos oferecidos pela região.
7) Propor políticas ambientais, numa parceria público-privada, para aproveitar o potencial da região.
8) Despertar a consciência ecológica na população local, para ela aprender a defender o seu próprio patrimônio/desenvolver o turismo ecológico.
9) Promover, em todo o País, campanhas em defesa da Floresta Amazônica.
10) Criar incentivos financeiros para aqueles que cumprirem a legislação ambiental.

3. DISCURSIVA

ANÁLISE OFICIAL – PADRÃO DE RESPOSTA

Uma sugestão que pode ser feita é a repressão ao desmatamento, especialmente àquele feito através das queimadas, garantindo que as florestas mantenham ou ampliem suas dimensões atuais para restabelecer a emissão de oxigênio na atmosfera e garantir o equilíbrio do regime de chuvas.

A outra é o controle da emissão de gases poluentes de automóveis e indústrias, especialmente os de origem fóssil, com o objetivo de minimizar o efeito estufa, um dos fatores que contribuem para o aquecimento global.

4. DISCURSIVA

ANÁLISE OFICIAL – PADRÃO DE RESPOSTA

O aluno deverá apresentar proposta de como o País poderá enfrentar a violência social e a violência no trânsito, sobretudo nos grandes centros urbanos, responsáveis pela morte de milhares de jovens. O texto, desenvolvido entre oito e doze linhas, deve estar fundamentado em argumentos e ser redigido na modalidade escrita padrão da Língua Portuguesa.

Conteúdo informativo dos dois textos:

Texto 1 "Por quê?: O número de brasileiros, sobretudo de jovens, assassinados anualmente é superior ao de vários países em guerra, pouco sendo feito, na prática, para impedir essa tragédia.

Texto 2 "Fique vivo: O que a sociedade pode fazer para evitar que jovens morram de acidentes de trânsito? Ela deve oferecer leis que os protejam, campanhas que os alertem através do diálogo para criar noção de responsabilidade.

Para o desenvolvimento do tema, poderão ser consideradas as abordagens a seguir.

1) A **violência social,** responsável pela morte de muitos jovens, é fruto de vários fatores: a miséria, o desnível econômico numa sociedade de consumo, a baixa escolaridade, a desorganização familiar, a ausência do poder público em comunidades que carecem de projetos que valorizem a cidadania através de atividades esportivas, culturais e educativas.

Aspectos que podem ser focalizados no encaminhamento do tema:

- investimento na educação de tempo integral em que à atividade educativa se agregue a esportiva/cultural;
- acesso dos jovens das periferias das grandes cidades ao mercado de trabalho através de projetos de redução do desnível socioeconômico;
- combate à violência e repressão ao crime organizado com investimento financeiro na formação, no salário e no aparelhamento das polícias;
- rigor no cumprimento da legislação contra o crime com o controle externo do Judiciário.

2) A **violência no trânsito,** responsável pela morte de muitos jovens, é, em grande parte, conseqüência tanto do consumo excessivo do álcool quanto da alta velocidade. A glamorização

de bebidas alcoólicas e de carros velozes tem levado adolescentes a dirigirem embriagados e em excesso de velocidade. A legislação vigente deve ser revista para que as penas sejam mais rigorosas. Além disso, é necessário promover campanhas educativas, melhorar a fiscalização do trânsito, e conscientizar a todos da tragédia que é a morte dos jovens que transformam a bebida e o automóvel em armas contra a própria vida.

Aspectos que podem ser focalizados no encaminhamento do tema:

- proibiçã o de propaganda de bebida alcoólica nos veículos de comunicação;
- obrigatoriedade de os fabricantes de veículos divulgarem os perigos da alta velocidade nos carros mais potentes;
- inserção, nos critérios para tirar carteira de motorista, de leitura de material educativo sobre as graves conseqüências de dirigir alcoolizado;
- campanhas conjuntas dos governos e da sociedade civil que alertem os jovens para dirigir com responsabilidade;
- legislação mais rigorosa sobre os crimes de dirigir embriagado e em alta velocidade.

5. DISCURSIVA

ANÁLISE OFICIAL – PADRÃO DE RESPOSTA

O estudante deverá apresentar uma proposta de defesa do meio ambiente, fundamentada em dois argumentos. O texto, desenvolvido entre oito e doze linhas, deve ser redigido na modalidade escrita padrão da Língua Portuguesa. Conteúdo informativo dos textos:

1) Desmatamento cai e tem baixa recorde Análise de imagens vem comprovando a redução do desmatamento no Brasil. Com isso, o país protege a sua biodiversidade, adequando-se às metas do Protocolo de Kyoto.

2) Soja ameaça a tendência de queda, diz ONG A confirmação da tendência de queda no desmatamento depende dos dados referentes a 2008. A elevação do preço da soja no mercado internacional pode comprometer a consolidação da tendência de queda do desmatamento. Os produtores de soja compreendem que a redução do desmatamento pode levar à valorização do seu produto.

Possibilidades de encaminhamento do tema:

1) Medidas governamentais para a redução do desmatamento.
2) Contribuição do Brasil em defesa da biodiversidade.
3) Cumprimento das metas do Protocolo que Kyoto.
4) Tomada de consciência da necessidade de preservação do meio ambiente.
5) Implementação de ações individuais e coletivas visando à salvação do meio ambiente.
6) Participação da sociedade em movimentos ecológicos.
7) Estimulo à educação ambiental promovida pela sociedade civil e pelos governos.
8) Elaboração de programas em defesa do meio ambiente veiculados pela mídia.

9) Preservação do meio ambiente compatível com o progresso econômico e social.
10) Necessidade de conscientização dos grandes produtores rurais de que a preservação do meio ambiente favorece o agronegócio.

6. DISCURSIVA

ANÁLISE OFICIAL – PADRÃO DE RESPOSTA

a) Posição I
Explicação – O estudante deverá, no seu texto (com o máximo de 6 linhas, de forma coerente, com boa organização textual e com pertinência ao tema e coesão), elaborar uma explicação envolvendo, do ponto de vista do conteúdo, a relação entre os elementos da coluna da esquerda (posição I) com os elementos da coluna da direita (texto de Noam Chomsky).

b) Resposta mais livre do estudante com a elaboração de um texto (com o máximo de 6 linhas, de forma coerente, com boa organização textual e com pertinência ao tema) que expresse seu posicionamento quanto ao fato de a mídia ser ou não livre e que apresente argumentos para caracterizar a dependência ou a independência da produção midiática.

7. DISCURSIVA

ANÁLISE OFICIAL – PADRÃO DE RESPOSTA QUESTÃO 9

A concepção que foi destacada nos três itens corresponde à ultrapassagem da mera noção de necessidade humana básica para aquela de direito humano, como um princípio de ação, na medida em que não se trata de reconhecer apenas uma carência a ser suprida, mas a possibilidade de exigência da dignidade e qualidade de vida, através da efetivação do direito (à habitação/à segurança/ao trabalho). Assim, o trabalho como ação qualificada está em correspondência com a possibilidade de uma moradia adequada, dentro de uma ambiência de bem-estar cidadão, numa perspectiva integrada, isto é, remetendo-se esses direitos uns aos outros.

8. DISCURSIVA

ANÁLISE OFICIAL – PADRÃO DE RESPOSTA

Com base nos dados veiculados pelos textos motivadores versando sobre o fraco desempenho dos alunos nas avaliações internacionais (PISA) e a opinião favorável dos professores quanto à sua preparação para o desempenho docente, dos pais em relação ao que auferem das escolas onde seus filhos estudam e dos próprios discentes que consideram o ensino recebido como de boa qualidade, espera-se que seja apontada a contradição existente entre esses pontos de vista e os dados oficiais.
Assim, o estudante deve produzir um texto dissertativo, fundamentado em argumentos (texto opinativo), no padrão escrito formal da Língua Portuguesa, sobre a contradição aludida (opinião dos pais, professores e alunos *vs* dados oficiais) e as suas causas.

9. DISCURSIVA

ANULADA

10. DISCURSIVA

ANÁLISE OFICIAL – PADRÃO DE RESPOSTA

O estudante poderá propor:

- **Acesso à educação pública, gratuita e de qualidade**, o que favorece ao cidadão ocupar postos de trabalho que exigem maior qualificação e, consequentemente, maior remuneração;
- **Permanência do estudante na escola, em todos os níveis escolares – da educação infantil a educação superior** – o que possibilita o cidadão se qualificar profissionalmente e ter acesso a melhores condições de trabalho e remuneração e, consequentemente, de vida;
- **Condições dignas de trabalho, com remuneração que garanta qualidade de vida do indivíduo**, fruto de reivindicação daquele que tem condições de trabalhar com qualidade, como consequência de seu preparo cultural e profissional;
- **Assistência à saúde, em seu contexto mais amplo**, o que favorece uma renda familiar não comprometida com a suspensão de enfermidades e, até mesmo, caracterizada pela redução de gastos com portadores de necessidades especiais;
- **Ser proprietário do imóvel em que se reside**, o que se reduz os gastos com aluguel e promove o equilíbrio financeiro familiar.

11. DISCURSIVA

ANÁLISE OFICIAL – PADRÃO DE RESPOSTA

O aluno deverá explicitar as características de uma sociedade democrática: representatividade do povo no poder, regulação por meio de leis, igualdade de direitos e de deveres. (Valor: 4,0 pontos)

O aluno deverá caracterizar comportamento não ético como aquele que fere a igualdade de direitos e de deveres, buscando apenas o benefício pessoal em detrimento dos objetivos da sociedade como um todo. (Valor: 3,0 pontos)

O aluno deverá ilustrar sua argumentação com dois exemplos de comportamentos éticos. (Valor: 3,0 pontos)

12. DISCURSIVA

ANÁLISE OFICIAL – PADRÃO DE RESPOSTA

Espera-se que a resposta a essa questão seja um único texto, contendo os aspectos solicitados.

O estudante deverá comentar o texto-base, que mostra os números da evasão escolar na EJA.

Ele deverá considerar, em seu texto, a responsabilidade dos governos em relação à educação de jovens e adultos, que precisam conciliar o estudo e o trabalho em seu dia a dia.

Por fim, espera-se que o texto apresente alguma sugestão de ação para garantir a qualidade do ensino e a aprendizagem desses alunos, mantendo-os na escola e diminuindo, portanto, o índice de evasão nesse nível de ensino.

13. DISCURSIVA

ANÁLISE OFICIAL – PADRÃO DE RESPOSTA

O estudante deve ser capaz de apontar algumas vantagens dentre as seguintes, quanto à modalidade EaD:

(i) flexibilidade de horário e de local, pois o aluno estabelece o seu ritmo de estudo;

(ii) valor do curso, em geral, é mais baixo que do ensino presencial;

(iii) capilaridade ou possibilidade de acesso em locais não atendidos pelo ensino presencial;

(iv) democratização de acesso à educação, pois atende a um público maior e mais variado que os cursos presenciais; além de contribuir para o desenvolvimento local e regional;

(v) troca de experiência e conhecimento entre os participantes, sobretudo quando dificilmente de forma presencial isso seria possível (exemplo, de pontos geográficos longínquos);

(vi) incentivo à educação permanente em virtude da significativa diversidade de cursos e de níveis de ensino;

(vii) inclusão digital,permitindo a familiarização com as mais diversas tecnologias;

(viii) aperfeiçoamento/formação pessoal e profissional de pessoas que, por distintos motivos, não poderiam frequentar as escolas regulares;

(ix) formação/qualificação/habilitação de professores, suprindo demandas em vastas áreas do país;

(x) inclusão de pessoas com comprometimento motor reduzindo os deslocamentos diários.

14. DISCURSIVA

ANÁLISE OFICIAL – PADRÃO DE RESPOSTA

O estudante deve abordar em seu texto:

- identificação e análise das desigualdades sociais acentuadas pelo analfabetismo, demonstrando capacidade de examinar e interpretar criticamente o quadro atual da educação com ênfase no analfabetismo;
- abordagem do analfabetismo numa perspectiva crítica, participativa, apontando agentes sociais e alternativas que viabilizem a realização de esforços parasua superação, estabelecendo relação entre o analfabetismo e a dificuldade para a obtenção de emprego;
- indicação de avanços e deficiências de políticas e de programas de erradicação do analfabetismo, assinalando iniciativas realizadas ao longo do período tratado e seus resultados, expressando que estas ações, embora importantes para a eliminação do analfabetismo, ainda se mostram insuficientes.

Capítulo III

Questões de componente específico de Direito

1) Conteúdos e Habilidades objetos de perguntas nas questões de Componente Específico.

As questões de Componente Específico são criadas de acordo com o curso de graduação do estudante.

Essas questões, que representam ¾ (três quartos) da prova e são em número de 30, podem trazer, em Direito, dentre outros, os seguintes **Conteúdos**:

a) Economia e Ciência Política

b) História e Sociologia Geral e Jurídica.

c) Filosofia Geral e Jurídica.

d) Teoria do Estado.

e) Introdução ao Estudo do Direito.

f) Direito Constitucional

g) Direito Administrativo

h) Direito Ambiental

i) Direito Tributário

j) Direito Civil

k) Direito Processual Civil

l) Direito Empresarial

m) Direito do Consumidor.

n) Direito Penal

o) Direito Processual Penal

p) Direito do Trabalho

q) Direito Processual do Trabalho

r) Direito Internacional

s) Direitos Humanos

t) Direito da Criança e do Adolescente

u) Ética Profissional

O objetivo aqui é avaliar junto ao estudante a compreensão dos conteúdos programáticos mínimos a serem vistos no curso de graduação, de forma avançada. Também é avaliado o nível de atualização com relação à realidade brasileira e mundial e às questões jurídicas de maior relevância.

Avalia-se aqui também *competências* e *habilidades*. A ideia é verificar se o estudante desenvolveu as principais **Habilidades** para o profissional de Direito, que são as seguintes:

a) leitura, compreensão e elaboração de textos, atos e documentos jurídicos ou normativos, com a devida utilização das normas técnico-jurídicas;

b) compreensão adequada dos fenômenos políticos, sociais, econômicos, subjetivos e psicológicos – dentre outros – , considerando-os na criação, interpretação e aplicação do Direito;

c) pesquisa e utilização da legislação, da jurisprudência, da doutrina e de outras fontes do Direito;

d) adequada atuação técnico-jurídica, em diferentes instâncias, administrativas ou judiciais, com a devida utilização de processos, atos e procedimentos;

e) correta utilização da terminologia jurídica ou da Ciência do Direito;

f) utilização de raciocínio jurídico, de argumentação, de persuasão e de reflexão crítica e sensível, bem como capacidade metafórica e analógica;

g) julgamento fundamentado e tomada de decisões;

h) domínio de tecnologias e métodos alternativos para permanente compreensão e aplicação do Direito;

i) compreensão e interrelacionamento dos fundamentos filosóficos e teóricos do Direito com sua aplicação prática.

Com relação às questões de Componente Específico optamos por classificá-las pelos Conteúdos enunciados no início deste item.

2) Questões de Componente Específico classificadas por Conteúdos.

Conteúdo 01

ECONOMIA E CIÊNCIA POLÍTICA

1. (EXAME 2009)

> A tendência à concentração regional da renda é um fenômeno observado universalmente, sendo amplamente conhecidos os casos da Itália, da França e dos EUA. Uma vez iniciado esse processo, sua reversão espontânea é praticamente impossível. Em um país da extensão geográfica do Brasil, é de se esperar que tal processo tenda a prolongar-se extremamente.
>
> FURTADO, Celso. *Formação Econômica do Brasil*.
> São Paulo: Companhia das Letras, 2007.

A análise econômica de Celso Furtado permite compreender alguns dos fenômenos políticos presentes na formação do Brasil. Com base no pressuposto de uma concentração regional da renda, é possível afirmar que a Constituição de 1988 estabeleceu diretrizes para uma atuação do Estado que reduza as desigualdades entre os diferentes estados brasileiros, tendo em vista que

(A) constitui objetivo fundamental da República Federativa do Brasil erradicar a pobreza e a marginalização, reduzir as desigualdades sociais e regionais, e compete à União elaborar e executar planos nacionais e regionais de ordenação do território e de desenvolvimento econômico e social.

(B) o constituinte vedou ao Tribunal de Contas da União suspender gastos que possam causar danos às economias das regiões mais ricas, com vistas a permitir uma atuação administrativa que privilegie a redução das desigualdades.

(C) a reforma administrativa estabelecida pela Emenda Constitucional 19, de 1998, reorientou a atuação do governo federal, para permitir o combate à pobreza e às desigualdades regionais por meio da centralização da atividade burocrática.

(D) instituiu um Fundo de Combate e Erradicação da Pobreza como instrumento de direito econômico regional, concedendo recursos aos entes federativos para a construção de hospitais, escolas, postos de saúde e estádios.

(E) compete à União e aos Estados estabelecer normas de direito econômico e societário, impedindo que cada ente federativo possa buscar o seu desenvolvimento econômico específico por meio de condições que reduzam a concorrência empresarial.

2. (EXAME 2006)

Segundo as concepções teóricas de Karl Marx, é correto afirmar que

(A) o direito não pode ser visto como uma superestrutura que justifica e mantém a dominação econômica, pois pertence à estrutura social básica.

(B) as relações econômicas são independentes das relações jurídicas.

(C) as relações de trabalho deter minam as relações econômicas, mas não o contrário.

(D) a alienação é produzida como conseqüência das crenças religiosas e, por isso, a modernidade, ao romper com a concepção teocêntrica de mundo, funda uma nova ordem.

(E) as relações de dominação são anteriores ao capitalismo, mas o capitalismo fundou a idéia de dominação contratual.

3. (EXAME 2001)

O redimensionamento do papel do Estado na regulação econômica, depois da transnacionalização dos mercados ou da "globalização econômica", refletiu no

(A) incentivo a políticas de promoção da concorrência e do livre mercado.

(B) fortalecimento do princípio do Estado e das políticas públicas de promoção social.

(C) enfraquecimento do direito do consumidor no âmbito nacional.

(D) abandono dos instrumentos do direito público e do direito privado.

(E) reforço ao tratamento jurídico formal das relações econômicas.

4. (EXAME 2001)

A economia brasileira, nos últimos 5 (cinco) anos, passou por transformações, com enormes conseqüências em vários ramos do direito. Tais conseqüências podem ser identificadas com a

(A) expansão dos direitos trabalhistas e o reforço do Mercosul.

(B) estabilização da moeda e, conseqüentemente, o fim das emendas e modificações da Constituição.

(C) abertura comercial e a estatização da economia.

(D) desestatização e o surgimento das agências reguladoras.

(E) retomada das funções empresariais do Estado e o estabelecimento de políticas de controle dos preços.

5. (EXAME 2000)

O conceito de Economia está relacionado

(A) ao equilíbrio entre necessidades limitadas e recursos ilimitados.

(B) à produção constante de mercadorias que rechacem a escassez.

(C) à conjugação de necessidades infinitas e recursos escassos.

(D) à eliminação da escassez pela eficiência do mercado.

(E) à administração da riqueza pública.

6. (EXAME 1999)

A balança comercial de um país consiste

(A) no conjunto de remessas financeiras ao exterior.

(B) no saldo dos pagamentos e recebimentos de "royalties" e turismo.

(C) no conjunto de todas as exportações e importações.

(D) nas operações internacionais que envolvem serviços e não envolvem produtos manufaturados.

(E) no ingresso do Banco Central no mercado cambial, para a compra e venda de moeda.

7. (EXAME 1999)

Qual das seguintes afirmações, a respeito da concentração econômica e da concorrência, é INCORRETA?

(A) Há concentração econômica quando, após um acordo entre empresas, as mesmas passam a adotar decisões e políticas comuns.

(B) Oligopólios e monopólios são regimes típicos da concentração econômica.

(C) A "concorrência perfeita" é uma abstração conceitual, um modelo que apresenta as condições ideais de funcionamento de uma economia de mercado.

(D) Um alto grau de concorrência envolve a existência de um número razoavelmente elevado de agentes operadores no mercado.

(E) As economias de mercado dispensam qualquer tipo de legislação de tutela da concorrência.

8. (EXAME 1998)

Um modelo econômico vem a ser:

(A) uma exigência indeclinável para a atuação econômica dos governos.

(B) um conjunto de regras para a interpretação dos fatos econômicos.

(C) um conjunto de instituições jurídicas que definem um dado sistema econômico.

(D) uma visão globalizada da realidade econômica que condiciona a elaboração dos orçamentos públicos.

(E) uma visão simplificada da realidade econômica da qual se destacam algumas variáveis explicativas.

9. (EXAME 1998)

A macroeconomia distingue-se da microeconomia por estudar:

(A) a atividade das grandes empresas.

(B) a atividade econômica governamental.

(C) variáveis que agregam conjuntos de atividades.

(D) a economia de blocos de nações integradas.

(E) as medidas de política econômica setorial.

Conteúdo 02

HISTÓRIA E SOCIOLOGIA GERAL E JURÍDICA

1. (EXAME 2009)

A História registra imagens da vivência de índios e negros no Brasil e de suas relações com o conquistador europeu. A esse propósito, assinale a alternativa que confirme a assertiva de que a história não deve ser vista "...*só como ciência do passado (...), mas como ciência do presente, na medida em que, em ligação com as ciências humanas, investiga as leis de organização e transformação das sociedades humanas*" HESPANHA, Antonio M. *História das Instituições*. Coimbra: Almedina, 1952.

(A) A questão dos índios e negros é superada na História do Brasil, pela Proclamação da República.

(B) A ordem jurídica liberal democrática permitiu ascensão dos negros e dos índios na sociedade brasileira, como demonstram as ciências humanas.

(C) A demarcação de reservas indígenas é acontecimento recente, que não deve ser associado a elementos históricos.

(D) O reconhecimento da titularidade das terras aos remanescentes de quilombos inscreve-se no processo histórico das transformações das sociedades humanas.

(E) A ordem jurídica é fenômeno autônomo que não se contamina com a dinâmica social e histórica.

2. (EXAME 2009)

"Não vamos nos esquecer de que em todas as sociedades existem oprimidos e opressores em todos os níveis da vida social. Os que oprimem impõem aos oprimidos sua visão de mundo e de cada coisa desse mundo, para que sejam obedecidos e reine a sua paz. Para se libertarem, os oprimidos devem descobrir sua própria visão da sociedade, suas necessidades, e contrapôlas à verdade dominante, opressiva." Augusto Boal. *A estética do oprimido*.

"Atores somos todos nós e cidadão não é aquele que vive em sociedade, é aquele que a transforma." Augusto Boal. SALGADO, Sebastião.

Considerando-se o contínuo processo de segregação social presente na sociedade contemporânea, qual correlação é coerente entre os textos e a imagem?

(A) A segregação social caminha no sentido da cidadania.

(B) Toda sociedade, independentemente das condições econômicas e sociais, é justa.

(C) A imagem denota futuro promissor e o texto denota a impossibilidade de futuro.

(D) O espetáculo da fome permite a construção de outra visão da sociedade.

(E) A segregação social e a cidadania se constroem pela fome.

3. (EXAME 2006)

A _____ , nascida com a Ilustração, teria privilegiado o universal e a racionalidade; teria sido positivista e tecnocêntrica, acreditado no progresso linear da civilização, na continuidade temporal da história, em verdades absolutas, no planejamento racional e duradouro da ordem social e política; e teria apostado na padronizaçoz dos conhecimentos e da produção econômica como sinais da universalidade. Em contrapartida, a _____ privilegiaria a heterogeneidade e a diferença como forças liberadoras da cultura; teria afirmado o pluralismo contra o fetichismo da totalidade e enfatizado a fragmentação, a indeterminação, a descontinuidade e a alteridade, recusando tanto as "metanarrativas", isto é, filosofias e ciências com pretensão de oferecer uma interpretação totalizante do real, quanto os mitos totalizadores, como o mito futurista da máquina, o mito comunista do proletariado e o mito iluminista da ética racional e universal.

(CHAUÍ, Marilena. Público, privado e despotismo. *In* NOVAES, Adauto, org. *Ética*. 7. reimp. São Paulo: Companhia das Letras, 1992. p. 346)

Os dois termos, suprimidos do texto acima, são, respectivamente,

(A) antigüidade e modernidade.
(B) modernidade e trans-modernidade.
(C) modernidade e pós-modernidade.
(D) endo- modernidade e pré-modernidade.
(E) pré-modernidade e modernidade.

4. (EXAME 2006)

A coisa é muito distinta no Estado nacional, o único no qual pode prosperar o capitalismo moderno. Funda-se na burocracia profissional e no direito racional.

(WEBER, Max . *Sociologia del derecho.* Granada: Editorial Comares, 2001. p. 242 – nossa tradução).

A partir da leitura do texto acima, NÃO pode ser atribuída ao pensamento de Max Weber a

(A) dependência do capitalismo moderno com relação ao Estado nacional.
(B) teoria funcionalista do Direito como sistema autopoiético, ao lado de outros subsistemas sociais.
(C) concepção de que o Direito racional substitui a moral e a religião no regramento da vida social.
(D) idéia de que a burocracia estabiliza um modo de dominação novo na história.
(E) diferenciação dos sistemas sociais, com crescente processo de laicização e de juridificação na justificação do poder.

5. (EXAME 2003)

Quando a Sociologia Jurídica tematiza a questão da burocratização dos tribunais, enfatizando que a forma e o procedimento estão acima da eficácia dos direitos humanos e sociais, expressa uma preocupação com

(A) o rigor que o magistrado deve necessariamente possuir ao interpretar com literalidade os textos de lei, para produzir segurança e certeza jurídicas.
(B) o controle externo da magistratura, que seria a solução única e definitiva para as dificuldades da justiça brasileira.

(C) o papel social do Judiciário na garantia de acesso à justiça e de afirmação dos direitos humanos.
(D) as ameaças à justiça brasileira pelo crime organizado.
(E) as dificuldades de aplicação da legislação esparsa do direito brasileiro.

6. (EXAME 2002)

Estudiosos do direito destacam a diferença entre o direito "nos livros" e o direito "em ação". Temas como o cumprimento (ou não) das normas e a aplicação (ou não) de sanções sempre aparecem nesses estudos que se integram na

(A) Sociologia do Direito que trata da validade das normas.
(B) Filosofia do Direito centrada nos exames valorativos da justiça e da moralidade do ordenamento.
(C) Teoria Geral do Direito que vê na relação entre o ilícito e a sanção o núcleo da normatividade jurídica.
(D) Teoria Geral do Direito que privilegia o aspecto positivo do ordenamento jurídico.
(E) Sociologia do Direito que investiga a eficácia do direito.

7. (EXAME 2001)

A função da magistratura é tema explorado pela Sociologia Jurídica. Vários estudos, no Brasil e no exterior, procuram traçar um retrato dos juízes e analisar o papel que desempenham na sociedade atual. Esses estudos destacam

I. os fenômenos da "politização do Judiciário" e da "judicialização da política".
II. a origem social e a formação do magistrado.
III. a técnica específica de elaboração das sentenças.
IV. a hierarquia dos tribunais e o duplo grau de jurisdição.

SOMENTE é correto o que se afirma em

(A) I e II
(B) I e III
(C) II e III
(D) II e IV
(E) III e IV

8. (EXAME 2000)

Com as mudanças em curso na sociedade – especialmente a globalização econômica e a propalada crise da soberania dos Estados nacionais – algumas correntes da sociologia jurídica tiveram, nos últimos dez anos, renovado impulso. Dentre elas, podemos destacar

(A) as abordagens marxistas de crítica ao direito burguês.
(B) o jusnaturalismo católico.
(C) as análises neoweberianas do direito material.
(D) o "psicologismo" social.
(E) as correntes defensoras do pluralismo jurídico.

9. (EXAME 1999)

O processo de sistematização e racionalização formal do direito moderno foi descrito e teorizado pela

(A) doutrina do uso alternativo do direito.
(B) doutrina do pluralismo jurídico.

(C) doutrina tridimensional do direito.

(D) escola histórica do direito.

(E) sociologia weberiana dos tipos ideais.

10. (EXAME 1998)

A eficácia do direito, enquanto tema privilegiado da sociologia jurídica, implica:

(A) o estudo da eficiência dos magistrados.

(B) o exame dos efeitos e conseqüências das regras jurídicas.

(C) o reconhecimento da legitimidade do direito estatal.

(D) a desqualificação dos elementos formais e valorativos do direito.

(E) a análise da estrutura lógica da norma jurídica.

11. (EXAME 2003) DISCURSIVA

"(Estácio:) Eu creio que um homem forte, moço e inteligente não tem o direito de cair na penúria.

(Salvador:) Sua observação, disse o dono da casa sorrindo, traz o sabor do chocolate que o senhor bebeu naturalmente esta manhã, antes de sair para a caça. Presumo que é rico. Na abastança é impossível compreender as lutas da miséria, e a máxima de que todo homem pode, com esforço, chegar ao mesmo brilhante resultado, há de sempre parecer uma grande verdade à pessoa que estiver trinchando um peru... Pois não é assim; há exceções. Nas coisas deste mundo não é tão livre o homem, como supõe, e uma coisa, a que uns chamam mau fado, outros concurso de circunstâncias, e que nós batizamos com o genuíno nome brasileiro de caiporismo, impede a alguns ver o fruto de seus mais hercúleos esforços. César e sua fortuna! toda a sabedoria humana está contida nestas quatro palavras." (Machado de Assis. **Helena**. Rio de Janeiro: W.M. Jackson Inc. Editores, 1962. cap. XXI: p. 221)

Identifique a convergência ou divergência do pensamento do personagem Salvador ao ideário que inspira o Estado liberal, no tocante à garantia de igualdade perante a lei e de liberdade de agir, como condicionantes do sucesso individual.

12. (EXAME 2001) DISCURSIVA

"A vida do direito no seio da humanidade, diz Pessina, requer duas grandes condições para o seu aperfeiçoamento, isto é, a arte e a ciência. Cronologicamente a arte antecede a ciência, porém vai melhorando com o surgir e progredir da ciência mesma, assim como na vida econômica do gênero humano, a arte transformadora da natureza precedeu o conhecimento científico dos fenômenos naturais, para depois aproveitar-se das vitórias alcançadas com o surgir e progredir de uma ciência da natureza."

(Tobias Barreto. Estudos de Direito)

A partir da Filosofia do Direito e da Sociologia Jurídica discuta como a arte e a ciência podem ser condições para o aperfeiçoamento do Direito.

BATERIA DE QUESTÕES EXTRAS

13. (DEFENSORIA PÚBLICA DA UNIÃO – 2010 – CESPE)

A partir dos conceitos de estratificação e mobilidade sociais, julgue os itens subsequentes.

(1) Max Weber faz distinção entre três dimensões da sociedade: ordem econômica, representada pela classe; ordem social, representada pelo status ou estamento; ordem política, representada pelo partido. Cada uma dessas dimensões possui estratificação própria.

(2) A mobilidade social implica movimento significativo na posição econômica, social e política de um indivíduo ou de um estrato.

14. (DEFENSORIA PÚBLICA DA UNIÃO – 2010 – CESPE)

A respeito das relações de poder e legitimação, julgue o próximo item.

(1) A forma legítima de dominação carismática, de acordo com Max Weber, está baseada na designação do líder pela virtude da fé na validade do estatuto legal.

15. (DEFENSORIA PÚBLICA DA UNIÃO – 2010 – CESPE)

Considerando a social-democracia, o estado de bem-estar social e os estudos de Adam Przeworski, julgue o próximo item.

(1) Os social-democratas defendem a não abolição da propriedade privada dos meios de produção em troca da cooperação dos capitalistas na elevação da produtividade e na distribuição dos ganhos.

Com relação às concepções teóricas de Estado, julgue os itens subsequentes.

(2) Para Thomas Hobbes, com a criação do Estado, o súdito deixa de abdicar de seu direito à liberdade natural para proteger a própria vida.

(3) De acordo com a teoria política de John Locke, a propriedade já existe no estado de natureza e, sendo instituição anterior à sociedade, é direito natural do indivíduo, não podendo ser violado pelo Estado.

16. (DEFENSORIA PÚBLICA DA UNIÃO – 2010 – CESPE)

De acordo com as concepções teóricas do marxismo, julgue o item seguinte.

(1) Segundo Louis Althusser, o aparelho ideológico de Estado dominante para a burguesia era a Igreja.

17. (DEFENSORIA PÚBLICA/SP – 2010 – FCC)

No ensaio "A Política como vocação", Max Weber realiza uma caracterização de três tipos de dominação legítima, a saber:

– A dominação que repousa sobre a "autoridade do 'passado eterno', isto é, dos costumes santificados pela validez imemorial e pelo hábito, enraizado nos homens, de respeitá-los".

- A dominação que se funda em "dons pessoais e extraordinários de um indivíduo", na "devoção e confiança estritamente pessoais depositadas em alguém que se singulariza por qualidades prodigiosas, por heroísmo ou por outras qualidades exemplares que dele fazem o chefe".

- A dominação que se impõe "em razão da crença na validez de um estatuto legal e de uma 'competência' positiva, fundada em regras racionalmente estabelecidas".

Estes modos de dominação correspondem, respectivamente, ao que Weber entende por dominação

(A) legal, tradicional e carismática.

(B) carismática, tradicional e legal.

(C) tradicional, carismática e legal.

(D) carismática, legal e tradicional.

(E) tradicional, legal e carismática.

18. (DEFENSORIA PÚBLICA/SP – 2010 – FCC)

"A intelectualização e a racionalização crescentes não equivalem, portanto, a um conhecimento geral crescente acerca das condições em que vivemos. Significam, antes, que sabemos ou acreditamos que, a qualquer instante, poderíamos, bastando que o quiséssemos, provar que não existe, em princípio, nenhum poder misterioso e imprevisível que interfira com o curso de nossa vida; em uma palavra, que podemos dominar tudo, por meio da previsão. Equivale isso a despojar de magia o mundo. Para nós não mais se trata, como para o selvagem que acredita na existência daqueles poderes, de apelar a meios mágicos para dominar os espíritos ou exorcizá-los, mas de recorrer à técnica e à previsão. Tal é a significação essencial da intelectualização".

No trecho citado acima, retirado do ensaio "A Ciência como vocação", Max Weber caracteriza aquilo que entende ser um processo "realizado ao longo dos milênios da civilização ocidental", do qual a ciência participa como "elemento e motor". Weber denomina este processo

(A) sistematização.

(B) desencantamento.

(C) tecnocracia.

(D) descrença.

(E) democratização.

19. (DEFENSORIA PÚBLICA DA UNIÃO – 2007 – CESPE)

A respeito do peso das Ciências Sociais e da Sociologia em suas relações com as demais áreas do conhecimento humano, julgue os itens que se seguem.

(1) Nascida como uma espécie de física social, a sociologia desenvolveria seus cânones e modelos por meio de um processo de adaptação metodológica mecânica ao mundo das ciências exatas.

(2) A historicidade dos conceitos nas ciências sociais exige do pesquisador da sociologia a cautela que leva à relativização de idéias, modelos e paradigmas que, mesmo apresentados muitas vezes como universais, refletem o ambiente no qual foram gerados.

(3) O conceito de relações de poder confere mobilidade ao conceito tradicional de poder, relacionando-o à idéia de exercício e saber.

(4) Os temas da estratificação, da mobilidade e das desigualdades sociais são recorrentes na tradição sociológica, embora também sejam encontrados em quase todas as ciências sociais e humanas.

Conteúdo 03
FILOSOFIA GERAL E JURÍDICA

1. (EXAME 2009)

Olhe pro menino
Sem camisa e descalço
Que chora por comida
Que te pede um trocado

Olhe pro menino
Que não tem onde morar
Não tem pra onde ir
E não tem onde ficar

Olhe em seus olhos
Sinta o ódio animal
A revolta que ele sente
Da injustiça social

Injustiça Social – Esgoto.
In: <http://www.letras.com.br/esgoto/injustica-social>

A música retrata situação que afronta direitos fundamentais, registrados no texto constitucional brasileiro. Esses direitos traduzem-se em

(A) falácias do legislador constituinte.
(B) situações referidas à dignidade humana.
(C) valores religiosos, de matriz filosófica.
(D) regras gerais, sem eficácia plena.
(E) situações políticas, sem viés jurídico.

2. (EXAME 2009)

Texto 1

"Diadorim vinha constante comigo. Que viesse sentido, soturno? Não era, não, isso eu é que estava crendo, e quase dois dias enganoso cri. Depois, somente, entendi que o emburro era mesmo meu. Saudade de amizade. Diadorim caminhava correto, com aquele passo curto, que o dele era, e que a brio pelejava por espertar. Assumi que ele estava cansado, sofrido também.
Aí mesmo assim, escasso no sorrir, ele não me negava estima, nem o valor de seus olhos. Por um sentir: às vezes eu tinha a cisma de que, só de calcar o pé em terra, alguma coisa nele doesse. Mas, essa ideia, que me dava, era do carinho meu. Tanto que me vinha a vontade, se pudesse, nessa caminhada, eu carregava Diadorim, livre de tudo, nas minhas costas."

ROSA, Guimarães. Grande Sertão: Veredas.
São Paulo: Nova Fronteira, 1985.

Texto 2

"É neste sentido que se afirma que a moralidade que o Direito visa garantir e promover no Estado Democrático de Direito não é a moralidade positiva – que toma os valores majoritariamente vigentes como um dado inalterável, por mais opressivos que sejam – mas a moralidade crítica. É a moral que não se contenta em chancelar e perpetuar todas as concepções e tradições prevalecentes numa determinada sociedade, mas propõe-se à tarefa de refletir criticamente sobre elas, a partir de uma perspectiva que se baseia no reconhecimento da igual dignidade de todas as pessoas."

(Petição inicial da ADPF 178)

Os textos acima, de diferente natureza (literário, o de Guimarães Rosa; técnico-jurídico, o da petição na Arguição de Descumprimento de Preceito Fundamental nº 178), tratam das possiblidades de relação amorosa entre os seres humanos, da ordenação dessas relações pelo Direito, que hoje referenda as relações heterossexuais e nega reconhecimento às homossexuais, e do impacto desse reconhecimento, ou desse não reconhecimento, na autoestima das pessoas.

Quais dos argumentos manejados na ADPF atuam para superar a rigidez da fórmula jurídica que só reconhece a união estável entre "homem e mulher" (CRFB, art. 226, §3º)?

(A) O argumento da eficácia jurídica, que afirma a necessidade de o Direito refletir a sociedade.

(B) O argumento majoritário, que impõe ao Direito acompanhar o comportamento da maioria das pessoas.

(C) O argumento do positivismo jurídico, que considera a lei como moral positiva.

(D) O argumento da dignidade humana, que impõe reconhecimento da igual dignidade de todas as pessoas.

(E) O argumento da moral, que deve chancelar as tradições prevalecentes na sociedade.

3. (EXAME 2006)

A justiça é uma espécie de meio-termo, porém não no mesmo sentido que as outras virtudes, e sim porque se relaciona com uma quantia ou quantidade intermediária, enquanto a injustiça se relaciona com os extremos. E justiça é aquilo em virtude do qual se diz que o homem justo pratica, por escolha própria, o que é justo (...).

Este trecho, extraído de uma obra clássica da filosofia ocidental, trata de uma discussão da justiça considerada como

(A) simetria, dentro da filosofia estética de Platão.

(B) valor, no tridimensionalismo de Miguel Reale.

(C) medida, dentro da concepção rigorista e positivista de Hans Kelsen.

(D) virtude, dentro do pensamento ético de Aristóteles.

(E) contradição, na oposição dialética entre justo e injusto, no pensamento de Karl Marx.

4. (EXAME 2003)

Instruções: A questão contêm duas afirmações. Assinale, na folha de respostas,

(A) se as duas são verdadeiras e a segunda justifica a primeira.

(B) se as duas são verdadeiras e a segunda não justifica a primeira.

(C) se a primeira é verdadeira e a segunda é falsa.

(D) se a primeira é falsa e a segunda é verdadeira.

(E) se as duas são falsas.

O pensamento marxista é típico da filosofia idealista transcendental,

PORQUE

O marxismo contribuiu decisivamente para a organização dos trabalhadores e para a mobilização internacional dos sindicatos.

5. (EXAME 2002)

Instruções: A questão contêm duas afirmações. Assinale, na folha de respostas,

(A) se as duas são verdadeiras e a segunda justifica a primeira.

(B) se as duas são verdadeiras e a segunda não justifica a primeira.

(C) se a primeira é verdadeira e a segunda é falsa.

(D) se a primeira é falsa e a segunda é verdadeira.

(E) se as duas são falsas.

A Filosofia do Direito preocupa-se com o fundamento ético do sistema jurídico, com os problemas lógicos do conceito de Direito e com a concretização dessas exigências éticas e lógicas na ordem social e histórica do Direito Positivo

PORQUE

a Filosofia do Direito implica compreender a experiência jurídica na unidade de seus elementos ético, lógico, social e histórico.

6. (EXAME 2001)

Analise as seguintes idéias do conselheiro Aires, personagem do romance Esaú e Jacó, de Machado de Assis:

"Depois, imaginou que a grita da multidão protestante era filha de um velho instinto de resistência à autoridade. Advertiu que o homem, uma vez criado, desobedeceu logo ao Criador, que aliás lhe dera um paraíso para viver; mas não há paraíso que valha o gosto da oposição. Que o homem se acostume às leis, vá; que incline o colo à força e ao bel-prazer, vá também; é o que se dá com a planta, quando sopra o vento. Mas que abençoe a força e cumpra as leis sempre, sempre, sempre, é violar a liberdade primitiva, a liberdade do velho Adão. Ia assim cogitando o conselheiro Aires".

As considerações do conselheiro Aires contêm uma justificativa que pode ser vista como

(A) jusnaturalista, para o exercício do poder de polícia em matéria de direitos fundamentais.

(B) jusnaturalista, para a democracia direta.

(C) jusnaturalista, para a prática da desobediência civil.

(D) positivista, para a liberdade de consciência e crença.

(E) positivista, para a liberdade de manifestação de pensamento.

7. (EXAME 2001)

A Sociologia Jurídica e a Filosofia do Direito têm se ocupado do tema "legitimidade da ordem jurídica", enfatizando a

(A) validade das normas.

(B) técnica do direito.

(C) estrutura do direito.

(D) existência específica das normas.

(E) justificação do direito.

8. (EXAME 2000)

Considere o seguinte texto de Miguel Reale "Se desejarmos alcançar um conceito geral de regra jurídica, é preciso, por conseguinte, abandonar a sua redução a um juízo hipotético, para situar o problema segundo outro prisma. A concepção formalista do Direito de Kelsen, para quem o Direito é norma, e nada mais do que norma, se harmoniza com a compreensão da regra jurídica como simples enlace lógico que, de maneira hipotética, correlaciona, através do verbo dever ser, uma conseqüência C ao fato F, mas não vemos como se possa vislumbrar qualquer relação condicional ou hipotética em normas jurídicas como estas: a) "Compete privativamente à União legislar sobre serviço postal" (Constituição, art. 22, V); b) "Brasília é a Capital Federal" (Constituição, art. 18, parágrafo 1º); c) "Todo homem é capaz de direitos e obrigações na vida civil" (Código Civil, art. 2º); ..." (REALE, Miguel. Lições preliminares de Direito. São Paulo: Saraiva, 2000. p. 94)

Na passagem transcrita, o autor procura

(A) defender a noção de norma como juízo hipotético.

(B) aderir à concepção positiva de Kelsen.

(C) demonstrar a origem jusnaturalista de todas as normas.

(D) mostrar que existem normas jurídicas que não podem ser pensadas como juízos hipotéticos.

(E) deixar claro que não existe relação de conseqüência entre as normas constitucionais e as do Código Civil.

9. (EXAME 1999)

A expressão "hierarquia normativa", segundo Kelsen, alude

(A) ao predomínio das normas gerais sobre os privilégios.

(B) ao caráter autoritário do Estado.

(C) ao fato de que a sentença, como ato concreto e específico, se sobrepõe à lei, geral e abstrata.

(D) ao fato de que a criação de uma norma é determinada por outra.

(E) a um ordenamento jurídico que sancione a estratificação da sociedade.

10. (EXAME 1998)

O positivismo jurídico engloba doutrinas que

(A) igualam o direito natural ao direito positivo.

(B) acreditam ser o direito positivo o desdobramento inevitável do direito natural.

(C) afirmam serem as leis do Estado portadoras de valores positivos.

(D) defendem a observância ao direito positivo como um dever moral.

(E) repelem a crença em um fundamento valorativo do direito.

11. (EXAME 2009) DISCURSIVA

"Os mares devonianos eram habitados por muitos animais dessa espécie, e os depositaram aos milhares sobre as rochas recém-formadas. (...)

Ficava patente que subíamos a escala da vida animal cujo topo é ocupado pelo homem.

(...)

Por pouco que a tempestade tivesse empurrado a balsa para o leste, havíamos passado sob a Alemanha, sob a minha querida cidade de Hamburgo, sob aquela rua onde morava tudo o que eu amava no mundo. Então eram só cento e oitenta quilômetros verticais de uma parede de granito e, na realidade, mais de quatro mil e quinhentos quilômetros a percorrer.

Ah! Que viagem! Que maravilhosa viagem! Tendo entrado por um vulcão, saímos por outro que se situava a mais de cinco mil e quatrocentos quilômetros do Sneffels, da árida Islândia, nos confins do mundo! (...) Havíamos abandonado a região das neves eternas pelas regiões do verde infinito, e deixado acima das nossas cabeças a névoa cinzenta das regiões glaciais para voltar ao céu azulado da Sicília!"

Júlio Verne. *Viagem ao Centro da Terra*. Porto Alegre: L&PM, 2002

Na Introdução ao livro *Viagem ao Centro da Terra*, de Júlio Verne, obtemos as seguintes informações: "Julio Verne nasceu em Nantes em 8 de fevereiro de 1828. Seu pai, Pedro Verne, filho de um magistrado de Provins, formou-se em Direito em 1825 e casou-se em 1827 com Sofia Allote de la Fuÿe, de uma família de navegadores e armadores de Nantes. (...) Em 1839, partiu para a Índia como aprendiz de marinheiro. Pego em Paimboef pelo pai, ele confessa ter viajado para trazer à prima Carolina Tronson um colar de coral. Mas, rudemente repreendido, ele promete: Só viajarei em sonhos."

Com base nesses textos, responda às questões:

(1) A formação jurídica de Júlio Verne contribuiu de forma decisiva para a sua atitude humanista. Segundo o texto, é CORRETO deduzir que, em sua viagem ao centro da Terra, o homem cada vez ficava mais longe do homem? Justifique. (VALOR: 5 PONTOS)

(2) Segundo uma perspectiva interdisciplinar, considerando os planos da Sociologia, Antropologia e Filosofia, *Viagem ao Centro da Terra*, de Júlio Verne, busca o mundo ao ultrapassar fronteiras e desintegrar o espaço e o tempo. Nessa obra, a cidade natal é recusada como elemento importante na vida do homem? Justifique. (VALOR: 5 PONTOS)

12. (EXAME 2003) DISCURSIVA

No diálogo de Platão (**Político, 294 a**) encontra-se a seguinte discussão entre o Estrangeiro e Sócrates, o Jovem: "Estrangeiro: Ora, é claro que, de certo modo, a legislação é função real; entretanto o mais importante não é dar força às leis, mas ao homem real, dotado de prudência. Sabes por que?

Sócrates, o Jovem: Qual é a tua explicação?

Estrangeiro: É que a lei jamais seria capaz de estabelecer, ao mesmo tempo, o melhor e o mais justo para todos, de modo a ordenar as prescrições mais convenientes. A diversidade que há entre os homens e as ações, e por assim dizer, a permanente instabilidade das coisas humanas, não admite em nenhuma arte, e em assunto algum, um absoluto que valha para todos os casos e para todos os tempos. Creio que estamos de acordo sobre esse ponto. Sócrates, o Jovem: Sem dúvida".

A partir do argumento do Estrangeiro, discuta o papel e o alcance da lei ao regular a ação humana.

13. (EXAME 2001) DISCURSIVA

"A vida do direito no seio da humanidade, diz Pessina, requer duas grandes condições para o seu aperfeiçoamento, isto é, a arte e a ciência. Cronologicamente a arte antecede a ciência, porém vai melhorando com o surgir e progredir da ciência mesma, assim como na vida econômica do gênero humano, a arte transformadora da natureza precedeu o conhecimento científico dos fenômenos naturais, para depois aproveitar-se das vitórias alcançadas com o surgir e progredir de uma ciência da natureza."

(Tobias Barreto. Estudos de Direito)

A partir da Filosofia do Direito e da Sociologia Jurídica discuta como a arte e a ciência podem ser condições para o aperfeiçoamento do Direito.

14. (EXAME 1999) DISCURSIVA

A literatura sempre foi rica de comentários, alusões e observações penetrantes em relação ao direito e às leis. Dentre as incontáveis passagens da literatura brasileira do século XIX a respeito das leis, tome-se como exemplo o seguinte trecho de A CARNE, de Júlio Ribeiro:

"A fazenda paulista em nada desmerecia do solar com jurisdição da idade média. O fazendeiro tinha nela cárcere privado, gozava de alçada efetiva, era realmente senhor de baraço e cutelo. Para reger os súditos, guiava-se por um código único – a sua vontade soberana. De fato estava fora do alcance da justiça: a lei escrita não o atingia.

Contava em tudo e por tudo com a aquiescência nunca desmentida da autoridade, e, quando, exemplo raro, comparecia à barra de um tribunal por abuso enorme e escandalosíssimo de poder, esperava-o infalivelmente a absolvição.

O seu predomínio era tal que às vezes mandava assassinar pessoas livres na cidade, desrespeitava os depositários de poderes constitucionais, esbofeteava-os em pleno exercício de funções, e ainda ... era absolvido.

Para manter o fazendeiro na posse de privilégios consuetudinários, estabeleciam-se praxes forenses, imorais e antijurídicas."

Abstraindo-se as questões estilísticas, temporais, históricas e o direito então vigente – isto é, imaginando-se que a situação seja atual e verdadeira – analise, com base nos postulados teóricos e filosóficos do direito da sociedade democrática, a situação descrita por Júlio Ribeiro.

BATERIA DE QUESTÕES EXTRAS

15. (DEFENSORIA PÚBLICA/SP – 2010 – FCC)

Ao comentar a doutrina aristotélica da justiça, Tercio Sampaio Ferraz Júnior, em sua obra *Estudos de Filosofia do Direito*, indica aquele que seria o "preceito básico do direito justo, pois só por meio dele a justiça se revelaria em sua atualidade plena". Este preceito, que também pode ser definido como "uma feliz retificação do justo estritamente legal" ou ainda "o justo na concretude", é denominado

(A) liberdade.

(B) dignidade.

(C) vontade.

(D) equidade.

(E) piedade.

16. (DEFENSORIA PÚBLICA/SP – 2010 – FCC)

Em sua teoria da norma jurídica, Noberto Bobbio distingue as sanções jurídicas das sanções morais e sociais. Segundo esta distinção, a sanção jurídica, diferentemente da sanção moral, é sempre uma resposta de grupo e, diferentemente da sanção social, a sanção jurídica é regulada em geral com as mesmas formas e através das mesmas fontes de produção das regras primárias. Para o autor, tal distinção oferece um critério para distinguir, por sua vez, as normas jurídicas das normas morais e das normas sociais. Considerando-se este critério, pode-se afirmar que são normas jurídicas as normas cuja execução é garantida por uma sanção

(A) *externa e institucionalizada.*

(B) *interna e não-institucionalizada.*

(C) *interna e institucionalizada.*

(D) *externa e não-institucionalizada.*

(E) *interna e informal.*

17. (DEFENSORIA PÚBLICA/SP – 2010 – FCC)

Em sua Teoria Pura do Direito, Hans Kelsen concebe o Direito como uma "técnica social específica". Segundo o filósofo, na obra *O que é justiça?*, "esta técnica é caracterizada pelo fato de que a ordem social designada como 'Direito' tenta ocasionar certa conduta dos homens, considerada pelo legislador como desejável, provendo atos coercitivos como sanções no caso da conduta oposta". Tal concepção corresponde à definição kelseniana do Direito como

(A) uma positivação da justiça natural.

(B) uma ordem estatal facultativa.

(C) uma ordem axiológica que vincula a interioridade.

(D) um veículo de transformação social.

(E) uma ordem coercitiva.

18. (DEFENSORIA PÚBLICA/SP – 2010 – FCC)

Em sua teoria do ordenamento jurídico, Norberto Bobbio estuda os aspectos da unidade, da coerência e da completude do ordenamento. Relativamente ao aspecto da coerência do ordenamento jurídico, "a situação de normas incompatíveis entre si" refere-se ao problema

(A) das lacunas.

(B) da incompletude.

(C) das antinomias.

(D) da analogia.

(E) do espaço jurídico vazio.

19. (DEFENSORIA PÚBLICA/SP – 2010 – FCC)

"*Na fase madura de seu pensamento, a substituição da lei pela convicção comum do povo (Volksgeist) como fonte originária do direito relega a segundo plano a sistemática lógico-dedutiva, sobrepondo-lhe a sensação (Empfindung) e a intuição (Anschauung) imediatas. Savigny enfatiza o relacionamento primário da intuição do jurídico não à regra genérica e abstrata, mas aos 'institutos de direito' (Rechtsinstitute), que expressam 'relações vitais' (Lebensverhältnisse) típicas e concretas*". Esta caracterização, realizada por Tercio Sampaio Ferraz Júnior, em sua obra *A Ciência do Direito*, corresponde a aspectos essenciais da seguinte escola filosófico-jurídica:

(A) Historicismo Jurídico.

(B) Realismo Jurídico.

(C) Normativismo.

(D) Positivismo jurídico.

(E) Jusnaturalismo.

20. (DEFENSORIA PÚBLICA/SP – 2010 – FCC)

"*Esse princípio tem, nas regras de Direito, uma função análoga a que tem o princípio da causalidade nas leis naturais por meio das quais a ciência natural descreve a natureza. Uma regra de direito, por exemplo, é a afirmação de que, se um homem cometeu um crime, uma punição deve ser infligida a ele, ou a afirmação de que, se um homem não paga uma dívida contraída por ele, uma execução civil deve ser dirigida contra sua propriedade. Formulando de um modo mais geral: se um delito for cometido, uma sanção deve ser executada*". No trecho reproduzido acima, em sua obra *O que é justiça?*, Hans Kelsen refere-se ao princípio

(A) da eficácia.

(B) da imputação.

(C) do monismo metodológico.

(D) da imperatividade do direito.

(E) da validade.

21. (DEFENSORIA PÚBLICA DA UNIÃO – 2010 – CESPE)

Considerando concepções teóricas do empirismo e do racionalismo, julgue os itens que se seguem.

(1) Segundo o racionalismo, todo e qualquer conhecimento é embasado na experiência e só é válido quando verificado por fatos metodicamente observados.

(2) Segundo John Stuart Mill, o conhecimento matemático é fundamentado na experiência e a indução é o único método científico.

22. (DEFENSORIA PÚBLICA DA UNIÃO – 2010 – CESPE)

A respeito da filosofia antiga, julgue o próximo item.

(1) De acordo com os sofistas, o direito natural não se fundava na natureza racional do homem, mas, sim, na sua natureza passional, instintiva e animal.

Conteúdo 04 — TEORIA DO ESTADO

1. (EXAME 2009)

Montesquieu, na sua clássica obra "O Espírito das Leis", elaborou a ideia da Separação de Poderes, com base na experiência política inglesa.

Esse princípio, presente na Constituição brasileira sob a forma de cláusula pétrea, consiste

I. na absoluta e necessária independência dos poderes, de modo que apenas o Poder Judiciário possa fiscalizar os demais.
II. no esquema de independência equilibrada entre os poderes, que constitui o sistema de freios e contrapesos.
III. no regime presidencialista, já que no parlamentarismo o chefe do executivo é determinado pelo poder legislativo e, portanto, não há separação entre os poderes.
IV. na atribuição das diversas competências do Estado a cada um dos poderes.

Estão CORRETAS somente as afirmativas

(A) I e III.
(B) I e IV.
(C) II e IV.
(D) II e III.
(E) I, II e III.

2. (EXAME 2003)

O modelo de Estado configurado no século XVIII, sob influência da filosofia iluminista, caracteriza-se

(A) pela preocupação precípua com os direitos sociais.
(B) pelo intervencionismo nas relações econômicas.
(C) pela concepção individualista da liberdade.
(D) pela valorização da igualdade material.
(E) pelo associativismo na execução de políticas públicas.

3. (EXAME 2002)

Assim dispõe a Constituição Federal brasileira no parágrafo único de seu art. 1º: "Todo o poder emana do povo, que o exerce por meio de representantes eleitos ou diretamente, nos termos desta Constituição." A partir dessa norma, estrutura-se o regime constitucional democrático brasileiro, que tem como um de seus elementos

(A) o mandato imperativo, dado pelo povo aos seus representantes.
(B) a participação direta do povo no exercício do poder por meio da iniciativa popular de projetos de lei, de medidas provisórias e de emendas à Constituição.
(C) a impossibilidade de revogação, por decisão popular, do mandato dado pelo povo aos seus representantes.
(D) a eleição dos representantes do povo por voto direto, aberto, universal e periódico.
(E) o exercício da soberania popular de modo direto, por meio de institutos, como o *impeachment*.

4. (EXAME 2002)

"O todo sem a parte, não é todo;
a parte sem o todo não é parte;
mas se a parte o faz todo, sendo parte;
não se diga que é parte, sendo todo."

Certos aspectos desses versos de Gregório de Matos Guerra podem ilustrar o que decorre da estrutura constitucional do Estado brasileiro, pois, segundo ela,

(A) é impossível a secessão de Estados, já que estes detêm apenas autonomia.
(B) os Estados, sendo partes do todo, podem vir a ganhar soberania e formar um todo independente, mediante emenda constitucional.

(C) os Municípios, não sendo partes do todo, não detêm autonomia.

(D) dado seu caráter confederativo, a União, os Estados e os Municípios que a integram detêm autonomia.

(E) a União, correspondendo ao todo, é o único ente a deter autonomia.

5. (EXAME 2001)

Considere as seguintes afirmações sobre o Estado moderno:

I. São seus elementos caracterizadores, segundo a doutrina tradicional, o povo, o território e a descentralização do poder.

II. Seu surgimento é contemporâneo ao do sistema feudal de produção.

III. O contexto político em que ele surge caracterizava-se, dentre outros fatos, pela recusa de certos monarcas a sujeitarem-se ao poder do Papa.

IV. Seu surgimento antecede ao da democracia representativa moderna.

SOMENTE é correto o que se afirma em

(A) I e II
(B) I e III
(C) II e III
(D) II e IV
(E) III e IV

6. (EXAME 2000)

É da índole do princípio federativo clássico a

(A) descentralização vertical do poder político.
(B) subordinação hierárquica das leis estaduais e municipais à lei federal.
(C) padronização das constituições estaduais.
(D) tríplice estrutura federativa, com três níveis de governo: federal, estadual e municipal.
(E) adoção do regime presidencialista de governo.

7. (EXAME 2000)

Prestigiando soluções próprias da democracia participativa, a Constituição Federal estabelece, em condições que especifica,

(A) a participação do cidadão, como membro, nas comissões parlamentares de inquérito.
(B) a apresentação de propostas de emenda à Constituição por iniciativa popular.
(C) o veto popular a projetos de lei contrários ao interesse da comunidade.
(D) a legitimação do cidadão para denunciar ilegalidades perante o órgão fiscalizador das despesas públicas.
(E) o referendo prévio para a aprovação, pelo Senado Federal, de operações externas de natureza financeira.

8. (EXAME 1999)

A origem contratual ou convencional do Estado é admitida, entre outros, por

(A) Rousseau, na obra GOVERNO REPRESENTATIVO.
(B) Grocio, na obra DISCURSO SOBRE O MÉTODO.
(C) Marx, na obra O CAPITAL.
(D) Maquiavel, na obra O LEVIATÃ.
(E) Locke, na obra SEGUNDO TRATADO DO GOVERNO CIVIL.

9. (EXAME 1998)

O território do Estado é elemento imprescindível para:

(A) demarcar a sua jurisdição.
(B) definir a nacionalidade.
(C) a proteção internacional dos direitos humanos.
(D) a formação das comunidades supranacionais.
(E) caracterizar nações ou etnias.

10. (EXAME 1998)

É correto afirmar que a soberania

(A) consiste apenas na não dependência de um Estado em relação a outros Estados.
(B) consiste numa qualidade do poder estatal.
(C) consiste no poder de um Estado de sujeitar outros Estados e indivíduos à sua jurisdição.
(D) é característica exclusiva do Estado Federal, em que se contrapõe à noção de autonomia dos Estados federados.
(E) é uma característica do Estado identificável apenas em sua projeção nas relações internacionais.

11. (EXAME 2003) DISCURSIVA

"Já que, num Estado livre, todo homem que supõe ter uma alma livre deve governar a si próprio, é necessário que o povo, no seu conjunto, possua o poder legislativo. Mas como isso é impossível nos grandes Estados, e sendo sujeito a muitos inconvenientes nos pequenos, é preciso que o povo, através de seus representantes, faça tudo o que não pode fazer por si mesmo.

A grande vantagem dos representantes é que são capazes de discutir os negócios públicos. O povo não é, de modo algum, capaz disso, fato que constitui um dos graves inconvenientes da democracia.

Havia um grande vício na maior parte das antigas repúblicas, pois nelas o povo tinha direito de tomar resoluções ativas que exigem certa execução, coisa de que é inteiramente incapaz. Ele só deve participar do governo para escolher seus representantes, procedimento para o qual é bastante capaz." (MONTESQUIEU. **O Espírito das leis**. Brasília: UNB, 1982. p.189-190)

"Pela mesma razão que a soberania é inalienável, é indivisível, porque a vontade é ou não geral: é a de todo o povo ou a de uma parte dele. No primeiro caso, esta vontade declarada é um ato de soberania e faz lei, no segundo, é simplesmente uma vontade particular, um ato de magistratura ou, quando muito, um decreto.

A soberania não pode ser representada, pela mesma razão que não pode ser alheiada. Consiste essencialmente na vontade geral, e esta vontade não se representa. É a mesma ou é outra, e nisto não há termo médio. Os deputados do povo não são pois, nem podem ser, seus representantes, são simplesmente seus comissários que não estão aptos a concluir definitivamente. Toda lei que o povo pessoalmente não ratificou é nula e não é uma lei." (ROUSSEAU, J.J. **O Contrato social**: *princípios de direito político. 5. ed. São Paulo: Edições e Publicações Brasil Editora, 1958. p. 36 e 111)*

Comente as diferenças no posicionamento dos autores sobre a representação política e sobre o exercício do poder pelo povo e pelos representantes.

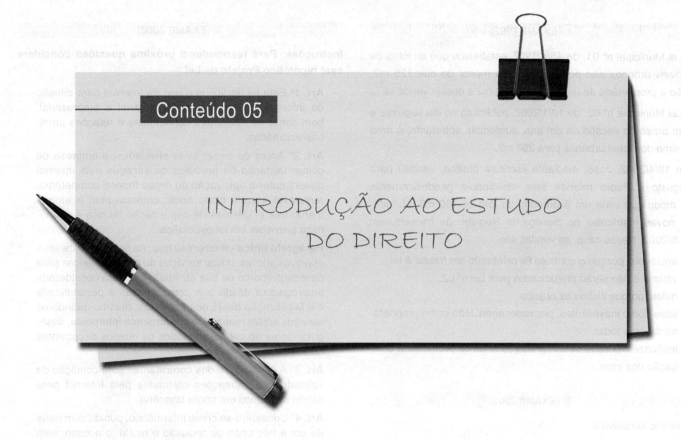

INTRODUÇÃO AO ESTUDO DO DIREITO

1. (EXAME 2006)

Nas democracias contemporâneas, a soberania interna da ordem jurídica está intimamente associada

(A) à norma fundamental do pensamento de Kelsen, tendo em vista que toda democracia pressupõe universalidade de direitos.
(B) às normas do direito internacional, donde derivam as formas pelas quais os regimes democráticos extraem a fundamentação de sua existência.
(C) às normas derivadas da ética do homem médio, fundamento de todo valor e de todo direito.
(D) às normas constitucionais, como base de regramento formal e material de todas as normas do sistema jurídico.
(E) às normas da burocracia de Estado, tendo em vista que o modelo de dominação legal-burocrático do Estado moderno pressupõe atribuição de toda estabilidade do poder à burocracia.

2. (EXAME 2003)

Das asserções abaixo relacionadas, é verdadeira a que afirma:

(A) uma lei especial revoga uma lei geral, e uma lei inferior posterior revoga uma lei superior anterior.
(B) o juiz não está autorizado, em hipótese alguma, a julgar sem se basear em dispositivo expresso de lei no direito brasileiro.
(C) a norma hipotética fundamental de um Estado é a Constituição positivada, de acordo com Hans Kelsen.
(D) a analogia e a eqüidade são formas de integração do direito.
(E) toda vez em que há interpretação de uma norma jurídica, necessariamente há aplicação do Direito a um caso concreto.

3. (EXAME 2003)

"A Hermenêutica Jurídica tem por objeto o estudo e a sistematização dos processos aplicáveis para determinar o sentido e o alcance das expressões do Direito.

As leis positivas são formuladas em termos gerais; fixam regras, consolidam princípios, estabelecem normas, em linguagem clara e precisa, porém ampla, sem descer a minúcias. É tarefa primordial do executor a pesquisa da relação entre o texto abstrato e o caso concreto, entre a norma jurídica e o fato social, isto é, aplicar o Direito. Para o conseguir, se faz mister um trabalho preliminar: descobrir e fixar o sentido verdadeiro da regra positiva; e, logo depois, o respectivo alcance, a sua extensão. Em resumo, o executor extrai da norma tudo o que na mesma se contém: é o que se chama interpretar, isto é, determinar o sentido e o alcance das expressões do Direito".

(MAXIMILIANO, Carlos. **Hermenêutica e aplicação do Direito**. 9. ed. São Paulo: Forense, 1980. p.1)

Considerando o texto apresentado, é correto afirmar que

(A) as leis disciplinam apenas os casos concretos, por isso só admitem uma interpretação.
(B) hermenêutica e interpretação são palavras sinônimas e significam a busca do exato sentido da lei.
(C) a hermenêutica oferece as regras de interpretação e interpretar um texto de lei consiste em buscar-lhe o significado e o alcance.
(D) a hermenêutica não se insere na Ciência do Direito, sendo mera manifestação da arte de advogar.
(E) o intérprete não deve pesquisar a relação entre o texto legal e o caso concreto, sob pena de violar o princípio da legalidade inserido na Constituição Federal.

4. (EXAME 2002)

A Lei Municipal nº 01, de 15/6/1992, estabelece que os lotes de imóveis urbanos não poderão ter área menor do que 125 m2. João é proprietário de uma área de 300 m2 e deseja vendê-la.

A Lei Municipal nº 02, de 10/1/2002, publicada no dia seguinte e com prazo de *vacatio* de um ano, aumentou, entretanto, a área mínima dos lotes urbanos para 250 m2.

Em 19/4/2002, João, mediante escritura pública, vendeu para Augusto e Pedro referida área, dividindo-a geodesicamente de modo que cada um ficou com um lote de 150 m2, abrindo-se novas matrículas no Serviço de Registro de Imóveis, em 20/5/2002. Nesse caso, as vendas são

(A) anuláveis, porque o contrato foi celebrado em fraude à lei.

(B) válidas e não serão prejudicadas pela Lei nº 02.

(C) nulas, porque ilícitos os objetos.

(D) tidas como inexistentes, permanecendo João como proprietário da área toda.

(E) ineficazes, porque os compradores terão de promover a unificação dos lotes.

5. (EXAME 2002)

O direito subjetivo é

(A) a vontade individual de reivindicar um bem.

(B) o poder reservado aos magistrados.

(C) um conceito originário do "socialismo jurídico".

(D) um poder conferido pela norma jurídica para a ação de um sujeito.

(E) um interesse individual objetivo e determinado pela moral.

6. (EXAME 2001)

São critérios utilizados pelo jurista para resolver as antinomias normativas aparentes:

(A) empírico, analógico e sistemático.

(B) expansivo, gramatical e sistemático.

(C) hierárquico, cronológico e da especialidade.

(D) hierárquico, cronológico e analógico.

(E) analógico, literal e da especialidade.

7. (EXAME 2001)

Instruções: A questão contêm duas afirmações. Assinale, na folha de respostas,

(A) se as duas são verdadeiras e a segunda justifica a primeira.

(B) se as duas são verdadeiras e a segunda não justifica a primeira.

(C) se a primeira é verdadeira e a segunda é falsa.

(D) se a primeira é falsa e a segunda é verdadeira

(E) se as duas são falsas.

A interdisciplinaridade tem sido apontada, por certos especialistas, como caminho a ser seguido no estudo do direito

PORQUE

enfatiza a validade técnica das normas jurídicas, especialmente quanto às relações entre ilícitos e sanções.

8. (EXAME 2000)

Instruções: Para responder a próxima questões considere este hipotético Projeto de Lei:

Art. 1º Esta lei disciplina o uso da Internet para difusão de informações, comunicação pessoal e empresarial, bem como as atividades econômicas e relações jurídicas vinculadas.

Art. 2º Antes de iniciar suas atividades, a empresa de comercialização de produtos ou serviços pela Internet deverá obter a aprovação do órgão federal competente, renovável a cada cinco anos, comprovando o atendimento das exigências de capacitação técnica e econômica previstas em lei específica.

Parágrafo único - A empresa que, na realização de seus objetivos sociais, utilize serviços de pessoas físicas para desenvolvimento de sua atividade fim, será considerada empregadora desde que comprovadas a pessoalidade e a fiscalização direta dos trabalhos, mesmo quando os serviços sejam realizados por empresa interposta, assegurando-se ao contratado todos os direitos decorrentes do contrato de trabalho.

Art. 3º A capacidade dos contratantes será condição de validade das transações efetuadas pela Internet para débito eletrônico em conta bancária.

Art. 4º Considera-se crime informático, punido com pena de um a três anos de reclusão e multa, o acesso, sem autorização, aos registros de computador alheio, com a finalidade de causar dano, alterar informações ou obter qualquer outra vantagem ilícita.

§ 1º – A pena será acrescida de um terço se o agente divulga o conteúdo do registro.

§ 2º – A pena será reduzida de um terço se o agente não é reincidente e não houve perda dos registros.

§ 3º – O crime será punido com pena de dois a cinco anos de reclusão se:

I – o agente ingressou em computador situado em outro país;

II – o ingresso ocorreu em computador de órgão público.

Art. 5º A competência para o julgamento dos crimes informáticos é da Justiça Federal, só se procedendo mediante ação penal pública incondicionada, ficando vedada a ação penal privada subsidiária da pública.

§ 1º – O prazo de decadência para oferecimento da denúncia é de seis meses após o conhecimento da autoria pelo ofendido ou pela autoridade policial.

§ 2º – Se a comarca em que foi cometido o crime não for sede da Justiça Federal, a denúncia poderá ser oferecida por membro do Ministério Público Estadual perante juiz estadual, sendo o recurso julgado pelo Tribunal de Justiça do Estado.

§ 3º – O juiz poderá, em despacho fundamentado, determinar a quebra do sigilo dos dados constantes do computador do investigado ou acusado.

Art. 6º As disposições dessa lei deverão ser observadas estritamente pelos aplicadores, sendo vedada qualquer interpretação.

Art. 7º Esta lei entra em vigor na data de sua publicação.

A disposição do art. 6º do Projeto

(A) exemplifica o que é uma norma jurídica vaga e ambígua.

(B) promove economia processual e elimina a ambigüidade normativa.

(C) ignora que o sentido das palavras ou signos lingüísticos só pode ser definido por interpretação.

(D) prevê hipótese de aplicação do direito intertemporal.

(E) confere absoluta certeza às relações jurídicas regulamentadas.

9. (EXAME 1999)

Há revogação tácita de lei quando a

(A) lei nova expressamente declarar revogada determinada lei anterior.

(B) lei cair em desuso.

(C) lei nova estabelecer disposição geral ou especial a par da lei existente.

(D) lei nova regular inteiramente a matéria de que tratava a lei anterior.

(E) lei for declarada inconstitucional pelo Supremo Tribunal Federal.

10. (EXAME 1998)

A validade formal do direito (vigência da lei) tem por requisitos:

(A) o expressivo consenso e o apoio popular à lei.

(B) o reconhecimento da legalidade pelo Poder Executivo e o expressivo consenso popular.

(C) a elaboração e a aprovação da lei por órgão competente e na forma prescrita no ordenamento jurídico.

(D) a elaboração da lei pelo órgão competente e seu expressivo cumprimento pelo povo.

(E) a promulgação da lei e sua aplicação pelo Poder Judiciário.

11. (EXAME 2000) DISCURSIVA

"Em Portugal e no Brasil o papel da jurisprudência é significativo. Muitas soluções tidas por assentes, nos últimos tempos de vigência do Código Civil português de 1867, eram de facto muito mais de filiar na jurisprudência que no Código, a que formalmente se referiam. E o mesmo diremos de muitas das soluções hoje obtidas no Brasil.

Em todo o caso, devemos dizer que a relevância prática da jurisprudência nunca terá sido tão grande como noutros países.

Para isso terá contribuído em Portugal um certo alheamento da doutrina em relação à vida judiciária, bem como um excessivo individualismo dos nossos julgadores, que têm dificultado a criação de correntes jurisprudenciais estáveis.

A publicação do novo Código Civil diminuiu logicamente o relevo da jurisprudência civil.

Quanto ao Brasil, há uma excessiva desenvoltura da jurisprudência perante a lei, que por vezes leva a soluções claramente **contra legem**. *Mas essa tendência não tem levado à proclamação teórica da independência do juiz perante a lei. E até podemos dizer que essa mesma liberdade jurisprudencial se torna um óbice à formação de correntes jurisprudenciais estáveis, pois cada juiz facilmente põe de novo tudo em questão, impressionado sobretudo pelas particularidades do caso concreto."*

(ASCENSÃO, José de Oliveira. O Direito: introdução e teoria geral;
uma perspectiva luso-brasileira. 10.ed. revista.
Coimbra: Almedina, 1999. p. 314)

A partir do texto, analise a lei e a jurisprudência como fontes do Direito; a independência e a criatividade do juiz; a admissão, no direito brasileiro, de soluções jurisprudenciais *contra legem*; **o significado de eventual súmula vinculante no que se refere às mencionadas** *liberdade jurisprudencial* **e** *formação de correntes jurisprudenciais estáveis.*

Conteúdo 06
DIREITO CONSTITUCIONAL

1. (EXAME 2009)

É da cena contemporânea de cultura democrática a projeção do papel do juiz em quase todos os aspectos da vida social. (...) Nesse contexto, em que o direito e o Poder Judiciário já tinham ampliado sua presença na sociedade e na política, é que vai se instalar, ao longo dos anos 1970, a crise do Welfare State, cuja resposta radical se manifestou na emergência do neoliberalismo e suas intervenções no sentido de desregulamentar o mercado e recriar a economia como dimensão autônoma. (...)

O boom da litigação, desde então, é um fenômeno mundial, convertendo a agenda do acesso à Justiça em política pública de primeira grandeza.

VIANNA, Luiz Werneck; BURGOS, Marcelo Baumann; SALLES, Paula Martins. *Dezessete anos de Judicialização da Política*. Disponível em <http://cedes.iuperj.br/PDF/06novembro/judicializacao.pdf>. Acesso em 29.set.2009.

Sobre o fenômeno conhecido como judicialização da política e das relações sociais discutido no texto, é CORRETO afirmar que

(A) a adoção de um modelo de controle abstrato de constitucionalidade das leis impede que o Brasil ratifique as convenções internacionais que tratam do acesso à justiça.

(B) a consolidação da democracia no Brasil, após a Constituição de 1988, tem sido acompanhada de um fenômeno conhecido como judicialização da política e das relações sociais.

(C) a judicialização da política enfraquece o sistema partidário, tendo em vista a ilegitimidade dos partidos para a propositura de ações coletivas e ações diretas de inconstitucionalidade.

(D) a judicialização da política obsta o desenvolvimento das ações coletivas movidas pelas entidades da sociedade civil, tendo em vista a legitimidade do Ministério Público Federal para interpor ação direta de inconstitucionalidade.

(E) a judicialização da política e das relações sociais demonstra que o Brasil não está inserido no processo vivenciado por outros países democráticos de ampliação do acesso à justiça.

2. (EXAME 2009)

A eficácia dos direitos fundamentais nas relações privadas é fenômeno percebido tanto no direito brasileiro quanto no direito comparado. O Supremo Tribunal Federal proferiu decisão da qual se extrai a seguinte ementa:

Sociedade civil sem fins lucrativos. União Brasileira de Compositores. Exclusão de sócio sem garantia da ampla defesa e do contraditório. Eficácia dos direitos fundamentais nas relações privadas (...).

Recurso Extraordinário 201.819-8/RJ, Relator para acórdão Ministro Gilmar Mendes, publicado em 27 de outubro de 2006.

De acordo com o texto, é CORRETO afirmar que

(A) os direitos fundamentais não podem ser, em princípio, condicionados e limitados por interesse da coletividade e/ou por outros interesses individuais dignos de proteção.

(B) apenas a liberdade de expressão é direito fundamental ilimitado; logo, todos os outros direitos fundamentais podem sofrer, em princípio, limitações e condicionamentos.

(C) a Constituição Federal de 1988 assegura o direito de associação como manifestação da autonomia privada irrestrita desde que não constitua infração penal.

(D) a autonomia privada garantida pela Constituição às associações está imune à incidência dos princípios constitucionais que asseguram o respeito aos direitos fundamentais de seus associados.

(E) a autonomia privada como garantia fundamental é amplamente reconhecida no Brasil e no direito estrangeiro.

3. (EXAME 2009)

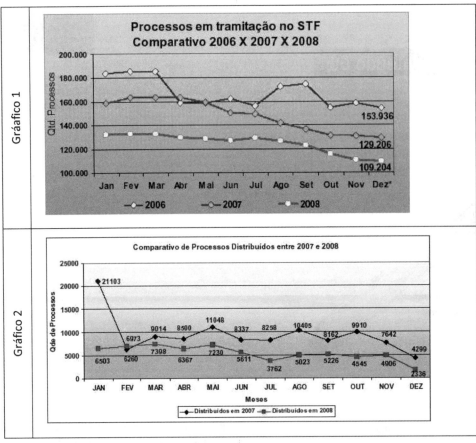

www.stf.gov.br – Relatório de atividades 2008

A Emenda Constitucional 45/2004 adotou o instituto da "repercussão geral" como requisito de admissibilidade dos recursos extraordinários. Tal instituto foi regulado pela Lei 11.418/2006, publicada no Diário Oficial da União em 20/12/2006, para entrar em vigência sessenta dias depois. Leve em consideração esses dados para analisar os gráficos relativos (1) à tramitação e (2) à distribuição dos processos no STF. Com base em sua análise, assinale a alternativa CORRETA.

(A) Observa-se aumento na quantidade de processos em tramitação no STF, após a publicação da Lei Federal 11.418/2006.
(B) Observa-se que a diminuição da quantidade de processos distribuídos no STF coincide com a vigência da Lei Federal 11.418/2006.
(C) Observa-se aumento gradativo da quantidade de processos em tramitação no STF desde a vigência da Lei Federal 11.418/2006.
(D) Observa-se que a diminuição da quantidade de processos distribuídos no STF coincide com a promulgação da EC 45/2004.
(E) Observa-se que distribuição e tramitação de processos independem da vigência da Lei 11.418/2006.

4. (EXAME 2006)

A ação direta de inconstitucionalidade é instrumento de controle

I. concentrado e produz efeitos *erga omnes* e vinculantes, por força de disciplina constitucional.
II. concentrado e produz efeitos *inter partes* e ex tunc, por força de disciplina legal.
III. difuso ou concentrado e produz efeitos *inter partes* e vinculantes por força de disciplina constitucional e legal.
IV. concentrado e pode produzir efeitos *ex nunc* ou *ex tunc*, conforme disciplina legal.

Estão corretas as afirmações contidas nos incisos

(A) I e II.
(B) I e IV.
(C) II e III.
(D) II e IV.
(E) III e IV.

5. (EXAME 2003)

Existe doutrina sobre direitos fundamentais sustentando que, na ocorrência de um conflito de direitos, há necessidade de se construir uma solução com base na harmonização e que, caso seja necessário que um direito prevaleça sobre outro, essa prevalência se defina em face das circunstâncias concretas. É coerente com esse posicionamento afirmar-se

(A) que se deve procurar conferir a maior eficácia possível às normas acerca dos direitos fundamentais, aplicando-as por meio da ponderação de interesses, de acordo com o contexto jurídico e a situação fática.
(B) que é vedado ao Poder Judiciário definir, no caso concreto, que um direito fundamental prevaleça sobre outro, exceto quando houver critério para essa prevalência expressamente definido na Constituição.
(C) que, havendo conflito de direitos, uma das normas envolvidas será considerada tacitamente revogada.

(D) ser possível extrair do ordenamento jurídico, em tese, uma gradação hierárquica entre direitos fundamentais, o que ocorre expressamente na Constituição brasileira.

(E) haver inconstitucionalidades intrínsecas nas próprias normas da Constituição, o que se evidencia quando duas normas definidoras de direitos fundamentais entram em conflito, devendo uma delas prevalecer.

6. (EXAME 2003)

O cumprimento e o descumprimento da função social da propriedade produzem conseqüências relevantes no que respeita à desapropriação de imóveis urbanos e rurais.

Assim é que

(A) ressalvadas as exceções constitucionais, os imóveis rurais que não cumprem a função social da propriedade podem ser desapropriados, para fins de reforma agrária, mediante indenização em títulos da dívida agrária.

(B) na desapropriação para fins de reforma agrária, a indenização será necessariamente prévia e em dinheiro, se for desapropriado imóvel rural produtivo que cumpre a função social da propriedade.

(C) são insuscetíveis de desapropriação os imóveis urbanos que cumprem a função social da propriedade.

(D) os imóveis urbanos que não cumprem a função social da propriedade podem ser desapropriados, mediante indenização em dinheiro, a ser paga parceladamente em até 20 anos.

(E) os imóveis urbanos ou rurais que não cumprem a função social da propriedade deverão ser desapropriados, sem indenização, se destinados a quaisquer atividades criminosas.

7. (EXAME 2003)

Considere as seguintes afirmações sobre as comissões que atuam no âmbito do Poder Legislativo:

I. Na composição de todas as comissões, temporárias ou permanentes, deve ser observada, tanto quanto possível, a exigência constitucional de proporcionalidade de representação partidária.

II. Se as comissões parlamentares de inquérito concluírem pela culpa ou pelo dolo dos investigados, deverão promover-lhes a responsabilidade civil ou criminal, já que detêm poderes de investigação próprios das autoridades judiciais.

III. Às comissões temáticas é vedado deliberar sobre os projetos de lei que examinam, pois a Constituição não admite hipóteses de delegação interna corporis, cabendo sempre ao Plenário a votação dos projetos de lei.

IV. É competência das comissões a convocação de Ministro de Estado para prestar informações sobre assuntos inerentes a suas atribuições, configurando crime de responsabilidade o não comparecimento sem justificação adequada.

SOMENTE está correto o que se afirma em

(A) I e III.

(B) I e IV.

(C) II e III.

(D) II e IV.

(E) III e IV.

8. (EXAME 2003)

Consoante o sistema de controle de constitucionalidade adotado na Constituição brasileira,

(A) somente no exercício do controle concentrado de constitucionalidade pode ser examinada a questão da inconstitucionalidade de lei lesiva a um direito fundamental, sendo que a decisão proferida neste controle valerá inter partes ou erga omnes conforme o caso.

(B) todos os tribunais podem, por maioria absoluta de votos, afastar a aplicação de uma lei inconstitucional lesiva a um direito fundamental, produzindo sua decisão efeito erga omnes.

(C) somente o Supremo Tribunal Federal pode apreciar a questão da inconstitucionalidade de uma lei lesiva a direito fundamental e sua decisão terá sempre efeito erga omnes e vinculante.

(D) qualquer lesão a direito fundamental pode provocar o exercício do controle de constitucionalidade difuso ou concentrado, perante qualquer juiz ou tribunal, e a respectiva decisão terá sempre efeito erga omnes.

(E) qualquer juiz pode apreciar lesão a direito fundamental violado por lei inconstitucional, em decisão que opera efeito inter partes.

Instruções para responder às 2 próximas questões.

Suponha que tenha sido editada uma lei cujos dois primeiros artigos têm o seguinte teor:

"Art. 1º Todos têm direito ao meio ambiente ecologicamente equilibrado, bem de uso especial, impondo-se ao Poder Público e à coletividade o dever de defendê-lo e preservá-lo para as presentes e futuras gerações.

Art. 2º As terras devolutas, necessárias à proteção dos ecossistemas naturais, poderão ser alienadas pelos Estados caso reste comprovado que sua preservação estará reforçada por projetos de manejo sustentável, vinculados a empreendimentos econômicos privados."

Suponha ainda que essa lei tenha sido objeto de ação direta de inconstitucionalidade (ADIn), pois violaria a Constituição sob dois fundamentos: primeiro, por considerar o meio ambiente como bem de uso especial; segundo, pela forma como tratou das terras devolutas.

9. (EXAME 2003)

O primeiro fundamento da ADIn deve ser considerado

(A) procedente, pois o meio ambiente ecologicamente equilibrado é considerado pela Constituição Federal bem de uso comum do povo.

(B) improcedente, pois o meio ambiente ecologicamente equilibrado é mesmo considerado pela Constituição Federal bem de uso especial, afetado para o fim de preservação.

(C) procedente, pois o meio ambiente ecologicamente equilibrado não pode ser tratado como espécie de bem público, já que decorre da Constituição Federal a possibilidade de haver propriedade privada sobre áreas de preservação ambiental.

(D) improcedente, pois o meio ambiente ecologicamente equilibrado é mesmo considerado pela Constituição Federal bem de uso especial, vez que só é acessível à população mediante autorização do Poder Público.

(E) procedente, pois o meio ambiente ecologicamente equilibrado é considerado pela Constituição Federal bem dominical.

10. (EXAME 2003)

O segundo fundamento da ADIn deve ser considerado

(A) procedente, pois áreas destinadas à proteção dos ecossistemas naturais não podem ser consideradas terras devolutas.

(B) improcedente, pois, com o advento da Constituição Federal, as terras devolutas passaram a ser consideradas alienáveis.

(C) procedente, pois as terras devolutas necessárias à proteção dos ecossistemas naturais são indisponíveis.

(D) improcedente, pois a Constituição Federal prevê simultaneamente, como princípios da ordem econômica, a propriedade privada e a defesa do meio ambiente.

(E) procedente, pois é inconstitucional qualquer exploração econômica privada de áreas sujeitas à preservação ambiental.

11. (EXAME 2002)

Por motivo de convicção filosófica, José, convocado para prestar serviço militar, recusa-se a fazê-lo, negando-se também a cumprir prestação alternativa, fixada em lei. Para justificar sua conduta, afirma que a Constituição Federal acata, nesse caso, a objeção de consciência, sem prever sanção para o objetor. José está enganado, pois a Constituição

(A) não admite a objeção de consciência.

(B) inclui a hipótese figurada entre as que provocam perda ou suspensão de direitos políticos.

(C) admite a objeção de consciência apenas por motivos de crença religiosa.

(D) admite a objeção de consciência somente para dispensar o objetor da obrigatoriedade do voto.

(E) prevê, para a hipótese figurada, a detenção do objetor em dependências das Forças Armadas.

12. (EXAME 2002)

Como mecanismos de defesa do Estado em momentos de anormalidade constitucional, a Constituição brasileira prevê o estado de sítio e o estado de defesa,

(A) exigindo a autorização prévia do Congresso Nacional como condição necessária para a decretação de um e de outro.

(B) proibindo que durante a vigência de um ou de outro, o Presidente da República se ausente do país.

(C) excluindo, inteiramente, do controle jurisdicional a apreciação da constitucionalidade da decretação do estado de sítio.

(D) suspendendo as imunidades parlamentares durante a vigência do estado de defesa.

(E) exigindo o pronunciamento do Conselho da República e do Conselho de Defesa Nacional sobre a decretação de um e de outro.

13. (EXAME 2002)

Visando à tutela das liberdades individuais, também no âmbito do Poder Judiciário, a Constituição brasileira estabelece que todas as decisões judiciais devem ser

(A) submetidas de ofício ao duplo grau de jurisdição.

(B) publicadas na íntegra no órgão oficial de imprensa.

(C) fundamentadas, sob pena de nulidade.

(D) proferidas em sessão pública, salvo nos processos que correm em segredo de justiça.

(E) exaradas na presença das partes ou de seus advogados.

14. (EXAME 2002)

Considere as seguintes afirmações sobre o instituto da reeleição:

I. A reeleição para a Chefia do Poder Executivo municipal somente é possível se o Prefeito, que pretende reeleger-se, tiver sido eleito por maioria absoluta de votos.

II. A reeleição para o mandato legislativo é permitida ao parlamentar, ainda que cônjuge de Governador do Estado, no território de jurisdição do Chefe do Poder Executivo estadual.

III. A reeleição para Governador de Estado é possível para um único mandato subseqüente, desde que o Chefe do Poder Executivo estadual se afaste do cargo até seis meses antes da eleição.

IV. A reeleição do Vice-Presidente da República para o mandato subseqüente não é vedada pela Constituição.

SOMENTE é correto o que se afirma em

(A) I e II.

(B) I e III.

(C) II e III.

(D) II e IV.

(E) III e IV.

15. (EXAME 2002)

Instruções: A questão contêm duas afirmações. Assinale, na folha de respostas,

(A) se as duas são verdadeiras e a segunda justifica a primeira.

(B) se as duas são verdadeiras e a segunda não justifica a primeira.

(C) se a primeira é verdadeira e a segunda é falsa.

(D) se a primeira é falsa e a segunda é verdadeira.

(E) se as duas são falsas.

Para proteção de direito líquido e certo, violado por ilegalidade ou abuso de poder de autoridade pública, nem sempre o mandado de segurança será o remédio constitucional cabível

PORQUE

o campo de aplicação do mandado de segurança define-se por exclusão, cabendo impetrá-lo quando o direito líquido e certo não for amparado por *habeas corpus* ou *habeas data*.

16. (EXAME 2001)

As transformações da vida econômica e social alteraram a concepção negativa do papel do Estado, que apenas consagrava liberdades, abstendo-se ao máximo de interferir na vida dos indivíduos. Passou-se a entender que o Estado deveria agir, positivamente, para garantir as condições materiais para o desenvolvimento da pessoa humana e mesmo para o exercício das liberdades.

Esse texto descreve o ambiente em que o direito positivo passou a consagrar os direitos

(A) individuais, chamados de 1ª geração.

(B) sociais, ditos de 2ª geração.

(C) políticos, chamados instrumentais de cidadania.

(D) de solidariedade, ditos de 3ª geração.

(E) humanos de caráter internacional, chamados de 4ª geração.

17. (EXAME 2001)

Tendo sido o Vice-Presidente da República acusado da prática de ato de improbidade administrativa, tipificado como crime de responsabilidade, e tendo sido autorizada a instauração do respectivo processo, o julgamento ocorrerá perante

(A) o Supremo Tribunal Federal.

(B) o Superior Tribunal de Justiça.

(C) o Congresso Nacional.

(D) o Senado Federal.

(E) a Câmara dos Deputados.

18. (EXAME 2001)

Instruções: A questão contêm duas afirmações. Assinale, na folha de respostas,

(A) se as duas são verdadeiras e a segunda justifica a primeira.

(B) se as duas são verdadeiras e a segunda não justifica a primeira.

(C) se a primeira é verdadeira e a segunda é falsa.

(D) se a primeira é falsa e a segunda é verdadeira

(E) se as duas são falsas.

Nem sempre a intervenção federal nos Estados implica a nomeação de um interventor

PORQUE

é possível que o decreto interventivo baste para o restabelecimento da normalidade, como no caso de se repelir a invasão de uma unidade da Federação em outra.

19. (EXAME 2000)

O art. 5º, inciso II, da Constituição Federal estabelece que "ninguém será obrigado a fazer ou deixar de fazer alguma coisa senão em virtude de lei."

Considerando a teoria clássica da aplicabilidade das normas constitucionais, defendida entre nós inclusive por Rui Barbosa, esta norma constitucional é

(A) programática.

(B) auto-executável.

(C) de eficácia limitada.

(D) de eficácia contida.

(E) de eficácia condicionada.

20. (EXAME 2000)

Projeto de Lei complementar, de iniciativa de Deputado Federal, disciplinando o exercício de direitos constitucionais, é aprovado por maioria simples em ambas as Casas do Congresso Nacional e sancionado pelo Presidente da República. Do ângulo do processo legislativo, a lei complementar em que se converteu o projeto é

(A) formalmente inconstitucional por usurpação de iniciativa exclusiva do Presidente da República.

(B) materialmente constitucional porque a sanção presidencial convalida o vício de iniciativa.

(C) formalmente inconstitucional por inobservância do *quorum* previsto na Constituição para aprovação de lei complementar.

(D) materialmente inconstitucional porque disciplina matéria que a Constituição reserva de modo expresso à lei ordinária.

(E) formalmente constitucional porque somente por lei complementar pode ser disciplinado o exercício de direitos constitucionais.

21. (EXAME 1999)

Proposta de Emenda Constitucional de iniciativa do Presidente da República é regularmente aprovada na Câmara dos Deputados e enviada ao Senado Federal onde, após dois turnos de votação, é aprovada por maioria absoluta e promulgada pelo Presidente do Senado, sessenta dias depois. A Emenda Constitucional, no caso, é

(A) formalmente inconstitucional, por inobservância do quorum constitucionalmente previsto.

(B) materialmente inconstitucional, por vício de iniciativa.

(C) formal e materialmente inconstitucional, por vício de procedimento.

(D) materialmente inconstitucional, por promulgação intempestiva.

(E) parcialmente inconstitucional, porque o Senado Federal não observou totalmente o procedimento de elaboração de emendas constitucionais.

Instruções: Nas 2 próximas questões são dadas quatro afirmativas que podem estar corretas ou incorretas.

Assinale, na folha de respostas, a alternativa que contém SOMENTE afirmações corretas.

(A) I e II

(B) I e III

(C) II e IV

(D) III e IV

(E) I, II e III

22. (EXAME 1999)

Em relação à inviolabilidade de domicílio:

I. A autoridade policial pode efetuar busca e apreensão em domicílio, nos casos previstos em lei, independentemente de determinação judicial e do consentimento do morador.

II. Não constitui crime de violação de domicílio a penetração em casa alheia, durante a noite, em caso de desastre, mesmo sem o consentimento do morador.

III. Oficial de justiça, munido de mandado judicial de busca e apreensão, pode efetuar a diligência de dia ou de noite, mesmo sem o consentimento do morador.

IV. Durante a decretação do estado de sítio, poderá ser realizada busca e apreensão em domicílio, independentemente de determinação judicial ou de previsão legal.

23. (EXAME 1999)

Em relação à democracia representativa:

I. A democracia representativa admite fórmulas de participação popular direta no exercício do Poder.

II. A representação corporativa é incompatível com a democracia representativa.

III. A democracia representativa admite eleições pelo voto direto ou indireto.

IV. A democracia representativa é incompatível com os sistemas eleitorais majoritário e distrital misto.

24. (EXAME 1998)

Casal brasileiro, trabalhando numa empresa privada em Estado estrangeiro, vem a ter um filho de nome Antônio, ao qual é outorgada a nacionalidade desse Estado pelo fato de ali haver nascido. Com 30 anos de idade Antônio vem residir no Brasil. Segundo a Constituição Brasileira, Antônio

(A) nunca poderá ser brasileiro nato por ser natural de outro Estado.

(B) somente poderá ser brasileiro naturalizado, desde que preencha os requisitos legais para a naturalização.

(C) poderá ser brasileiro nato, porque, no caso, sempre lhe será facultado optar, em qualquer tempo, pela nacionalidade brasileira.

(D) terá automaticamente dupla nacionalidade.

(E) terá automaticamente nacionalidade brasileira.

25. (EXAME 1998)

Instruções: A questão contêm duas afirmações. Assinale, na folha de respostas,

(A) se as duas são verdadeiras e a segunda justifica a primeira.

(B) se as duas são verdadeiras e a segunda não justifica a primeira.

(C) se a primeira é verdadeira e a segunda é falsa.

(D) se a primeira é falsa e a segunda é verdadeira.

(E) se as duas são falsas.

No sistema constitucional brasileiro o Presidente da República é sempre eleito pela maioria absoluta de votos do povo

PORQUE

o sistema eleitoral estabelecido pela Constituição para eleição do Presidente da República exige sempre a realização de dois turnos de votação.

26. (EXAME 2009) DISCURSIVA

Em determinado país, vigora um regime ditatorial. O chefe do Executivo assumiu o poder por um golpe de Estado, apoiado pelas Forças Armadas. Os integrantes do Parlamento que não aderiram ao novo governo foram cassados. Foi outorgado um decreto, autorizando apenas o funcionamento de dois partidos políticos, impondo a censura prévia aos meios de comunicação e suprimindo as eleições para cargos do Executivo e Legislativo por tempo indeterminado. Foi instituída uma polícia política, cuja função era reprimir todos os atos de insurreição contra o novo regime. Por outro lado, o Poder Judiciário permaneceu atuando e a Constituição continuou vigendo, com as alterações estabelecidas pelo decreto presidencial já referido.

Nesse cenário, Antônio, desejando se apropriar do patrimônio de seu sócio José, decide denunciá-lo ao governo, revelando que o sócio militava em uma organização política clandestina, com o objetivo de derrubar o regime e instalar uma nova ordem. Ocorre que José era estrangeiro e, por isso, Antônio acreditava que, em decorrência da delação, seu visto brasileiro seria cassado e ele seria expulso do país. Por força das denúncias de Antônio, José é preso e torturado até a morte. Oficialmente, José é declarado desaparecido, seus familiares nunca mais têm notícia de seu paradeiro e sua morte na prisão não é admitida pelo governo.

Passaram-se dez anos e a democracia é restabelecida no país. É aprovada uma nova Constituição, com uma carta de direitos idêntica à da Constituição Brasileira de 1988. Dentre as medidas adotadas para punir os responsáveis pelos atos violentos cometidos pelos agentes do Estado no regime ditatorial, é aprovada uma lei, instituindo o seguinte tipo penal: "Todos os agentes públicos que atuaram no regime ditatorial, que vigorou no país na última década, prendendo, torturando, lesando e matando pessoas de forma abusiva, bem como aqueles que colaboraram para tais ações, ficam sujeitos à pena de reclusão, de dez a vinte anos." Com fundamento nessa lei, a família de José oferece uma notícia de crime contra Antônio, para que seja processado e punido pelos fatos acima narrados.

Considerando tal narrativa e o novo ordenamento jurídico, responda se Antônio pode ser punido, justificando sua resposta.

27. (EXAME 2006) DISCURSIVA

Considere o seguinte trecho, extraído da obra Coronelismo, Enxada e Voto, de Victor Nunes Leal.

Sobre o problema da discriminação tributária, como tivemos oportunidade de ver, grandes e eruditas tertúlias registram nossos anais parlamentares, ilustrando plenamente o dito popular: em casa onde falta o pão, todos brigam, ninguém tem razão. Ainda assim, a divisão da pobreza poderia ter sido mais eqüitativa do que é costume entre nós. A maior cota de miséria tem tocado aos municípios. Sem recursos para ocorrer às despesas que lhes são próprias, não podia deixar de ser precária sua autonomia política. O auxílio financeiro é, sabidamente, o veículo natural da interferência da autoridade superior no governo autônomo das unidades políticas menores. A renúncia, ao menos temporária, de certas prerrogativas costuma ser o preço da ajuda, que nem sempre se inspira na consideração do interesse público, sendo muitas vezes motivada pelas conveniências da militância política.

Exemplo característico da perda de atribuições por motivo de socorro financeiro encontramos na lei mineira no 546, de 27 de setembro de 1910. Essa lei, conhecida pelo nome do Presidente que a sancionou, Bueno Brandão, permitiu ao Estado fazer empréstimo aos municípios para abastecimento d'água, rede de esgotos e instalações de força elétrica. Condicionava, porém, esses empréstimos à celebração de acordo, em virtude do qual pudesse o Estado arrecadar rendas municipais para garantir o serviço de amortização e juros. Os empréstimos anteriores, ainda mediante acordo, também poderiam ser unificados e submetidos ao mesmo regime. A exigência do acordo era uma reverência ao princípio jurídico da autonomia municipal, mas, em certos casos, essa ressalva lembraria a liberdade que tem o operário de discutir o salário em época de desemprego.

Outro exemplo, de conseqüências mais profundas, deparamos na lei baiana no 2.229, de 18 de setembro de 1929. Nos municípios em que houvesse serviço municipal sob responsabilidade do Estado, ou que tivessem contrato abonado ou afiançado pelo Estado, o prefeito e o administrador distrital não seriam eletivos, mas de livre nomeação e demissão do governador.

(LEAL, Victor Nunes. Coronelismo, enxada e voto. 2.ed.
São Paulo: Alfa-Omega, 1975. p. 178-179)

Em face do regime constitucional hoje vigente no Brasil,

a) Os Municípios, dada a posição que ocupam na Federação, poderiam renunciar a prerrogativas próprias de sua autonomia? Por quê?

b) Responda, justificando, se as competências tributárias, entendidas como competências para criação dos tributos, são delegáveis entre os entes da Federação.

c) Indique, explicando-os sucintamente, dois exemplos de instrumentos de cooperação pelos quais um Município pode transferir ou compartilhar com outros entes federativos a execução de serviços públicos municipais.

28. (EXAME 2002) DISCURSIVA

"A parte da natureza varia ao infinito. Não há, no universo, duas coisas iguais. Muitas se parecem umas às outras. Mas todas entre si diversificam. Os ramos de uma só árvore, as folhas da mesma planta, os traços da polpa de um dedo humano, as gotas do mesmo fluido, os argueiros do mesmo pó, as raias do espectro de um só raio solar ou estelar. Tudo assim, desde os astros, no céu, até os micróbios do sangue, desde as nebulosas no espaço, até os aljôfares do rocio na relva dos prados.

A regra da igualdade não consiste senão em quinhoar desigualmente aos desiguais, na medida em que se desigualam. Nesta desigualdade social proporcionada à desigualdade natural, é que se acha a verdadeira lei da igualdade. O mais são desvarios da inveja, do orgulho, ou da loucura. Tratar com desigualdade a iguais, ou a desiguais com igualdade, seria desigualdade flagrante, e não igualdade real. Os apetites humanos conceberam inverter a norma universal da criação, pretendendo, não dar a cada um, na razão do que vale, mas atribuir o mesmo a todos, como se todos se equivalessem."

(BARBOSA, Rui. **Oração aos Moços**. 18. ed.
Rio de Janeiro: Ediouro, 2001, p. 53-55)

A partir desse texto, analise a validade da adoção da discriminação positiva no Brasil, oferecendo exemplos; a relação entre o princípio da igualdade e o da proporcionalidade, a possibilidade de o juiz decidir unicamente com base no princípio da eqüidade.

29. (EXAME 1999) DISCURSIVA

Comissão Parlamentar de Inquérito (CPI) constituída no Senado Federal para investigar notícias genéricas de corrupção no âmbito da Administração Pública federal determinou:

a) a convocação de Ministros de Estado, de dirigentes de entidades da Administração Indireta federal e de alguns servidores públicos para prestar depoimento e

b) a quebra de sigilo de correspondência e de comunicações telefônicas e busca e apreensão domiciliar de documentos dos convocados.

Apurados os fatos e identificados comportamentos ilícitos, de natureza civil, criminal e administrativa, a Comissão Parlamentar de Inquérito aplicou penalidades administrativo-funcionais e encaminhou relatório ao Ministério Público Federal para a responsabilização civil e criminal cabíveis.

Analise a viabilidade jurídico-constitucional da atuação da Comissão Parlamentar de Inquérito (CPI).

BATERIA DE QUESTÕES EXTRAS[1]

30. (EXAME OAB VI.2)

Contra a decisão judicial que contrariar súmula vinculante ou que indevidamente a aplicar cabe, perante o Supremo Tribunal Federal,

(A) ação direta de inconstitucionalidade.

(B) reclamação.

(C) arguição de descumprimento de preceito fundamental.

(D) mandado de segurança.

31. (EXAME OAB VI.2)

A respeito da Advocacia Pública, assinale a alternativa correta.

(A) São princípios institucionais das Procuradorias dos Estados a unidade e a indivisibilidade. Como consequência, é inconstitucional lei estadual que crie Procuradoria-Geral para consultoria, assessoramento jurídico e representação judicial da Assembleia Legislativa.

(B) A Advocacia-Geral da União tem por chefe o Advogado-Geral da União, nomeado pelo Presidente da República dentre integrantes da carreira, maiores de trinta e cinco anos, após a aprovação de seu nome pela maioria absoluta do Senado Federal.

(C) Aos Procuradores dos Estados e do Distrito Federal, que ingressarem na carreira mediante concurso público, é assegurada estabilidade após três anos de efetivo exercício, mediante avaliação periódica de desempenho perante os órgãos próprios, após relatório circunstanciado das corregedorias.

(D) Na execução da dívida ativa de natureza tributária, a representação da União não caberá à Procuradoria-Geral da Fazenda Nacional.

---

1 Organizadora FGV

32. (EXAME OAB VI.2)

A imunidade formal e a imunidade material consistem em prerrogativas conferidas aos ocupantes de determinados cargos públicos. Em relação às referidas imunidades, é correto afirmar que

(A) a imunidade formal se aplica inclusive aos Vereadores.

(B) o Governador de Estado goza de imunidade formal e de imunidade material na mesma extensão que o Presidente da República.

(C) os Vereadores gozam de imunidade material relativa às suas opiniões, palavras e votos, nos limites territoriais do Município a que estejam vinculados.

(D) a imunidade relativa à proibição de prisão impede inclusive a prisão em flagrante por crime inafiançável.

33. (EXAME OAB VI.2)

Os órgãos legislativos possuem competências definidas no texto constitucional. Sobre o tema, à luz das normas constitucionais, é correto afirmar que

(A) é competência exclusiva do Congresso Nacional resolver definitivamente sobre tratados de qualquer natureza.

(B) o Presidente da República pode ausentar-se do país por período indefinido sem autorização do Congresso.

(C) cabe ao Presidente do Senado aprovar o estado de defesa e o estado de sítio.

(D) cabe ao Congresso exclusivamente sustar os atos normativos do Executivo que exorbitem de delegação legislativa.

34. (EXAME OAB VI.2)

Em relação ao processo legislativo, é correto afirmar que

(A) a emenda a um projeto de lei ordinária torna necessário o retorno à casa iniciadora ainda que se trate de correção redacional.

(B) o vício de iniciativa pode ser sanado pela sanção presidencial nos projetos de lei de iniciativa privativa do presidente.

(C) rejeitada a medida provisória pelo Congresso Nacional, esse deverá disciplinar as situações jurídicas constituídas durante a vigência da MP por meio de decreto legislativo.

(D) a Constituição da República Federativa do Brasil veda expressamente a abertura de créditos extraordinários por meio de medida provisória.

35. (EXAME OAB VI.2)

O Estado X edita norma que determina a gratuidade de pagamento em estacionamentos privados sob administração de entidades empresariais. Tal lei, à luz das normas constitucionais, está sob a égide das competências do(a)

(A) Estado.

(B) Município.

(C) Distrito Federal.

(D) União.

36. (EXAME OAB VI.2)

Suponha que a Comissão de Assuntos Econômicos do Senado tenha convocado o Ministro da Fazenda para prestar pessoalmente informações sobre assunto relativo à política econômica adotada pelo governo federal. Nesse caso,

(A) a convocação só poderia ser feita pelo Senado, e não por uma de suas comissões.

(B) a convocação é inconstitucional, pois a Comissão só poderia encaminhar pedido escrito de informações ao Ministro, mas não sua presença pessoal.

(C) a convocação é constitucional, e a ausência injustificada do Ministro importaria crime de responsabilidade.

(D) a convocação é constitucional, mas a ausência (mesmo que injustificada) do Ministro não importa crime de responsabilidade.

37. (EXAME OAB VI.1)

A respeito dos Procuradores-Gerais de Justiça nos Estados e no Distrito Federal, é INCORRETO afirmar que

(A) podem ser destituídos pela Assembleia Legislativa (nos Estados) e pela Câmara Legislativa (no Distrito Federal).

(B) podem ser reconduzidos somente uma vez.

(C) devem ser integrantes da carreira e exercem o cargo por mandato de dois anos.

(D) são nomeados pelo Governador (nos Estados) e pelo Presidente da República (no Distrito Federal).

38. (EXAME OAB VI.1)

NÃO pode ser objeto de ação direta de inconstitucionalidade

(A) decreto que promulga tratado.

(B) decreto legislativo que aprova tratado.

(C) resolução.

(D) súmula vinculante.

39. (EXAME OAB VI.1)

Suponha que o STF, no exame de um caso concreto (controle difuso), tenha reconhecido a incompatibilidade entre uma lei em vigor desde 1987 e a Constituição de 1988. Nesse caso, é correto afirmar que

(A) após reiteradas decisões no mesmo sentido, o STF poderá editar súmula vinculante.

(B) o STF deverá encaminhar a decisão ao Senado.

(C) os órgãos fracionários dos tribunais, a partir de então, ficam dispensados de encaminhar a questão ao pleno.

(D) a eficácia da decisão é erga omnes.

40. (EXAME OAB VI.1)

João, residente no Brasil há cinco anos, é acusado em outro país de ter cometido crime político. Nesse caso, o Brasil

(A) pode conceder a extradição se João for estrangeiro.

(B) pode conceder a extradição se João for brasileiro naturalizado e tiver cometido o crime antes da naturalização.

(c) não pode conceder a extradição, independentemente da nacionalidade de João.

(D) não pode conceder a extradição apenas se João for brasileiro nato.

41. (EXAME OAB VI.1)

A respeito dos direitos políticos, assinale a alternativa correta.

(A) O cancelamento de naturalização por decisão do Ministério da Justiça é caso de perda de direitos políticos.

(B) A condenação criminal transitada em julgado, enquanto durarem seus efeitos, é caso de cassação de direitos políticos.

(C) A improbidade administrativa é caso de suspensão de direitos políticos.

(D) A incapacidade civil relativa é caso de perda de direitos políticos.

42. (EXAME OAB VI.1)

A Constituição assegura, entre os direitos e garantias individuais, a inviolabilidade do domicílio, afirmando que "a casa é asilo inviolável do indivíduo, ninguém nela podendo penetrar sem o consentimento do morador" (art. 5º, XI, CRFB).

A esse respeito, assinale a alternativa correta.

(A) O conceito de "casa" é abrangente e inclui quarto de hotel.

(B) O conceito de casa é abrangente, mas não inclui escritório de advocacia.

(C) A prisão em flagrante durante o dia é um limite a essa garantia, mas apenas quando houver mandado judicial.

(D) A prisão em quarto de hotel obedecendo a mandado judicial pode se dar no período noturno.

43. (EXAME OAB VI.1)

Assinale a alternativa que relacione corretamente o cargo político e o sistema eleitoral adotado.

(A) Governador: sistema proporcional de dois turnos.

(B) Prefeito: sistema majoritário de maioria simples para municípios com menos de 200 mil eleitores.

(C) Congressista: sistema proporcional.

(D) Vereador: sistema distrital.

44. (EXAME OAB V)

No processo de impedimento do Presidente da República, ocorre a necessidade de preenchimento de alguns requisitos. Com base nas normas constitucionais, é correto afirmar que

(A) no julgamento ocorrido no Senado, funcionará como Presidente o do Supremo Tribunal Federal.

(B) condenado o Presidente, cumprirá sua pena privativa de liberdade em regime semiaberto.

(c) a Câmara autoriza a instauração do processo pelo voto da maioria absoluta dos seus membros.

(D) o julgamento ocorre pelo Senado Federal, cuja decisão deverá ocorrer pela maioria simples.

45. (EXAME OAB V)

Lei estadual que regulamenta o serviço de mototáxi é

(A) inconstitucional porque se trata de competência legislativa dos Municípios.

(B) constitucional porque se trata de competência legislativa remanescente dos Estados.

(C) inconstitucional porque se trata de competência legislativa privativa da União.

(D) constitucional porque se trata de competência legislativa reservada aos Estados.

46. (EXAME OAB V)

Os Estados são autônomos e compõem a Federação com a União, os Municípios e o Distrito Federal. À luz das normas constitucionais, quanto aos Estados, é correto afirmar que

(A) se requer lei complementar federal aprovando a criação de novos entes estaduais.

(B) a subdivisão não pode gerar a formação de novos territórios.

(C) o desmembramento deve ser precedido de autorização por lei ordinária.

(D) podem incorporar-se entre si mediante aprovação em referendo.

47. (EXAME OAB V)

Se Governador de Estado desejar se insurgir contra súmula vinculante que, a seu juízo, foi formulada com enunciado normativo que extrapolou os limites dos precedentes que a originaram, poderá, dentro dos instrumentos processuais constitucionais existentes,

(A) interpor reclamação contra a súmula vinculante.

(B) requerer o cancelamento da súmula vinculante.

(C) ajuizar ADPF contra a súmula vinculante.

(D) ajuizar ADI contra a súmula vinculante.

48. (EXAME OAB V)

No que tange ao direito de nacionalidade, assinale a alternativa correta.

(A) O brasileiro nato não pode perder a nacionalidade.

(B) O brasileiro nato somente poderá ser extraditado no caso de envolvimento com o tráfico de entorpecentes.

(C) O filho de pais alemães que estão no Brasil a serviço de empresa privada alemã será brasileiro nato caso venha a nascer no Brasil.

(D) O brasileiro naturalizado pode ser extraditado pela prática de crime comum após a naturalização.

49. (EXAME OAB V)

A iniciativa popular é uma das formas de exercício da soberania previstas na Constituição da República. O projeto de lei resultante de iniciativa popular deve

(A) ser dirigido à Mesa do Congresso Nacional.

(B) dispor sobre matéria de lei ordinária.

(C) ser subscrito por, no mínimo, 2% do eleitorado nacional.

(D) ser subscrito por eleitores de cinco Estados da Federação.

50. (EXAME OAB V)

O habeas data não pode ser impetrado em favor de terceiro

PORQUE

visa tutelar direito à informação relativa à pessoa do impetrante. A respeito do enunciado acima é correto afirmar que

(A) ambas as afirmativas são falsas.

(B) a primeira afirmativa é falsa, e a segunda é verdadeira.

(C) a primeira afirmativa é verdadeira, e a segunda é falsa.

(D) ambas as afirmativas são verdadeiras, e a primeira justifica a segunda.

Conteúdo 07

DIREITO ADMINISTRATIVO

1. (EXAME 2009)

A nomeação de cônjuge, companheiro ou parente em linha reta, colateral ou por afinidade, até o terceiro grau, inclusive, da autoridade nomeante ou de servidor da mesma pessoa jurídica investido em cargo de direção, chefia ou assessoramento, para o exercício de cargo em comissão ou de confiança, ou ainda de função gratificada na administração pública direta e indireta em qualquer dos Poderes da União, dos Estados, do Distrito Federal e dos Municípios, compreendido o ajuste mediante designações recíprocas, viola a Constituição Federal.

Súmula Vinculante 13 do Supremo Tribunal Federal

Com base na leitura dessa súmula, é CORRETO afirmar que o STF sedimentou o entendimento de que:

I. o patrimonialismo deve ser banido definitivamente da prática existente na Administração Pública.
II. a proibição da prática do nepotismo não se estende às empresas públicas e às sociedades de economia mista.
III. as nomeações de administradores públicos devem obedecer aos princípios da moralidade e da impessoalidade previstos na Constituição brasileira.
IV. o servidor concursado, detentor de função gratificada, uma vez que se enquadre nas hipóteses do enunciado, deve ser demitido do cargo efetivo a bem do serviço público.
V. as vedações previstas no enunciado sumulado impedem o exercício de cargo público provido por meio de concurso público de provas e títulos.

Estão CORRETAS somente as afirmativas

(A) II e IV.
(B) III e IV.
(C) I e V.
(D) I e III.
(E) II e V.

2. (EXAME 2009)

Aristóteles é professor de universidade pública e empregado de uma sociedade de economia mista. Na condição de professor, Aristóteles é servidor público contratado mediante concurso público sob o regime de 40 horas semanais, regido pela Lei 8.112/90, enquanto que, na sociedade de economia mista, trabalha pelo regime da Consolidação das Leis do Trabalho – CLT, por 8 horas, com jornada flexível. A Constituição Federal de 1988 dispõe sobre o regime de acumulação de cargos e empregos públicos nos seguintes termos:

Art. 37. Omissis. XVI - é vedada a acumulação remunerada de cargos públicos, exceto quando houver compatibilidade de horários (...). (Redação dada pela Emenda Constitucional nº 19, de 1998); b) a de um cargo de professor com outro técnico ou científico (Incluída pela Emenda Constitucional nº 19, de 1998).

Com base na leitura do texto, é CORRETO afirmar que

(A) Aristóteles pode acumular o cargo de professor com o emprego público, desde que haja compatibilidade de horários.
(B) a hipótese não contempla o permissivo constitucional.
(C) a acumulação de cargo público (Lei 8.112/90) e emprego público (CLT) são incompatíveis constitucionalmente.
(D) a compatibilidade de horário no serviço público e no emprego público não deve ser observada no que tange à acumulação.
(E) a acumulação, em qualquer hipótese, é inconstitucional.

3. (EXAME 2006)

Dos seguintes trechos de textos legais, assinale o que NÃO expressa um elemento próprio de uma tendência evidenciada na última década do Direito administrativo brasileiro:

(A) Fica instituído o Termo de Parceria, assim considerado o instrumento passível de ser firmado entre o Poder Público e as entidades qualificadas como Organizações da Sociedade Civil de Interesse Público destinado à formação de vínculo de cooperação entre as partes, para o fomento e a execução das atividades de interesse público previstas no artigo 3º desta Lei.

(B) Concessão administrativa é o contrato de prestação de serviços de que a Administração Pública seja a usuária direta ou indireta, ainda que envolva execução de obra ou fornecimento e instalação de bens.

(C) A Administração Pública obedecerá, dentre outros, aos princípios da legalidade, finalidade, motivação, razoabilidade, proporcionalidade, moralidade, ampla defesa, contraditório, segurança jurídica, interesse público e eficiência.

(D) A natureza de autarquia especial conferida à Agência é caracterizada por independência administrativa, ausência de subordinação hierárquica, mandato fixo e estabilidade de seus dirigentes e autonomia financeira.

(E) A ação governamental obedecerá a planejamento que vise a promover o desenvolvimento econômico-social do País e a segurança nacional, [...] e compreenderá a elaboração e atualização dos seguintes instrumentos básicos: a) plano geral de governo; b) programas gerais, setoriais e regionais, de duração plurianual; c) orçamento-programa *anual; d) programação financeira de desembolso.*

4. (EXAME 2006)

O terrorismo, em virtude de sua gravidade e de sua alta lesividade, é considerado pela Constituição como crime inafiançável e insuscetível de graça ou anistia (art. 5º, XLIII). De outro lado, o artigo 37, § 6º, da Constituição estabelece a responsabilidade do Estado por atos de seus agentes. Em determinado caso, um servidor público é investigado por ter, em contato com outros indivíduos, cometido ato de terrorismo, detonando explosivo em imóvel particular de grande circulação, e, por isso, causado lesão a pessoas e danificado bens. A alegada ação ilícita teria sido praticada no horário de expediente do servidor, que teria utilizado, como meio de facilitação do seu acesso ao local alvo do atentado, sua identidade funcional. Nessa hipótese,

(A) as vítimas dos danos terão direito a ser indenizadas pelo Estado, o qual, nesse caso, não poderá alegar nenhuma excludente de responsabilidade, dado o caráter inafiançável do ilícito.

(B) as vítimas dos danos não terão direito a ser indenizadas pelo Estado, porque o Estado não responde criminalmente, mas apenas civilmente, pelos atos de seus servidores.

(C) não há que se cogitar de responsabilidade do Estado, pois, por definição, o Estado é que é a vítima do crime de terrorismo.

(D) o fato de o agente do suposto crime ser servidor público, agindo em horário do expediente, não é elemento suficiente por si para gerar a responsabilidade do Estado.

(E) a eventual absolvição penal do servidor público por insuficiência de provas implicará a isenção da responsabilidade do Estado.

5. (EXAME 2006)

A Constituição Federal de 1988 assim dispõe:

> *"Art. 173. Ressalvados os casos previstos nesta Constituição, a exploração direta de atividade econômica pelo Estado só será permitida quando necessária aos imperativos da segurança nacional ou a relevante interesse coletivo, conforme definidos em lei.*
>
> *§ 1º A lei estabelecerá o estatuto jurídico da empresa pública, da sociedade de economia mista e de suas subsidiárias que explorem atividade econômica de produção ou comercialização de bens ou de prestação de serviços, dispondo sobre:*
>
> [...]
>
> *II - a sujeição ao regime jurídico próprio das empresas privadas, inclusive quanto aos direitos e obrigações civis, comerciais, trabalhistas e tributários;*
>
> [...]"*

Em face dessa norma e de demais normas constitucionais pertinentes, é correto concluir que

(A) as empresas públicas e as sociedades de economia mista devem ser consideradas entidades privadas, desvinculadas da Administração Pública.

(B) está vedado às empresas públicas e sociedades de economia mista serem prestadoras de serviços públicos.

(C) as empresas públicas e sociedades de economia mista ainda assim se submetem a determinadas regras de direito público, como, por exemplo, somente pagarem suas dívidas judiciais mediante precatórios.

(D) na ausência da lei a que se refere o § 1º, do art. 173, da Constituição Federal, as empresas públicas e as sociedades de economia mista não poderão explorar atividade econômica.

(E) o regime de livre concorrência, decorrente dos princípios constitucionais da ordem econômica, não é incompatível com a exploração direta de atividade econômica pelo Estado.

6. (EXAME 2003)

Em um processo administrativo no âmbito da Administração Federal, a parte é intimada, por via postal, com aviso de recebimento, para a prática de determinado ato. Todavia, deixa de atender à intimação, razão pela qual a autoridade responsável pelo processo considera ter havido reconhecimento da verdade dos fatos. Desse modo, o processo vem a ser decidido em desfavor da parte. Em face dessa decisão, a parte recorre administrativamente, apresentando argumentos de legalidade e de mérito. Esse recurso é apreciado pela própria autoridade responsável pelo processo, que para tanto recebera delegação de competência de seu superior. Inconformada, antes mesmo da decisão do recurso, a parte propõe medida judicial, que é de plano rejeitada, por não se haver esgotado a via administrativa. Nessa situação, considerando-se a Constituição brasileira e a Lei nº 9.784/99, pode-se afirmar que foi

(A) errado proceder-se à intimação por via postal, antes de se tentar a intimação por oficial de justiça.

(B) correto considerar-se que o desatendimento da intimação acarreta o reconhecimento da verdade dos fatos.

(C) errado a parte recorrer quanto ao mérito da decisão administrativa, devendo o recurso limitar-se a aspectos de legalidade.

(D) errado ter havido delegação de competência para a decisão do recurso administrativo.

(E) correto ter sido rejeitada a ação judicial, por não se haver anteriormente esgotado a via administrativa.

Instruções: As 2 questões a seguir contêm duas afirmações. Assinale, na folha de respostas,

(A) se as duas são verdadeiras e a segunda justifica a primeira.

(B) se as duas são verdadeiras e a segunda não justifica a primeira.

(C) se a primeira é verdadeira e a segunda é falsa.

(D) se a primeira é falsa e a segunda é verdadeira.

(E) se as duas são falsas.

7. (EXAME 2003)

O princípio do devido processo legal, em seu sentido formal, é de observância obrigatória nos processos administrativos disciplinares

PORQUE

ao processo administrativo disciplinar se aplica, subsidiariamente, a legislação processual penal.

8. (EXAME 2003)

A omissão de motivação em um ato administrativo que, por exigência legal, deva ser motivado, caracteriza o vício definido no Direito brasileiro como "inexistência dos motivos"

PORQUE

a "inexistência dos motivos" se verifica quando a matéria de fato ou de direito, em que se fundamenta o ato, é materialmente inexistente ou juridicamente inadequada ao resultado obtido.

9. (EXAME 2002)

Considere o seguinte dispositivo da Lei nº 8.666/93, a qual estabelece normas gerais sobre licitações e contratos administrativos:

"Art. 78. Constituem motivo para rescisão do contrato:

(...)

XV - o atraso superior a 90 (noventa) dias dos pagamentos devidos pela Administração decorrentes de obras, serviços ou fornecimento, ou parcelas destes, já recebidas ou executadas, salvo em caso de calamidade pública, grave perturbação da ordem interna ou guerra, assegurado ao contratado o direito de optar pela suspensão do cumprimento de suas obrigações até que seja normalizada a situação;"

Caso a Administração incida no atraso referido nesse dispositivo, não havendo uma das causas excepcionais que o justifique, o contratado

(A) poderá considerar o contrato rescindido de pleno direito.

(B) deverá pleitear judicialmente a rescisão do contrato, caso não se viabilize a rescisão amigável.

(C) poderá rescindir unilateralmente o contrato, desde que tenha suspendido sua execução e constatado que a situação não irá se normalizar.

(D) poderá rescindir de imediato e unilateralmente o contrato, invocando a "exceção do contrato não cumprido".

(E) deverá solicitar que a Administração rescinda unilateralmente o contrato.

10. (EXAME 2002)

"A praça! A praça é do povo

Como o céu é do condor."

A visão poética de Castro Alves encontra ressonância no Direito brasileiro vigente, pois neste as praças são consideradas bens

(A) de uso comum do povo, nelas se admitindo o exercício da liberdade de reunião, independentemente de autorização.

(B) de uso especial, incluindo tal uso o lazer e as relações sociais e políticas da população.

(C) de uso irrestrito, nelas não se admitindo limitação à liberdade de ir e vir do povo.

(D) dominicais, inalienáveis e afetados ao uso gratuito pelo povo.

(E) do patrimônio indisponível do Estado, não sujeitos à desafetação, nem à imprescritibilidade.

11. (EXAME 2002)

Instruções: A questão contêm duas afirmações. Assinale, na folha de respostas,

(A) se as duas são verdadeiras e a segunda justifica a primeira.

(B) se as duas são verdadeiras e a segunda não justifica a primeira.

(C) se a primeira é verdadeira e a segunda é falsa.

(D) se a primeira é falsa e a segunda é verdadeira.

(E) se as duas são falsas.

A Administração Pública pode anular seus atos, por motivo de ilegalidade, independentemente de manifestação do Poder Judiciário

PORQUE

o poder de polícia é próprio da Administração Pública Federal, Estadual e Municipal.

12. (EXAME 2001)

A Lei Federal nº 9.472/97, que criou a ANATEL, assim dispõe no *caput* de seu art. 8º:

"Art. 8º. Fica criada a Agência Nacional de Telecomunicações, entidade integrante da Administração Pública Federal indireta, submetida a regime autárquico especial e vinculada ao Ministério das Comunicações, com a função de órgão regulador das telecomunicações, com sede no Distrito Federal, podendo estabelecer unidades regionais." Considerando o regime jurídico das entidades integrantes da organização administrativa brasileira, a ANATEL

(A) não está sujeita ao poder hierárquico do Ministro das Comunicações.

(B) não submete suas contas anuais ao Tribunal de Contas da União.

(C) está dispensada de realizar licitações para a celebração de seus contratos de obras, serviços, compras e alienações.

(D) pode ser extinta por lei específica ou por decreto regulamentar do Presidente da República.

(E) tem seus servidores excluídos da vedação constitucional de acumulação de cargos.

13. (EXAME 2001)

Suponha que determinada lei, ao dispor sobre processo administrativo disciplinar, apresentasse a seguinte norma: "A autoridade superior, que haja testemunhado pessoalmente a prática de ato ilícito por servidor público, poderá aplicar imediatamente a penalidade cabível, inclusive de demissão de servidor estável, independentemente da manifestação prévia do acusado." Esta norma seria

(A) constitucional, desde que fosse assegurado ao acusado o direito de recorrer administrativamente.

(B) inconstitucional, pois a garantia de ampla defesa e contraditório é assegurada pela Constituição Federal aos litigantes em processo administrativo.

(C) constitucional, pois são princípios consagrados do processo administrativo o do informalismo e o da verdade material.

(D) inconstitucional, pois a aplicação da penalidade de demissão ao servidor estável depende de processo judicial.

(E) constitucional, pois o princípio da imparcialidade não se aplica ao processo administrativo.

14. (EXAME 2001)

Considere os seguintes dispositivos da Lei Federal nº 8.666/93:

"Art. 1º. Esta Lei estabelece normas gerais sobre licitações e contratos administrativos pertinentes a obras, serviços, inclusive de publicidade, compras, alienações e locações no âmbito dos Poderes da União, dos Estados, do Distrito Federal e dos Municípios.

Parágrafo único. Subordinam-se ao regime desta Lei, além dos órgãos da administração direta, os fundos especiais, as autarquias, as fundações públicas, as empresas públicas, as sociedades de economia mista e demais entidades controladas direta ou indiretamente pela União, Estados, Distrito Federal e Municípios."

Assim sendo, subordina-se ao regime dessa Lei a

(A) contratação de empregados celetistas por uma empresa estatal.

(B) alienação de um imóvel por uma confederação sindical.

(C) contratação da reforma de sua sede, por uma fundação de caráter filantrópico, instituída e mantida por particulares.

(D) contratação, pela Procuradoria Geral da República, de serviços terceirizados de limpeza.

(E) desapropriação de terras, pela União Federal, para fins de reforma agrária.

15. (EXAME 2001)

Instruções: A questão contêm duas afirmações. Assinale, na folha de respostas,

(A) se as duas são verdadeiras e a segunda justifica a primeira.

(B) se as duas são verdadeiras e a segunda não justifica a primeira.

(C) se a primeira é verdadeira e a segunda é falsa.

(D) se a primeira é falsa e a segunda é verdadeira

(E) se as duas são falsas.

A imprescritibilidade não é característica de todos os bens públicos imóveis

PORQUE

o domínio pleno dos terrenos de marinha é passível de usucapião em benefício de particulares.

Instruções: Para responder a próxima questões considere este hipotético Projeto de Lei:

Art. 1º Esta lei disciplina o uso da Internet para difusão de informações, comunicação pessoal e empresarial, bem como as atividades econômicas e relações jurídicas vinculadas.

Art. 2º Antes de iniciar suas atividades, a empresa de comercialização de produtos ou serviços pela Internet deverá obter a aprovação do órgão federal competente, renovável a cada cinco anos, comprovando o atendimento das exigências de capacitação técnica e econômica previstas em lei específica.

Parágrafo único - A empresa que, na realização de seus objetivos sociais, utilize serviços de pessoas físicas para desenvolvimento de sua atividade fim, será considerada empregadora desde que comprovadas a pessoalidade e a fiscalização direta dos trabalhos, mesmo quando os serviços sejam realizados por empresa interposta, assegurando-se ao contratado todos os direitos decorrentes do contrato de trabalho.

Art. 3º A capacidade dos contratantes será condição de validade das transações efetuadas pela Internet para débito eletrônico em conta bancária.

Art. 4º Considera-se crime informático, punido com pena de um a três anos de reclusão e multa, o acesso, sem autorização, aos registros de computador alheio, com a finalidade de causar dano, alterar informações ou obter qualquer outra vantagem ilícita.

§ 1º – A pena será acrescida de um terço se o agente divulga o conteúdo do registro.

§ 2º – A pena será reduzida de um terço se o agente não é reincidente e não houve perda dos registros.

§ 3º – O crime será punido com pena de dois a cinco anos de reclusão se:

I – o agente ingressou em computador situado em outro país;

II – o ingresso ocorreu em computador de órgão público.

Art. 5º A competência para o julgamento dos crimes informáticos é da Justiça Federal, só se procedendo mediante ação penal pública incondicionada, ficando vedada a ação penal privada subsidiária da pública.

§ 1º – O prazo de decadência para oferecimento da denúncia é de seis meses após o conhecimento da autoria pelo ofendido ou pela autoridade policial.

§ 2º – Se a comarca em que foi cometido o crime não for sede da Justiça Federal, a denúncia poderá ser oferecida por membro do Ministério Público Estadual perante juiz estadual, sendo o recurso julgado pelo Tribunal de Justiça do Estado.

§ 3º – O juiz poderá, em despacho fundamentado, determinar a quebra do sigilo dos dados constantes do computador do investigado ou acusado.

Art. 6º As disposições dessa lei deverão ser observadas estritamente pelos aplicadores, sendo vedada qualquer interpretação.

Art. 7º Esta lei entra em vigor na data de sua publicação.

16. (EXAME 2000)

O objetivo do art. 2º, *caput*, do Projeto, ao dispor sobre a empresa de comercialização de produtos ou serviços pela Internet, é

(A) estabelecer uma condição para aquisição de personalidade jurídica.
(B) impor a celebração de contrato de gestão entre essa empresa e o órgão federal.
(C) sujeitar essa empresa ao poder de polícia da Administração Pública Federal.
(D) submeter essa empresa ao regime das permissionárias de serviço público federal.
(E) conferir à União competência discricionária para evitar o funcionamento das empresas que não atendam às exigências legais.

17. (EXAME 2000)

Leia atentamente as seguintes proposições relacionadas com a Administração Pública:

I. Os servidores que não sejam dotados de poder de decisão também são obrigados a agir de acordo com princípios da Administração.
II. A Administração pode deixar de observar a lei, quando esse for o meio mais eficiente para realização do interesse público.
III. Um decreto do Presidente da República não pode regulamentar a forma de cobrança de tributos exigidos por lei federal.
IV. A Secretaria de Acompanhamento Econômico do Ministério da Fazenda é exemplo de órgão público.

SOMENTE é correto o que se afirma em

(A) I e II
(B) I e III
(C) I e IV
(D) II e III
(E) III e IV

18. (EXAME 2000)

O art. 1º e seu § 1º da Lei Federal nº 9.784, de 29 de janeiro de 1999, que regula o processo administrativo no âmbito da Administração Federal, dispõem:

Art. 1º Esta Lei estabelece normas básicas sobre o processo administrativo no âmbito da Administração Federal direta e indireta, visando, em especial, à proteção dos direitos dos administrados e ao melhor cumprimento dos fins da Administração.

§ 1º Os preceitos desta Lei também se aplicam aos órgãos dos Poderes Legislativo e Judiciário da União, quando no desempenho de função administrativa.

É exemplo de ato cuja edição NÃO está vinculada ao texto da Lei 9.784/99 transcrito:

(A) concessão, por Juiz Federal de primeiro grau, de medida liminar suspendendo o curso de processo licitatório.
(B) revogação, pelo Presidente do Senado Federal, de ato funcional praticado por seu antecessor no cargo.
(C) anulação, por Superintendente de autarquia da União, de autorização por ele expedida.
(D) ato de delegação interna de competência em matéria de execução orçamentária, expedido pelo Presidente do Superior Tribunal de Justiça.
(E) concessão, pelo Ministro de Estado da Justiça, do efeito suspensivo requerido pelo recorrente em processo em trâmite pelo Ministério.

19. (EXAME 2000)

A União pretende desapropriar determinada área por utilidade pública, para atender a projeto do Ministério dos Transportes. Para tanto solicita parecer à sua consultoria jurídica que, entre outras orientações, fixa as seguintes:

I. é pressuposto da desapropriação a declaração de utilidade pública da área por meio de decreto, que, no presente caso, pode ser editado pelo Ministro dos Transportes ou pelo Presidente da República;
II. uma vez declarada a utilidade pública do imóvel, ficam as autoridades administrativas autorizadas a nele penetrar, podendo recorrer, em caso de oposição, ao auxílio de força policial;
III. a desapropriação deverá efetivar-se amigável ou judicialmente dentro de 5 anos contados da data da expedição do decreto expropriatório, sob pena de caducidade deste;
IV. caso venha a caducar o decreto expropriatório, um novo decreto, sobre o mesmo imóvel, apenas poderá ser expedido decorridos 10 anos.

SOMENTE é correto o que se afirma em

(A) I e II
(B) II e III
(C) II e IV
(D) I, II e III
(E) II, III e IV

20. (EXAME 1999)

Instruções: A questão contêm duas afirmações. Assinale, na folha de respostas,

(A) se as duas são verdadeiras e a segunda justifica a primeira.

(B) se as duas são verdadeiras e a segunda não justifica a primeira.

(C) se a primeira é verdadeira e a segunda é falsa.

(D) se a primeira é falsa e a segunda é verdadeira.

(E) se as duas são falsas.

Interrompida a prescrição contra a Fazenda Pública, recomeça a correr pela metade do prazo

PORQUE

a prescrição das ações contra a Fazenda Pública está submetida a normas especiais.

21. (EXAME 1999)

O art. 21, XI, da Constituição Federal, com a redação que lhe deu a Emenda Constitucional nº 8, de 15 de agosto de 1995, estabeleceu competir à União "explorar, diretamente ou mediante autorização, concessão ou permissão, os serviços de telecomunicações, nos termos da lei, que disporá sobre a organização dos serviços, a criação de um órgão regulador e outros aspectos institucionais." A sociedade anônima, constituída segundo as leis brasileiras com capital pertencente integralmente a Estado estrangeiro, que, mediante contrato celebrado por prazo determinado, receba a delegação para prestar serviço de telecomunicações no regime público, remunerando-se pela cobrança de tarifa dos usuários, é uma

(A) empresa pública federal de telecomunicações.

(B) titular de autorização de telecomunicações.

(C) concessionária de telecomunicações.

(D) agência reguladora de telecomunicações.

(E) empresa binacional de telecomunicações.

22. (EXAME 1999)

Considere as seguintes afirmações em relação a bens públicos:

I. Terrenos de marinha são os imóveis privados que, havendo sido definitivamente cobertos pelo mar em virtude de fenômenos naturais, passaram a integrar o patrimônio da União Federal, sem indenização.

II. Os bens públicos de uso especial são insuscetíveis de usucapião e de penhora, só podendo ser alienados a particular após sua desafetação por lei.

III. A servidão administrativa constituída por processo judicial e mediante indenização prévia transfere ao Estado a plena propriedade do bem respectivo.

IV. Terras devolutas são aquelas que, tendo sido desapropriadas mas não empregadas em qualquer fim público, retornam ao domínio privado pelo instituto da retrocessão.

A esse respeito é correto o que se afirma SOMENTE em

(A) I

(B) II

(C) III

(D) IV

(E) III e IV

23. (EXAME 1999)

Em sua redação original, o art. 41, *caput*, da Constituição Federal de 1988 estabelecia: "São estáveis, após dois anos de efetivo exercício, os servidores nomeados em virtude de concurso público." Por força da Emenda Constitucional nº 19, de 4 de junho de 1998 (EC 19), esse dispositivo passou a ter a seguinte redação: "São estáveis após três anos de efetivo exercício os servidores nomeados para cargo de provimento efetivo em virtude de concurso público."

A esse respeito é correto afirmar que

(A) a ampliação do prazo para aquisição da estabilidade não é auto-aplicável, dependendo sua eficácia de regulamentação por lei federal, estadual ou municipal, conforme o caso.

(B) a Lei Orgânica do Município pode estabelecer prazo superior a três anos para a aquisição da estabilidade pelo servidor municipal.

(C) antes da EC 19, era possível adquirir estabilidade em cargo em comissão, desde que o interessado tivesse feito um concurso público.

(D) a alteração de conteúdo introduzida pela nova redação do caput do art. 41 foi apenas a ampliação do prazo para estabilização do servidor.

(E) o servidor que, em virtude de concurso, tenha sido nomeado em 20 de março de 1996 para cargo efetivo, só adquirirá estabilidade após três anos de exercício.

Instruções: Para responder às 3 próximas questões considere o texto apresentado abaixo.

"Poder de Polícia é aquele de que se acham investidas as autoridades administrativas e os legisladores, para limitar, em benefício da moral, da higiene, do bem-estar de todos, da tranqüilidade pública e do progresso da sociedade, os direitos individuais assegurados pela Constituição. (...) Quanto ao Poder de Polícia a autoridade da legislatura é mais ampla do que a do Executivo; incumbe, entretanto, à magistratura verificar se não interferiu, além do indispensável, com os interesses particulares. Cabe, em todas as hipóteses, aos tribunais a última palavra, para dizer o que se compreende ou não em os justos limites daquela faculdade especial e a vários respeitos discricionária. Quando a intervenção em assuntos referentes às franquias pessoais é desnecessária, ou exercida de maneira ou com propósitos desarrazoados; o ato de autoridade não se relaciona atual e claramente com algum dos objetos cuja preservação justificaria a medida excepcional, ou não é adequado e conveniente para atingir os fins colimados; impõe-se a salvaguarda judiciária".

(Maximiliano, Carlos. Comentários à Constituição Brasileira. 4.ed. R.Janeiro: Freitas Bastos, 1948. v.3.35).

24. (EXAME 1998)

As alternativas abaixo reproduzem normas da Constituição Federal de 1988. Assinale aquela que sirva para fundamentar a afirmação feita pelo autor do texto ao comparar a autoridade da Administração Pública e do Poder Legislativo.

(A) Todos são iguais perante a lei, sem distinção de qualquer natureza.

(B) Ninguém será obrigado a fazer ou deixar de fazer alguma coisa senão em virtude de lei.

(C) A lei não excluirá da apreciação do Poder Judiciário lesão ou ameaça a direito.

(D) São Poderes da União, independentes e harmônicos entre si, o Legislativo, o Executivo e o Judiciário.

(E) É da competência exclusiva do Congresso Nacional aprovar o estado de defesa e a intervenção federal.

25. (EXAME 1998)

Assinale a alternativa cuja medida mencionada funda-se no poder que é o objeto principal do texto de Carlos Maximiliano.

(A) Aplicação de multa de trânsito.

(B) Prisão em flagrante de homicida.

(C) Nomeação de servidor público.

(D) Condenação à pena de prisão.

(E) Declaração de guerra a país estrangeiro.

26. (EXAME 1998)

Considerando o texto de Carlos Maximiliano, e a doutrina do direito administrativo, leia atentamente as seguintes afirmações:

I. A Constituição atualmente em vigor não mais admite a limitação de direitos individuais que existia no regime constitucional da época.

II. O exercício do Poder de Polícia, por envolver faculdades discricionárias, só pode ser objeto de controle pelo Judiciário em caráter excepcional.

III. Quando edita normas com base no Poder de Polícia, o Poder Legislativo não exerce função administrativa atípica, mas sim legislativa.

IV. O ato de autoridade que não se relaciona com algum dos objetivos cuja preservação o justificaria está viciado com desvio de poder.

Das afirmações acima, SOMENTE

(A) I é correta.

(B) I e III são corretas.

(C) II é correta.

(D) III e IV são corretas.

(E) IV é correta.

27. (EXAME 1998)

Instruções: A questão contêm duas afirmações. Assinale, na folha de respostas,

(A) se as duas são verdadeiras e a segunda justifica a primeira.

(B) se as duas são verdadeiras e a segunda não justifica a primeira.

(C) se a primeira é verdadeira e a segunda é falsa.

(D) se a primeira é falsa e a segunda é verdadeira.

(E) se as duas são falsas.

É irregular a invalidação da licitação quando a autoridade decide decretá-la sem haver concedido, ao licitante vencedor, oportunidade para manifestação a respeito das razões que justificariam seu ato

PORQUE

após a publicação do edital de concorrência sujeita à Lei das Licitações (Lei nº 8.666, de 21.06.1993), qualquer alteração, pela Administração, das condições previstas para a habilitação dos licitantes, obriga ao reinício do prazo concedido para a apresentação dos documentos e propostas.

28. (EXAME 2000) DISCURSIVA

A Constituição Federal, em seu texto original, assegurou os direitos fundamentais (art. 5º) e prescreveu a intocabilidade dos "direitos e garantias individuais" (art. 60, §4º, IV). Entre os direitos fundamentais garantiu o respeito ao direito adquirido (art. 5º, XXXVI). Por outro lado, no Capítulo da Administração Pública, assegurou aos servidores públicos a irredutibilidade de vencimentos (art. 37, XV) e o direito à acumulação remunerada de certos cargos e funções públicas (art. 37, XVI).

Emenda Constitucional, alterando a Constituição Federal, preservou a garantia do respeito ao direito adquirido e manteve os direitos dos servidores públicos à acumulação remunerada de cargos e à irredutibilidade de vencimentos, limitando, porém, o total de vencimentos e subsídios percebidos a qualquer título, inclusive em um regime de acumulação, a um valor máximo correspondente a "X".

Mário, desde 1975, acumulava regularmente os cargos públicos de advogado da União e de professor e recebia, à época da promulgação da Emenda Constitucional, importância total superior ao valor "X", a título de vencimentos por ambos os cargos.

Analise o caso, considerando, dentre outros pontos, se Emenda Constitucional, no Brasil, está sujeita a limites; se pode modificar direitos de servidores públicos; se Mário, em razão de sua situação funcional, teria direitos adquiridos e se tais direitos poderiam ser afetados pela referida Emenda Constitucional.

BATERIA DE QUESTÕES EXTRAS[1]

29. (EXAME OAB VI.2)

São princípios próprios ou específicos dos serviços públicos, previstos na Lei 8.987/95,

(A) moralidade, publicidade e legalidade.

(B) especificidade, publicidade e moralidade.

(C) continuidade, atualidade e cortesia.

(D) atratividade, mutualismo e comutatividade.

30. (EXAME OAB VI.2)

A decisão tomada por uma das Câmaras do Conselho de Contribuintes de determinada Administração Estadual é considerada ato

(A) composto, pois resulta da manifestação de mais de um agente público.

(B) complexo, pois depende da manifestação de aprovação, com o relator, de outros agentes.

(C) qualificado, pois importa na constituição da vontade da Administração quanto a matéria específica.

(D) simples, pois resulta da manifestação de vontade de um órgão dotado de personalidade administrativa.

---

1 Organizadora FGV

31. (EXAME OAB VI.2)

Quanto às garantias dos contratos administrativos, é correto afirmar que

(A) a escolha do tipo de garantia se fará, sempre, com base na indisponibilidade do interesse público, pela Administração.

(B) para serem exigidas do contratado, devem ser previstas no instrumento convocatório.

(C) é admissível todo e qualquer tipo de garantia admitida pelo direito privado, à escolha da Administração.

(D) é admissível todo e qualquer tipo de garantia admitida em direito, sendo irrelevante a previsão no instrumento convocatório.

32. (EXAME OAB VI.2)

A licitação tem como um de seus princípios específicos o do julgamento objetivo, que significa

(A) a vedação de cláusulas ou condições que comprometam a ideia de proposta mais vantajosa à Administração.

(B) a vedação ao sigilo das propostas, de forma a permitir a todos, antes do início da licitação, o conhecimento objetivo das ofertas dos licitantes.

(C) ser vedada a utilização, no julgamento das propostas, de elemento, critério ou fator sigiloso, secreto, subjetivo ou reservado.

(D) ser impositivo o julgamento célere e oral das propostas, a acarretar a imediata contratação do licitante vencedor.

33. (EXAME OAB VI.2)

Em determinado contrato de concessão de serviços públicos patrocinada, foi acordado entre as partes que o poder concedente assumiria os riscos decorrentes de fato do príncipe e o concessionário aqueles que decorressem de caso fortuito ou força maior. De acordo com a legislação acerca da matéria, é possível afirmar que tal estipulação contratual é

(A) nula, pois o contrato não pode atribuir ao concessionário a responsabilidade por fatos imprevisíveis, cujos efeitos não era possível evitar ou prever. Assim, não havendo culpa, não é possível a atribuição, por contrato, de tal responsabilidade.

(B) nula, pois em toda e qualquer concessão de serviço público, todos os riscos inerentes ao negócio são de responsabilidade do concessionário. Assim, a atribuição de responsabilidade ao concedente pelos riscos decorrentes de fato do príncipe viola a legislação acerca da matéria.

(C) válida, pois a lei de parcerias público-privadas atribui ao contrato autonomia para definir a repartição de riscos entre as partes, inclusive os referentes a caso fortuito, força maior, fato do príncipe e álea econômica extraordinária.

(D) válida, pois inerente ao princípio da autonomia contratual, que apenas veicula hipótese de repartição objetiva de riscos entre o Poder Público e o concessionário e que se encontra previsto na legislação pátria desde o advento da Lei 8.666/93.

34. (EXAME OAB VI.2)

Tício, servidor público pertencente aos quadros de uma autarquia federal, está respondendo a processo administrativo disciplinar por fato que também foi objeto de apuração em processo criminal, já concluído com sentença absolutória de negativa de autoria transitada em julgado. Considerando a situação hipotética narrada, o processo administrativo disciplinar

(A) deverá prosseguir regularmente, uma vez que as instâncias penal e administrativa são independentes.

(B) deverá prosseguir regularmente, uma vez que a sentença absolutória proferida na instância penal apenas vincularia a instância administrativa em caso de negativa da existência do fato.

(C) ficará prejudicado, uma vez que a responsabilidade administrativa somente pode configurar efeito secundário da responsabilidade penal.

(D) ficará prejudicado, uma vez que a responsabilidade administrativa é afastada no caso de absolvição criminal que negue a autoria do fato.

35. (EXAME OAB VI.1)

Luiz Fernando, servidor público estável pertencente aos quadros de uma fundação pública federal, inconformado com a pena de demissão que lhe foi aplicada, ajuizou ação judicial visando à invalidação da decisão administrativa que determinou a perda do seu cargo público. A decisão judicial acolheu a pretensão de Luiz Fernando e invalidou a penalidade disciplinar de demissão. Diante da situação hipotética narrada, Luiz Fernando deverá ser

(A) reintegrado ao cargo anteriormente ocupado, ou no resultante de sua transformação, com ressarcimento de todas as vantagens.

(B) aproveitado no cargo anteriormente ocupado ou em outro cargo de vencimentos e responsabilidades compatíveis com o anterior, sem ressarcimento das vantagens pecuniárias.

(C) readaptado em cargo de atribuições e responsabilidades compatíveis, com ressarcimento de todas as vantagens.

(D) reconduzido ao cargo anteriormente ocupado ou em outro de vencimentos e responsabilidades compatíveis com o anterior, com ressarcimento de todas as vantagens pecuniárias.

36. (EXAME OAB VI.1)

Durante competição esportiva (campeonato estadual de futebol), o clube "A" foi punido com a perda de um ponto em virtude de episódios de preconceito por parte de sua torcida. Com essa decisão de primeira instância da justiça desportiva, o clube "B" foi declarado campeão naquele ano. O clube "A" apresentou recurso contra a decisão de primeira instância. Antes mesmo do julgamento desse recurso, distribuiu ação ordinária perante a Justiça Estadual com o objetivo de reaver o ponto que lhe fora retirado pela Justiça arbitral. Diante de tal situação, é correto afirmar que

(A) como o direito brasileiro adotou o sistema de jurisdição una, tendo o Poder Judiciário o monopólio da apreciação, com força de coisa julgada, de lesão ou ameaça a direito, é cabível a apreciação judicial dessa matéria a qualquer tempo.

(B) as decisões da Justiça Desportiva são inquestionáveis na via judicial, uma vez que vige, no direito brasileiro, sistema pelo qual o Poder Judiciário somente pode decidir matérias para as quais não exista tribunal administrativo específico.

(C) como regra, o ordenamento vigente adota o Princípio da Inafastabilidade da Jurisdição (art. 5º, XXXV, da CRFB); todavia, as decisões da Justiça Desportiva consubstanciam exceção a essa regra, já que são insindicáveis na via judicial.

(D) o Poder Judiciário pode rever decisões proferidas pela Justiça Desportiva; ainda assim, exige-se, anteriormente ao ajuizamento da ação cabível, o esgotamento da instância administrativa, por se tratar de exceção prevista na Constituição.

37. (EXAME OAB VI.1)

Joana D´Arc, beneficiária de pensão por morte deixada por ex-fiscal de rendas, falecido em 5/1/1999, ajuizou ação ordinária em face da União, alegando que determinado aumento remuneratório genérico concedido aos fiscais de renda em atividade não lhe teria sido repassado. Assim, isso teria violado a regra constitucional da paridade remuneratória entre ativos, inativos e pensionistas. Acerca de tal alegação, é correto afirmar que é manifestamente

(A) procedente, pois, embora a regra da paridade remuneratória entre ativos, inativos e pensionistas tenha sido revogada pela EC 41/2003, a pensão por morte rege-se pela lei vigente à época do óbito, quando ainda vigia tal regra.

(B) improcedente, pois, nos termos do verbete 339 da Súmula de Jurisprudência do STF, não cabe ao Poder Judiciário, que não tem função legislativa, aumentar vencimentos de servidores públicos sob fundamento de isonomia.

(C) improcedente, pois a regra da paridade remuneratória entre ativos, inativos e pensionistas foi revogada pela EC 41/2003, sendo absolutamente irrelevante o fato de o ex-servidor ter falecido antes da edição da referida emenda.

(D) procedente, pois a CRFB garante o reajustamento da pensão por morte dos benefícios para preservar-lhes, em caráter permanente, o valor real, conforme critérios estabelecidos em lei.

38. (EXAME OAB VI.1)

Quatro municípios celebram um consórcio público para desenvolverem um projeto comum para o tratamento industrial de lixo coletado em suas respectivas áreas, criando uma pessoa jurídica para gerenciar as atividades do consórcio. À luz da legislação aplicável, assinale a alternativa correta.

(A) Como se trata de atividade tipicamente estatal, essa pessoa jurídica administrativa deverá ser obrigatoriamente uma autarquia, criada por lei oriunda do maior município celebrante do pacto.

(B) O ordenamento jurídico brasileiro admite, no caso, tanto a criação de uma pessoa jurídica de direito público (a chamada associação pública) quanto de direito privado.

(C) O ordenamento jurídico brasileiro não admite a criação de uma entidade desse tipo, pois as pessoas jurídicas integrantes da Administração Indireta são apenas as indicadas no art. 5º do Decreto-Lei 200/67.

(D) A pessoa jurídica oriunda de um consórcio público não poderá ser, em hipótese alguma, uma pessoa jurídica de direito privado, pois isso não é admitido pela legislação aplicável.

39. (EXAME OAB VI.1)

Ambulância do Corpo de Bombeiros envolveu-se em acidente de trânsito com automóvel dirigido por particular, que trafegava na mão contrária de direção. No acidente, o motorista do automóvel sofreu grave lesão, comprometendo a mobilidade de um dos membros superiores. Nesse caso, é correto afirmar que

(A) existe responsabilidade objetiva do Estado em decorrência da prática de ato ilícito, pois há nexo causal entre o dano sofrido pelo particular e a conduta do agente público.

(B) não haverá o dever de indenizar se ficar configurada a culpa exclusiva da vítima, que dirigia na contramão, excluindo a responsabilidade do Estado.

(C) não se cogita de responsabilidade objetiva do Estado porque não houve a chamada culpa ou falha do serviço. E, de todo modo, a indenização do particular, se cabível, ficaria restrita aos danos materiais, pois o Estado não responde por danos morais.

(D) está plenamente caracterizada a responsabilidade civil do Estado, que se fundamenta na teoria do risco integral.

40. (EXAME OAB VI.1)

A autorização de uso de bem público por particular caracteriza-se como ato administrativo

(A) discricionário e bilateral, ensejando indenização ao particular no caso de revogação pela administração.

(B) unilateral, discricionário e precário, para atender interesse predominantemente particular.

(C) bilateral e vinculado, efetivado mediante a celebração de um contrato com a administração pública, de forma a atender interesse eminentemente público.

(D) discricionário e unilateral, empregado para atender a interesse predominantemente público, formalizado após a realização de licitação.

41. (EXAME OAB V)

De acordo com o critério da titularidade, consideram-se públicos os bens do domínio nacional pertencentes

(A) às entidades da Administração Pública Direta, às autarquias e às empresas públicas.

(B) às entidades da Administração Pública Direta e Indireta.

(C) às pessoas jurídicas de direito público interno.

(D) às pessoas jurídicas de direito público interno e às pessoas jurídicas de direito privado prestadoras de serviços públicos.

42. (EXAME OAB V)

Tendo o agente público atuado nesta qualidade e dado causa a dano a terceiro, por dolo ou culpa, vindo a administração a ser condenada, terá esta o direito de regresso. A respeito da ação regressiva, é correto afirmar que

(A) em regra deve ser exercida, sob pena de afronta ao princípio da indisponibilidade.

(B) o prazo prescricional será o mesmo constante da esfera penal para o tipo criminal correspondente.

(C) a prescrição será decenal, com base na regra geral da legislação civil.

(D) o prazo prescricional tem início a contar do fato que gerou a ação indenizatória contra a Administração.

43. (EXAME OAB V)

A estruturação da Administração traz a presença, necessária, de centros de competências denominados Órgãos Públicos ou, simplesmente, Órgãos. Quanto a estes, é correto afirmar que

(A) possuem personalidade jurídica própria, respondendo diretamente por seus atos.

(B) não possuem cargos, apenas funções, e estas são criadas por atos normativos do ocupante do respectivo órgão.

(C) não possuem cargos nem funções.

(D) suas atuações são imputadas às pessoas jurídicas a que pertencem.

44. (EXAME OAB V)

O art. 37, II, da Constituição da República Federativa do Brasil de 1988, condiciona a investidura em cargo ou emprego público à prévia aprovação em concurso público de provas ou de provas e títulos, ressalvadas as nomeações para os cargos em comissão. Em relação a concurso público, segundo a atual jurisprudência dos tribunais superiores, é correto afirmar que

(A) o prazo de validade dos concursos públicos poderá ser de até dois anos prorrogáveis uma única vez por qualquer prazo não superior a dois anos, iniciando-se a partir de sua homologação.

(B) os candidatos aprovados em concurso público de provas ou de provas e títulos devem comprovar a habilitação exigida no edital no momento de sua nomeação.

(C) os candidatos aprovados em concurso público de provas ou de provas e títulos e classificados dentro do limite de vagas oferecidas no edital possuem direito subjetivo a nomeação dentro do prazo de validade do concurso.

(D) os candidatos aprovados em concurso público de provas ou de provas e títulos e classificados entre o número de vagas oferecidas no edital possuem expectativa de direito à nomeação.

45. (EXAME OAB V)

A revogação representa uma das formas de extinção de um ato administrativo. Quanto a esse instituto, é correto afirmar que

(A) pode se dar em relação aos atos vinculados ou discricionários, produzindo ora efeito *ex tunc*, ora efeito *ex nunc*.

(B) pode se dar tanto em relação a atos viciados de ilegalidade ou não, desde que praticados dentro de uma competência discricionária.

(C) produz efeitos retroativos, retirando o ato do mundo, de forma a nunca ter existido.

(D) apenas pode se dar em relação aos atos válidos, praticados dentro de uma competência discricionária, produzindo efeitos *ex nunc*.

Conteúdo 08
DIREITO AMBIENTAL

BATERIA DE QUESTÕES EXTRAS[1]

1. (EXAME OAB VI.2)

Uma empresa de telefonia celular deseja instalar uma antena próxima a uma floresta localizada no município de Cantinho Feliz. A antena produzirá uma quantidade significativa de energia eletromagnética. Com base no exposto, assinale a alternativa correta.

(A) Como a energia é incolor e inodora, e é praticamente imperceptível a olho nu, não pode ser considerada potencialmente poluente. Logo, o Poder Público não pode exigir licenciamento e estudo prévio de impacto ambiental à empresa de telefonia, porque não há como comprovar o risco de impacto ambiental.

(B) Como não há certeza científica sobre a existência de riscos ambientais causados pela poluição eletromagnética, o princípio da prevenção deve ser invocado, e a empresa de telefonia deverá solicitar ao Município de Cantinho Feliz que faça o licenciamento e que elabore o estudo prévio de impacto ambiental.

(C) O direito ao meio ambiente ecologicamente equilibrado é visto pelos tribunais superiores como um direito fundamental e possui viés antropocêntrico. Logo, se a área não for habitada por seres humanos, o Poder Público não poderá exigir licenciamento e estudo prévio de impacto ambiental.

(D) Caso haja licenciamento e estudo prévio de impacto ambiental para avaliar a possível instalação da antena, o órgão competente não estará necessariamente obrigado a marcar a audiência pública. Entretanto, ela pode ser requerida por abaixo-assinado subscrito por, no mínimo, 50 cidadãos, por entidade civil ou pelo Ministério Público.

2. (EXAME OAB VI.2)

Imagine que três municípios, localizados em diferentes estados membros da federação brasileira, estejam interessados em abrigar a instalação de uma usina de energia que opera com reatores nucleares. A respeito do tema, é correto afirmar que

(A) o Congresso Nacional irá definir, mediante a edição de lei, qual município receberá a usina nuclear.

(B) após a escolha do local para a instalação da usina nuclear, o município que a receber deverá criar a legislação que disciplinará seu funcionamento, bem como o plano de evacuação da população em caso de acidentes, por ser assunto de relevante interesse local.

(C) em razão do princípio da predominância do interesse, a União deverá legislar sobre o tema, após ouvir e sabatinar obrigatoriamente o Ministro de Minas e Energia no Congresso Nacional, versando sobre os riscos ambientais que a usina pode trazer ao meio ambiente e à população de cada município postulante.

(D) a CRFB não estabelece expressamente qual ente da federação deverá legislar sobre o tema energia nuclear. Mas, em razão do acidente nuclear de Chernobyl, a doutrina defende que apenas a União deverá criar normas sobre regras de segurança de usinas nucleares.

---

[1] Organizadora FGV

3. (EXAME OAB VI.1)

Com relação ao sistema nacional de unidades de conservação, assinale a alternativa correta.

(A) As unidades de conservação do grupo de proteção integral são incompatíveis com as atividades humanas; logo, não se admite seu uso econômico direto ou indireto, não podendo o Poder Público cobrar ingressos para a sua visitação.

(B) A ampliação dos limites de uma unidade de conservação, sem modificação dos seus limites originais, exceto pelo acréscimo proposto, pode ser feita por instrumento normativo do mesmo nível hierárquico do que criou a unidade. O Poder Público está dispensado de promover consulta pública e estudos técnicos novos, bastando a reanálise dos documentos que fundamentaram a criação da unidade de conservação.

(C) O parque nacional é uma unidade de conservação do grupo de proteção integral, de posse e domínios públicos. É destinado à preservação ambiental e ao lazer e à educação ambiental da população; logo, não se admite seu uso econômico direto ou indireto, não podendo o Poder Público cobrar ingressos para a sua visitação.

(D) As unidades de conservação do grupo de Uso Sustentável podem ser transformadas total ou parcialmente em unidades do grupo de Proteção Integral, por instrumento normativo do mesmo nível hierárquico do que criou a unidade, desde que respeitados os procedimentos de consulta pública e estudos técnicos.

4. (EXAME OAB VI.1)

A Lei 9.985/2000 instituiu a compensação ambiental, posteriormente julgada pelo Supremo Tribunal Federal.

A respeito do tema, é correto afirmar que

(A) a compensação ambiental será concretizada, pelo empreendedor, pelo plantio de mudas de espécies nativas no entorno de unidades de conservação, visando reduzir os impactos ambientais dos empreendimentos potencialmente poluidores, especialmente aqueles que emitem gases causadores do efeito estufa.

(B) a compensação ambiental é exigida nos processos de licenciamento ambiental de empreendimentos potencialmente causadores de impactos significativos no meio ambiente, e será exigida em espécie, apurando-se o seu valor de acordo o grau de impacto causado, sendo os recursos destinados a uma unidade de conservação do grupo de proteção integral.

(C) a compensação ambiental é exigida nos processos de licenciamento ambiental de empreendimentos potencialmente causadores de impactos significativos no meio ambiente, e será exigida em espécie, apurando-se o seu valor de acordo com o grau de impacto causado, sendo os recursos destinados a uma unidade de conservação à escolha do empreendedor, em razão do princípio da livre iniciativa.

(D) a compensação ambiental foi considerada inconstitucional, por violar frontalmente o princípio do poluidor-pagador, uma vez que permitia ao empreendedor compensar os possíveis danos ambientais de seu empreendimento por meio de um pagamento, em espécie, destinado a uma unidade de conservação do grupo de proteção integral. Logo, não pode mais ser exigida ou mesmo oferecida pelo órgão ambiental competente.

5. (EXAME OAB V)

João adquiriu em maio de 2000 um imóvel em área rural, banhado pelo Rio Formoso. Em 2010, foi citado para responder a uma ação civil pública proposta pelo Município de Belas Veredas, que o responsabiliza civilmente por ter cometido corte raso na mata ciliar da propriedade. João alega que o desmatamento foi cometido pelo antigo proprietário da fazenda, que já praticava o plantio de milho no local. Em razão do exposto, é correto afirmar que

(A) a manutenção de área de mata ciliar é obrigação *propter rem*; sendo obrigação de conservação, é automaticamente transferida do alienante ao adquirente. Logo, João terá que reparar a área.

(B) João será obrigado a recuperar a área, mas, como não poderá mais utilizá-la para o plantio do milho, terá direito a indenização, a ser paga pelo Poder Público, por força do princípio do protetor-recebedor.

(C) a responsabilidade por dano ambiental é objetiva, mas, como não há nexo de causalidade entre a ação do novo proprietário e o corte raso na área, verifica-se a excludente de responsabilidade, e João não será obrigado a reparar o dano.

(D) a responsabilidade civil por dano ambiental difuso prescreve em cinco anos por força da Lei 9.873/99. Logo, João não será obrigado a reparar o dano.

6. (EXAME OAB V)

A Lei 9.605/98, regulamentada pelo Decreto 6.514/2008, que dispõe sobre sanções penais e administrativas derivadas de condutas e atividades lesivas ao meio ambiente, trouxe novidades nas normas ambientais. Entre elas está a

(A) possibilidade de assinatura de termos de ajustamento de conduta, que somente é possível pelo cometimento de ilícito ambiental.

(B) desconsideração da pessoa jurídica, que foi estabelecida para responsabilizar a pessoa física sempre que sua personalidade for obstáculo ao ressarcimento de prejuízos causados à qualidade do meio ambiente.

(C) substituição da pena privativa de liberdade pela restritiva de direito quando tratar-se de crime doloso.

(D) responsabilidade penal objetiva pelo cometimento de crimes ambientais.

Conteúdo 09
DIREITO TRIBUTÁRIO

1. (EXAME 2006)

O Superior Tribunal de Justiça proferiu decisão da qual se extrai o seguinte:

> Tributário. IPTU e ITR. Incidência. Imóvel urbano. Imóvel rural. Critérios a serem observados. Localização e destinação. Decreto-lei nº 57/1966. Vigência.
> ....
> ....
> 3. O Decreto-Lei nº 57/1966, recebido pela Constituição de 1967 como lei complementar, por versar normas gerais de direito tributário, particularmente sobre o ITR, abrandou o princípio da localização do imóvel, consolidando a prevalência do critério da destinação econômica. O referido diploma legal permanece em vigor, sobretudo porque, alçado à condição de lei complementar, não poderia ser atingido pela revogação prescrita na forma do art. 12 da Lei nº 5868/1972.
> 4. O ITR não incide somente sobre os imóveis localizados na zona rural do Município, mas também sobre aqueles que, situados na área urbana, são comprovadamente utilizados em exploração extrativa, vegetal, pecuária ou agroindustrial.
> 5. Recurso especial a que se nega provimento.
> (Resp nº 472.628/RS, Relator Ministro João Otávio de Noronha, Segunda Turma, julgado em 17.08.2004, DJ de 27.09.2004 p. 310).

É possível concluir desse julgamento que

(A) o imposto federal incide sobre imóvel localizado na zona urbana, se tiver destinação agrícola.
(B) o imposto municipal incidirá sempre sobre imóvel situado na zona urbana, qualquer que seja sua destinação.
(C) o imposto federal e o imposto municipal incidem sempre cumulativamente sobre os imóveis destinados à atividade rural, se situados na zona urbana.
(D) somente o imposto municipal incidirá sobre os imóveis rurais, mesmo que situados na zona urbana.
(E) o imposto federal sempre incidirá sobre os imóveis urbanos, qualquer que seja sua destinação.

2. (EXAME 2003)

Segundo a Constituição brasileira, no sistema tributário nacional

(A) os tributos, tarifas e multas devem observar o princípio da anualidade.
(B) as taxas e as contribuições de melhoria estão sujeitas ao princípio da legalidade.
(C) os impostos extraordinários estão sujeitos ao princípio da anualidade, mas não ao da legalidade.
(D) as contribuições sociais não estão sujeitas aos princípios da legalidade e da anualidade.
(E) as isenções de tributos federais, estaduais e municipais não se sujeitam aos princípios da legalidade e da anterioridade.

3. (EXAME 2003)

Existe imunidade tributária

(A) nas doações de bens móveis.
(B) quando a lei concede anistia fiscal.
(C) na venda de mercadorias produzidas em um Estado para estabelecimento situado em outro Estado.
(D) na proibição de instituir impostos sobre o patrimônio das entidades sindicais dos trabalhadores.
(E) quando a lei concede isenção sobre o rendimento do trabalho assalariado.

4. (EXAME 2001)

Suponha que as seguintes alternativas correspondam a normas contidas em uma lei federal. Indique a que está de acordo com a Constituição Federal.

(A) Fica autorizado o Poder Executivo, por ato privativo e de modo indelegável, a aumentar as alíquotas dos impostos sobre importação, exportação e propriedade territorial rural.

(B) O imposto de renda passa a incidir sobre os rendimentos decorrentes de aluguéis cobrados pelos Estados e Municípios.

(C) O desatendimento da função social da propriedade imobiliária rural pode levar à cobrança suplementar de imposto de renda de seu proprietário em valor igual ao da propriedade em questão.

(D) O imposto sobre produtos industrializados passa a ter alíquotas aumentadas para produtos que devam atravessar fronteiras interestaduais para chegar ao consumidor final.

(E) Fica instituída taxa federal de fiscalização de telecomunicações, podendo, desde que verificada a hipótese de incidência, ser cobrada inclusive de igrejas e partidos políticos.

5. (EXAME 2000)

Segundo o sistema tributário estabelecido pela atual Constituição Federal,

(A) pode a União, mediante lei complementar e atendendo a relevante interesse econômico nacional, conceder isenção de tributos estaduais e municipais.

(B) pode a União condicionar a entrega dos percentuais da arrecadação tributária destinados aos Estados, ao Distrito Federal e aos Municípios, ao pagamento de seus créditos.

(C) podem a União e os Estados instituir empréstimos compulsórios, nos casos especiais definidos em lei complementar.

(D) pode a União regular o comércio interestadual, estabelecendo, se necessário, limitações ao tráfego de mercadorias, por meio de tributos interestaduais.

(E) podem a União, os Estados e os Municípios instituir impostos e taxas sobre o patrimônio, a renda e os serviços uns dos outros.

6. (EXAME 1999)

Instruções: A questão contém duas afirmações. Assinale, na folha de respostas,

(A) se as duas são verdadeiras e a segunda justifica a primeira.

(B) se as duas são verdadeiras e a segunda não justifica a primeira.

(C) se a primeira é verdadeira e a segunda é falsa.

(D) se a primeira é falsa e a segunda é verdadeira.

(E) se as duas são falsas.

As contribuições sociais para manutenção da seguridade social dos trabalhadores em geral são instituídas pela União

PORQUE

é competência da União criar contribuições sociais de qualquer natureza, sem qualquer ressalva

7. (EXAME 1998)

Em função do princípio constitucional da legalidade em matéria tributária,

(A) a alteração das alíquotas de qualquer tributo depende de lei formal.

(B) os tributos devem ser criados por lei, embora a Constituição admita a fixação de limites máximos e mínimos de alíquota de imposto por ato privativo do Senado Federal.

(C) a repartição das competências tributárias deve ser estabelecida por lei formal.

(D) os tributos só podem ser cobrados no ano seguinte ao da publicação da lei que os houver instituído.

(E) a iniciativa das leis que instituem tributos é privativa dos membros do Poder Legislativo.

8. (EXAME 2001) DISCURSIVA

Em área coberta por mata nativa, situada em determinado Estado, a União Federal resolve edificar usina hidrelétrica. Para tanto, deve proceder ao represamento de rio, que corre exclusivamente dentro desse Estado, sem contato com território estrangeiro, banhando áreas de domínio privado e público estadual. O represamento causará a inundação da área da mata nativa. Considerando que a obra trará significativos benefícios ao Estado em que estará localizada e à sua população, seja por aumentar o fornecimento de energia elétrica, seja por valorizar todas as terras marginais à represa, a União anuncia pela imprensa que instituirá contribuição de melhoria, a ser cobrada do Estado em questão e dos particulares beneficiados.

Analise a possibilidade de cobrança da contribuição de melhoria anunciada. E, em relação aos reflexos de degradação ambiental da obra, indique, de modo fundamentado, as medidas judiciais que o Estado e os particulares poderiam eventualmente mover contra a União.

BATERIA DE QUESTÕES EXTRAS[1]

9. (EXAME OAB VI.2)

Com base no Sistema Tributário Nacional, assinale a alternativa correta.

(A) A contribuição de melhoria é um tributo de competência exclusiva dos Estados federados.

(B) As taxas podem ser instituídas pela União, Estados e Distrito Federal e Municípios.

(C) O ICMS tem destinação orçamentária específica.

(D) Os impostos têm por finalidade precípua a intervenção do Estado na atividade econômica.

10. (EXAME OAB VI.2)

As taxas são os tributos que têm por hipótese de incidência uma atuação estatal.

Assinale a alternativa que corretamente delimite tal atuação, nos termos da Constituição da República Federativa do Brasil e da legislação tributária.

(A) Os serviços públicos universais (uti universi) podem ser custeados por meio de taxas, já que alcançam a coletividade considerada como um todo, o mesmo não podendo se dizer a respeito dos atos de polícia.

(B) Tanto os serviços públicos uti universi como os uti singuli, também chamados singulares, na medida em que são mensuráveis e divisíveis, podem ser custeados por meio de taxas, juntamente com os atos de polícia.

---

1 Organizadora FGV

(C) Somente os serviços públicos específicos, por serem de utilização individual e mensurável, podem ser custeados mediante taxas de serviço, ocorrendo o mesmo com os atos de polícia, que devem ser específicos e divisíveis para serem custeados mediante taxas de polícia.

(D) A atuação estatal suscetível de ser custeada mediante taxa é aquela que se refere indiretamente ao contribuinte, tal como uma obra pública que causa valorização imobiliária, aumentando o valor de mercado dos imóveis localizados em suas imediações.

11. (EXAME OAB VI.2)

A empresa Merposa S.A. cumpre regularmente as suas obrigações fiscais, especialmente aquelas de natureza acessória. Assim, apresentou no prazo exigido pela legislação, em 30 de junho de 2003, a Declaração de Contribuições e Tributos Federais informando o montante devido e recolhido a título de imposto de renda nos três primeiros meses de 2003. Em 30 de janeiro de 2010, recebeu um auto de infração exigindo um valor a maior do que havia declarado e recolhido.

A esse respeito, é correto afirmar que o auto de infração é

(A) válido, já que, de acordo com o artigo 173, I, do CTN, o Fisco Federal dispõe de cinco anos a contar do exercício seguinte para efetuar o lançamento.

(B) improcedente, pois já se operou a decadência, em virtude do disposto no artigo 150, § 4º, do CTN.

(C) válido, pois, se a declaração apresentada não refletia o montante efetivamente devido, trata-se de caso de dolo ou má-fé, razão pela qual não se aplica a disposição do artigo 150, § 4º, do CTN.

(D) improcedente, pois, após a apresentação da Declaração de Contribuições e Tributos Federais, o Fisco somente poderia exigir o tributo declarado e não pago, uma vez que o tributo estava sujeito à modalidade de autolançamento.

12. (EXAME OAB VI.2)

Em cumprimento de diligência na sede da gráfica Impressões Beta, empresa beneficiária de imunidade quanto aos impostos incidentes sobre sua atividade de impressão de periódicos, fiscais da Fazenda Estadual apreenderam notas e livros fiscais, sem terem apresentado mandado judicial com a previsão da medida.

Com base no cenário acima, assinale a alternativa correta no que tange à conduta dos agentes do Fisco.

(A) A ação não apresenta qualquer ilegalidade, conformando ato regular de fiscalização, representando um poder-dever da Administração.

(B) A ação é ilegal, pois a legislação que rege a fiscalização tributária não se aplica àqueles que gozam de imunidade tributária.

(C) A ação é ilegal, pois, para o cumprimento da diligência, era imprescindível a apresentação de mandado judicial.

(D) A ação não apresenta qualquer ilegalidade, já que a função de fiscalização é ilimitada, tendo em vista a supremacia do interesse público.

13. (EXAME OAB VI.1)

Fulano de Araújo, proprietário de um único imóvel em que reside com sua esposa, no Município do Rio de Janeiro, é réu em ação de execução fiscal promovida pela Fazenda Pública Municipal por falta de pagamento do IPTU. Tendo em vista as disposições gerais contidas no Código Tributário Nacional acerca do crédito tributário, assinale a alternativa correta.

(A) O imóvel residencial próprio do casal é impenhorável, não devendo responder por qualquer tipo de dívida.

(B) Os bens e rendas do sujeito passivo respondem pelo pagamento de todo crédito de natureza tributária, sem comportar exceções.

(C) Bens gravados por ônus real ou por cláusulas de inalienabilidade não podem ser alcançados para saldar dívidas tributárias.

(D) A impenhorabilidade do bem de família não é oponível em face da cobrança do Imposto Predial Territorial Urbano.

14. (EXAME OAB VI.1)

Determinado contribuinte, devedor de tributo, obtém o seu parcelamento e vem efetuando o pagamento conforme deferido. Apesar disso, sofre processo de execução fiscal para a cobrança do referido tributo.

Nos embargos de devedor, o contribuinte poderá alegar

(A) a carência da execução fiscal, em face da novação da dívida, que teria perdido a sua natureza tributária pelo seu parcelamento.

(B) a improcedência da execução fiscal, por iliquidez do título exequendo, pelo fato de que parte da dívida já foi paga.

(C) o reconhecimento do direito apenas parcial à execução fiscal, por parte do Fisco, em face da existência de saldo devedor do parcelamento.

(D) a carência da execução fiscal em face da suspensão da exigibilidade do crédito tributário.

15. (EXAME OAB VI.1)

A competência tributária não se confunde com a capacidade tributária ativa. Aquela se traduz na aptidão para instituir tributos, enquanto esta é o exercício da competência, ou seja, a aptidão para cobrar tributos. Nesse sentido, é correto afirmar que

(A) compete à União, aos Estados, ao Distrito Federal e aos Municípios instituir impostos, taxas, contribuições de melhoria, assim como as contribuições para o custeio do serviço de iluminação pública.

(B) em virtude do princípio federativo, que, entre outras consequências, delimita entre os entes políticos o poder de tributar, ao Distrito Federal compete apenas instituir espécies tributárias próprias dos Estados-membros da federação.

(C) a União pode instituir, via lei ordinária, impostos além dos previstos na Constituição, mediante dois requisitos: que eles sejam não cumulativos e que não tenham fato gerador próprio dos impostos já previstos constitucionalmente.

(D) em Território Federal, os impostos estaduais são de competência da União. Caso o Território não seja dividido em Municípios, cumulativamente, os impostos municipais também são de competência da União.

16. (EXAME OAB VI.1)

A empresa ABC ingressou com medida judicial destinada a questionar a incidência da contribuição social sobre o lucro. Em sede de exame liminar, o juiz concedeu a medida liminar para que a empresa não recolhesse a contribuição. Durante a vigência da medida judicial, a Receita Federal iniciou procedimento de fiscalização visando à cobrança da contribuição social sobre o lucro não recolhida naquele período.

Com base no relatado acima, assinale a alternativa correta.

(A) A Receita Federal não pode lavrar auto de infração, em virtude da liminar concedida na medida judicial em questão.

(B) A Receita Federal pode lavrar auto de infração, mas somente com a exigibilidade suspensa para prevenir a decadência.

(C) A empresa ABC, diante da abertura do procedimento de fiscalização, pode solicitar ao juiz nova medida liminar, a fim de que determine o encerramento de tal procedimento.

(D) A Receita Federal pode lavrar auto de infração, já que a medida liminar possui caráter provisório.

17. (EXAME OAB V)

No exercício de 1995, um contribuinte deixou de recolher determinado tributo. Na ocasião, a lei impunha a multa moratória de 30% do valor do débito. Em 1997, houve alteração legislativa, que reduziu a multa moratória para 20%. O contribuinte recebeu, em 1998, notificação para pagamento do débito, acrescido da multa moratória de 30%. A exigência está

(A) correta, pois o princípio da irretroatividade veda a aplicação retroagente da lei tributária.

(B) errada, pois a aplicação retroativa da lei é regra geral no direito tributário.

(C) correta, pois aplica-se a lei vigente à época de ocorrência do fato gerador.

(D) errada, pois aplica-se retroativamente a lei que defina penalidade menos severa ao contribuinte.

18. (EXAME OAB V)

Determinada Lei Municipal, publicada em 17/01/2011, fixou o aumento das multas e alíquotas relativo aos fatos jurídicos tributáveis e ilícitos pertinentes ao ISS daquele ente federativo. Considerando que determinado contribuinte tenha sido autuado pela autoridade administrativa local em 23/12/2010, em razão da falta de pagamento do ISS dos meses de abril de 2010 a novembro de 2010, assinale a alternativa correta a respeito de como se procederia a aplicação da legislação tributária para a situação em tela.

(A) Seriam mantidas as alíquotas nos valores previstos na data do fato gerador e as multas seriam aplicadas nos valores previstos de acordo com a nova lei.

(B) Seriam aplicadas as alíquotas e multas nos valores previstos de acordo com a nova lei.

(C) Seriam aplicadas as alíquotas previstas na lei nova e as multas seriam aplicadas nos valores previstos na data do fato gerador.

(D) Seriam mantidas as alíquotas e multas nos valores previstos na data do fato gerador.

19. (EXAME OAB V)

A respeito do ICMS, é correto afirmar que

(A) sendo de competência tributária do Estado-Membro, somente a legislação estadual pode excluir da incidência do imposto, nas exportações para o exterior, serviços e produtos determinados.

(B) é não cumulativo, significando que, em qualquer hipótese, deverá ser assegurado o crédito para compensação com o montante devido nas operações ou prestações seguintes.

(C) tem as suas alíquotas estabelecidas pelo Senado Federal, aplicáveis às operações e prestações internas, interestaduais e de exportação.

(D) incide sobre prestação de serviços de transporte interestadual e intermunicipal e de comunicação, assim como sobre o valor total da operação, quando as mercadorias forem fornecidas com serviços não compreendidos na competência impositiva municipal.

20. (EXAME OAB V)

A obrigação tributária principal tem por objeto

(A) o pagamento de tributo ou penalidade pecuniária.

(B) a inscrição da pessoa jurídica junto ao Cadastro Nacional de Pessoa Jurídica – CNPJ.

(C) a prestação de informações tributárias perante a autoridade fiscal competente.

(D) a escrituração de livros contábeis.

COLETÂNEA DE QUESTÕES – CONTEÚDO ESPECÍFICO – 2ª Edição   105

Conteúdo 10

DIREITO CIVIL

1. (EXAME 2009)

Responsabilidade Civil – Furto de Bolsa no Interior de Shopping Center – Responsabilidade do Fornecedor – Inexistência. Só se pode responsabilizar "Shopping Center" e estabelecimentos assemelhados por furto de bolsas, carteiras e outros objetos de guarda pessoal, se comprovada a culpa do estabelecimento.

REsp 772.818-RS, Relator Ministro Castro Filho, 23 de agosto de 2007, por maioria.

Pode-se extrair dessa ementa, do Superior Tribunal de Justiça, que

(A) não há dano a indenizar quando ocorre furto de bolsa em shopping center.
(B) há culpa exclusiva da vítima, o que afasta a obrigação de indenizar do shopping.
(C) nas áreas comuns do shopping, não há obrigação de segurança.
(D) a inexistência do dever de indenizar decorre da inexistência de falha na segurança.
(E) é situação que reflete um dever genérico de segurança e é caso de responsabilidade subjetiva.

2. (EXAME 2006)

Civil – Indenização – Salário – Retenção – Impossibilidade – Cheque especial – Pagamento – Não-ocorrência – Cláusula contratual – Nulidade – Dano moral – Configuração.

Dano moral. Retenção de salário para pagamento de cheque especial. Ilicitude.

– Mesmo com cláusula contratual permissiva, a apropriação do salário do correntista pelo banco-credor para pagamento de cheque especial é ilícita e dá margem a reparação por dano moral.

(Ag Rg no Ag no 425.113 – RS. Relator Ministro HUMBERTO GOMES DE BARROS. Terceira Turma. Unânime. Data do julgamento: 13.6.2006.)

Pode-se extrair da ementa transcrita, que retrata o resultado do julgamento do Superior Tribunal de Justiça, que

I. a convenção dos particulares não derroga normas de ordem pública.

II. a indenização por dano moral pressupõe a existência também de dano material.

III. os bancos não podem reter quaisquer saldos bancários para recebimento de seus créditos, porque afasta da apreciação judiciária lesão de Direito.

IV. o salário enquanto revestido de caráter alimentar goza de proteção legal, que o faz intangível, isto é, insuscetível de ser apropriado para cumprimento de certas obrigações.

V. o Poder Judiciário quando reconhece a nulidade de uma cláusula contratual substitui a vontade das partes.

Estão corretos os itens

(A) I e II.
(B) I e IV.
(C) II e III.
(D) II e V.
(E) IV e V.

3. (EXAME 2006)

Leia com atenção o trecho da canção *Construção*, de Chico Buarque, que narra o acidente fatal sofrido pelo trabalhador da construção civil, logo após tomar sua refeição e em razão de cair do andaime onde trabalhava. A seguir, assinale a alternativa correta.

Amou daquela vez como se fosse a última

Beijou sua mulher como se fosse a última

E cada filho seu como se fosse o único

E atravessou a rua com seu passo tímido

Subiu a construção como se fosse máquina

Ergueu no patamar quatro paredes sólidas

Tijolo com tijolo num desenho mágico

Seus olhos embotados de cimento e lágrima

Sentou pra descansar como se fosse sábado

Comeu feijão com arroz como se fosse um príncipe

Bebeu e soluçou como se fosse um náufrago

Dançou e gargalhou como se ouvisse música

E tropeçou no céu como se fosse um bêbado

E flutuou no ar como se fosse um pássaro

E se acabou no chão feito um pacote flácido

Agonizou no meio do passeio público

Morreu na contramão atrapalhando o tráfego

(A) O empregado morreu no local de trabalho e, portanto, o empregador é sempre responsável pela indenização devida.

(B) O acidente ocorreu logo após a refeição, razão por que o empregador não tem qualquer responsabilidade.

(C) O empregador só será responsabilizado se for demonstrado que concorreu dolosamente para o infortúnio.

(D) O empregador só será responsabilizado se for comprovado que concorreu culposa ou dolosamente para o infortúnio.

(E) O empregador só será responsabilizado se ficar comprovado que não efetuou o seguro contra acidente do trabalho a que estava obrigado.

4. (EXAME 2003)

João tomou por empréstimo de Pedro a importância de R$50.000,00 (cinqüenta mil reais) e ofereceu, em hipoteca, sua casa de moradia, no valor de R$100.000,00 (cem mil reais), não ficando estabelecido o local do pagamento da dívida que deverá vencer no prazo de um ano. Neste caso, a dívida é

(A) quesível e a garantia oferecida é fidejussória.

(B) quesível e a garantia oferecida é real.

(C) portável e a garantia oferecida é real.

(D) portável e a garantia oferecida é fidejussória.

(E) portável, mas a garantia é nula porque a casa de moradia não pode ser oferecida em hipoteca.

5. (EXAME 2003)

Em matéria de responsabilidade civil, considere as seguintes afirmações:

I. A absolvição no juízo criminal, por insuficiência de provas, exime o réu da obrigação de indenizar.

II. A responsabilidade civil do Estado por atos dos seus agentes, nesta qualidade, é objetiva, mas a dos servidores perante o Estado é subjetiva.

III. A responsabilidade civil do empregador e do Instituto Nacional do Seguro Social - INSS, em acidente de trabalho, é subjetiva.

IV. Não se pode mais questionar sobre a existência do fato ou sobre quem seja o seu autor quando estas questões se acharem decididas no juízo criminal.

SOMENTE está correto o que se afirma em

(A) I e III.

(B) I e IV.

(C) II e III.

(D) II e IV.

(E) III e IV.

6. (EXAME 2003)

Instruções: A questão contêm duas afirmações. Assinale, na folha de respostas,

(A) se as duas são verdadeiras e a segunda justifica a primeira.

(B) se as duas são verdadeiras e a segunda não justifica a primeira.

(C) se a primeira é verdadeira e a segunda é falsa.

(D) se a primeira é falsa e a segunda é verdadeira.

(E) se as duas são falsas.

José, que mantém união estável com Maria, não poderá, por testamento, deixar para esta todos os seus bens, se no momento do óbito, José tiver pais vivos,

PORQUE

o testador que possui qualquer herdeiro legítimo não pode dispor da totalidade de seus bens.

7. (EXAME 2002)

Uma missionária estrangeira contrata advogado a fim de adquirir um imóvel em município brasileiro, para a criação de uma escola destinada a crianças carentes. Ela esclarece que o imóvel será adquirido com verba e em nome de uma fundação estrangeira, constituída e mantida pelo governo e sindicatos daquele país, com finalidade de promover a educação cristã. Segundo a legislação ordinária brasileira

(A) não há qualquer impedimento à aquisição de imóvel nessa circunstância.

(B) não é possível tal aquisição por se tratar de uma fundação de fins religiosos.

(C) a compra só será possível se o imóvel estiver situado em área urbana.

(D) a compra só poderá ocorrer caso a adquirente nomeie procurador no Brasil, investido de poderes específicos para esta finalidade.

(E) não será possível a compra do imóvel por se tratar de entidade constituída por governo estrangeiro.

8. (EXAME 2002)

"A sua tendência é para isolar a política da vida privada, não deixá-la converter-se em prevenção pessoal, em princípio de seleção, circunscrever os seus efeitos e antagonismos. A sociedade que convida para sua casa não é política; homens de ambos os partidos freqüentamno com a mesma franqueza e assiduidade; na sua correspondência avultam tanto os pedidos de conservadores proeminentes, quando ele é ministro em 1866, como de liberais; ele recomenda quase tantas eleições ou pretensões de adversários políticos como de partidários seus, não compreendendo assembléias unânimes, nem a ausência, no parlamento, dos homens notáveis do país, das capacidades provadas e reconhecidas. Sua benignidade é refratária aos preconceitos, formas consagradas, hábitos acumulados do político de profissão, que vive em grupo, com os instintos, a sensibilidade, as paixões, o temperamento coletivo, em lugar da sua própria inclinação. Pela mesma disposição, não levava a mal nenhuma censura nem crítica, tratava-as objetivamente, pelo valor que tivessem; respondia ao que pudessem ter de ofensivo, dobrando-lhes a ponta, arrancando-lhes a cúspide, nada mais."

(NABUCO, Joaquim. **Um Estadista do Império**. 5. ed.
Rio de Janeiro: Top Books, 1997, v. II, p. 1111).

O texto acima, em que Joaquim Nabuco revela traços característicos de seu pai, suscita questões relevantes dos direitos da personalidade, em relação aos quais é possível afirmar que

(A) os homens públicos não têm direito à vida privada e por isso devem atender a todos.

(B) nenhuma referência ao homem público, no tocante à sua atividade política, pode ser entendida como ofensiva à sua honra.

(C) nem toda crítica ao homem público acarreta-lhe o dano moral, devendo-se distinguir entre a simples opinião contrária e a ofensa.

(D) o ingresso na vida pública importa renúncia aos direitos da personalidade, que se regulam pelo direito privado.

(E) a intimidade e a honra não são direitos da personalidade do homem público e, por isso, sua violação só enseja o pagamento de indenização.

9. (EXAME 2002)

A Lei Municipal nº 01, de 15/6/1992, estabelece que os lotes de imóveis urbanos não poderão ter área menor do que 125 m2. João é proprietário de uma área de 300 m2 e deseja vendê-la.

A Lei Municipal nº 02, de 10/1/2002, publicada no dia seguinte e com prazo de *vacatio* de um ano, aumentou, entretanto, a área mínima dos lotes urbanos para 250 m2.

Em 19/4/2002, João, mediante escritura pública, vendeu para Augusto e Pedro referida área, dividindo-a geodesicamente de modo que cada um ficou com um lote de 150 m2, abrindo-se novas matrículas no Serviço de Registro de Imóveis, em 20/5/2002. Nesse caso, as vendas são

(A) anuláveis, porque o contrato foi celebrado em fraude à lei.

(B) válidas e não serão prejudicadas pela Lei nº 02.

(C) nulas, porque ilícitos os objetos.

(D) tidas como inexistentes, permanecendo João como proprietário da área toda.

(E) ineficazes, porque os compradores terão de promover a unificação dos lotes.

10. (EXAME 2002)

Antônio, que possui três irmãos, recebeu por doação de seu pai um bem imóvel. Nesse caso, concorrendo com seus irmãos, o donatário,

(A) se não foi dispensado da colação, terá de conferir a doação quando se abrir a sucessão do doador.

(B) mesmo com o registro da escritura de doação, só adquirirá o domínio do imóvel após a morte do doador, porque os bens só se transmitem de ascendente para descendente pela sucessão hereditária.

(C) para adquirir a propriedade do imóvel, não necessita registrar a escritura de doação, pois o registro, para transferir o domínio, só é exigível na hipótese de venda e compra.

(D) até a abertura da sucessão do doador, não poderá ter a posse do imóvel, exceto se prestar caução.

(E) terá de cancelar o registro da escritura de doação quando se abrir a sucessão do doador, trazendo o imóvel para partilha, mas lhe será garantida preferência a fim de que componha o seu quinhão hereditário.

11. (EXAME 2002)

Em relação ao pátrio poder considere as seguintes afirmações:

I. Os filhos menores, submetidos ao pátrio poder, não devem obediência e respeito aos pais, se estes não puderem atender a todas as necessidades de alimentação, vestuário e lazer.

II. O pátrio poder é exercido em igualdade de condições pelo pai e pela mãe.

III. O pátrio poder é exercido apenas em relação aos bens dos filhos menores e não quanto à pessoa destes.

IV. Perderá o pátrio poder, por ato judicial, o pai ou mãe que castigar imoderadamente os filhos.

SOMENTE é correto o que se afirma em

(A) I e II.

(B) I e III.

(C) II e III.

(D) II e IV.

(E) III e IV.

12. (EXAME 2002)

Instruções: A questão contêm duas afirmações. Assinale, na folha de respostas,

(A) se as duas são verdadeiras e a segunda justifica a primeira.

(B) se as duas são verdadeiras e a segunda não justifica a primeira.

(C) se a primeira é verdadeira e a segunda é falsa.

(D) se a primeira é falsa e a segunda é verdadeira.

(E) se as duas são falsas.

A locação de um imóvel urbano entre uma pessoa física, como locadora, e uma pessoa jurídica, como locatária, a fim de que no imóvel resida um de seus diretores, não é considerada residencial

PORQUE

a lei considera locação para temporada aquela em que o locatário for pessoa jurídica e o imóvel se destinar à moradia de seus diretores.

13. (EXAME 2001)

Pierre, francês, domiciliado no Uruguai, morre em um acidente aéreo no Brasil, viajando em aeronave japonesa, vindo a ser enterrado na Bélgica, onde residem seus herdeiros. Segundo a lei brasileira, o fim da personalidade jurídica de Pierre será determinado pelas regras do direito

(A) francês.
(B) uruguaio.
(C) brasileiro.
(D) japonês.
(E) belga.

14. (EXAME 2001)

Quando o testamento foi aberto, Rubião quase caiu para trás. Adivinhais por quê. Era nomeado herdeiro universal do testador. Não cinco, nem dez, nem vinte contos, mas tudo, o capital inteiro, especificados os bens, casas na Corte, uma em Barbacena, escravos, apólices, ações do Banco do Brasil e de outras instituições, jóias, dinheiro amoedado, livros, – tudo finalmente passava às mãos do Rubião, sem desvios, sem deixas, a nenhuma pessoa, nem esmolas, nem dívidas. Uma só condição havia no testamento, a de guardar o herdeiro consigo o seu pobre cachorro Quincas Borba, nome que lhe deu por motivo da grande afeição que lhe tinha. Exigia do dito Rubião que o tratasse como se fosse a ele próprio testador, nada poupando em seu benefício, resguardando-o de moléstias, de fugas, de tudo ou de morte que lhe quisessem dar por maldade; cuidar finalmente como se cão não fosse, mas pessoa humana. Item, impunha-lhe a condição, quando morresse o cachorro, de lhe dar sepultura decente em terreno próprio, que cobriria de flores e plantas cheirosas; e mais desenterraria os ossos do dito cachorro quando fosse tempo idôneo, e os recolheria a uma urna de madeira preciosa para depositá-los no lugar mais honrado da casa". (Machado de Assis. Quincas Borba. cap. XIV)

Analisando o texto acima, e considerando a modalidade do ato jurídico mencionada, é correto afirmar que

(A) os cuidados com o cão caracterizam encargo e não condição.
(B) o que o texto denomina condição é termo.
(C) a morte do cão, por ser condição suspensiva, impedia a aquisição dos bens pelo herdeiro, até que aquele fato ocorresse.
(D) os cuidados exigidos pelo testador, por serem condição resolutiva, impediam a aquisição da herança, tendo o herdeiro apenas o usufruto.
(E) os cuidados com o cão caracterizam pressuposição, que é modalidade não prevista na legislação brasileira.

15. (EXAME 2001)

"A" adquiriu uma casa, no litoral, com vista para o mar. À frente desta casa, todavia, existe um terreno pertencente a outro proprietário. Se nele for construído um prédio, "A" perderá a vista do mar. Para preservá-la, será necessário

(A) adquirir a servidão da vista por escritura pública devidamente registrada.
(B) permanecer na posse de seu imóvel e, decorridos dez (10) anos, adquirir a servidão da vista por usucapião.

(C) firmar com o vizinho contrato de arrendamento por prazo indeterminado.
(D) comprar o imóvel vizinho, pois não há outra alternativa para preservar a vista da paisagem.
(E) embargar eventual construção do vizinho sob o fundamento de direito adquirido àquela vista a partir da compra do imóvel.

16. (EXAME 2001)

Na alienação fiduciária em garantia

(A) o credor fiduciário não adquire a propriedade do bem.
(B) o devedor fiduciante tem a posse direta e o credor fiduciário tem a propriedade do bem e a posse indireta.
(C) o credor fiduciário recebe o bem em penhor se se tratar de coisa móvel e em hipoteca, se imóvel.
(D) o devedor celebra com o credor contrato de compra e venda com reserva de domínio.
(E) a posse e a propriedade do bem pertencem ao credor, sendo o devedor mero usufrutuário, enquanto não pagar a dívida.

17. (EXAME 2001)

Considere as seguintes afirmações em matéria de alimentos:

I. O filho menor, que em razão de divórcio consensual ficar sob a guarda da mãe, perde o direito aos alimentos a que o genitor houver se obrigado, caso a mãe venha a contrair segundas núpcias com pessoa que possa sustentá-lo.

II. O ascendente que houver se despojado de seus bens a favor da prole, se, na velhice, ficar sem condições de prover o próprio sustento, tem direito a reclamar alimentos dos filhos maiores e capazes até em caráter provisional.

III. Dissolvida a união estável por rescisão, será devida assistência material por um dos conviventes ao que dela necessitar, a título de alimentos.

IV. O pai que tiver suspenso o pátrio poder por decisão judicial fica desobrigado de pagar alimentos ao filho menor, enquanto durar a suspensão.

SOMENTE é correto o que se afirma em

(A) I e II
(B) I e III
(C) II e III
(D) II e IV
(E) III e IV

18. (EXAME 2001)

A fraude de execução

(A) torna nula a alienação do bem realizada após a citação no processo de conhecimento.
(B) implica simples ineficácia da alienação, não comprometendo a validade do ato.
(C) somente se configura se a alienação ocorrer após citação realizada em processo de execução.
(D) não pode ser apreciada em embargos de terceiro.
(E) não é ato atentatório à dignidade da justiça.

19. (EXAME 2001)

A presente questão contêm duas afirmações. Assinale, na folha de respostas,

(A) se as duas são verdadeiras e a segunda justifica a primeira.

(B) se as duas são verdadeiras e a segunda não justifica a primeira.

(C) se a primeira é verdadeira e a segunda é falsa.

(D) se a primeira é falsa e a segunda é verdadeira

(E) se as duas são falsas

A pessoa que possui descendentes não pode gravar todos os bens de sua herança com as cláusulas de inalienabilidade, incomunicabilidade e impenhorabilidade

PORQUE

a parte que compõe a legítima tem de ser transmitida livre de quaisquer dessas restrições.

20. (EXAME 2000)

Instruções: Para responder à questão considere este hipotético Projeto de Lei:

Art. **1º** Esta lei disciplina o uso da Internet para difusão de informações, comunicação pessoal e empresarial, bem como as atividades econômicas e relações jurídicas vinculadas.

Art. **2º** Antes de iniciar suas atividades, a empresa de comercialização de produtos ou serviços pela Internet deverá obter a aprovação do órgão federal competente, renovável a cada cinco anos, comprovando o atendimento das exigências de capacitação técnica e econômica previstas em lei específica.

Parágrafo único - A empresa que, na realização de seus objetivos sociais, utilize serviços de pessoas físicas para desenvolvimento de sua atividade fim, será considerada empregadora desde que comprovadas a pessoalidade e a fiscalização direta dos trabalhos, mesmo quando os serviços sejam realizados por empresa interposta, assegurando-se ao contratado todos os direitos decorrentes do contrato de trabalho.

Art. **3º** A capacidade dos contratantes será condição de validade das transações efetuadas pela Internet para débito eletrônico em conta bancária.

Art. 4º Considera-se crime informático, punido com pena de um a três anos de reclusão e multa, o acesso, sem autorização, aos registros de computador alheio, com a finalidade de causar dano, alterar informações ou obter qualquer outra vantagem ilícita.

§ 1º – A pena será acrescida de um terço se o agente divulga o conteúdo do registro.

§ 2º – A pena será reduzida de um terço se o agente não é reincidente e não houve perda dos registros.

§ 3º – O crime será punido com pena de dois a cinco anos de reclusão se:

I – o agente ingressou em computador situado em outro país;

II – o ingresso ocorreu em computador de órgão público.

Art. **5º** A competência para o julgamento dos crimes informáticos é da Justiça Federal, só se procedendo mediante ação penal pública incondicionada, ficando vedada a ação penal privada subsidiária da pública.

§ 1º – O prazo de decadência para oferecimento da denúncia é de seis meses após o conhecimento da autoria pelo ofendido ou pela autoridade policial.

§ 2º – Se a comarca em que foi cometido o crime não for sede da Justiça Federal, a denúncia poderá ser oferecida por membro do Ministério Público Estadual perante juiz estadual, sendo o recurso julgado pelo Tribunal de Justiça do Estado.

§ 3º – O juiz poderá, em despacho fundamentado, determinar a quebra do sigilo dos dados constantes do computador do investigado ou acusado.

Art. **6º** As disposições dessa lei deverão ser observadas estritamente pelos aplicadores, sendo vedada qualquer interpretação.

Art. **7º** Esta lei entra em vigor na data de sua publicação.

A com dezessete (17) anos de idade, tendo ocultado dolosamente sua idade, efetuou pela Internet diversas transações eletrônicas, com débito bancário, assumindo obrigações futuras que acabariam por lhe causar graves prejuízos, tudo em razão de sua inexperiência. Considerando-se o art. 3º do Projeto e a legislação geral sobre a capacidade, pode-se afirmar que **A**

(A) celebrou contratos nulos de pleno direito.

(B) não poderá eximir-se das obrigações assumidas invocando sua situação de pessoa relativamente incapaz.

(C) poderá deixar de cumprir as obrigações que não lhe trouxerem qualquer vantagem.

(D) poderá invocar o benefício da restituição, ao atingir a maioridade.

(E) terá direito a obter, do Banco que efetivou os débitos, a restituição dos respectivos valores, compensando-se os lucros com os prejuízos.

21. (EXAME 2000)

José e João são irmãos. Pedro, neto de José, e Maria, neta de João, desejam casar-se. Neste caso, o casamento será

(A) inexistente.

(B) nulo.

(C) anulável.

(D) ineficaz.

(E) válido.

22. (EXAME 2000)

Ficará isento de indenizar a vítima com fundamento na responsabilidade civil, o agente que for

(A) absolvido no juízo criminal, porque o fato de que foi acusado não constitui crime.

(B) absolvido no juízo criminal, porque negada peremptoriamente a autoria.

(C) absolvido no juízo criminal por insuficiência de provas.

(D) condenado no juízo criminal, mas em seguida anistiado.

(E) impronunciado no caso de homicídio doloso tentado.

23. (EXAME 2000)

Em relação à hipoteca é correto afirmar:

(A) É nula a cláusula contratual que autoriza o credor hipotecário a ficar com o bem, se a dívida não for paga no vencimento.

(B) A hipoteca não se extingue pela arrematação do bem.

(C) O homem casado sob o regime da separação total de bens não necessita da anuência do cônjuge para hipotecar imóvel adquirido antes do casamento.

(D) A hipoteca pode ser celebrada somente por instrumento particular.

(E) A hipoteca pode ter por objeto todas as coisas móveis e imóveis.

24. (EXAME 2000)

X celebrou contrato de seguro de seu automóvel com a seguradora **Y**. Decorre de lei que o segurado não pode agravar os riscos. Igualmente, **Z** celebrou contrato de seguro, nas mesmas condições com **Y**. Ambos os veículos foram furtados. O de **X**, em via pública de uma grande cidade, onde fora deixado aberto e com as chaves em seu interior. O de **Z**, também deixado aberto, em uma pequena cidade, onde era costume deixar os veículos abertos. Negando-se a seguradora a pagar a indenização a ambos, embora os prêmios estivessem quitados, cada qual ajuizou ação de cobrança, sendo que o Tribunal, julgando as apelações, determinou que **Z** fosse ressarcido, mas **X** não o fosse, entendendo que, quanto a este, houve efetivo agravamento do risco. A solução que beneficiou **Z** está amparada em dispositivo legal que manda aplicar, na avaliação dos riscos,

(A) a legalidade estrita.

(B) os princípios gerais de direito.

(C) a eqüidade.

(D) a analogia.

(E) os costumes.

25. (EXAME 2000)

A presente questão contêm duas afirmações. Assinale, na folha de respostas,

(A) se as duas são verdadeiras e a segunda justifica a primeira.

(B) se as duas são verdadeiras e a segunda não justifica a primeira.

(C) se a primeira é verdadeira e a segunda é falsa.

(D) se a primeira é falsa e a segunda é verdadeira.

(E) se as duas são falsas.

A prescrição civil será interrompida, mesmo com a extinção do processo sem julgamento do mérito por inércia do autor

PORQUE

a citação válida interrompe a prescrição.

26. (EXAME 1999)

A celebrou contrato de compra e venda de imóvel com **B**.

B, alegando que na celebração do contrato sua vontade emanou de erro substancial, poderá promover ação

(A) de rescisão do contrato.

(B) de anulação do contrato.

(C) de redução do preço do contrato.

(D) declaratória de nulidade do contrato.

(E) declaratória de inexistência do contrato.

27. (EXAME 1999)

A indenização por dano moral é exigível

(A) somente se o ato ilícito também constituir crime.

(B) dependendo de ocorrência, também, de dano material, mas a vítima terá de optar entre uma e outra, não podendo ser cumuladas as indenizações.

(C) independentemente de ocorrer dano material, mas ocorrentes um e outro, podem ser cumuladas as indenizações por dano material e moral.

(D) apenas do autor do ato ilícito, não havendo solidariedade do patrão, quando o ato for praticado por seu empregado, mesmo no exercício do trabalho que lhe competir.

(E) exclusivamente quando a lei fixar o seu valor.

28. (EXAME 1999)

O possuidor de boa-fé tem direito

(A) de retenção pelo valor das benfeitorias necessárias e úteis.

(B) de exigir o pagamento das benfeitorias voluptuárias, mas não pode retirá-las.

(C) de exigir indenização pelas benfeitorias úteis, apenas não podendo exercer a retenção.

(D) de exercer somente a retenção pelas benfeitorias necessárias, podendo, quanto às úteis e voluptuárias, retirá-las.

(E) à indenização por benfeitorias necessárias, úteis e voluptuárias, não podendo retirá-las, nem exercer retenção.

29. (EXAME 1998)

Por escritura, "A" prometeu vender a "B" um imóvel, cujo pagamento seria efetuado em doze parcelas mensais e sucessivas. Ao contratar, "B" silenciou intencionalmente a respeito de sua situação financeira, não revelando o seu estado de insolvência, com numerosos títulos protestados por falta de pagamento e, nessas condições, nenhuma parcela do preço poderia ser paga, o que de fato ocorreu.

Considerando-se que "A" poderá provar que não haveria realizado o negócio se tivesse ciência da insolvência de "B", cabe-lhe promover ação de anulação da promessa de compra e venda de sua propriedade por:

(A) dolo.

(B) fraude.

(C) coação.

(D) simulação.

(E) falta de pagamento.

30. (EXAME 1998)

Locação

I. É possível a cumulação de diversas garantias de pagamento do aluguel, desde que o locatário a aceite.

II. As locações residenciais e as ações renovatórias comerciais são regidas pela mesma lei.

III. Só no primeiro mês de locação, o aluguel deve ser pago antecipadamente, quando não houver fiador.

IV. A denúncia vazia é viável nas locações residenciais com prazo contratual de trinta meses, findo este prazo.

Assinale na folha de respostas a alternativa que contém SOMENTE afirmações corretas.

(A) I e II
(B) I e III
(C) II e IV
(D) III e IV
(E) I, II e III

31. (EXAME 1998)

Contrato

I. Não havendo prazo estipulado no contrato, a mora do devedor começa desde a interpelação.

II. Contrato real é aquele que só se perfaz com a entrega do objeto.

III. A parte que descumpriu o contrato pode requerer a rescisão judicialmente, alegando sua infração.

IV. Não é consensual o contrato cujo objeto seja a compra e venda de um bem imóvel.

Assinale na folha de respostas a alternativa que contém SOMENTE afirmações corretas.

(A) I e II
(B) I e III
(C) II e IV
(D) III e IV
(E) I, II e III

32. (EXAME 1998)

Responsabilidade Civil

I. É sempre objetiva a responsabilidade do patrão no caso de acidente de trabalho sofrido por seu empregado.

II. Presume-se a culpa do patrão pelos atos culposos de seus empregados no exercício de suas atribuições.

III. A absolvição do empregado no processo criminal, referente a homicídio culposo, em acidente de veículo, sempre isentará o patrão da responsabilidade civil.

IV. A responsabilidade civil do patrão é solidária com a do empregado que provocou o dano a terceiro no exercício de suas atribuições.

Assinale na folha de respostas a alternativa que contém SOMENTE afirmações corretas.

(A) I e II
(B) I e III
(C) II e IV
(D) III e IV
(E) I, II e III

33. (EXAME 1998)

A questão contêm duas afirmações. Assinale, na folha de respostas,

(A) se as duas são verdadeiras e a segunda justifica a primeira.
(B) se as duas são verdadeiras e a segunda não justifica a primeira.

(C) se a primeira é verdadeira e a segunda é falsa.
(D) se a primeira é falsa e a segunda é verdadeira.
(E) se as duas são falsas.

A mulher viúva pode casar-se com o cunhado, irmão de seu marido pré-morto, mas não poderá casar-se com o sogro,

PORQUE

a morte extingüe o vínculo de afinidade na linha colateral, mas não o extingüe na linha reta.

34. (EXAME 1998)

A questão contêm duas afirmações. Assinale, na folha de respostas,

(A) se as duas são verdadeiras e a segunda justifica a primeira.
(B) se as duas são verdadeiras e a segunda não justifica a primeira.
(C) se a primeira é verdadeira e a segunda é falsa.
(D) se a primeira é falsa e a segunda é verdadeira.
(E) se as duas são falsas.

A posse de imóvel, mediante contrato de comodato, pelo prazo de vinte anos, transfere o domínio ao possuidor,

PORQUE

a posse, nestas condições, é hábil a gerar o usucapião ordinário.

35. (EXAME 2006) DISCURSIVA

O advogado José foi contratado por Antonio para propor ação indenizatória, julgada procedente. O advogado, porém, levantou a importância depositada pelo réu, negando-se a entregá-la ao seu cliente, sob a alegação de que as despesas que tivera e seus honorários superavam o valor da indenização, que foi inferior ao pretendido. Antonio moveu ação de prestação de contas contra José e noticiou o fato à autoridade policial, do que resultou processo criminal contra José pelo crime de apropriação indébita, sendo condenado à pena de 1 (um) ano e 4 (quatro) meses de reclusão e multa de dez dias-multa, fixando-se o dia-multa em um trigésimo do salário-mínimo. A pena privativa de liberdade foi convertida em pena de prestação de serviços à comunidade e de prestação pecuniária, esta no valor de cinco salários mínimos.

Após estar definitivamente condenado, José faleceu, sem ter pago, ainda, o que devia a Antonio, conforme ficara assentado na ação de prestação de contas, cuja sentença transitou em julgado.

Antonio, com dúvida acerca do que iria acontecer, em razão do óbito de José precisa de esclarecimentos fundamentados sobre as seguintes questões:

a) poderia Antonio, que não adiantara o valor das despesas, exigir prestação de contas de José?

b) os herdeiros de José terão de pagar o valor devido a Antonio conforme fixado na ação de prestação de contas?

c) há alguma conseqüência da condenação penal para os herdeiros de José ou em favor de Antonio?

BATERIA DE QUESTÕES EXTRAS[1]

36. (EXAME OAB VI.2)

Cristóvão, casado com Carla pelo regime da comunhão universal de bens, tinha três filhos, Ricardo, Ronaldo e Roberto. Ricardo era pai de José e Jorge. José, pai de Marcos e Mateus. Ricardo falece na data de 15/5/2003. Cristóvão, muito triste com a perda do filho, faleceu em 30/1/2004. José faleceu em 17/7/2006.

Sabendo que o valor da herança é de R$ 600.000,00, como ficaria o monte?

(A) Roberto e Ronaldo receberiam cada um R$ 300.000,00, pois, como Ricardo faleceu antes de Cristóvão, seus filhos nada receberiam em relação à herança.

(B) Roberto e Ronaldo receberiam R$ 200.000,00 cada um, e o filho de Ricardo de nome Jorge receberia os outros R$ 200.000,00.

(C) Carla receberia R$ 300.000,00. Roberto e Ronaldo receberiam R$ 100.000,00 cada um. Jorge receberia R$ 50.000,00, e Marcos e Mateus receberiam cada um R$ 25.000,00.

(D) A herança seria dividida em quatro partes: Carla, Roberto e Ronaldo receberiam cada um R$ 150.000,00. Os outros R$ 150.000,00 seriam partilhados entre Jorge e os filhos de José, cabendo ao primeiro R$ 75.000,00 e a Marcos e Mateus R$ 37.500,00 para cada um.

37. (EXAME OAB VI.2)

A respeito do poder familiar, assinale a alternativa correta.

(A) O filho que possua dezesseis anos de idade, ainda que tenha contraído casamento válido, permanece sujeito ao poder familiar de seus pais até que complete dezoito anos de idade.

(B) Na constância do casamento entre os pais, havendo falta ou impedimento de um deles, caberá ao outro obter autorização judicial, a fim de exercer com exclusividade o poder familiar sobre os filhos comuns do casal.

(C) Exorbita os limites do exercício do poder familiar exigir que os filhos prestem quaisquer serviços aos pais, ainda que sejam considerados próprios para a idade e condição daqueles.

(D) Não é autorizado ao novo cônjuge interferir no poder familiar exercido por sua esposa sobre os filhos por ela havidos na constância do primeiro casamento, mesmo em caso de falecimento do pai das crianças.

38. (EXAME OAB VI.2)

Timóteo e Leandro, cada qual proprietário de um apartamento no Edifício Maison, procuraram a síndica do condomínio, Leonor, a fim de solicitar que fossem deduzidas de suas contribuições condominiais as despesas referentes à manutenção do parque infantil situado no edifício. Argumentaram que, por serem os únicos condôminos sem crianças na família, não utilizam o aludido parque, cuja manutenção incrementa significativamente o valor da contribuição condominial, bem como que a convenção de condomínio nada dispõe a esse respeito.

Na condição de advogado consultado por Leonor, assinale a avaliação correta do caso acima.

(A) Timóteo e Leandro podem ser temporariamente dispensados do pagamento das despesas referentes à manutenção do parque infantil, retomando-se imediatamente a cobrança caso venham a ter crianças em sua família.

(B) Timóteo e Leandro podem ser dispensados do pagamento das despesas referentes à manutenção do parque infantil, desde que declarem, por meio de escritura pública, que não utilizarão o parque infantil em caráter permanente.

(C) Leonor deverá dispensar tratamento isonômico a todos os condôminos, devendo as despesas de manutenção do parque infantil ser cobradas, ao final de cada mês, apenas daqueles condôminos que tenham efetivamente utilizado a área naquele período.

(D) Todos os condôminos, inclusive Timóteo e Leandro, devem arcar com as despesas referentes à manutenção do parque infantil, tendo em vista ser seu dever contribuir para as despesas condominiais proporcionalmente à fração ideal de seu imóvel.

39. (EXAME OAB VI.2)

A sociedade de transporte de valores "Transporte Blindado Ltda.", na noite do dia 22/7/11, teve seu veículo atingido por tiros de fuzil disparados por um franco atirador. Em virtude da ação criminosa, o motorista do carro forte perdeu o controle da direção e atingiu frontalmente Rodrigo Cerdeira, estudante de Farmácia, que estava no abrigo do ponto de ônibus em frente à Universidade onde estuda. Devido ao atropelamento, Rodrigo permaneceu por sete dias na UTI, mas não resistiu aos ferimentos e veio a óbito. Com base no fato narrado, assinale a assertiva correta.

(A) Configura-se hipótese de responsabilidade civil objetiva da empresa proprietária do carro forte com base na teoria do risco proveito, decorrente do risco da atividade desenvolvida.

(B) Não há na hipótese em apreço a configuração da responsabilidade civil da empresa de transporte de valores, uma vez que presente a culpa exclusiva de terceiro, qual seja, do franco atirador.

(C) Não há na hipótese a configuração da responsabilidade civil da empresa proprietária do carro forte, uma vez que presente a ausência de culpa do motorista do carro forte.

(D) Configura-se hipótese de responsabilidade civil objetiva da empresa proprietária do carro forte com base na teoria do empreendimento.

---

1 Organizadora FGV

40. (EXAME OAB VI.2)

Roberto, por meio de testamento, realiza dotação especial de bens livres para a finalidade de constituir uma fundação com a finalidade de promover assistência a idosos no Município do Rio de Janeiro. Todavia, os bens destinados foram insuficientes para constituir a fundação pretendida pelo instituidor. Em razão de Roberto nada ter disposto sobre o que fazer nessa hipótese, é correto afirmar que

(A) os bens dotados deverão ser convertidos em títulos da dívida pública até que, aumentados com os rendimentos, consigam perfazer a finalidade pretendida.

(B) os bens destinados à fundação serão, nesse caso, incorporados em outra fundação que se proponha a fim igual ou semelhante.

(C) a Defensoria Pública do estado respectivo, responsável por velar pelas fundações, destinará os bens dotados para o fundo assistencial mantido pelo Estado para defesa dos hipossuficientes.

(D) os bens serão arrecadados e passarão ao domínio do Município, se localizados na respectiva circunscrição.

41. (EXAME OAB VI.2)

Considerando o instituto da lesão, é correto afirmar que

(A) a desproporção entre as prestações deve se configurar somente no curso de contrato.

(B) os efeitos da lesão podem se manifestar no curso do contrato, desde que sejam provenientes de desproporção entre as prestações existente no momento da celebração do contrato.

(C) a desproporção entre as prestações surge em razão de fato superveniente à celebração do contrato.

(D) os efeitos da lesão decorrem de um fato imprevisto.

42. (EXAME OAB VI.2)

Glicério construiu a casa onde reside há oito anos com duas janelas rentes à divisa do terreno. A disposição das janelas na divisa teve como objetivo a iluminação, a ventilação e a vista. Na época, seu vizinho não se opôs à construção. Ocorre que o lote vizinho foi vendido a terceiro, e este levantou um muro rente à parede em que se encontram as janelas.

Considerando a situação hipotética e as regras de direitos reais, assinale a alternativa correta.

(A) Por ter transcorrido o prazo prescricional de ano e dia da data da abertura das janelas, não poderá mais o proprietário do prédio lindeiro exigir o desfazimento da abertura irregular da janela.

(B) Não se aplica o prazo decadencial de ano e dia para demolição e fechamento das janelas abertas irregularmente se o proprietário do prédio lindeiro se manifestou expressamente contrário à feitura da obra na época da construção.

(C) Considerando a hipótese de a construção ter sido realizada de maneira irregular e o proprietário do prédio lindeiro ter, no momento da construção, anuído de maneira tácita, mesmo antes de ano e dia serão aplicáveis as regras de servidão de utilidade.

(D) O terceiro adquirente do prédio vizinho poderá, a todo tempo, levantar uma edificação no seu prédio; todavia, fica impossibilitado de vedar a claridade e a ventilação da casa do Glicério.

43. (EXAME OAB VI.1)

Francis, brasileira, empresária, ao se deslocar do Rio de Janeiro para São Paulo em seu helicóptero particular, sofreu terrível acidente que culminou com a queda do aparelho em alto-mar. Após sucessivas e exaustivas buscas, feitas pelas autoridades e por empresas privadas contratadas pela família da vítima, infelizmente não foram encontrados os corpos de Francis e de Adilson, piloto da aeronave. Tendo sido esgotados os procedimentos de buscas e averiguações, de acordo com os artigos do Código Civil que regulam a situação supramencionada, é correto afirmar que o assento de óbito em registro público

(A) independe de qualquer medida administrativa ou judicial, desde que seja constatada a notória probabilidade de morte de pessoa que estava em perigo de vida.

(B) depende exclusivamente de procedimento administrativo quanto à morte presumida junto ao Registro Civil das Pessoas Naturais.

(C) depende de prévia ação declaratória judicial quanto à morte presumida, sem necessidade de decretação judicial de ausência.

(D) depende de prévia declaração judicial de ausência, por se tratar de desaparecimento de uma pessoa sem dela haver notícia.

44. (EXAME OAB VI.1)

A condição, o termo e o encargo são considerados elementos acidentais, facultativos ou acessórios do negócio jurídico, e têm o condão de modificar as consequências naturais deles esperadas. A esse respeito, é correto afirmar que

(A) se considera condição a cláusula que, derivando da vontade das partes ou de terceiros, subordina o efeito do negócio jurídico a evento futuro e incerto.

(B) se for resolutiva a condição, enquanto esta se não realizar, não vigorará o negócio jurídico, não se podendo exercer desde a conclusão deste o direito por ele estabelecido.

(C) o termo inicial suspende o exercício, mas não a aquisição do direito e, salvo disposição legal ou convencional em contrário, computam-se os prazos, incluindo o dia do começo e excluindo o do vencimento.

(D) se considera não escrito o encargo ilícito ou impossível, salvo se constituir o motivo determinante da liberalidade, caso em que se invalida o negócio jurídico.

45. (EXAME OAB VI.1)

Mirtes gosta de decorar a janela de sua sala com vasos de plantas. A síndica do prédio em que Mirtes mora já advertiu a moradora do risco de queda dos vasos e de possível dano aos transeuntes e moradores do prédio. Num dia de forte ventania, os vasos de Mirtes caíram sobre os carros estacionados na rua, causando sérios prejuízos.

Nesse caso, é correto afirmar que Mirtes

(A) poderá alegar motivo de força maior e não deverá indenizar os lesados.

(B) está isenta de responsabilidade, pois não teve a intenção de causar prejuízo.

(C) somente deverá indenizar os lesados se tiver agido dolosamente.

(D) deverá indenizar os lesados, pois é responsável pelo dano causado.

46. (EXAME OAB VI.1)

José, solteiro, possui três irmãos: Raul, Ralph e Randolph. Raul era pai de Mauro e Mário. Mário era pai de Augusto e Alberto. Faleceram, em virtude de acidente automobilístico, Raul e Mário, na data de 15/4/2005. Posteriormente, José veio a falecer em 1º/5/2006. Sabendo-se que a herança de José é de R$ 90.000,00, como ficará a partilha de seus bens?

(A) Como José não possui descendente, a partilha deverá ser feita entre os irmãos. E, como não há direito de representação entre os filhos de irmão, Ralph e Randolph receberão cada um R$ 45.000,00.

(B) Ralph e Randolph devem receber R$ 30.000,00 cada. A parte que caberá a Raul deve ser repartida entre Mauro e Mário. Sendo Mário pré-morto, seus filhos Alberto e Augusto devem receber a quantia que lhe caberia. Assim, Mauro deve receber R$ 15.0000,00, e Alberto e Augusto devem receber R$ 7.500,00 cada um.

(C) Ralph e Randolph receberão R$ 30.000,00 cada um. O restante (R$ 30.000,00) será entregue a Mauro, por direito de representação de seu pai pré-morto.

(D) Ralph e Randolph receberão R$ 30.000,00 cada um. O restante, na falta de outro colateral vivo, será entregue ao Município, Distrito Federal ou União.

47. (EXAME OAB VI.1)

Marcelo, brasileiro, solteiro, advogado, sem que tenha qualquer impedimento para doar a casa de campo de sua livre propriedade, resolve fazê-lo, sem quaisquer ônus ou encargos, em benefício de Marina, sua amiga, também absolutamente capaz. Todavia, no âmbito do contrato de doação, Marcelo estipula cláusula de reversão por meio da qual o bem doado deverá se destinar ao patrimônio de Rômulo, irmão de Marcelo, caso Rômulo sobreviva à donatária. A respeito dessa situação, é correto afirmar que

(A) diante de expressa previsão legal, não prevalece a cláusula de reversão estipulada em favor de Rômulo.

(B) no caso, em razão de o contrato de doação, por ser gratuito, comportar interpretação extensiva, a cláusula de reversão em favor de terceiro é válida.

(C) a cláusula em exame não é válida em razão da relação de parentesco entre o doador, Marcelo, e o terceiro beneficiário, Rômulo.

(D) diante de expressa previsão legal, a cláusula de reversão pode ser estipulada em favor do próprio doador ou de terceiro beneficiário por aquele designado, caso qualquer deles, nessa ordem, sobreviva ao donatário.

48. (EXAME OAB VI.1)

Rejane, solteira, com 16 anos de idade, órfã de mãe e devidamente autorizada por seu pai, casa-se com Jarbas, filho de sua tia materna, sendo ele solteiro e capaz, com 23 anos de idade.

A respeito do casamento realizado, é correto afirmar que é

(A) nulo, tendo em vista o parentesco existente entre Rejane e Jarbas.

(B) é anulável, tendo em vista que, por ser órfã de mãe, Rejane deveria obter autorização judicial a fim de suprir o consentimento materno.

(C) válido.

(D) anulável, tendo em vista o parentesco existente entre Rejane e Jarbas.

49. (EXAME OAB V)

Em instrumento particular, subscrito por duas testemunhas, um menor de 16 anos, sem bens, não estabelecido com economia própria nem exercendo atividade laborativa e sendo apenas estudante do curso secundário, tomou por empréstimo a uma vizinha, sua amiga, a quantia de R$ 5.000,00 (cinco mil reais) para participar de uma campanha de doação de fundos para seu time de futebol, autorizando que a referida mutuante entregasse, em nome do mutuário, a referida importância diretamente ao clube esportivo, o que foi feito. Não foi fixado prazo para pagamento do mútuo, nem houve previsão de juros, exigindo, entretanto, a credora, a fiança de dois amigos do mutuário, solteiros, maiores e capazes. Recusando-se a pagar o empréstimo, foram procurados o pai e a mãe do mutuário, os quais se negaram a ratificar o empréstimo e se negaram a honrá-lo, sob o argumento de que não o haviam autorizado. Em face disso, assinale a alternativa correta.

(A) Não é válida, no caso, a negativa dos pais em honrar o empréstimo, que poderá ser cobrado deles, mas sem juros.

(B) Presumem-se devidos os juros pelo mutuário e por seus fiadores.

(C) Esse mútuo é uma obrigação que apenas vincula o menor e, assim, quando vencido e não restituído, poderá ser cobrado apenas do mutuário, não sendo exigível dos fiadores, perante os quais é absolutamente ineficaz.

(D) Esse mútuo não pode ser reavido nem do mutuário, nem de seus fiadores.

50. (EXAME OAB V)

João trafegava com seu veículo com velocidade incompatível para o local e avançou o sinal vermelho. José, que atravessava normalmente na faixa de pedestre, foi atropelado por João, sofrendo vários ferimentos. Para se recuperar, José, trabalhador autônomo, teve que ficar internado por 10 dias, sem possibilidade de trabalhar, além de ter ficado com várias cicatrizes no corpo. Em virtude do ocorrido, José ajuizou ação, pleiteando danos morais, estéticos e materiais. Com base na situação acima, assinale a alternativa correta.

(A) José terá direito apenas ao dano moral, em razão do sofrimento, e ao dano estético, em razão das cicatrizes. Quanto ao tempo em que ficou sem trabalhar, isso se traduz em lucros cessantes, que não foram pedidos, não podendo ser concedidos.

(B) José não poderá receber a indenização na forma pleiteada, já que o dano moral e o dano estético são inacumuláveis. Assim, terá direito apenas ao dano moral, em razão do sofrimento e das cicatrizes, e ao dano material, em razão do tempo que ficou sem trabalhar.

(C) José terá direito a receber a indenização na forma pleiteada: o dano moral em razão das lesões e do sofrimento por ele sentido, o dano material em virtude do tempo que ficou sem trabalhar e o dano estético em razão das cicatrizes com que ficou.

(D) José terá direito apenas ao dano moral, já que o tempo que ficou sem trabalhar é considerado lucros cessantes, os quais não foram expressamente requeridos, e não podem ser concedidos. Quanto ao dano estético, esse é inacumulável com o dano moral, já estando incluído neste.

51. (EXAME OAB V)

Heitor, solteiro e pai de dois filhos também solteiros (Roberto, com trinta anos de idade, e Leonardo, com vinte e oito anos de idade), vem a falecer, sem deixar testamento. Roberto, não tendo interesse em receber a herança deixada pelo pai, a ela renuncia formalmente por meio de instrumento público. Leonardo, por sua vez, manifesta inequivocamente o seu interesse em receber a herança que lhe caiba. Sabendo-se que Margarida, mãe de Heitor, ainda é viva e que Roberto possui um filho, João, de dois anos de idade, assinale a alternativa correta.

(A) Roberto pode renunciar à herança, o que ocasionará a transferência de seu quinhão para João, seu filho.

(B) Roberto não pode renunciar à herança, pois acarretará prejuízos a seu filho, João, menor de idade.

(C) Roberto pode renunciar à herança, ocasionando a transferência de seu quinhão para Margarida, sua avó, desde que ela aceite receber a herança.

(D) Roberto pode renunciar à herança, e, com isso, o seu quinhão será acrescido à parte da herança a ser recebida por Leonardo, seu irmão.

52. (EXAME OAB V)

Durante assembleia realizada em condomínio edilício residencial, que conta com um apartamento por andar, Giovana, nova proprietária do apartamento situado no andar térreo, solicitou explicações sobre a cobrança condominial, por ter verificado que o valor dela cobrado era superior àquele exigido dos demais condôminos. O síndico prontamente esclareceu que a cobrança a ela dirigida é realmente superior à cobrança das demais unidades, tendo em vista que o apartamento de Giovana tem acesso exclusivo, por meio de uma porta situada em sua área de serviço, a um pequeno pátio localizado nos fundos do condomínio, conforme consta nas configurações originais do edifício devidamente registradas. Desse modo, segundo afirmado pelo síndico, podendo Giovana usar o pátio com exclusividade, apesar de constituir área comum do condomínio, caberia a ela arcar com as respectivas despesas de manutenção. Em relação à situação apresentada, assinale a alternativa correta.

(A) Poderão ser cobradas de Giovana as despesas relativas à manutenção do pátio, tendo em vista que ela dispõe de seu uso exclusivo, independentemente da frequência com que seja efetivamente exercido.

(B) Somente poderão ser cobradas de Giovana as despesas relativas à manutenção do pátio caso seja demonstrado que o uso por ela exercido impõe deterioração excessiva do local.

(C) Poderá ser cobrada de Giovana metade das despesas relativas à manutenção do pátio, devendo a outra metade ser repartida entre os demais condôminos, tendo em vista que a instalação da porta na área de serviço não foi de iniciativa da condômina, tampouco da atual administração do condomínio.

(D) Não poderão ser cobradas de Giovana as despesas relativas à manutenção do pátio, tendo em vista que este consiste em área comum do condomínio, e a porta de acesso exclusivo não fora instalada por iniciativa da referida condômina.

53. (EXAME OAB V)

Em relação à união estável, assinale a alternativa correta.

(A) O contrato de união estável é solene, rigorosamente formal e sempre público.

(B) Não há presunção legal de paternidade no caso de filho nascido na constância da união estável.

(C) Quem estiver separado apenas de fato não pode constituir união estável, sendo necessária, antes, a dissolução do anterior vínculo conjugal; nesse caso, haverá simples concubinato.

(D) Para que fique caracterizada a união estável, é necessário, entre outros requisitos, tempo de convivência mínima de cinco anos, desde que durante esse período a convivência tenha sido pública e duradoura.

54. (EXAME OAB V)

O decurso do tempo exerce efeitos sobre as relações jurídicas. Com o propósito de suprir uma deficiência apontada pela doutrina em relação ao Código velho, o novo Código Civil, a exemplo do Código Civil italiano e português, define o que é prescrição e institui disciplina específica para a decadência. Tendo em vista os preceitos do Código Civil a respeito da matéria, assinale a alternativa correta.

(A) Quando uma ação se originar de fato que deva ser apurado no juízo criminal, não correrá a prescrição até o despacho do juiz que tenha recebido ou rejeitado a denúncia ou a queixa-crime.

(B) Se a decadência resultar de convenção entre as partes, o interessado poderá alegá-la, em qualquer grau de jurisdição, mas o juiz não poderá suprir a alegação de quem a aproveite.

(C) O novo Código Civil optou por conceituar o instituto da prescrição como a extinção da pretensão e estabelece que a prescrição, em razão da sua relevância, pode ser arguida, mesmo entre os cônjuges enquanto casados pelo regime de separação obrigatória de bens.

(D) Se um dos credores solidários constituir judicialmente o devedor em mora, tal iniciativa não aproveitará aos demais quanto à interrupção da prescrição, nem a interrupção produzida em face do principal devedor prejudica o fiador dele.

55. (EXAME OAB V)

A dação em pagamento é

(A) modalidade de obrigação alternativa, na qual o credor consente em receber objeto diverso ao da prestação originariamente pactuada.

(B) causa extintiva da obrigação, na qual o credor consente em receber objeto diverso ao da prestação originariamente pactuada.

(C) modalidade de obrigação facultativa, na qual o credor consente em receber objeto diverso ao da prestação originariamente pactuada.

(D) modalidade de adimplemento direto, na qual o credor consente em receber objeto diverso ao da prestação originariamente pactuada.

Conteúdo 11

DIREITO PROCESSUAL CIVIL

1. (EXAME 2009)

A evolução doutrinária brasileira, a respeito dos processos coletivos, autoriza a elaboração de um verdadeiro Direito Processual Coletivo, como ramo do Direito Processual Civil, que tem seus próprios princípios e institutos fundamentais, diversos dos do Direito Processual Individual. São pontos importantes do anteprojeto a reformulação do sistema de preclusões – sempre na observância do contraditório –, a reestruturação dos conceitos de pedido e causa de pedir – a serem interpretados extensivamente, a flexibilização da técnica processual com um aumento dos poderes do juiz, a ampliação dos esquemas da legitimação, para garantir maior acesso à justiça, mas com a paralela observância de requisitos que configuram a denominada "representatividade adequada" e põem em realce o necessário aspecto social da tutela dos interesses e direitos difusos, coletivos e individuais homogêneos, colocando a proteção dos direitos fundamentais de terceira geração a salvo de uma indesejada banalização. BRASIL: Ministério da Justiça. *Anteprojeto de Código Brasileiro de Processos Coletivos*, janeiro de 2007.

Considerando o texto acima, pode-se concluir que a tutela processual coletiva

(A) despreza por completo o Código de Processo Civil atual, por sua insuficiência técnica em lidar com lides coletivas.
(B) reelabora totalmente as categorias clássicas do processo, essencialmente a questão do pedido.
(C) adota o critério de *numerus clausus* das ações coletivas, para não permitir a vulgarização de tais demandas.
(D) mantém a essência do processo civil atual, aperfeiçoando-o com regras mais abertas e flexíveis para a tutela coletiva.
(E) utiliza os institutos do processo civil individual, de forma abreviada, em defesa dos interesses dos cidadãos.

2. (EXAME 2006)

Figueiredo Dias, ao tratar do direito processual constitucional, afirmou que as normas constitucionais de processo deixam de ser vistas como *simples princípios programáticos, meras diretrizes dirigidas ao legislador ordinário que este pode afeiçoar a sua vontade, suposto que fosse formado pelo processo constitucionalmente prescrito [...] tende por quase toda parte a ver-se na Constituição verdadeiras normas jurídicas que proíbem a lei ordinária, sob pena de inconstitucionalidade material, que contenha uma regulamentação eliminadora do núcleo essencial daquele direito.*

(FIGUEIREDO DIAS, Jorge. *Direito Processual Penal*.
Coimbra: Coimbra Editora, 1974. v. 1, p. 75)

Imagine a seguinte regra: "se o réu, citado pessoalmente, e não estando preso, for revel, não há necessidade de que seja intimado dos atos posteriores do processo, nem que lhe seja nomeado defensor". Levando em conta o texto transcrito e o fato de a Constituição brasileira consagrar o direito ao contraditório, a regra

(A) não poderia ser aplicada a qualquer ramo do processo, porque sempre estaria sendo afetado o núcleo essencial do direito ao contraditório estabelecido na Constituição.
(B) poderia ser aplicada a qualquer ramo do processo, porque o direito ao contraditório, por ser um princípio constitucional genérico, conserva um caráter programático.
(C) poderia ser aplicada ao processo civil quando envolvesse interesses disponíveis, porque há observância do contraditório com a ciência do processo feita com a citação, dando-se ao réu a oportunidade de reação.

118 COLETÂNEA DE QUESTÕES – CONTEÚDO ESPECÍFICO – 2ª Edição

(D) não poderia ser aplicada ao processo penal porque, mesmo em casos de revelia, o acusado tem direito a ser intimado pessoalmente de atos posteriores do processo, por ser adotado contraditório pleno.

(E) não poderia ser aplicada ao processo trabalhista porque nele não se admite a revelia por parte da empresa que, sempre, figura como ré nas ações.

3. (EXAME 2006)

Tomás de Aquino, discutindo a questão referente ao **sigilo da confissão**, afirma:

Um sacerdote não pode ser tomado como testemunha senão como homem. Portanto, sem detrimento da sua consciência pode jurar que ignora o que só como Deus o soube. – Semelhantemente, pode um prelado sem detrimento da sua consciência, deixar impune ou sem nenhum remédio, o pecado, que como Deus o soube. Pois, não está obrigado a dar remédio senão ao modo por que as cousas lhe são confiadas. Portanto, ao que lhe foi confiado no foro da penitência deve dar remédio no mesmo foro, tanto quanto possível. Assim o abade, no caso referido, deve advertir o prior a resignar o priorado; ou, se este não o quiser, pode em outra ocasião qualquer, eximi-lo às obrigações do priorado, contanto que evite toda suspeita de revelação da confissão.

(AQUINO, São Tomás. Suma Teológica. Tradução de Alexandre Corrêa.
Porto Alegre: Livraria Sulina, 1980. v. X, p. 4510)

Considerando as regras pertinentes do Direito Civil e do Direito Processual Civil brasileiros, o sacerdote que se nega a depor em audiência sobre fatos de que teve conhecimento no confessionário agirá

(A) amparado na lei, porque não pode ser obrigado a depor sobre fatos a cujo respeito deva manter em segredo, mas se o fato não lhe parecer acobertado pelo dever do sigilo poderá revelá-lo em seu depoimento.

(B) sem amparo na lei, porque o sacerdote não pode valer-se dessa condição para eximir-se de colaborar com o Poder Judiciário na busca da verdade.

(C) sem amparo na lei, porque a testemunha tem o dever de dizer a verdade sobre o que lhe foi perguntado, pelo Juiz, não contendo a lei nenhuma exceção.

(D) amparado na lei, apenas se os fatos puderem colocar em perigo de vida ou de dano patrimonial imediato quem o tiver arrolado como testemunha.

(E) sem amparo na lei, porque antes de iniciar seu depoimento deveria alegar suspeição, a fim de que fosse dispensado de depor, mas se assim não agiu fica obrigado a responder a todas as perguntas que lhe forem feitas.

4. (EXAME 2003)

Quanto à competência no processo civil,

(A) a incompetência absoluta deve ser declarada de ofício somente nas ações de natureza patrimonial.

(B) a parte pode argüir a incompetência relativa por meio de exceção, caso em que preclui seu direito de suscitar conflito de competência.

(C) a competência relativa e a competência absoluta constituem pressupostos processuais.

(D) a ação de alimentos deve ser proposta no foro do domicílio do alimentando, sob pena de nulidade do processo.

(E) no procedimento sumário é descabida a prorrogação de competência, por exigir-se maior celeridade processual.

5. (EXAME 2003)

A juizou ação de rito ordinário contra **B** e **C**. **B** foi citado em 06/02/2003 e o mandado judicial juntado aos autos em 10/02/2003. **C**, por estar em lugar desconhecido, foi citado por edital, com prazo de 20 dias, saindo a primeira publicação no dia 19/03/2003, e a última em 27/03/2003. Diante do exposto,

(A) o prazo de contestação é único e peremptório, mas contado a partir do término do prazo da citação editalícia.

(B) se os réus constituírem advogados distintos, o prazo para contestar conta-se em quádruplo.

(C) se sobrevierem feriados, o prazo para contestar se interromperá.

(D) por ser comum, o prazo dos réus é considerado impróprio.

(E) não havendo apresentação de defesa por um dos réus, o autor pode desistir da ação, a qualquer momento, sem consentimento deles.

6. (EXAME 2003)

Em se tratando de recursos, pelo regime do Código de Processo Civil,

(A) a apelação recebida apenas no efeito devolutivo autoriza o credor a promover a execução provisória da sentença, somente se houver prestação de caução quando da extração da carta de sentença.

(B) contra a decisão proferida em audiência preliminar, que resolve questões processuais (CPC, art. 331), é cabível somente agravo retido.

(C) se o juiz proferir sentença sem julgamento do mérito, o tribunal, na apelação, pode julgar desde logo a lide, se a causa versar questão exclusivamente de direito e estiver em condições de imediato julgamento.

(D) nos embargos de declaração manifestamente protelatórios, o tribunal só pode aplicar multa ao recorrente se houver pedido da parte recorrida.

(E) o pedido de reconsideração contra decisão interlocutória deverá ser aceito como recurso, se for formulado no prazo do agravo de instrumento.

7. (EXAME 2002)

A competência, segundo o Código de Processo Civil,

(A) perpetua-se no momento da citação, quando a ação é considerada efetivamente proposta.

(B) é do foro do domicílio do credor, com exclusão de qualquer outro, na ação de alimentos.

(C) é absoluta para a ação reivindicatória de bem imóvel, sendo, portanto, improrrogável.

(D) gera, para todas as autoridades públicas, juízo privilegiado.

(E) se for relativa, é argüível em preliminar, na contestação.

8. (EXAME 2002)

A promove ação de execução contra **B** (emitente) e **C** (avalista), em razão de um crédito contido em uma nota promissória, no valor de R$ 60.000,00. Após a penhora, incidente sobre um imóvel de **B**, este executado opõe embargos do devedor, que vêm a ser rejeitados liminarmente por intempestividade. Diante da insuficiência da garantia do juízo, é penhorado um veículo do avalista **C**, que é devidamente intimado da constrição judicial. Diante disso, é correto afirmar que

(A) o executado **B** pode embargar novamente, alegando inexistência da dívida, uma vez que se trata de uma segunda penhora.

(B) a falta de intimação do executado **C**, referente à penhora do imóvel de **B**, gera nulidade do processo de execução.

(C) se o executado **B** estiver vivendo em união estável, a companheira deverá necessariamente ser intimada da penhora do imóvel.

(D) a companheira de **B**, com quem este vive em união estável, tem legitimidade para opor embargos de terceiro, com fundamento em excesso de execução.

(E) se houver oposição de embargos do devedor pelo executado **C**, versando pagamento da dívida, o credor não poderá desistir da execução sem o consentimento do embargante.

9. (EXAME 2002)

Em relação ao processo cautelar, previsto no Código de Processo Civil,

(A) o prazo de 30 dias para a propositura da ação principal deve ser obedecido em qualquer tipo de medida cautelar.

(B) a ação cautelar, sendo acessória, necessariamente terá de ser julgada em conjunto com a ação principal.

(C) não tem cabimento a concessão de liminar, porque esta é inerente apenas ao processo de conhecimento.

(D) a medida cautelar concedida liminarmente, se não executada no prazo de 30 dias, perde a eficácia, mas não impede que a ação principal seja julgada procedente.

(E) os pressupostos de cabimento do seqüestro são idênticos aos do arresto, em relação a bens imóveis.

10. (EXAME 2002)

A e **B**, casados, movem ação contra **C**, pleiteando a paralisação da obra que está sendo edificada por este último, sob o fundamento de que referida construção desobedece às normas técnicas exigidas pela Prefeitura e, também, pelo fato de estar causando sérios danos na estrutura do imóvel vizinho, em que os autores residem. Durante a fase instrutória, os autores requerem a realização de prova pericial e testemunhal. Por seu turno, o réu pede o depoimento pessoal dos autores. Produzidas as provas, o juiz, não convencido ainda do direito dos autores, realiza a inspeção judicial para verificar qual a situação real ocorrente, a fim de melhor solucionar o litígio. Nesse caso,

(A) o juiz poderia realizar a inspeção judicial, independentemente do requerimento das partes.

(B) o juiz poderá julgar improcedente o pedido, com base apenas na prova testemunhal, deixando de apreciar as demais provas.

(C) existe hierarquia entre as provas requeridas pelos autores na formação da convicção do juiz.

(D) o juiz pode exigir que a testemunha, residente em outra comarca, compareça à sede do juízo, pois tem o dever de colaborar com a Justiça.

(E) recusando-se os autores a prestar depoimento pessoal, não ficam sujeitos à confissão, uma vez que tal espécie de prova só se relaciona com o réu.

11. (EXAME 2001)

A falta de uma das condições da ação

(A) somente pode ser declarada até a sentença, sendo inadmissível o exame da matéria em 2º grau.

(B) constitui objeção de mérito e deve ser deduzida em preliminar de contestação.

(C) não pode ser reconhecida de ofício, salvo na hipótese de impossibilidade jurídica do pedido.

(D) deve ser alegada mediante exceção ou por qualquer outro meio processual.

(E) implica a extinção do processo sem julgamento do mérito e pode ser declarada de ofício.

12. (EXAME 2001)

A coisa julgada material

I. é objeção processual, deve ser deduzida na contestação, como matéria preliminar, não pode ser declarada de ofício, e está sujeita à preclusão temporal.

II. constitui pressuposto processual negativo e leva à extinção do processo sem julgamento do mérito, impedindo o reexame da situação jurídica substancial já decidida.

III. torna imutável a sentença de mérito e não comporta desconstituição mediante ação autônoma.

IV. está objetivamente limitada ao dispositivo da sentença, podendo o objeto do processo ser ampliado mediante ação declaratória incidental, caso em que a imutabilidade alcança a relação jurídica prejudicial.

SOMENTE é correto o que se afirma em

(A) I e II
(B) I e III
(C) II e III
(D) II e IV
(E) III e IV

Instruções: As 2 próximas questões contêm duas afirmações. Assinale, na folha de respostas,

(A) se as duas são verdadeiras e a segunda justifica a primeira.

(B) se as duas são verdadeiras e a segunda não justifica a primeira.

(C) se a primeira é verdadeira e a segunda é falsa.

(D) se a primeira é falsa e a segunda é verdadeira

(E) se as duas são falsas.

13. (EXAME 2001)

A presente questão contêm duas afirmações. Assinale, na folha de respostas,

(A) se as duas são verdadeiras e a segunda justifica a primeira.

(B) se as duas são verdadeiras e a segunda não justifica a primeira.

(C) se a primeira é verdadeira e a segunda é falsa.

(D) se a primeira é falsa e a segunda é verdadeira

(E) se as duas são falsas

Segundo o Código de Processo Civil, a incompetência relativa não pode ser declarada de ofício

PORQUE

não envolve matéria de ordem pública, devendo ser alegada mediante exceção de incompetência, no prazo legal, sob pena de preclusão e prorrogação.

14. (EXAME 2001)

A fraude de execução

(A) torna nula a alienação do bem realizada após a citação no processo de conhecimento.

(B) implica simples ineficácia da alienação, não comprometendo a validade do ato.

(C) somente se configura se a alienação ocorrer após citação realizada em processo de execução.

(D) não pode ser apreciada em embargos de terceiro.

(E) não é ato atentatório à dignidade da justiça.

15. (EXAME 2000)

O art. 216 e seu parágrafo único do Código de Processo Civil dispõem:

Art. 216. A citação efetuar-se-á em qualquer lugar em que se encontre o réu.

Parágrafo único. O militar, em serviço ativo, será citado na unidade em que estiver servindo, se não for conhecida a sua residência ou nela não for encontrado.

A norma do **parágrafo único**

(A) é inconstitucional por violação ao princípio da igualdade.

(B) revoga a norma constante do *caput* do artigo.

(C) amplia a extensão da norma constante do *caput* do artigo.

(D) contém exceção à norma expressa no *caput* do artigo.

(E) estabelece o princípio de não haver pessoa ou lugar imune à citação inicial.

16. (EXAME 2000)

Considerando a seguinte ementa de acórdão do Superior Tribunal de Justiça:

"EMENTA: Processual Civil _ Recurso ordinário em mandado de segurança _ Licença para exploração e extração de minérios _ Impetração posterior ao prazo decadencial de 120 (cento e vinte) dias _ Violação ao art. 18 da Lei Mandamental nº 1.533/51 _ Extinção do feito, pelo mérito (art. 269, IV, do CPC)." (RSTJ126/69)

É possível afirmar que o direito à licença para exploração e extração de minérios

(A) não poderá ser discutido em ação própria, se a verdade dos fatos foi o fundamento do acórdão, pois, então, haveria coisa julgada material contra o impetrante.

(B) poderá ser discutido em outro processo, por ação própria, porque, declarada a decadência para o exercício da ação mandamental, a decisão não fez coisa julgada material contra o impetrante.

(C) não poderá ser discutido em outro processo, porque a parte dispositiva do acórdão fez coisa julgada material contra o impetrante, impedindo-lhe o uso da ação própria.

(D) poderá ser rediscutido nos mesmos autos, porque em mandado de segurança não há coisa julgada formal nem material contra o impetrante, faltando-lhe interesse de agir mediante a ação própria.

(E) não poderá ser discutido em outro processo, porque a decisão, proferida em recurso ordinário em mandado de segurança, sempre faz coisa julgada material contra o impetrante, impedindo-lhe o uso da ação própria.

17. (EXAME 2000)

A presente questão contêm duas afirmações. Assinale, na folha de respostas,

(A) se as duas são verdadeiras e a segunda justifica a primeira.

(B) se as duas são verdadeiras e a segunda não justifica a primeira.

(C) se a primeira é verdadeira e a segunda é falsa.

(D) se a primeira é falsa e a segunda é verdadeira.

(E) se as duas são falsas.

A sentença que concluir pela improcedência da ação popular está sujeita ao duplo grau de jurisdição obrigatório

PORQUE

a rejeição da ação popular poderá ser prejudicial ao patrimônio público eventualmente lesado pelo ato impugnado.

Instruções: Para responder à questão, considere o texto abaixo.

João faleceu devido ao consumo de medicamento que continha substância nociva à saúde. Essa substância foi adicionada por Paulo, proprietário do estabelecimento Farmópolis, no qual João adquirira o medicamento. A Polícia apreendeu, na Farmópolis, frascos do medicamento expostos à venda e que continham a mesma substância nociva.

Em virtude da comoção provocada pelo caso, fiscais municipais realizaram inspeção na Distrimel, distribuidora do medicamento, apurando que esta vinha adulterando o prazo de validade indicado nas embalagens do medicamento para comercializar produto já vencido. Com base no art. 56, IV, do Código de Defesa do Consumidor (CDC), os fiscais declararam cassado o registro do medicamento, anteriormente obtido pelo fabricante junto ao órgão federal competente.

Invocando os arts. 81 e 82, II, do CDC, o Município ajuizou ação coletiva visando a obrigar a Distrimel a indenizar as pessoas que haviam consumido o medicamento com prazo de validade adulterado. O juiz indeferiu liminarmente a petição inicial, por manifesta ilegitimidade ativa. Fundamentou-se na inconstitucionalidade do art. 82, II, do CDC, na parte em que legitima o Município a exercer a defesa judicial coletiva de direitos de consumidores, porque em contradição com o art. 24, VIII, da Constituição Federal, segundo o qual apenas a União, os Estados e o Distrito Federal são competentes para legislar sobre responsabilidade por dano ao consumidor.

Constituição Federal

"Art. 24. Compete à União, aos Estados e ao Distrito Federal legislar concorrentemente sobre: (...)

VIII – responsabilidade por dano ao meio ambiente, ao consumidor, a bens e direitos de valor artístico, estético, histórico, turístico e paisagístico; (...)"

Código de Defesa do Consumidor

"Art.55. (...)

§ 1º A União, os Estados, o Distrito Federal e os Municípios fiscalizarão e controlarão a produção, industrialização, distribuição, a publicidade de produtos e serviços e o mercado de consumo, no interesse da preservação da vida, da saúde, da segurança, da informação e do bem-estar do consumidor, baixando as normas que se fizerem necessárias. (...)"

"Art. 56. As infrações das normas de defesa do consumidor ficam sujeitas, conforme o caso, às seguintes sanções administrativas, sem prejuízo das de natureza civil, penal e das definidas em normas específicas. (...)

IV – cassação do registro do produto junto ao órgão competente; (...)"

"Art. 81. A defesa dos interesses e direitos dos consumidores e das vítimas poderá ser exercida em juízo individualmente, ou a título coletivo. (...)"

"Art. 82. Para os fins do art. 81, parágrafo único, são legitimados concorrentemente: (...)

II – A União, os Estados, os Municípios e o Distrito Federal; (...)"

18. (EXAME 1999)

A sentença que entendeu inconstitucional o art. 82, II, do Código de Defesa do Consumidor realiza controle de constitucionalidade

(A) difuso, com efeitos somente entre as partes.

(B) incidental, com efeitos contra todos.

(C) por via direta, com efeitos somente entre as partes.

(D) principal, com efeitos contra todos.

(E) principal e direto, com efeitos contra todos.

19. (EXAME 1999)

Em venda de bem imóvel de incapaz não basta a escritura pública e o registro; é imprescindível, para que se efetue a venda, prévia autorização do Poder Judiciário. Devendo essa venda ser realizada com urgência, a autorização é conseguida mediante

(A) requerimento de liminar em ação de conhecimento.

(B) ação de conhecimento, com cautelar incidental.

(C) ação de execução por título extrajudicial.

(D) requerimento em procedimento de jurisdição voluntária.

(E) ação de conhecimento, com pedido de tutela antecipada.

20. (EXAME 1999)

A questão a seguir contêm duas afirmações. Assinale, na folha de respostas,

(A) se as duas são verdadeiras e a segunda justifica a primeira.

(B) se as duas são verdadeiras e a segunda não justifica a primeira.

(C) se a primeira é verdadeira e a segunda é falsa.

(D) se a primeira é falsa e a segunda é verdadeira.

(E) se as duas são falsas

A tutela antecipada, no Processo Civil, pode ser deferida de ofício pelo juiz

PORQUE

a causa deve ser julgada nos limites da demanda.

21. (EXAME 1999)

Podem ser reunidos, por efeito de conexão, processos civis em curso no

(A) primeiro grau de jurisdição, antes de estarem julgados.

(B) primeiro grau de jurisdição, mesmo depois de um deles estar julgado.

(C) primeiro ou segundo grau de jurisdição, a qualquer tempo.

(D) primeiro grau de jurisdição, até ser interposta apelação em um deles.

(E) segundo grau de jurisdição, até o julgamento da apelação em um deles.

22. (EXAME 1999)

Instruções: Para responder à questão, considere o texto abaixo.

João faleceu devido ao consumo de medicamento que continha substância nociva à saúde. Essa substância foi adicionada por Paulo, proprietário do estabelecimento Farmópolis, no qual João adquirira o medicamento. A Polícia apreendeu, na Farmópolis, frascos do medicamento expostos à venda e que continham a mesma substância nociva.

Em virtude da comoção provocada pelo caso, fiscais municipais realizaram inspeção na Distrimel, distribuidora do medicamento, apurando que esta vinha adulterando o prazo de validade indicado nas embalagens do medicamento para comercializar produto já vencido. Com base no art. 56, IV, do Código de Defesa do Consumidor (CDC), os fiscais declararam cassado o registro do medicamento, anteriormente obtido pelo fabricante junto ao órgão federal competente.

Invocando os arts. 81 e 82, II, do CDC, o Município ajuizou ação coletiva visando a obrigar a Distrimel a indenizar as pessoas que haviam consumido o medicamento com prazo de validade adulterado. O juiz indeferiu liminarmente a petição inicial, por manifesta ilegitimidade ativa. Fundamentou-se na inconstitucionalidade do art. 82, II, do CDC, na parte em que legitima o Município a exercer a defesa judicial coletiva de direitos de consumidores, porque em contradição com o art. 24, VIII, da Constituição Federal, segundo o qual apenas a União, os Estados e o Distrito Federal são competentes para legislar sobre responsabilidade por dano ao consumidor.

Constituição Federal

"Art. 24. Compete à União, aos Estados e ao Distrito Federal legislar concorrentemente sobre: (...)

VIII – responsabilidade por dano ao meio ambiente, ao consumidor, a bens e direitos de valor artístico, estético, histórico, turístico e paisagístico; (...)"

Código de Defesa d o Consumidor

"Art.55. (...)

§ 1º A União, os Estados, o Distrito Federal e os Municípios fiscalizarão e controlarão a produção, industrialização, distribuição, a publicidade de produtos e serviços e o mercado de consumo, no interesse da preservação da vida, da saúde, da segurança, da informação e do bem-estar do consumidor, baixando as normas que se fizerem necessárias. (...)"

"Art. 56. As infrações das normas de defesa do consumidor ficam sujeitas, conforme o caso, às seguintes sanções administrativas, sem prejuízo das de natureza civil, penal e das definidas em normas específicas. (...)

IV – cassação do registro do produto junto ao órgão competente; (...)"

"Art. 81. A defesa dos interesses e direitos dos consumidores e das vítimas poderá ser exercida em juízo individualmente, ou a título coletivo. (...)"

"Art. 82. Para os fins do art. 81, parágrafo único, são legitimados concorrentemente: (...)

II – A União, os Estados, os Municípios e o Distrito Federal; (...)"

A decisão que indeferiu liminarmente a petição inicial da ação coletiva, por ilegitimidade manifesta de parte do Município, comporta

(A) agravo de instrumento.
(B) recurso especial.
(C) apelação.
(D) recurso extraordinário.
(E) recurso ordinário.

---

23. (EXAME 1998)

Resposta do réu no Direito Processual Civil

I. Nas ações de natureza dúplice, é lícito ao réu, na contestação, formular pedido em seu favor.

II. O réu, na contestação, pode formular alegações juridicamente contraditórias.

III. O réu, na contestação, tem o ônus de manifestar-se precisamente sobre os fatos narrados na petição inicial.

IV. O réu pode argüir a incompetência relativa após o decurso do prazo para a contestação.

Assinale na folha de respostas a alternativa que contém SOMENTE afirmações corretas.

(A) I e II
(B) I e III
(C) II e IV
(D) III e IV
(E) I, II e III

Instruções: As 4 próximas questões contêm duas afirmações. Assinale, na folha de respostas,

(A) se as duas são verdadeiras e a segunda justifica a primeira.
(B) se as duas são verdadeiras e a segunda não justifica a primeira.
(C) se a primeira é verdadeira e a segunda é falsa.
(D) se a primeira é falsa e a segunda é verdadeira.
(E) se as duas são falsas.

---

24. (EXAME 1998)

A posse de imóvel, mediante contrato de comodato, pelo prazo de vinte anos, transfere o domínio ao possuidor,

PORQUE

a posse, nestas condições, é hábil a gerar o usucapião ordinário.

---

25. (EXAME 1998)

No processo civil, o juiz dará curador especial a todos os réus revéis

PORQUE

no processo judicial, aos litigantes são assegurados o contraditório e ampla defesa, com os meios e recursos a ela inerentes.

---

26. (EXAME 1998)

No processo civil, os absolutamente incapazes devem ser citados pessoalmente e, também, na pessoa do pai ou do representante legal

PORQUE

os absolutamente incapazes não têm legitimação passiva para a causa sem a representação do pai ou do representante legal.

27. (EXAME 2006) DISCURSIVA

O advogado José foi contratado por Antonio para propor ação indenizatória, julgada procedente. O advogado, porém, levantou a importância depositada pelo réu, negando-se a entregá-la ao seu cliente, sob a alegação de que as despesas que tivera e seus honorários superavam o valor da indenização, que foi inferior ao pretendido. Antonio moveu ação de prestação de contas contra José e noticiou o fato à autoridade policial, do que resultou processo criminal contra José pelo crime de apropriação indébita, sendo condenado à pena de 1 (um) ano e 4 (quatro) meses de reclusão e multa de dez dias-multa, fixando-se o dia-multa em um trigésimo do salário-mínimo. A pena privativa de liberdade foi convertida em pena de prestação de serviços à comunidade e de prestação pecuniária, esta no valor de cinco salários mínimos.

Após estar definitivamente condenado, José faleceu, sem ter pago, ainda, o que devia a Antonio, conforme ficara assentado na ação de prestação de contas, cuja sentença transitou em julgado.

Antonio, com dúvida acerca do que iria acontecer, em razão do óbito de José precisa de esclarecimentos fundamentados sobre as seguintes questões:

a) poderia Antonio, que não adiantara o valor das despesas, exigir prestação de contas de José?

b) os herdeiros de José terão de pagar o valor devido a Antonio conforme fixado na ação de prestação de contas?

c) há alguma conseqüência da condenação penal para os herdeiros de José ou em favor de Antonio?

BATERIA DE QUESTÕES EXTRAS[1]

28. (EXAME OAB VI.2)

A respeito das decisões monocráticas proferidas pelo relator, assinale a alternativa correta.

(A) Caberá agravo no prazo de cinco dias ao órgão competente para o julgamento do recurso, não se admitindo juízo de retratação, devendo o relator proferir voto e apresentá-lo em mesa para julgamento.

(B) Interposto o agravo infundado contra decisão monocrática, poderá o tribunal condenar o agravante ao pagamento de multa em favor do agravado, desde que não condicione a interposição de qualquer outro recurso ao depósito do valor.

(C) Caso o agravante requeira a suspensão da decisão até o pronunciamento definitivo da turma ou câmara, ao argumento de iminente lesão grave, o relator não poderá se manifestar monocraticamente, devendo apresentar o processo em mesa.

(D) Poderá o relator dar provimento ao recurso, caso a decisão recorrida esteja em manifesto confronto com súmula ou jurisprudência dominante do Supremo Tribunal Federal ou de Tribunal Superior.

1 Organizadora FGV

29. (EXAME OAB VI.2)

De acordo com o Código de Processo Civil, a respeito dos prazos processuais contados em dias, é correto afirmar que

(A) serão contados excluindo-se o dia do início e incluindo-se o dia do vencimento, não se admitindo disposição em contrário.

(B) as intimações somente obrigarão o comparecimento depois de decorridas 24 (vinte e quatro) horas, salvo quando for outro o prazo fixado por lei.

(C) em caso de litisconsórcio, com o mesmo procurador, ser-lhes-ão contados em dobro os prazos para contestar, recorrer e, de modo geral, falar nos autos.

(D) não havendo previsão legal, ou outro fixado pelo juiz, o prazo para a prática de ato processual a cargo da parte será de 10 (dez) dias.

30. (EXAME OAB VI.2)

Como cediço, a intervenção de terceiros é um importante fenômeno processual capaz de permitir a pluralidade de partes em um processo.

Imagine a seguinte situação jurídica: Neves empresta R$ 500,00 para Sílvio e Sandro, sócios em uma empresa que fabrica sapatos, e a quantia deixa de ser paga a Neves na data estipulada no contrato de empréstimo, razão pela qual Neves opta por cobrar toda a quantia apenas de Sílvio, cujo patrimônio é maior.

Sandro resolve, então, requerer sua intervenção no processo por temer que Sílvio venha a sucumbir e que, ato contínuo, venha a agir regressivamente contra ele, após ter pagado toda a quantia devida a Neves, com a finalidade de obter de Sandro a sua quota-parte da dívida.

Nessa situação, caracteriza-se a seguinte figura de intervenção de terceiros:

(A) assistência qualificada ou litisconsorcial.

(B) denunciação da lide.

(C) chamamento ao processo.

(D) assistência simples ou adesiva.

31. (EXAME OAB VI.2)

O juiz da 1ª Vara Cível da Comarca X declarou sua incompetência absoluta para o julgamento de uma causa e determinou a remessa dos autos para a Justiça do Trabalho. O processo foi distribuído para a 1ª Vara do Trabalho da mesma Comarca, que suscitou conflito de competência.

Qual é o órgão competente para resolver o conflito?

(A) Tribunal Superior do Trabalho.

(B) Tribunal de Justiça do Estado onde os juízes conflitantes estão localizados.

(C) Supremo Tribunal Federal.

(D) Superior Tribunal de Justiça.

32. (EXAME OAB VI.2)

A respeito do procedimento especial de consignação em pagamento, é correto afirmar que

(A) poderá o devedor ou terceiro optar pelo depósito da quantia devida, em estabelecimento bancário, oficial onde houver, situado no lugar do pagamento, em conta com correção monetária, cientificando-se o credor por carta com aviso de recepção, assinado o prazo de 10 (dez) dias para a manifestação de recusa.

(B) quando a consignação se fundar em dúvida sobre quem deva legitimamente receber, não comparecendo nenhum pretendente, o juiz julgará procedente o pedido, declarará extinta a obrigação e condenará o réu nas custas e honorários advocatícios.

(C) alegada insuficiência do depósito, o réu não poderá levantar a quantia ou a coisa depositada, até que seja proferida sentença.

(D) na hipótese de sentença que concluir pela insuficiência do depósito, ainda que seja determinado o montante devido, não poderá o credor promover a execução nos mesmos autos, devendo ajuizar nova demanda.

33. (EXAME OAB VI.2)

Nas ações em que há necessidade de produção de prova pericial, cada parte deve pagar a remuneração do assistente técnico que houver indicado. No tocante aos honorários periciais, eles devem ser pagos pela parte que houver requerido a prova, ou pelo autor, nas hipóteses em que requerido por ambas as partes ou determinado de ofício pelo juiz. Em relação a essas despesas, é correto afirmar que

(A) somente os honorários periciais devem ser objeto de ressarcimento, pelo vencido, ao final da demanda.

(B) ambas devem integrar a condenação do vencido nos ônus sucumbenciais.

(C) nenhuma dessas verbas é passível de ressarcimento.

(D) somente os honorários do assistente técnico deverão ser restituídos, ao final, pela parte vencida.

34. (EXAME OAB VI.1)

Os atos processuais não dependem de forma determinada, salvo se a lei expressamente o exigir e, ainda que realizados de outro modo, serão reputados válidos se preencherem a finalidade essencial. A respeito do tema, é correto afirmar que

(A) compete às partes alegar nulidade dos atos na primeira oportunidade que lhes couber falar nos autos, sob pena de preclusão, exceto se a parte provar justo impedimento ou se a nulidade tiver que ser conhecida de ofício.

(B) é defesa a distribuição da petição inicial que não esteja acompanhada do instrumento de mandato, ainda que haja procuração junta aos autos principais.

(C) na hipótese de o réu apresentar reconvenção, dispensa-se a determinação de anotação pelo distribuidor, visto que será julgada simultaneamente à ação principal, na mesma sentença.

(D) se um ato for anulado, ou a nulidade afetar apenas parte do ato, nenhum efeito terão os atos subsequentes, prejudicando todos os que com aquele ou com a parte nula guardem ou não dependência.

35. (EXAME OAB VI.1)

A Lei Civil afirma que, a despeito de a personalidade civil da pessoa começar com o nascimento com vida, ao nascituro serão assegurados os seus direitos desde a concepção. Para tanto, é correto afirmar que, na ação de posse em nome de nascituro,

(A) a nomeação de médico pelo juiz para que emita laudo que comprove o estado de gravidez da requerente, assim previsto na lei processual civil, não poderá ser dispensado em qualquer hipótese.

(B) por se tratar de mera expectativa de nascimento com vida, portanto, não tendo o nascituro personalidade civil, fica dispensada a intervenção do Ministério Público na causa.

(C) reconhecida a gravidez, a sentença declarará que seja a requerente investida na posse dos direitos que assistam ao nascituro; não cabendo àquela o exercício do pátrio poder, o juiz nomeará curador.

(D) são documentos indispensáveis à ação o laudo comprobatório do estado gestacional emitido pelo médico nomeado pelo juiz e a certidão de óbito da pessoa de quem o nascituro é sucessor.

36. (EXAME OAB VI.1)

No curso de um processo, todos os participantes, a qualquer título, devem agir de forma leal, litigando de boa-fé e tendo por paradigma uma atuação ética.

A relação entre advogados, partes e o magistrado deve obedecer, de forma bastante acentuada, essas premissas, sob pena de se estabelecer, conforme o caso, uma série de responsabilidades de ordem processual e/ou pessoal em face daquele que faltou com os deveres que lhe cabiam.

Especificamente acerca da atuação dos magistrados nos processos judiciais, é correto afirmar que

(A) é dever do magistrado declarar-se impedido ou suspeito de ofício. Em caso de abstenção por parte do juiz, poderá a parte que desejar fazê-lo arguir o impedimento ou a suspeição do magistrado por meio de exceção.

(B) o magistrado tem, entre outros deveres, a obrigação de sentenciar e de garantir o contraditório. Conforme previsto pelo sistema processual, só pode o magistrado se abster de julgar se alegar e comprovar a existência de lacuna na lei.

(C) o juiz é dotado de independência funcional, podendo, como regra geral, decidir conforme seu convencimento, sem que de sua atuação surja o dever de indenizar qualquer das partes. Tal dever só surgirá quando o juiz agir com culpa, dolo ou fraude, gerando prejuízo a uma das partes.

(D) a atuação do magistrado encontra claros limites no sistema processual, a fim de permitir que a própria sociedade exerça o devido controle sobre sua atuação. Um desses limites está refletido na regra que veda a produção de provas de ofício pelo juiz.

37. (EXAME OAB VI.1)

A respeito dos atos e responsabilidades das partes e dos procuradores, de acordo com o Código de Processo Civil, assinale a alternativa correta.

(A) É defeso ao autor intentar novamente a ação que, a requerimento do réu, foi extinta sem resolução do mérito por abandono da causa por mais de trinta dias, se não pagar ou depositar em cartório as despesas e honorários a que foi condenado.

(B) O prazo para interposição de recurso será contato da data em que os advogados são intimados da decisão, da sentença ou do acórdão, sendo vedada a intimação em audiência, ainda que nessa seja publicada a sentença ou a decisão.

(C) A arguição de incompetência absoluta de juízo deverá ser alegada pela parte em preliminar de contestação ou por meio de exceção no prazo de resposta do réu, sob pena de prorrogação de competência. Em sendo aquela declarada, somente os atos decisórios serão nulos.

(D) Aquele que detenha a coisa em nome alheio, demandado em nome próprio, deverá nomear à autoria o proprietário ou possuidor. Instado a se manifestar, caso o autor se mantenha inerte, findo o prazo legal, presume-se que a nomeação à autoria não foi aceita.

38. (EXAME OAB VI.1)

Fábio, que ocupa há mais de vinte anos um terreno em uma valorizada área urbana e preenche os requisitos para usucapir o referido bem, decidiu, em 2011, ajuizar uma ação de usucapião. Com base nas disposições sobre a ação de usucapião, é correto afirmar que

(A) as Fazendas Públicas municipal, estadual e federal serão intimadas para manifestar interesse na causa e o Ministério Público se manifestará se identificar hipótese de sua intervenção no feito.

(B) a planta do imóvel acompanhará a petição inicial, para que se individualize o imóvel que se pretende usucapir.

(C) o autor requererá a citação por edital daquele em cujo nome estiver o imóvel usucapiendo.

(D) a usucapião não poderá ser alegada como matéria de defesa em outros procedimentos.

39. (EXAME OAB VI.1)

Maria ingressou, na vara cível da comarca XYZ, com uma ação de responsabilidade civil em face de André, observando o rito comum ordinário. André é regularmente citado para oferecer resposta. Com base nas modalidades de citação previstas pelo Direito Processual Civil, assinale a alternativa correta.

(A) Se o oficial de justiça, após comparecer três vezes ao local, não conseguir citá-lo, mas tiver suspeita de que André se oculta, será feita a citação por edital.

(B) Se a citação ocorrer por meio eletrônico e seu conteúdo não for acessado no prazo de dez dias, deverá ocorrer a citação ficta do réu.

(C) Se André for pessoa absolutamente incapaz, não será cabível a citação feita pelo correio.

(D) Se for necessário realizar a citação em comarca contígua, deverá ser expedida carta precatória para que o juízo deprecante realize a citação.

40. (EXAME OAB V)

O Ministério Público ajuizou ação rescisória a fim de desconstituir sentença transitada em julgado, ao argumento de que teria havido colusão entre ambas as partes do processo originário no intuito de fraudar a lei. Diante disso, requereu o Ministério Público, na petição inicial da ação rescisória, a citação tanto da parte autora quanto da parte ré do processo originário. Assinale a modalidade de litisconsórcio verificada na hipótese acima.

(A) Litisconsórcio passivo necessário e unitário.

(B) Litisconsórcio ativo facultativo e simples.

(C) Litisconsórcio passivo necessário e simples.

(D) Litisconsórcio ativo necessário e unitário.

41. (EXAME OAB V)

Considerando a ação de execução de título extrajudicial, é correto afirmar que

(A) cabe ao devedor provar que o credor não adimpliu a contraprestação, quando a satisfação da obrigação do executado estiver condicionada à realização daquela.

(B) deverá ser extinta se o título não corresponder a obrigação certa, líquida e exigível.

(C) caberá ao devedor indicar a espécie de execução que prefere, quando de mais de um modo puder ser efetuada.

(D) caso a petição inicial se ache desacompanhada do título executivo, deverá ser indeferida de plano, não se admitindo prazo para correção, dada a natureza sumária das ações executivas.

42. (EXAME OAB V)

No curso dos processos, os juízes são dotados de poderes que lhes permitem conduzir os feitos de maneira adequada, garantindo, ao término do processo, a prestação da tutela jurisdicional de maneira eficaz. Um dos poderes atribuídos aos magistrados pelo ordenamento jurídico pátrio é o chamado poder geral de cautela, que decorre da evidente impossibilidade de abstrata previsão da totalidade das situações de risco para o processo que podem vir a ocorrer em concreto. Acerca desse importante instrumento processual de concessão da tutela cautelar, é correto afirmar que

(A) o poder geral de cautela pode ser exercido pelo magistrado mesmo que inexista qualquer processo em curso, uma vez que se pauta no princípio da efetividade das decisões judiciais. Além disso, por força do seu caráter de urgência, dispensa qualquer tipo de fundamentação por parte do magistrado que profere a decisão.

(B) o poder geral de cautela é exercido pelo juiz, a quem caberá, com base em tal poder, optar livremente por prestar a tutela adequada por meio das medidas cautelares nominadas existentes e aplicáveis ao caso concreto ou por meio de medidas cautelares inominadas.

(C) se trata de autorização concedida ao Estado-Juiz para que conceda não apenas as medidas cautelares típicas previstas no Código de Processo Civil ou em outras leis, mas também medidas cautelares inominadas.

(D) o sistema processual pátrio não prevê, no Código de Processo Civil, nenhum caso de medida cautelar inominada a ser deferida pelo juiz com base em seu poder geral de cautela, razão pela qual cabe ao magistrado decidir, em cada caso concreto, a medida cautelar atípica que pretende conceder.

43. (EXAME OAB V)

Zélia e Joaquim são vizinhos há cerca de sete anos. Determinada parede foi construída por Joaquim, mas, por defeitos na execução da obra, está permitindo a infiltração da água da chuva, gerando danos à parede limítrofe construída por Zélia. Inconformada, Zélia procura você como advogado(a) a fim de ingressar com a medida judicial cabível. Analisando a hipótese e, estando Zélia de acordo com o seu parecer técnico, você afora ação judicial para o desfazimento da construção ou a reparação da obra defeituosa. Nessa hipótese, como será fixado o valor da causa?

(A) Deverá ser considerado o menor valor, por se tratar de pedido subsidiário.

(B) Por se tratar de pedidos alternativos, será considerado o de maior valor.

(C) Por se tratar de ação para cumprimento do negócio jurídico, será considerado o valor da soma do principal, da pena e dos juros vencidos.

(D) Será a soma dos valores de todos os pedidos, por se tratar da hipótese de cumulação de pedidos.

44. (EXAME OAB V)

Numa ação de reintegração de posse em que o esbulho ocorreu há menos de 1 ano e 1 dia, ao examinar o pedido de liminar constante da petição inicial, o juiz

(A) deve sempre designar audiência prévia ou de justificação, citando o réu, para, então, avaliar o pedido liminar.

(B) deve deferir de plano, sem ouvir o réu, se a petição inicial estiver devidamente instruída e sendo a ação entre particulares.

(C) pode deferir a liminar de plano, sem ouvir o réu, desde que haja parecer favorável do Ministério Público.

(D) deve sempre realizar a inspeção judicial no local, sendo tal diligência requisito para a concessão da liminar.

45. (EXAME OAB V)

A respeito da liquidação de sentença, assinale a alternativa correta.

(A) É cabível a liquidação de sentença no procedimento dos Juizados Especiais Cíveis Estaduais.

(B) A liquidação por artigos corresponde à espécie de liquidação de sentença em que não poderá ser produzida prova pericial para a apuração do valor da condenação.

(C) Para que a sentença arbitral seja liquidada, será necessária a instauração de processo judicial, com a citação da parte sucumbente.

(D) É incabível a liquidação de sentença antes do trânsito em julgado da sentença liquidanda.

Conteúdo 12

DIREITO EMPRESARIAL

1. (EXAME 2009)

A Lei das Sociedades Anônimas estabelece padrões amplos e gerais no que tange aos atos caracterizadores de exercício abusivo de poder pelos acionistas controladores.

PORQUE

Tal critério normativo permite às autoridades administrativas e aos magistrados estabelecer outros atos lesivos que venham a ser praticados pelos controladores.

Assinale, na Folha de Respostas, a alternativa CORRETA de acordo com a seguinte chave:

(A) as duas afirmações são falsas.
(B) as duas afirmações são verdadeiras, e a segunda justifica a primeira.
(C) as duas afirmações são verdadeiras, e a segunda não justifica a primeira.
(D) a primeira afirmação é verdadeira, e a segunda é falsa.
(E) a primeira afirmação é falsa, e a segunda é verdadeira.

2. (EXAME 2006)

Instruções: A questão contêm duas afirmações. Assinale, na folha de respostas,

(A) se as duas são verdadeiras e a segunda justifica a primeira.
(B) se as duas são verdadeiras e a segunda não justifica a primeira.
(C) se a primeira é verdadeira e a segunda é falsa.
(D) se a primeira é falsa e a segunda é verdadeira.
(E) se as duas são falsas.

Pedro e Maria, ambos empresários individuais contando ele sessenta e cinco anos e ela cinquenta anos de idade, casaram-se, mas não podem contratar sociedade entre si

PORQUE

não podem os cônjuges contratar sociedade entre si quando o regime de bens no casamento for o da comunhão universal.

3. (EXAME 2006)

A princípio, a marca tinha a função restrita de indicar a origem ou procedência da mercadoria, atingindo apenas a indústria. Posteriormente se estendeu ao comércio e, mais recentemente, aos serviços. No Brasil, as marcas de serviço surgiram na legislação moderna, com o revogado Decreto-lei nº 254, de 28 de fevereiro de 1967.

O fim imediato da garantia do direito à marca é resguardar o trabalho e a clientela do empresário. Não assegurava nenhum direito do consumidor, pois, para ele, constituía apenas uma indicação da legitimidade da origem do produto que adquirisse. Atualmente, todavia, o direito sobre a marca tem duplo aspecto: resguardar os direitos do produtor e do comerciante, e, ao mesmo passo, proteger os interesses do consumidor, tornando-se instituto ao mesmo tempo de interesse público e privado. O interesse do público é resguardado pelo Código do Consumidor – Lei nº 8.078, de 11 de setembro de 1990 – e por outras leis, inclusive penais, que reprimem a fraude e falsificações fora do campo da concorrência desleal.

O direito sobre a marca é patrimonial e tem por objeto bens incorpóreos. O que se protege é mais do que a representação material da marca, pois vai mais a fundo, para atingir sua criação ideal. O exemplar da marca é apenas o modelo, a representação sensível. A origem do direito é a ocupação, decorrendo, portanto, do direito natural que assegura a todos o fruto do trabalho.

(REQUIÃO, Rubens. *Curso de Direito Comercial*. 26. ed. São Paulo: Saraiva, 2006. v. 1, p. 245)

Do texto, pode-se concluir que a **marca**

(A) goza de proteção legal, seu objeto entra na classificação dos bens, sendo suscetível de cessão, e que comete crime quem reproduz, sem autorização do titular, no todo ou em parte, marca registrada ou imita-a de modo que possa induzir confusão.

(B) goza de proteção legal, seu objeto entra na classificação dos bens, mas não é suscetível de cessão, pois se trata de bem incorpóreo, e comete crime quem reproduz, sem autorização do titular, no todo ou em parte, marca registrada.

(C) não goza de proteção legal, exceto para fins patrimoniais consistentes no direito de cessão e comete crime quem a imita de modo que possa induzir confusão.

(D) goza de proteção legal apenas para fins não patrimoniais, porque, sendo o seu objeto bem imaterial, não é suscetível de cessão e só comete crime quem a reproduz com a finalidade de atingir os direitos morais de seu titular.

(E) goza de proteção legal mas, por ser o seu objeto bem incorpóreo, os resultados financeiros de sua utilização pertencem apenas a seu titular, não se transmitindo por herança nem podendo ser objeto de cessão a título oneroso, e fica extinta a punibilidade de quem a utiliza sem autorização se ocorrer a morte do titular da marca antes da sentença penal condenatória.

4. (EXAME 2003)

A sociedade anônima será considerada "aberta" se

(A) não tiver restrições estatutárias ao ingresso de novos acionistas.

(B) suas ações forem negociadas em bolsa de valores.

(C) seus estatutos garantirem dividendos mínimos obrigatórios aos preferencialistas.

(D) seus atos constitutivos estiverem devidamente arquivados na Junta Comercial local.

(E) investir no mínimo 40% de seus ativos em mercado de capitais.

5. (EXAME 2003)

Com o objetivo de auxiliar no orçamento doméstico, José passa a adquirir regularmente salgados produzidos por sua vizinha para revendê-los, com a ajuda de um auxiliar, a fim de obter um pequeno lucro. Tendo em vista essa atividade é certo afirmar que José

(A) estará sujeito à decretação de sua falência.

(B) não estará sujeito à decretação de falência porque se trata de pessoa natural.

(C) estará sujeito à intervenção extrajudicial.

(D) estará sujeito à liquidação extrajudicial.

(E) nunca será considerado insolvente porque se trata de pessoa natural.

6. (EXAME 2003)

Instruções: A questão contêm duas afirmações. Assinale, na folha de respostas,

(A) se as duas são verdadeiras e a segunda justifica a primeira.

(B) se as duas são verdadeiras e a segunda não justifica a primeira.

(C) se a primeira é verdadeira e a segunda é falsa.

(D) se a primeira é falsa e a segunda é verdadeira.

(E) se as duas são falsas.

Numa sociedade cooperativa, é idêntico o poder de voto de cada cooperado nas deliberações sociais, independentemente do montante de capital social que tenha subscrito

PORQUE

as sociedades cooperativas estão sujeitas ao princípio da gestão democrática em função do voto singular, segundo o qual a cada sócio caberá sempre somente um voto.

7. (EXAME 2002)

Sobre a sociedade em conta de participação, é possível afirmar que

(A) sua constituição exige pelo menos dois sócios, dos quais um contribuirá para a sociedade com trabalho e o outro com capital.

(B) nenhum sócio é pessoalmente responsável perante terceiros pelas obrigações sociais, desde que atuando dentro dos limites do objeto social.

(C) seu capital social deve ser integralizado apenas em dinheiro.

(D seus atos constitutivos devem ser arquivados concomitantemente na Junta Comercial local e no Serviço de Registro de Pessoas Jurídicas.

(E) sua estrutura pressupõe a existência de um sócio oculto, que se obriga exclusivamente perante o sócio ostensivo.

8. (EXAME 2002)

Os valores mobiliários que garantem a seus titulares um direito de crédito contra a companhia, e cujas características, inclusive eventual garantia real ou flutuante, se encontram estabelecidas na escritura de emissão, são

(A) ações.

(B) debêntures.

(C) partes beneficiárias.

(D) créditos documentários.

(E) bônus de subscrição.

9. (EXAME 2002)

Instruções: A questão contêm duas afirmações. Assinale, na folha de respostas,

(A) se as duas são verdadeiras e a segunda justifica a primeira.

(B) se as duas são verdadeiras e a segunda não justifica a primeira.

(C) se a primeira é verdadeira e a segunda é falsa.

(D) se a primeira é falsa e a segunda é verdadeira.

(E) se as duas são falsas.

O banco pode garantir o pagamento de um cheque contra ele sacado, avalizando-o

PORQUE

o avalista de um cheque se obriga solidariamente com o avalizado.

10. (EXAME 2001)

Uma pessoa, que haja adquirido ações de determinada companhia, tem garantido, como qualquer acionista, o direito essencial de

(A) eleger os diretores da companhia.
(B) participar dos lucros sociais da companhia.
(C) participar do Conselho Fiscal da companhia.
(D) receber dividendos todo início de ano.
(E) manifestar seu voto em Assembléia Geral Ordinária.

11. (EXAME 2000)

A sociedade anônima

(A) pode ser adotada por sociedade de advogados.
(B) pode ser adotada por cooperativas.
(C) não pode obter concordata.
(D) é sempre mercantil e se rege pelas leis e usos do comércio.
(E) não se sujeita à falência.

12. (EXAME 2000)

É correto afirmar que o aval

(A) transfere e garante o título de crédito.
(B) transfere a propriedade do título de crédito.
(C) garante o pagamento do título de crédito e não pode ser parcial.
(D) é obrigação acessória em relação ao título de crédito.
(E) garante o pagamento do título de crédito e pode ser parcial.

13. (EXAME 2000)

As estratégias para restringir a concorrência não comportam análises simplistas. Apesar disso, algumas ações empresariais são claramente identificadas como limitadoras da rivalidade entre empresas. Dentre elas, podem-se apontar a

(A) prática de preços predatórios, as vendas casadas e o controle das fontes de suprimentos.
(B) elevação de preços, as vendas livres e o controle das fontes de suprimentos.
(C) prática de preços predatórios, as vendas livres e a propaganda abusiva.
(D) elevação de preços, as vendas casadas e a propaganda abusiva.
(E) prática de preços predatórios, as vendas aleatórias e o controle das fontes de suprimentos.

14. (EXAME 1999)

NÃO podem ser reclamadas na falência do comerciante as dívidas

(A) com garantia real.
(B) comerciais de natureza quirografária.
(C) civis.
(D) de origem trabalhista.
(E) decorrentes de obrigações a título gratuito e de prestações alimentícias.

15. (EXAME 1999)

Após a recente reforma da Lei das Sociedades por Ações, as ações preferenciais garantem o direito

(A) de votar na eleição do Presidente da companhia.
(B) a dividendos no mínimo 10% (dez por cento) maiores do que os atribuídos às ações ordinárias.
(C) de indicar os integrantes do Conselho Fiscal.
(D) de receber, anualmente, bônus de subscrição.
(E) de participar da assembléia dos debenturistas.

16. (EXAME 1999)

As condutas dos empresários só são caracterizadas como infração da ordem econômica pela Lei nº 8.884, de 11 de junho de 1994, conhecida como Lei Antitruste, se delas resultar dominação dos mercados, eliminação da concorrência e

(A) conflito entre estabelecimentos comerciais.
(B) apropriação indevida de marca comercial.
(C) aumento arbitrário dos lucros.
(D) uso indevido de título de estabelecimento.
(E) uso indevido de nome comercial.

17. (EXAME 1998)

Nas sociedades por quotas de responsabilidade limitada,

(A) a sociedade responde até o limite do capital social pelas obrigações contraídas em seu nome.
(B) os sócios respondem pelas obrigações da sociedade até o limite do valor das quotas por eles subscritas.
(C) cada sócio, em caso de falência da sociedade, pode ser responsabilizado somente pelo valor que faltar para a integralização da respectiva quota.
(D) todos os sócios, em caso de falência da sociedade, respondem, solidariamente, pela integralização de todas as quotas não inteiramente integralizadas.
(E) os sócios nunca respondem pelas obrigações da sociedade.

18. (EXAME 1998)

Instruções: Na questão são dadas quatro afirmativas que podem estar corretas ou incorretas. Assinale na folha de respostas a alternativa que contém SOMENTE afirmações corretas.

(A) I e II
(B) I e III
(C) II e IV
(D) III e IV
(E) I, II e III

O princípio da inoponibilidade das exceções pessoais aos terceiros de boa-fé, que incide nas ações cambiais,

I. impede a alegação de vícios formais ou de nulidades do título de crédito.
II. impede que o devedor alegue a falta de condições da ação ou de pressupostos processuais.
III. impede que o devedor alegue defesas pessoais derivadas de relações jurídicas das quais o credor não haja participado.
IV. objetiva proteger o terceiro de boa-fé e decorre da autonomia das relações cambiais.

19. (EXAME 1998)

Instruções: A questão contêm duas afirmações. Assinale, na folha de respostas,

(A) se as duas são verdadeiras e a segunda justifica a primeira.

(B) se as duas são verdadeiras e a segunda não justifica a primeira.

(C) se a primeira é verdadeira e a segunda é falsa.

(D) se a primeira é falsa e a segunda é verdadeira.

(E) se as duas são falsas.

A falência com base na impontualidade se caracteriza quando o comerciante, sem relevante razão de direito, não paga, no vencimento, obrigação líquida, constante de título executivo

PORQUE

A impontualidade, na falência, só se comprova pelo protesto do título.

20. (EXAME 2003) DISCURSIVA

Antônio, sem possuir informações precisas a respeito do negócio que estava realizando, celebrou contrato de arrendamento mercantil (*leasing*) com a entidade **X**, tendo por objeto um veículo. Ficou estabelecido no contrato que as prestações seriam reajustadas segundo a variação de moeda estrangeira. Durante a vigência do ajuste ocorreu alteração da política cambial, provocando imprevisível desvalorização da moeda nacional. Diante disso, as prestações tornaram-se excessivamente onerosas para Antônio, que se viu em dificuldade para continuar a pagá-las.

Esclareça e oriente Antônio, fundamentadamente, acerca das seguintes dúvidas por ele suscitadas:

a) O que é um contrato de arrendamento mercantil?

b) É possível a vinculação do reajuste das prestações à variação cambial?

c) Qual a solução extrajudicial ou judicial possível, se Antônio desejar permanecer com o veículo e oportunamente adquiri-lo?

21. (EXAME 2003) DISCURSIVA

"NOTA PROMISSÓRIA. Locação. Caução. Ônus da prova. A nota promissória vinculada a contrato de locação perde a sua abstração. Tendo os autores provado os fatos alegados na petição inicial, sobre a natureza do relacionamento mantido com o réu, que seria unicamente derivado da locação, cabia a este explicitar as outras "várias transações comerciais" que originaram a dívida de significativo valor expressa nos títulos. Recurso conhecido e provido."

> (STJ, RESP 298499-SP (2000/0147197-0) 4ª Turma, Relator: Min. Ruy Rosado de Aguiar, V.U. em 07/08/2001; publicado no DJ em 24/09/2001, p. 312)

Extraia da ementa transcrita a razão jurídica pela qual um título de crédito na situação da nota promissória acima perde seu caráter abstrato e esclareça as conseqüências do fato para a defesa do devedor.

22. (EXAME 2001) DISCURSIVA

José adquiriu uma geladeira em loja de eletrodomésticos, dividindo o pagamento em três cheques: um para desconto imediato e os outros dois para dali a 30 (trinta) e 60 (sessenta) dias. Concordando com a forma de pagamento, o gerente da loja anotou em cada um dos dois últimos cheques as datas nas quais deveriam ser apresentados. No dia seguinte, José realizou outras compras de menor valor, em diversos estabelecimentos, mediante pagamento com cheques para desconto imediato, confiante na existência de saldo bancário para cobri-los. O comerciante, proprietário da loja de eletrodomésticos, necessitando de recursos financeiros, apresentou ao banco sacado, no mesmo dia da compra, todos os cheques, que foram pagos pelo banco. Em razão disso, os cheques dados por José, nas outras lojas, foram devolvidos por falta de provisão de fundos e protestados, ocasionando-lhe prejuízos materiais e morais.

Na condição de advogado de José, esclareça-o sobre eventual direito à indenização pelos danos materiais e morais e, ainda, se o comerciante e o banco são responsáveis por tais reparações.

23. (EXAME 2000) DISCURSIVA

Caio levou seu veículo para conserto na oficina mecânica **Carro & Acessórios Ltda**, sociedade composta pelos sócios **João** e **Pedro**, que possuem, respectivamente, 10% e 90% das quotas, tendo ambos poderes de gerência. Foi atendido por **João**, que instalou pessoalmente a peça necessária para reparo do veículo. Vinte dias depois, por defeito de fabricação, a peça danificou o motor, que foi substituído, na mesma data, em uma concessionária.

Retornando imediatamente à oficina, **Caio**, como consumidor, exigiu a reparação do prejuízo financeiro. Atendido por **Pedro**, este esclareceu que **João** não era mais sócio, pois fora excluído em razão do desaparecimento da *affectio societatis*, tendo sido a alteração do contrato social encaminhada a registro na Junta Comercial. Também, no entender de **Pedro**, somente **João** era responsável pelos danos, por ter sido ele quem instalara a peça defeituosa. **Pedro** disse, ainda, que a sociedade não tinha recursos para ressarcir os prejuízos.

Caio comprovou que a oficina se arruinara por má administração do sócio **João**, e que deixara, por isso, de honrar suas obrigações. Porém, argumentou que a responsabilidade era solidária, da sociedade e dos sócios. **Pedro**, todavia, alegou que a sociedade era por quotas de responsabilidade limitada, acrescentando que, se a sociedade fosse demandada, promoveria a denunciação da lide ao fabricante da peça.

Analise a questão esclarecendo, dentre outros pontos, se a Junta Comercial pode registrar a alteração do contrato social excluindo sócio por decisão da maioria; quem responde pelos prejuízos de Caio em razão dos danos causados no motor pela peça defeituosa e se é possível a denunciação da lide referida por Pedro.

BATERIA DE QUESTÕES EXTRAS[1]

24. (EXAME OAB VI.2)

A respeito das diferenças entre a assembleia geral ordinária e a assembleia geral extraordinária de uma sociedade anônima, é correto afirmar que

(A) a assembleia geral extraordinária poderá ser realizada a qualquer momento, sendo que a assembleia geral ordinária deverá ser realizada nos 5 (cinco) primeiros meses seguintes ao término do exercício social.

(B) é competência privativa da assembleia geral ordinária deliberar sobre a destinação do lucro líquido do exercício e a distribuição de dividendos.

(C) a assembleia geral extraordinária não tem competência para deliberar sobre reforma do estatuto social.

(D) a assembleia geral ordinária jamais terá competência para eleger os administradores da companhia.

25. (EXAME OAB VI.2)

A respeito da definição de responsabilidade dos sócios nos diferentes tipos societários, é correto afirmar que

(A) nas sociedades anônimas, os sócios podem ser responsabilizados no limite do capital social, não estando sua responsabilidade limitada ao preço de emissão das ações que subscreveram ou adquiriram.

(B) nas sociedades em comandita simples, os sócios comanditários são responsáveis solidária e ilimitadamente pelas obrigações sociais.

(C) nas sociedades limitadas, a responsabilidade de cada quotista é limitada ao valor de suas quotas, mas todos respondem solidariamente pela integralização do capital social.

(D) nas sociedades em comum, os sócios respondem ilimitadamente pelas obrigações da sociedade, mas não haverá solidariedade entre eles.

26. (EXAME OAB VI.2)

A respeito do nome empresarial, é correto afirmar que

(A) o nome empresarial pode ser objeto de contrato de compra e venda.

(B) a sociedade em conta de participação, por possuir personalidade jurídica, pode adotar firma ou denominação.

(C) a sociedade anônima será designada somente por meio de denominação.

(D) a sociedade limitada será designada somente por meio de firma.

27. (EXAME OAB VI.2)

A respeito da classificação dos créditos na falência, é correto afirmar que

(A) os créditos com privilégio geral têm preferência sobre os créditos tributários.

(B) os créditos quirografários têm preferência sobre os créditos com privilégio especial.

(C) os créditos com privilégio especial têm preferência sobre os créditos tributários.

(D) os créditos quirografários têm preferência sobre os créditos subordinados.

28. (EXAME OAB VI.2)

A respeito do direito de retirada no âmbito de uma companhia aberta, é correto afirmar que

(A) o direito de retirada poderá ser exercido no prazo de 30 (trinta) dias contados da publicação da ata da assembleia geral, ainda que o titular das ações tenha se abstido de votar contra a deliberação ou não tenha comparecido à assembleia.

(B) qualquer acionista da companhia que dissentir da deliberação que aprovar a alteração das vantagens conferidas a uma determinada classe de ações preferenciais poderá exercer o direito de recesso.

(C) a deliberação que aprovar a fusão da companhia com outra sociedade gera, em qualquer hipótese, direito de retirada para os acionistas dissentes da deliberação.

(D) o prazo para exercício do direito de retirada é prescricional.

29. (EXAME OAB VI.1)

A respeito das sociedades limitadas, assinale a alternativa correta.

(A) A sociedade limitada, nas omissões das normas estabelecidas pelo Código Civil, será regida pela Lei 6.404/1976.

(B) A cessão de quotas de um quotista de uma sociedade limitada para outro quotista da mesma sociedade dependerá de prévia autorização estatutária.

(C) A sociedade limitada é administrada por uma ou mais pessoas designadas no contrato social ou em ato separado.

(D) Não dependerá de deliberação dos quotistas a nomeação ou a destituição dos administradores.

30. (EXAME OAB VI.1)

A respeito das invenções ou modelos de utilidade, é correto afirmar que

(A) podem incluir os programas de computador em si.

(B) podem consistir em técnicas e métodos operatórios ou cirúrgicos.

(C) bastam atender aos requisitos de novidade e atividade inventiva para serem patenteáveis.

(D) são considerados novos quando não compreendidos no estado da técnica.

---

1 Organizadora FGV

31. (EXAME OAB VI.1)

Com relação ao instituto do aceite de títulos de crédito, assinale a alternativa correta.

(A) A duplicata pode não ser aceita, sem qualquer fundamentação pelo sacado; neste caso, ele não será responsável pelo pagamento do título.

(B) Para a cobrança de uma duplicata não aceita, é necessária apenas a realização de seu protesto.

(C) O aceite de cheque é condição essencial para que o beneficiário possa executar o sacado.

(D) O aceite de uma letra de câmbio torna o sacado devedor direto do título.

32. (EXAME OAB VI.1)

A respeito das debêntures, é correto afirmar que

(A) as debêntures da mesma série terão igual valor nominal e conferirão a seus titulares os mesmos direitos.

(B) o pagamento das debêntures sempre será estipulado em moeda nacional.

(C) a debênture não constitui valor mobiliário, sendo classificada tão somente como título de crédito.

(D) a companhia é obrigada a realizar a amortização das debêntures por meio de um único pagamento a seus titulares.

33. (EXAME OAB V)

A respeito do Administrador Judicial, no âmbito da recuperação judicial, é correto afirmar que

(A) o Administrador Judicial, pessoa física, pode ser formado em Engenharia.

(B) perceberá remuneração fixada pelo Comitê de Credores.

(C) será escolhido pela Assembleia Geral de Credores.

(D) somente pode ser destituído pelo Juízo da Falência na hipótese de, após intimado, não apresentar, no prazo de 5 (cinco) dias, suas contas ou os relatórios previstos na Lei 11.101/2005.

34. (EXAME OAB V)

A respeito da deliberação dos sócios na Sociedade Limitada, é correto afirmar que

(A) as deliberações tomadas de conformidade com a lei e o contrato vinculam os sócios ausentes, mas não os dissidentes.

(B) as formalidades legais de convocação são dispensadas quando todos os sócios se declararem, por escrito, cientes do local, data, hora e ordem do dia.

(C) a assembleia somente pode ser convocada pelos administradores eleitos no contrato social.

(D) a deliberação em assembleia será obrigatória se o número dos sócios for superior a cinco.

35. (EXAME OAB V)

A respeito da sociedade em comum, é correto afirmar que

(A) os sócios respondem individual e ilimitadamente pelas obrigações sociais.

(B) os sócios são titulares em comum das dívidas sociais.

(C) são regidas pelas disposições das sociedades simples.

(D) na relação com terceiros, os sócios podem comprovar a existência da sociedade de qualquer modo.

36. (EXAME OAB V)

Conforme art. 4º da Lei 6404/76, as companhias podem ser classificadas em abertas ou fechadas, dependendo se seus valores mobiliários podem ou não ser negociados no Mercado de Valores Mobiliários. Em relação aos valores mobiliários das companhias abertas e fechadas, assinale a alternativa correta.

(A) Valores mobiliários são títulos que concedem a seu titular certos direitos em relação à companhia. São exemplos de valores mobiliários as ações, as debêntures, os bônus de subscrição e o certificado de valores mobiliários.

(B) As companhias abertas, caso queiram negociar suas ações, devem sempre fazê-lo por meio do mercado de valores mobiliários, ou seja, suas negociações serão sempre por oferta ao público em geral.

(C) Partes beneficiárias são títulos emitidos tanto pela companhia aberta quanto pela fechada que dão a seu titular direito a percentual no lucro da companhia.

(D) O Mercado de Valores Mobiliários (MVM) compreende as bolsas de valores, o mercado de balcão e o mercado de balcão organizado. Para a companhia poder negociar no MVM, deverá preencher certos requisitos e obter autorização da Comissão de Valores Mobiliários e da Junta Comercial.

37. (EXAME OAB V)

Em relação à incapacidade e proibição para o exercício da empresa, assinale a alternativa correta.

(A) Por se tratar de matéria de ordem pública e considerando que a continuação da empresa interessa a toda a sociedade, quer em razão da arrecadação de impostos, quer em razão da geração de empregos, caso a pessoa proibida de exercer a atividade empresarial o faça, poderá requerer a recuperação judicial.

(B) Aquele que tenha impedimento legal para ser empresário está impedido de ser sócio ou acionista de uma sociedade empresária.

(C) Entre as pessoas impedidas de exercer a empresa está o incapaz, que não poderá exercer tal atividade.

(D) Caso a pessoa proibida de exercer a atividade de empresário praticar tal atividade, deverá responder pelas obrigações contraídas, podendo até ser declarada falida.

Conteúdo 13
DIREITO DO CONSUMIDOR

1. (EXAME 2003)

"Afinal, já não lhe bastava sortir o seu estabelecimento nos armazéns fornecedores; começou a receber alguns gêneros diretamente da Europa: o vinho, por exemplo, que êle dantes comprava aos quintos nas casas de atacado, vinha-lhe agora de Portugal às pipas, e de cada uma fazia três com água e cachaça; e despachava faturas de barris de manteiga, de caixas de conserva, caixões de fósforos, azeite, queijos, louça e muitas outras mercadorias.

Criou armazéns para depósito, aboliu a quitanda e transferiu o dormitório, aproveitando o espaço para ampliar a venda, que dobrou de tamanho e ganhou mais duas portas.

Já não era uma simples taverna, era um bazar em que se encontrava de tudo: objetos de armarinho, ferragens, porcelanas, utensílios de escritório, roupa de riscado para os trabalhadores, fazenda para roupa de mulher, chapéus de palha próprios para o serviço ao sol, perfumarias baratas, pentes de chifre, lenços com versos de amor, e anéis e brincos de metal ordinário.

E toda a gentalha daquelas redondezas ia cair lá, ou então ali ao lado, na casa de pasto, onde os operários das fábricas e os trabalhadores da pedreira se reuniam depois do serviço, e ficavam bebendo e conversando até às dez horas da noite, entre o espesso fumo dos cachimbos, do peixe frito em azeite e dos lampiões de querosene.

Era João Romão quem lhes fornecia tudo, tudo, até dinheiro adiantado, quando algum precisava. Por ali não se encontrava jornaleiro, cujo ordenado não fosse inteirinho parar às mãos do velhaco. E sobre este cobre, quase sempre emprestado aos tostões, cobrava juros de oito por cento ao mês, um pouco mais do que levava aos que garantiam a dívida com penhores de ouro ou prata.

Não obstante, as casinhas do cortiço, à proporção que se atamancavam, enchiam-se logo, sem mesmo dar tempo a que as tintas secassem. Havia grande avidez em alugá-las; aquele era o melhor ponto do bairro para a gente do trabalho. Os empregados da pedreira preferiam todos morar lá, porque ficavam a dois passos da obrigação".

(AZEVEDO, Aluísio. **O Cortiço**. São Paulo: Ática, 2002. p. 24-25)

Considerando-se a legislação hoje vigente seria possível afirmar que João Romão

(A) não será considerado fornecedor das mercadorias que vende, porque já as adquire de fabricantes e atacadistas.

(B) sendo homem envolvido em muitos negócios, as locações com ele firmadas serão regidas pelo Código de Defesa do Consumidor.

(C) não incorre na prática de usura ao cobrar juros acima da taxa permitida aos particulares, porque exerce atividade equiparada à bancária, por sua habitualidade.

(D) sempre será considerado consumidor nos contratos celebrados com seus fornecedores.

(E) poderá ser responsabilizado por defeito do produto, em virtude da mistura de vinho, água e cachaça, embora não seja o fabricante, se o produto não oferecer a segurança dele esperada.

2. (EXAME 2003)

Determinada publicidade divulga, por televisão, produtos para emagrecimento, sem a devida informação sobre a sua qualidade, quantidade e propriedade de seus componentes, nem sobre os possíveis riscos para a saúde das pessoas.

Neste caso, para evitar danos ao consumidor,

(A) é cabível ação coletiva, mas não se admite antecipação de tutela, por se tratar de provimento irreversível.

(B) é cabível ação coletiva proposta por associação de classe, desde que esta tenha sede no Município da emissora de televisão.

(C) somente o Ministério Público tem legitimidade para uma ação coletiva, por se tratar de direitos individuais homogêneos.

(D) em sendo proposta ação coletiva, eventual sentença de improcedência impede o ajuizamento de ações individuais.

(E) é cabível ação coletiva, visando à suspensão da publicidade em todo território nacional.

Instruções: Para responder à questão, considere o texto abaixo.

João faleceu devido ao consumo de medicamento que continha substância nociva à saúde. Essa substância foi adicionada por Paulo, proprietário do estabelecimento Farmópolis, no qual João adquirira o medicamento. A Polícia apreendeu, na Farmópolis, frascos do medicamento expostos à venda e que continham a mesma substância nociva.

Em virtude da comoção provocada pelo caso, fiscais municipais realizaram inspeção na Distrimel, distribuidora do medicamento, apurando que esta vinha adulterando o prazo de validade indicado nas embalagens do medicamento para comercializar produto já vencido. Com base no art. 56, IV, do Código de Defesa do Consumidor (CDC), os fiscais declararam cassado o registro do medicamento, anteriormente obtido pelo fabricante junto ao órgão federal competente.

Invocando os arts. 81 e 82, II, do CDC, o Município ajuizou ação coletiva visando a obrigar a Distrimel a indenizar as pessoas que haviam consumido o medicamento com prazo de validade adulterado. O juiz indeferiu liminarmente a petição inicial, por manifesta ilegitimidade ativa. Fundamentou-se na inconstitucionalidade do art. 82, II, do CDC, na parte em que legitima o Município a exercer a defesa judicial coletiva de direitos de consumidores, porque em contradição com o art. 24, VIII, da Constituição Federal, segundo o qual apenas a União, os Estados e o Distrito Federal são competentes para legislar sobre responsabilidade por dano ao consumidor.

Constituição Federal

"Art. 24. Compete à União, aos Estados e ao Distrito Federal legislar concorrentemente sobre: (...)

VIII – responsabilidade por dano ao meio ambiente, ao consumidor, a bens e direitos de valor artístico, estético, histórico, turístico e paisagístico; (...)"

Código de Defesa do Consumidor

"Art.55. (...)

§ 1º A União, os Estados, o Distrito Federal e os Municípios fiscalizarão e controlarão a produção, industrialização, distribuição, a publicidade de produtos e serviços e o mercado de consumo, no interesse da preservação da vida, da saúde, da segurança, da informação e do bem-estar do consumidor, baixando as normas que se fizerem necessárias. (...)"

"Art. 56. As infrações das normas de defesa do consumidor ficam sujeitas, conforme o caso, às seguintes sanções administrativas, sem prejuízo das de natureza civil, penal e das definidas em normas específicas. (...)

IV – cassação do registro do produto junto ao órgão competente; (...)"

"Art. 81. A defesa dos interesses e direitos dos consumidores e das vítimas poderá ser exercida em juízo individualmente, ou a título coletivo. (...)"

"Art. 82. Para os fins do art. 81, parágrafo único, são legitimados concorrentemente: (...)

II – A União, os Estados, os Municípios e o Distrito Federal; (...)"

3. (EXAME 1999)

O ato de cassação do registro obtido pelo fabricante do medicamento

(A) não necessitava de motivação expressa, visto tratar-se de exercício de poder discricionário.

(B) foi praticado por ente competente, pois os Municípios têm o poder de fiscalizar o respeito ao consumidor.

(C) tem natureza jurisdicional, por decidir uma lide e transitar em julgado após a decisão do recurso final.

(D) é inválido por falta de motivo hábil a suportá-lo.

(E) independia da realização de procedimento administrativo para defesa prévia da empresa.

4. (EXAME 1999)

A ilegitimidade de parte reconhecida pelo magistrado, em razão da contradição entre o art. 82, II, do CDC e o art. 24, VIII, da Constituição Federal, envolveu interpretação

(A) gramatical, visto que observou o sentido literal dos textos legais.

(B) extensiva, posto que procurou superar as incompatibilidades entre as normas, com base na decisão.

(C) contrária à Constituição Federal, pois fere o princípio federativo.

(D) teleológica, uma vez que o sentido do art. 24, VIII, da Constituição Federal, aponta para fins incompatíveis com aqueles do art. 82, II, do CDC.

(E) contrária à Constituição Federal, já que não existe, no seu art. 24, VIII, nada incompatível com o art. 82, II, do CDC.

5. (EXAME 2000) DISCURSIVA

Caio levou seu veículo para conserto na oficina mecânica **Carro & Acessórios Ltda**, sociedade composta pelos sócios **João** e **Pedro**, que possuem, respectivamente, 10% e 90% das quotas, tendo ambos poderes de gerência. Foi atendido por **João**, que instalou pessoalmente a peça necessária para reparo do veículo. Vinte dias depois, por defeito de fabricação, a peça danificou o motor, que foi substituído, na mesma data, em uma concessionária.

Retornando imediatamente à oficina, **Caio**, como consumidor, exigiu a reparação do prejuízo financeiro. Atendido por **Pedro**, este esclareceu que **João** não era mais sócio, pois fora excluído em razão do desaparecimento da *affectio societatis*, tendo sido a alteração do contrato social encaminhada a registro na Junta Comercial. Também, no entender de **Pedro**, somente **João** era responsável pelos danos, por ter sido ele quem instalara a peça defeituosa. **Pedro** disse, ainda, que a sociedade não tinha recursos para ressarcir os prejuízos.

Caio comprovou que a oficina se arruinara por má administração do sócio **João**, e que deixara, por isso, de honrar suas obrigações. Porém, argumentou que a responsabilidade era solidária, da sociedade e dos sócios. **Pedro**, todavia, alegou que a sociedade era por quotas de responsabilidade limitada, acrescentando que, se a sociedade fosse demandada, promoveria a denunciação da lide ao fabricante da peça.

Analise a questão esclarecendo, dentre outros pontos, se a Junta Comercial pode registrar a alteração do contrato social excluindo sócio por decisão da maioria; quem responde pelos prejuízos de Caio em razão dos danos causados no motor pela peça defeituosa e se é possível a denunciação da lide referida por Pedro.

BATERIA DE QUESTÕES EXTRAS[1]

6. (EXAME OAB VI.2)

Josefa celebrou contrato de prestação de serviço com a transportadora X, cujo teor do documento assinado seguia o formato "de adesão". Considerando tal instrumento de negócio jurídico nas relações de consumo, é correto afirmar que

(A) tal modalidade contratual, por ter sido deliberada de forma unilateral, é considerada prática abusiva, devendo ser imposta pena pecuniária ao fornecedor do serviço.

(B) Josefa poderá inserir cláusulas no formulário apresentado pela Transportadora X, o que desfigurará a natureza de adesão do referido contrato.

(C) o contrato de adesão é permitido nos termos da norma consumerista, mas desde que não disponha de cláusula resolutória, expressamente inadmitida.

(D) serão redigidos com caracteres ostensivos, cujo tamanho da fonte não seja inferior ao corpo doze, e as cláusulas que limitem direito do consumidor deverão ser redigidas com destaque.

7. (EXAME OAB VI.2)

O ônus da prova incumbe a quem alega a existência do fato constitutivo de seu direito e impeditivo, modificativo ou extintivo do direito daquele que demanda. O Código de Proteção e Defesa do Consumidor, entretanto, prevê a possibilidade de inversão do onus probandi e, a respeito de tal tema, é correto afirmar que

(A) ocorrerá em casos excepcionais em que o juiz verifique ser verossímil a alegação do consumidor ou quando for ele hipossuficiente.

(B) é regra e basta ao consumidor alegar os fatos, pois caberá ao réu produzir provas que os desconstituam, já que o autor é hipossuficiente nas relações de consumo.

(C) será deferido em casos excepcionais, exceto se a inversão em prejuízo do consumidor houver sido previamente ajustada por meio de cláusula contratual.

(D) ocorrerá em todo processo civil que tenha por objeto as relações consumeristas, não se admitindo exceções, sendo declarada abusiva qualquer cláusula que disponha de modo contrário.

8. (EXAME OAB VI.1)

A empresa Cristal Ltda., atendendo à solicitação da cliente Ruth, realizou orçamento para prestação de serviço, discriminando material, equipamentos, mão de obra, condições de pagamento e datas para início e término do serviço de instalação de oito janelas e quatro portas em alumínio na residência da consumidora.

Com base no narrado acima, é correto afirmar que

(A) o orçamento terá validade de trinta dias, independentemente da data do recebimento e aprovação pela consumidora Ruth.

(B) Ruth não responderá por eventuais acréscimos não previstos no orçamento prévio, exceto se decorrente da contratação de serviço de terceiro.

(C) o valor orçado terá validade de dez dias, contados do recebimento pela consumidora; aprovado, obriga os contraentes, que poderão alterá-lo mediante livre negociação.

(D) uma vez aprovado, o orçamento obriga os contraentes e não poderá alterado ou negociado pelas partes, que, buscando mudar os termos, deverão fazer novo orçamento.

9. (EXAME OAB VI.1)

Franco adquiriu um veículo zero quilômetro em novembro de 2010. Ao sair com o automóvel da concessionária, percebeu um ruído todas as vezes em que acionava a embreagem para a troca de marcha. Retornou à loja, e os funcionários disseram que tal barulho era natural ao veículo, cujo motor era novo. Oito meses depois, ao retornar para fazer a revisão de dez mil quilômetros, o consumidor se queixou que o ruído persistia, mas foi novamente informado de que se tratava de característica do modelo. Cerca de uma semana depois, o veículo parou de funcionar e foi rebocado até a concessionária, lá permanecendo por mais de sessenta dias. Franco acionou o Poder Judiciário alegando vício oculto e pleiteando ressarcimento pelos danos materiais e indenização por danos morais.

---

1 Organizadora FGV

Considerando o que dispõe o Código de Proteção e Defesa do Consumidor, a respeito do narrado acima, é correto afirmar que, por se tratar de vício oculto,

(A) o prazo decadencial para reclamar se iniciou com a retirada do veículo da concessionária, devendo o processo ser extinto.

(B) o direito de reclamar judicialmente se iniciou no momento em que ficou evidenciado o defeito, e o prazo decadencial é de noventa dias.

(C) o prazo decadencial é de trinta dias contados do momento em que o veículo parou de funcionar, tornando-se imprestável para o uso.

(D) o consumidor Franco tinha o prazo de sete dias para desistir do contrato e, tendo deixado de exercê-lo, operou-se a decadência.

10. (EXAME OAB V)

Ao instalar um novo aparelho de televisão no quarto de seu filho, o consumidor verifica que a tecla de volume do controle remoto não está funcionando bem. Em contato com a loja onde adquiriu o produto, é encaminhado à autorizada. O que esse consumidor pode exigir com base na lei, nesse momento, do comerciante?

(A) A imediata substituição do produto por outro novo.

(B) O conserto do produto no prazo máximo de 30 dias.

(C) Um produto idêntico emprestado enquanto durar o conserto.

(D) O dinheiro de volta.

11. (EXAME OAB V)

Quando a contratação ocorre por site da internet, o consumidor pode desistir da compra?

(A) Não. O direito de arrependimento só existe para as compras feitas na própria loja, e não pela internet.

(B) Sim. Quando a compra é feita fora do estabelecimento comercial, o consumidor pode desistir do contrato no prazo de sete dias, mesmo sem apresentar seus motivos para a desistência.

(C) Sim. Quando a compra é feita pela internet, o consumidor pode desistir da compra em até 30 dias depois que recebe o produto.

(D) Não. Quando a compra é feita pela internet, o consumidor é obrigado a ficar com o produto, a menos que ele apresente vício. Só nessa hipótese o consumidor pode desistir.

Conteúdo 14

DIREITO PENAL

1. (EXAME 2009)

Relativamente ao direito penal, analise as afirmativas a seguir:

I. Os crimes omissivos são aqueles em que o agente viola o dever jurídico de agir, imposto pela norma, e basta a desobediência ao comando da norma para caracterizar o delito. São condições para a ocorrência dos crimes omissivos o conhecimento da situação típica da qual surge o dever e a possibilidade física real de realizar a ação ordenada.

II. Os crimes omissivos são aqueles em que o agente viola um dever de conduta, imposto pela norma, devendo iniciar a prática de um ato concreto para que ele se materialize. São condições para a ocorrência dos crimes omissivos o conhecimento da situação típica, da qual surge o dever e a possibilidade psíquica real de realizar a ação ordenada.

III. A diferença entre os crimes omissivos próprio e impróprio é que, no primeiro, a obrigação de agir decorre da norma; ao passo que, no segundo a obrigação é resultado de um especial dever jurídico de agir. Se a mãe deixa de alimentar o filho, que morre em decorrência dessa omissão, pratica o crime de homicídio. Se um terceiro pratica a mesma conduta, pratica o crime de omissão de socorro qualificada.

IV. Em regra, todos os crimes comissivos podem ser praticados por omissão, salvo aqueles em que é necessária uma atividade do agente. São elementos do crime comissivo por omissão a abstenção da atividade que a norma impõe, a superveniência do resultado típico em virtude da omissão, a ocorrência da situação de fato da qual deflui o dever de agir.

Estão CORRETAS somente as afirmativas
(A) I, III e IV.
(B) II e IV.
(C) I e II.
(D) I e III.
(E) II e III.

2. (EXAME 2009)

Um contador orientou vários clientes a elaborarem declarações de imposto de renda de pessoa física com informações falsas, capazes de ensejar a supressão parcial de tributos. Essas declarações efetivamente não coincidiam com a realidade e o intuito era, evidentemente, fraudar o fisco, o que ocorreu. Todavia, a fiscalização da Receita Federal descobriu o esquema e identificou os contribuintes, os quais foram intimados a apresentar explicações. Todos reconheceram a fraude, declararam que tinham sido orientados pelo mesmo contador e realizaram o pagamento do tributo. Considerando o cenário acima, é CORRETO afirmar que

(A) nem os contribuintes nem o contador serão submetidos a processo criminal, já que a punibilidade do crime de sonegação fiscal (o qual fora praticado por cada contribuinte em concurso com o contador) foi extinta pelo pagamento do tributo.

(B) os contribuintes serão denunciados pelo crime de sonegação fiscal juntamente com o contador, mas receberão diminuição de pena pela confissão.

(C) apenas o contador será processado criminalmente pela sonegação fiscal em continuidade delitiva, já que a confissão espontânea dos contribuintes acarreta o perdão judicial.

(D) apenas os contribuintes serão processados criminalmente, já que foram eles que se beneficiaram da supressão do tributo. A ação do contador é uma participação inócua.

(E) todos serão processados criminalmente pela prática de sonegação fiscal, sendo cada contribuinte processado em concurso com o contador. O contador responderá, portanto, pela prática de crime na forma continuada, ao passo que cada contribuinte responderá por um único crime.

3. (EXAME 2009)

Paulo e Roberto são amigos e resolvem abrir uma empresa, destinada à concessão de financiamento para a aquisição de imóveis com juros bem abaixo do mercado, a Morar Bem Ltda. No contrato social, Paulo e Roberto são sócios, cada um com 50% das cotas, e ambos com poderes de gerência. Inicialmente, o negócio vai bem. Diversos clientes, atraídos pelas taxas de juro diferenciadas, pagam a Morar Bem Ltda., no ato de assinatura do contrato, o sinal de R$ 10.000,00 e passam a efetuar prestações mensais de R$ 1.000,00. Nos termos do contrato, depois de seis meses, o cliente já estaria apto a receber o financiamento de R$ 30.000,00 para a compra de sua casa própria. Contudo, logo Paulo e Roberto constatam que o empreendimento é inviável, pois a quantidade de dinheiro captada não é suficiente para honrar o compromisso firmado com os clientes. Tentando salvar o empreendimento, Paulo e Roberto tomam as seguintes providências: publicam anúncios em jornais de grande circulação para captar mais clientes, anunciando falsamente que cem por cento dos clientes já haviam sido contemplados e estavam plenamente satisfeitos, e destacando mais uma vez que a Morar Bem Ltda. pratica a menor taxa de juros do mercado. Por cautela, para se preservarem contra eventuais ações cíveis e penais, promovem uma alteração do contrato social da empresa, retirando-se da sociedade e fazendo figurar como sócios-gerentes dois empregados: Marcela e Ricardo. Na prática, apesar da alteração contratual, Paulo e Roberto continuaram a comandar a empresa. Passados cinco anos, centenas de pessoas haviam sido lesadas.

Qual é a situação jurídico-penal de Paulo e Roberto?

(A) Paulo e Roberto não praticaram crime algum, pois os expedientes utilizados caracterizam mera fraude civil. Devem responder com seu patrimônio pelo dano causado aos clientes da Morar Bem Ltda.

(B) Paulo e Roberto praticaram crime de estelionato, pois utilizaram expediente fraudulento, para ludibriar terceiros e lograram obter vantagem patrimonial ilícita.

(C) Paulo e Roberto só podem ser responsabilizados por fatos ocorridos anteriormente à alteração do quadro social da empresa. A responsabilidade penal por crime cometido por meio de pessoa jurídica é daqueles que figuram com sócios-gerentes, no caso, Marcela e Ricardo.

(D) Paulo e Roberto praticaram crime de apropriação indébita, pois se apropriaram do dinheiro de que tinham posse por força do contrato firmado.

(E) Paulo e Roberto não praticaram crime de estelionato ou de apropriação indébita. Ambos atuaram culposamente, pois não previram o resultado danoso e tais crimes não estão previstos na modalidade culposa no Código Penal.

4. (EXAME 2009)

O Ministério Público recebeu representação do Tribunal de Contas do Estado nos seguintes termos: "A fiscalização deste Tribunal de Contas apurou que Justina Semprônia, funcionária pública, na condição de reitora de uma Universidade Estadual, praticou as seguintes irregularidades na sua administração: contratação de pessoal sem concurso público, contratação de pessoal em período proibido, manutenção de pessoal com contrato vencido e recebimento de servidores cedidos irregularmente. Segundo consta nos documentos, tais fatos ocorreram entre abril de 2004 e abril de 2008. Não obstante inexista qualquer proveito próprio ou de outrem dissociado do interesse público, tais fatos constituem graves irregularidades, razão pela qual a presente representação é enviada ao Ministério Público." Com base nesse relato, o que deve fazer o Ministério Público?

(A) Instauração de representação ao Tribunal de Contas do Estado, já que se trata de mera infração administrativa.

(B) Representação ao Tribunal de Justiça, já que se trata de mera infração administrativa.

(C) Instauração de inquérito para apuração do crime de peculato.

(D) Instauração de inquérito para apuração do crime de utilização irregular de verbas públicas.

(E) Instauração de inquérito para apuração do crime de prevaricação.

5. (EXAME 2006)

Para responder à questão leia este texto extraído da obra *Os miseráveis* de Victor Hugo:

Uma porta de dois batentes, então fechada, a separava da grande sala onde se instalara o tribunal.

A escuridão era tamanha, que ele não receou dirigir-se ao primeiro advogado que encontrou.

– *Meu senhor – disse – em que ponto estão?*

– *Já acabaram – respondeu o advogado.*

– *Acabaram!*

Esta palavra foi repetida com tal expressão, que o advogado se voltou.

– *Perdão; mas, por acaso, o senhor é algum parente do réu?*

– *Não; não conheço ninguém por aqui. Mas houve alguma condenação?*

– *Sem dúvida. Não podia ser de outro modo.*

– *Trabalhos forçados?*

– *Por toda a vida.*

Ele, então, replicou com voz tão fraca, que apenas se podia ouvir.

– *A identidade então foi provada?*

– *Que identidade? – perguntou o advogado. Não havia nenhuma identidade a constatar. O caso era muito simples. A mulher matou a própria filha, o infanticídio foi provado, o júri negou ter havido premeditação, e ela foi condenada por toda a vida.*

– *Então, é uma mulher? – disse ele.*

– *Mas, é claro. Uma tal de Limosin. De que estava falando?*

– *De nada; mas, já que tudo acabou, como é que a sala ainda está iluminada?*

– *Ah! Esse é outro julgamento, que começou há, mais ou menos, duas horas.*

– *Que julgamento?*

– *É também um caso muito simples. Trata-se de uma espécie de vagabundo, um reincidente, um grilheta que praticou um roubo. Não sei mais como se chama. Afinal, tem mesmo cara de bandido. Só por aquela cara eu o mandaria para as galés.*

....

Como havia muitas causas a julgar, o presidente havia marcado para o mesmo dia dois casos simples e breves. Começara pelo infanticídio [...] O homem havia roubado frutas, mas isso não estava bem provado: o que era certo era ter ele estado nas galés de Toulon.

....

Quem era aquele homem? Fez-se um inquérito, ouviram-se testemunhas; todas estavam unânimes, e durante os debates novos esclarecimentos vieram elucidar a questão. A acusação dizia [...] O defensor desempenhara-se admiravelmente, nesse linguajar de província... .

(HUGO, Victor. *Os miseráveis*. Tradução de Frederico Pessoa de Barros. São Paulo: Editora das Américas, 1967. p. 141-142)

Analisando o caso como se tivesse acontecido nos dias atuais no Brasil, verifique as seguintes afirmações:

I. Quem comete dois crimes e é condenado por eles é reincidente, ainda que o segundo seja praticado antes de ser condenado pelo primeiro.

II. O infanticídio pode ser praticado pela mãe, ou pelo pai.

III. O roubo, ainda que de coisa de menor valor, configura crime.

Em relação às afirmações, SOMENTE

(A) I está correta.

(B) II está correta.

(C) III está correta.

(D) I e II estão corretas.

(E) II e III estão corretas.

6. (EXAME 2006)

Antonio e João são sócios de uma empresa. Antonio, sem conhecimento de João, para que a empresa pagasse valor menor de imposto sobre circulação de mercadorias, anota, falsamente, na segunda via da nota fiscal, valor diferente daquele que correspondia à transação realizada. Com isso, pagou imposto menor do que era devido. Em face de sua conduta, Antonio

(A) comete crime contra a ordem tributária, não podendo João ser responsabilizado pelo crime, porque, no direito penal, a responsabilidade é subjetiva.

(B) não comete crime contra a ordem tributária, mas falsidade, punida mais gravemente, não podendo João ser responsabilizado pelo crime, porque, no direito penal, a responsabilidade é subjetiva.

(C) comete crime contra a ordem tributária, podendo João ser responsabilizado pelo crime, porque, sendo sócio da empresa, usufruiu da sonegação.

(D) não comete crime contra a ordem tributária, mas falsidade, punida mais gravemente, podendo João ser responsabilizado pelo crime, porque, sendo sócio da empresa, usufruiu da sonegação.

(E) e, também, João poderão ser acusados pelo crime contra a ordem tributária se, também, for acusada a empresa, pessoa jurídica.

7. (EXAME 2006)

Alguém publica em uma página pessoal na rede mundial de computadores, fotos de crianças e adolescentes (entre 8 e 16 anos) nuas ou em situações que denotam atividade sexual. O Ministério Público não conseguiu, ainda, desvendar a identidade do autor, mas tem provas de que as fotos estão disponíveis em um *site* controlado por uma empresa estrangeira. Conseguiu provar, também, que foram disponibilizadas na rede mundial de computadores por meio de um computador situado no Brasil e que todos os acessos a tais fotos ocorreram por meio de computadores também situados no Brasil.

Com base nos dados acima, é possível afirmar que o crime

(A) está sujeito à aplicação da lei brasileira, já que praticado por brasileiro no exterior.

(B) está sujeito à aplicação da lei brasileira, já que praticado no Brasil, independentemente d a nacionalidade do agente.

(C) está sujeito à aplicação da lei brasileira, já que o Brasil se obrigou a reprimi-lo por meio de um Tratado Internacional.

(D) não está sujeito à aplicação da lei brasileira, já que praticado no país da sede da empresa estrangeira.

(E) não está sujeito à aplicação da lei brasileira, já que praticado por estrangeiro no Brasil.

8. (EXAME 2003)

"Se se proíbem aos cidadãos uma porção de atos indiferentes, não tendo tais atos nada de nocivo, não se previnem os crimes: ao contrário, faz-se que surjam novos, porque se mudam arbitrariamente as idéias ordinárias de vício e virtude, que todavia se proclamam eternas e imutáveis.

Além disso, a que ficaria o homem reduzido, se fosse preciso interdizer-lhe tudo o que pode ser para ele uma ocasião de praticar o mal? Seria preciso começar por tirar-lhe o uso dos sentidos.

Para um motivo que leva os homens a cometer um crime, há mil outros que os levam a ações indiferentes, que só são delitos perante as más leis. Ora, quanto mais se estender a esfera dos crimes, tanto mais se fará que sejam cometidos, porque se verão os delitos multiplicarem- se à medida que os motivos de delitos especificados pelas leis forem mais numerosos, sobretudo se a maioria dessas leis não passarem de privilégios, isto é, de um pequeno número de senhores"

(BECCARIA, Cesare. **Dos delitos e das penas**. São Paulo: Tecnoprint. p. 194).

O texto acima

(A) confirma o princípio da intervenção mínima em matéria penal, que orienta e limita o poder incriminador do Estado, preconizando que a criminalização de uma conduta só se legitima se constituir meio necessário para a proteção de determinado bem jurídico.

(B) contraria o princípio da fragmentariedade, segundo o qual não se destina o direito penal a tutelar todo e qualquer bem jurídico, nem toda ação ou omissão que venha a lesá-lo.

(C) confirma o conteúdo expansivo do controle social penal, razão primeira do sistema punitivo estatal.

(D) contraria o princípio da subsidiariedade, que põe em destaque o fato de não ser o direito penal o único instrumento de controle social formal dotado de recursos coativos.

(E) contraria o princípio da ofensividade, que afirma não ser legítima a intervenção penal se o comportamento humano não estiver revestido de lesividade.

---

9. (EXAME 2003)

De acordo com o princípio da culpabilidade, a responsabilidade penal

(A) não depende de o agente ter atuado sob condições psíquicas, pessoais e situacionais que lhe permitissem conhecer o caráter ilícito do fato.

(B) é subjetiva, isto é, somente poderá responder pelo fato aquele que quis praticá-lo ou deixou de observar um dever de cuidado.

(C) é pessoal, podendo o agente responder tanto por fatos próprios como de outrem.

(D) é objetiva, fundando-se no mero nexo de causalidade material.

(E) pode decorrer de fatos alheios ou acontecimentos naturais.

---

10. (EXAME 2003)

Aquele que, sem praticar ato executório, concorre, de qualquer modo, para a realização do crime, por ele responderá na condição de

(A) autor mediato.

(B) autor.

(C) co-autor.

(D) co-autor moral.

(E) partícipe.

---

11. (EXAME 2003)

Instruções: A questão contêm duas afirmações. Assinale, na folha de respostas,

(A) se as duas são verdadeiras e a segunda justifica a primeira.

(B) se as duas são verdadeiras e a segunda não justifica a primeira.

(C) se a primeira é verdadeira e a segunda é falsa.

(D) se a primeira é falsa e a segunda é verdadeira.

(E) se as duas são falsas.

A reparação do dano, antes do recebimento da denúncia, pelo autor de crime sem violência ou grave ameaça à pessoa, deve ser considerada na segunda fase do cálculo da pena

PORQUE

o arrependimento posterior constitui circunstância atenuante.

---

12. (EXAME 2002)

A regra que veda ao legislador, em matéria penal, estabelecer incriminações vagas e indeterminadas decorre do princípio da

(A) culpabilidade.

(B) igualdade.

(C) humanidade da pena.

(D) proporcionalidade.

(E) legalidade.

---

13. (EXAME 2002)

O resultado é imprescindível para a consumação dos crimes

(A) comissivos.

(B) formais.

(C) de mera conduta.

(D) omissivos impróprios.

(E) omissivos próprios.

---

14. (EXAME 2002)

Considere as seguintes afirmações sobre os crimes culposos:

I. A culpa concorrente da vítima não exclui a do réu.

II. É possível a tentativa de crime culposo.

III. Para a configuração dos delitos culposos não se dispensa a previsibilidade do resultado.

IV. A imprudência resulta da falta de aptidão técnica.

SOMENTE é correto o que se afirma em

(A) I e II.

(B) I e III.

(C) II e III.

(D) II e IV.

(E) III e IV.

---

15. (EXAME 2001)

Quanto às causas de extinção da punibilidade, é possível afirmar que

(A) o dia do começo não se inclui no cômputo do prazo da decadência.

(B) no concurso de crimes a prescrição incide sobre a pena total.

(C) a perempção ocorre na ação penal pública condicionada.

(D) a anistia pode ser concedida por decreto do Presidente da República.

(E) a graça constitui medida de caráter individual, dependente de solicitação.

---

16. (EXAME 2001)

Na fixação e no cálculo da pena, o juiz NÃO pode

(A reconhecer circunstância atenuante não prevista em lei.

(B) estabelecer o regime prisional inicial fechado para o condenado a pena inferior a quatro anos e primário.

(C) substituir a pena privativa de liberdade inferior a um ano por multa, em crime sem violência ou grave ameaça à pessoa, se o condenado for reincidente.

(D) aplicar o redutor pela tentativa e, em seguida, o acréscimo pela reincidência.

(E) conceder a suspensão condicional se o sentenciado foi condenado anteriormente a pena de multa.

---

17. (EXAME 2001)

Considere as seguintes afirmações sobre os crimes contra o patrimônio:

I. A receptação não admite a figura privilegiada do delito.

II. A apropriação indébita qualificada não admite a suspensão condicional do processo.

III. A ação penal é pública incondicionada em relação ao terceiro que auxilia agente a praticar estelionato contra o tio deste último.

IV. É cabível arrependimento posterior no crime de dano culposo.

SOMENTE é correto o que se afirma em

(A) I e II
(B) I e III
(C) II e III
(D) II e IV
(E) III e IV

18. (EXAME 2001)

Instruções: A questão contêm duas afirmações. Assinale, na folha de respostas,

(A) se as duas são verdadeiras e a segunda justifica a primeira.
(B) se as duas são verdadeiras e a segunda não justifica a primeira.
(C) se a primeira é verdadeira e a segunda é falsa.
(D) se a primeira é falsa e a segunda é verdadeira
(E) se as duas são falsas.

A concussão é crime formal

PORQUE

exige a ocorrência do resultado para alcançar a consumação.

19. (EXAME 2000)

Instruções: Para responder à, considere este hipotético Projeto de Lei:

Art. **1º** Esta lei disciplina o uso da Internet para difusão de informações, comunicação pessoal e empresarial, bem como as atividades econômicas e relações jurídicas vinculadas.

Art. **2º** Antes de iniciar suas atividades, a empresa de comercialização de produtos ou serviços pela Internet deverá obter a aprovação do órgão federal competente, renovável a cada cinco anos, comprovando o atendimento das exigências de capacitação técnica e econômica previstas em lei específica.

Parágrafo único - A empresa que, na realização de seus objetivos sociais, utilize serviços de pessoas físicas para desenvolvimento de sua atividade fim, será considerada empregadora desde que comprovadas a pessoalidade e a fiscalização direta dos trabalhos, mesmo quando os serviços sejam realizados por empresa interposta, assegurando-se ao contratado todos os direitos decorrentes do contrato de trabalho.

Art. **3º** A capacidade dos contratantes será condição de validade das transações efetuadas pela Internet para débito eletrônico em conta bancária.

Art. **4º** Considera-se crime informático, punido com pena de um a três anos de reclusão e multa, o acesso, sem autorização, aos registros de computador alheio, com a finalidade de causar dano, alterar informações ou obter qualquer outra vantagem ilícita.

§ 1º – A pena será acrescida de um terço se o agente divulga o conteúdo do registro.

§ 2º – A pena será reduzida de um terço se o agente não é reincidente e não houve perda dos registros.

§ 3º – O crime será punido com pena de dois a cinco anos de reclusão se:

I – o agente ingressou em computador situado em outro país;

II – o ingresso ocorreu em computador de órgão público.

Art. **5º** A competência para o julgamento dos crimes informáticos é da Justiça Federal, só se procedendo mediante ação penal pública incondicionada, ficando vedada a ação penal privada subsidiária da pública.

§ 1º – O prazo de decadência para oferecimento da denúncia é de seis meses após o conhecimento da autoria pelo ofendido ou pela autoridade policial.

§ 2º – Se a comarca em que foi cometido o crime não for sede da Justiça Federal, a denúncia poderá ser oferecida por membro do Ministério Público Estadual perante juiz estadual, sendo o recurso julgado pelo Tribunal de Justiça do Estado.

§ 3º – O juiz poderá, em despacho fundamentado, determinar a quebra do sigilo dos dados constantes do computador do investigado ou acusado.

Art. **6º** As disposições dessa lei deverão ser observadas estritamente pelos aplicadores, sendo vedada qualquer interpretação.

Art. **7º** Esta lei entra em vigor na data de sua publicação.

É correto afirmar em relação ao art. 4º do Projeto:

(A) No § 1º é previsto tipo qualificado e no § 3º é prevista causa de aumento da pena.
(B) O crime definido no *caput* é doloso, sendo suficiente o dolo genérico.
(C) Nos § 1º e 3º são previstos tipos qualificados.
(D) Pode-se aplicar o § 2º quando, apesar de condenação por crime anterior, o novo crime não foi cometido após sentença condenatória transitada em julgado.
(E) O crime definido no *caput* poderá ser punido como culposo, quando o acesso ao computador alheio não foi intencional.

20. (EXAME 2000)

Para fixar o acréscimo de pena em virtude de crimes cometidos em continuação (art. 71, *caput*, do Código Penal), deve o juiz levar em conta

(A) os tipos de crimes.
(B) as distâncias entre os locais dos crimes.
(C) o tempo abrangido pelos crimes.
(D) a gravidade dos crimes.
(E) o número de crimes.

21. (EXAME 2000)

Instruções: A questão contêm duas afirmações. Assinale, na folha de respostas,

(A) se as duas são verdadeiras e a segunda justifica a primeira.

(B) se as duas são verdadeiras e a segunda não justifica a primeira.

(C) se a primeira é verdadeira e a segunda é falsa.

(D) se a primeira é falsa e a segunda é verdadeira.

(E) se as duas são falsas.

O crime de quadrilha ou bando é multitudinário

PORQUE

quadrilha ou bando é crime que exige mais de três pessoas para ser cometido.

22. (EXAME 1999)

Instruções: Para responder à questão a seguir, considere o texto abaixo.

João faleceu devido ao consumo de medicamento que continha substância nociva à saúde. Essa substância foi adicionada por Paulo, proprietário do estabelecimento Farmópolis, no qual João adquirira o medicamento. A Polícia apreendeu, na Farmópolis, frascos do medicamento expostos à venda e que continham a mesma substância nociva.

Em virtude da comoção provocada pelo caso, fiscais municipais realizaram inspeção na Distrimel, distribuidora do medicamento, apurando que esta vinha adulterando o prazo de validade indicado nas embalagens do medicamento para comercializar produto já vencido. Com base no art. 56, IV, do Código de Defesa do Consumidor (CDC), os fiscais declararam cassado o registro do medicamento, anteriormente obtido pelo fabricante junto ao órgão federal competente.

Invocando os arts. 81 e 82, II, do CDC, o Município ajuizou ação coletiva visando a obrigar a Distrimel a indenizar as pessoas que haviam consumido o medicamento com prazo de validade adulterado. O juiz indeferiu liminarmente a petição inicial, por manifesta ilegitimidade ativa. Fundamentou-se na inconstitucionalidade do art. 82, II, do CDC, na parte em que legitima o Município a exercer a defesa judicial coletiva de direitos de consumidores, porque em contradição com o art. 24, VIII, da Constituição Federal, segundo o qual apenas a União, os Estados e o Distrito Federal são competentes para legislar sobre responsabilidade por dano ao consumidor.

Constituição Federal

"Art. 24. Compete à União, aos Estados e ao Distrito Federal legislar concorrentemente sobre: (...)

VIII – responsabilidade por dano ao meio ambiente, ao consumidor, a bens e direitos de valor artístico, estético, histórico, turístico e paisagístico; (...)"

Código de Defesa do Consumidor

"Art.55. (...)

§ 1º A União, os Estados, o Distrito Federal e os Municípios fiscalizarão e controlarão a produção, industrialização, distribuição, a publicidade de produtos e serviços e o mercado de consumo, no interesse da preservação da vida, da saúde, da segurança, da informação e do bem-estar do consumidor, baixando as normas que se fizerem necessárias. (...)"

"Art. 56. As infrações das normas de defesa do consumidor ficam sujeitas, conforme o caso, às seguintes sanções administrativas, sem prejuízo das de natureza civil, penal e das definidas em normas específicas. (...)

IV – cassação do registro do produto junto ao órgão competente; (...)"

"Art. 81. A defesa dos interesses e direitos dos consumidores e das vítimas poderá ser exercida em juízo individualmente, ou a título coletivo. (...)"

"Art. 82. Para os fins do art. 81, parágrafo único, são legitimados concorrentemente: (...)

II – A União, os Estados, os Municípios e o Distrito Federal; (...)"

O art. 273 do Código Penal define, no caput , como crime, a conduta de "falsificar, corromper, adulterar ou alterar produto destinado a fins terapêuticos ou medicinais." No § 1º, consta que incorre na mesma pena "quem importa, vende, expõe à venda, tem em depósito para vender ou, de qualquer forma,distribui ou entrega a consumo o produto falsificado, corrompido, adulterado ou alterado."

No caso, vindo o Promotor de Justiça a acusar Paulo de ter "adulterado o produto destinado a fins terapêuticos ou medicinais", "exposto à venda e vendido o medicamento adulterado", haverá

(A) crime único.

(B) crime continuado.

(C) concurso formal.

(D) concurso material de dois crimes.

(E) concurso material de três crimes.

23. (EXAME 1999)

O Código Penal, no art. 218, define o crime de corrupção de menores, como o ato de "corromper ou facilitar a corrupção de pessoa maior de 14 (catorze) e menor de 18 (dezoito) anos, com ela praticando ato de libidinagem, ou induzindo-a a praticá-lo ou presenciá-lo."

A respeito do crime acima definido admite-se a seguinte afirmativa:

(A) Em todas as condutas previstas no tipo penal, se a ação for dirigida a pessoa com 13 (treze) anos, em face da presunção de violência, haverá atentado violento ao pudor.

(B) O ato de libidinagem referido no tipo penal abrange a conjunção carnal.

(C) A descrição típica permite que o crime possa ser punido por dolo ou culpa.

(D) O crime não admite a tentativa.

(E) Não é possível a prática de vários crimes em continuação.

24. (EXAME 1999)

Assinale, na folha de respostas, a alternativa que contém SOMENTE afirmações corretas.

(A) I e III
(B) II e III
(C) II e IV
(D) III e IV
(E) I, II, III e IV

Em relação ao Código Penal:

I. A legítima defesa real é causa de exclusão da punibilidade.

II. A prescrição da pretensão punitiva em face da pena em concreto compreende período anterior ao recebimento da denúncia.

III. A Lei de Tortura e a Lei dos Crimes Hediondos não admitem progressão de regime prisional.

IV. Os crimes próprios admitem co-autoria e participação.

25. (EXAME 1998)

O crime de corrupção passiva, definido no art. 317 do Código Penal ("Solicitar ou receber, para si ou para outrem, direta ou indiretamente, ainda que fora da função ou antes de assumi-la, mas em razão dela, vantagem indevida, ou aceitar promessa de tal vantagem.") é classificado pela doutrina como crime:

(A) de culpa imprópria.
(B) próprio.
(C) de mão própria.
(D) impróprio.
(E) permanente.

26. (EXAME 1998)

"A" foi condenado à pena de multa, em 05.01.97, por crime de furto simples cometido em 10.03.96, transitando a sentença em julgado no dia 23.01.97. No dia 15.12.97, foi novamente condenado por estelionato cometido em 20.10.96, às penas privativa de liberdade e multa, tornando-se definitiva a decisão em 30.12.97. Em face das duas condenações, "A"

(A) é reincidente porque a segunda condenação é posterior à primeira.

(B) é reincidente porque o crime da segunda condenação é posterior ao crime da primeira.

(C) não é reincidente porque a primeira condenação foi à pena de multa e a segunda à pena privativa e multa.

(D) não é reincidente porque o crime da primeira condenação (furto) é diferente do crime da segunda condenação (estelionato).

(E) não é reincidente porque o crime da segunda condenação é anterior à data do trânsito em julgado da primeira condenação.

27. (EXAME 1999) DISCURSIVA

João começou a reforma de sua residência, mas não desejando se submeter às exigências legais, ofereceu, no dia 10 de março de 1999, importância em dinheiro para o fiscal Antonio, que deixou a reforma prosseguir. Ficou combinado que, durante o tempo da reforma, João daria a Antonio, por mês, a importância de R$ 100,00 (cem reais). A primeira parcela foi entregue no mesmo dia 10 de março. Pedro, vizinho de João, importunado com a reforma, informou à Delegacia de Polícia o ocorrido, e, também, que haviam sido pagas mais outras duas parcelas nos dias 10 de abril e de maio. Disse, ainda, que no próximo dia 10 de junho, Antonio iria receber a importância de R$ 100,00. Os policiais civis ficaram, no dia 10 de junho, escondidos na casa de Pedro, à espera do momento em que Antonio iria receber o dinheiro. No ato da entrega, prenderam Antonio e João em flagrante delito. Elaborado o auto de prisão em flagrante, os autos do inquérito foram remetidos a Juízo e encaminhados ao Promotor de Justiça. O advogado de João ingressou com pedido de relaxamento da prisão em flagrante, afirmando que se trata de flagrante preparado. O advogado de Antonio alegou que o crime já se consumara por ocasião da entrega da primeira parcela combinada, não havendo mais situação de flagrância.

Como Promotor de Justiça, analise as condutas de João e de Antonio e as alegações de seus Advogados.

BATERIA DE QUESTÕES EXTRAS[1]

28. (EXAME OAB VI.2)

Com relação ao Regime Disciplinar Diferenciado, instituído pela Lei 10.792/2003, assinale a alternativa correta.

(A) O período de aplicação do Regime Disciplinar Diferenciado não poderá ultrapassar 360 (trezentos e sessenta dias), sendo vedada a repetição da sanção por nova falta grave.

(B) O Regime Disciplinar diferenciado não poderá ser aplicado a presos provisórios, mesmo no caso de crimes hediondos.

(C) A autorização para a inclusão do preso em regime disciplinar dependerá de requerimento circunstanciado elaborado pelo diretor do estabelecimento ou outra autoridade administrativa e despacho fundamentado da autoridade judicial competente.

(D) O preso terá direito a sair de sua cela por um período de 2 (duas) horas semanais para banho de sol, salvo nos casos de crimes inafiançáveis.

29. (EXAME OAB VI.2)

Com relação às causas de extinção da punibilidade previstas no artigo 107 do Código Penal, assinale a alternativa correta.

(A) O perdão do ofendido é ato unilateral, prescindindo de anuência do querelado.

(B) Nos crimes conexos, a extinção da punibilidade de um deles impede, quanto aos outros, a agravação da pena resultante da conexão.

(C) A perempção é causa de extinção de punibilidade exclusiva da ação penal privada.

(D) Em caso de morte do réu, não há falar em extinção da punibilidade, devendo o juiz absolvê-lo com base no método de resolução de conflitos do in dubio pro reo.

---

1 Organizadora FGV

30. (EXAME OAB VI.2)

Grávida de nove meses, Maria se desespera e, visando evitar o nascimento de seu filho, toma um comprimido contendo um complexo vitamínico, achando, equivocadamente, tratar-se de uma pílula abortiva. Ao entrar em trabalho de parto, poucos minutos depois, Maria dá à luz um bebê saudável. Todavia, Maria, sob a influência do estado puerperal, lança a criança pela janela do hospital, causando-lhe o óbito. Com base no relatado acima, é correto afirmar que Maria praticou

(A) crime de homicídio qualificado pela utilização de recurso que impediu a defesa da vítima.

(B) em concurso material os crimes de aborto tentado e infanticídio consumado.

(C) apenas o crime de infanticídio.

(D) em concurso formal os crimes de aborto tentado e infanticídio consumado.

31. (EXAME OAB VI.2)

Acerca dos princípios que limitam e informam o Direito Penal, assinale a afirmativa correta.

(A) O princípio da insignificância diz respeito aos comportamentos aceitos no meio social.

(B) A conduta da mãe que autoriza determinada enfermeira da maternidade a furar a orelha de sua filha recém-nascida não configura crime de lesão corporal por conta do princípio da adequação social.

(C) O princípio da legalidade não se aplica às medidas de segurança, que não possuem natureza de pena, tanto que somente quanto a elas se refere o art. 1º do Código Penal.

(D) O princípio da lesividade impõe que a responsabilidade penal seja exclusivamente subjetiva, ou seja, a conduta penalmente relevante deve ter sido praticada com consciência e vontade ou, ao menos, com a inobservância de um dever objetivo de cuidado.

32. (EXAME OAB VI.2)

Rama, jovem de 19 anos, estava cuidando de suas irmãs mais novas, Sita e Durga, enquanto a mãe viajava a trabalho. Na tarde desse dia, Rama recebeu uma ligação dos amigos, que o chamaram para sair com o objetivo de comemorar o início das férias. Certo de que não se demoraria, Rama deixou as crianças, ambas com 4 anos, brincando sozinhas no quintal de casa, que era grande, tinha muitos brinquedos e uma piscina. Ocorre que Rama bebeu demais e acabou perdendo a hora, chegando em casa tarde da noite, extremamente alcoolizado. As meninas ficaram sem alimentação durante todo o tempo e ainda sofreram com várias picadas de pernilongos. Com base na situação apresentada, é correto afirmar que Rama praticou crime

(A) de lesão corporal leve por meio de omissão imprópria.

(B) de perigo para a vida ou saúde de outrem.

(C) de abandono de incapaz, com causa de aumento de pena.

(D) previsto no Estatuto da Criança e do Adolescente.

33. (EXAME OAB VI.2)

Maquiavel, industrial dono de uma fábrica de pincéis feitos de pelos de cabra, sabia ser essencial a desinfecção dos pelos para que os funcionários pudessem manuseá-los, sob pena de contração de grave enfermidade. Ocorre que Maquiavel, querendo cortar custos e acreditando piamente que nenhum de seus funcionários padeceria de qualquer moléstia, pois eram todos "homens de bem", resolveu por bem não proceder ao tratamento com desinfetante. Ao manusearem os pelos de cabra que não haviam passado pela limpeza, quatro funcionários da empresa de Maquiavel faleceram. Maquiavel, então, foi denunciado e consequentemente processado pela prática de homicídio culposo, na modalidade culpa consciente. No curso do processo, entretanto, restou provado que ainda que os pelos de cabra tivessem passado pela ação do desinfetante, os quatro funcionários morreriam, porque os microrganismos já estavam resistentes à ação do desinfetante que devia ter sido utilizado. Com base na situação descrita e tendo por base os estudos acerca da imputação objetiva, é corretor afirmar que Maquiavel

(A) deve, realmente, responder por homicídio culposo, na modalidade culpa consciente.

(B) não praticou fato típico, sendo amparado pelo princípio da confiança, que limita o dever objetivo de cuidado.

(C) agiu dentro de um risco permitido, razão pela qual o resultado não lhe pode se imputado.

(D) não pode ter o fato imputado a si, pois, com sua conduta, não incrementou risco já existente.

34. (EXAME OAB VI.1)

Ana Maria, aluna de uma Universidade Federal, afirma que José, professor concursado da instituição, trai a esposa todo dia com uma gerente bancária. A respeito do fato acima, é correto afirmar que Ana Maria praticou o crime de

(A) calúnia, pois atribuiu a José o crime de adultério, sendo cabível, entretanto, a oposição de exceção da verdade com o fim de demonstrar a veracidade da afirmação.

(B) difamação, pois atribuiu a José fato desabonador que não constitui crime, sendo cabível, entretanto, a oposição de exceção da verdade com o fim de demonstrar a veracidade da afirmação, uma vez que José é funcionário público.

(C) calúnia, pois atribuiu a José o crime de adultério, não sendo cabível, na hipótese, a oposição de exceção da verdade.

(D) difamação, pois atribuiu a José fato desabonador que não constitui crime, não sendo cabível, na hipótese, a oposição de exceção da verdade.

35. (EXAME OAB VI.1)

José dispara cinco tiros de revólver contra Joaquim, jovem de 26 (vinte e seis) anos que acabara de estuprar sua filha. Contudo, em decorrência de um problema na mira da arma, José erra seu alvo, vindo a atingir Rubem, senhor de 80 (oitenta) anos, ceifando-lhe a vida.

A esse respeito, é correto afirmar que José responderá

(A) pelo homicídio de Rubem, agravado por ser a vítima maior de 60 (sessenta) anos.

(B) por tentativa de homicídio privilegiado de Joaquim e homicídio culposo de Rubem, agravado por ser a vítima maior de 60 (sessenta) anos.

(C) apenas por tentativa de homicídio privilegiado, uma vez que ocorreu erro quanto à pessoa.

(D) apenas por homicídio privilegiado consumado, uma vez que ocorreu erro na execução.

36. (EXAME OAB VI.1)

Otelo objetiva matar Desdêmona para ficar com o seguro de vida que esta havia feito em seu favor. Para tanto, desfere projétil de arma de fogo contra a vítima, causando-lhe a morte. Todavia, a bala atravessa o corpo de Desdêmona e ainda atinge Iago, que passava pelo local, causando-lhe lesões corporais. Considerando-se que Otelo praticou crime de homicídio doloso qualificado em relação a Desdêmona e, por tal crime, recebeu pena de 12 anos de reclusão, bem como que praticou crime de lesão corporal leve em relação a Iago, tendo recebido pena de 2 meses de reclusão, é correto afirmar que

(A) o juiz deverá aplicar a pena mais grave e aumentá-la de um sexto até a metade.

(B) o juiz deverá somar as penas.

(C) é caso de concurso formal homogêneo.

(D) é caso de concurso formal impróprio.

37. (EXAME OAB VI.1)

Ares, objetivando passear com a bicicleta de Ártemis, desfere contra esta um soco. Ártemis cai, Ares pega a bicicleta e a utiliza durante todo o resto do dia, devolvendo-a ao anoitecer. Considerando os dados acima descritos, assinale a alternativa correta.

(A) Ares praticou crime de roubo com a causa de diminuição de pena do arrependimento posterior.

(B) Ares praticou atípico penal.

(C) Ares praticou constrangimento ilegal.

(D) Ares praticou constrangimento legal com a causa de diminuição de pena do arrependimento posterior.

38. (EXAME OAB VI.1)

Nise está em gozo de suspensão condicional da execução da pena. Durante o período de prova do referido benefício, Nise passou a figurar como indiciada em inquérito policial em que se apurava eventual prática de tráfico de entorpecentes. Ao saber de tal fato, o magistrado responsável decidiu por bem prorrogar o período de prova. Atento ao caso narrado e consoante legislação pátria, é correto afirmar que

(A) não está correta a decisão de prorrogação do período de prova.

(B) a hipótese é de revogação facultativa do benefício.

(C) a hipótese é de revogação obrigatória do benefício.

(D) Nise terá o benefício obrigatoriamente revogado se a denúncia pelo crime de tráfico de entorpecentes for recebida durante o período de prova.

39. (EXAME OAB VI.1)

No dia 18/10/2005, Eratóstenes praticou um crime de corrupção ativa em transação comercial internacional (Art. 337-B do CP), cuja pena é de 1 a 8 anos e multa. Devidamente investigado, Eratóstenes foi denunciado e, em 20/1/2006, a inicial acusatória foi recebida. O processo teve regular seguimento e, ao final, o magistrado sentenciou Eratóstenes, condenando-o à pena de 1 ano de reclusão e ao pagamento de dez dias-multa. A sentença foi publicada em 7/4/2007. O Ministério Público não interpôs recurso, tendo, tal sentença, transitado em julgado para a acusação. A defesa de Eratóstenes, por sua vez, que objetivava sua absolvição, interpôs sucessivos recursos. Até o dia 15/5/2011, o processo ainda não havia tido seu definitivo julgamento, ou seja, não houve trânsito em julgado final. Levando-se em conta as datas descritas e sabendo-se que, de acordo com o art. 109, incisos III e V, do Código Penal, a prescrição, antes de transitar em julgado a sentença final, verifica-se em 12 (doze) anos se o máximo da pena é superior a quatro e não excede a oito anos e em 4 (quatro) anos se o máximo da pena é igual a um ano ou, sendo superior, não exceda a dois, com base na situação apresentada, é correto afirmar que

(A) não houve prescrição da pretensão punitiva nem prescrição da pretensão executória, pois desde a publicação da sentença não transcorreu lapso de tempo superior a doze anos.

(B) ocorreu prescrição da pretensão punitiva retroativa, pois, após a data da publicação da sentença e a última data apresentada no enunciado, transcorreu lapso de tempo superior a 4 anos.

(C) ocorreu prescrição da pretensão punitiva superveniente, que pressupõe o trânsito em julgado para a acusação e leva em conta a pena concretamente imposta na sentença.

(D) não houve prescrição da pretensão punitiva, pois, como ainda não ocorreu o trânsito em julgado final, deve-se levar em conta a teoria da pior hipótese, de modo que a prescrição, se houvesse, somente ocorreria doze anos após a data do fato.

40. (EXAME OAB VI.1)

Tício está sendo investigado pela prática do delito de roubo simples, tipificado no artigo 157, caput, do Código Penal. Concluída a investigação, o Delegado Titular da 41ª Delegacia Policial envia os autos ao Ministério Público, a fim de que este tome as providências que entender cabíveis. O Parquet, após a análise dos autos, decide pelo arquivamento do feito, por faltas de provas de autoria. A vítima ingressou em juízo com uma ação penal privada subsidiária da pública, que foi rejeitada pelo juiz da causa, que, no caso acima, agiu

(A) erroneamente, tendo em vista a Lei Processual admite a ação privada nos crimes de ação pública quando esta não for intentada.

(B) corretamente, pois a vítima não tem legitimidade para ajuizar ação penal privada subsidiária da pública.

(C) corretamente, já que a Lei Processual não admite a ação penal privada subsidiária da pública nos casos em que o Ministério Público não se mantém inerte.

(D) erroneamente, já que a Lei Processual admite, implicitamente, a ação penal privada subsidiária da pública.

41. (EXAME OAB V)

Ao tomar conhecimento de um roubo ocorrido nas adjacências de sua residência, Caio compareceu à delegacia de polícia e noticiou o crime, alegando que vira Tício, seu inimigo capital, praticar o delito, mesmo sabendo que seu desafeto se encontrava na Europa na data do fato. Em decorrência do exposto, foi instaurado inquérito policial para apurar as circunstâncias do ocorrido. A esse respeito, é correto afirmar que Caio cometeu

(A) delito de denunciação caluniosa.

(B) crime de falso testemunho.

(C) delito de comunicação falsa de crime.

(D) delito de calúnia.

42. (EXAME OAB V)

Jefferson, segurança da mais famosa rede de supermercados do Brasil, percebeu que João escondera em suas vestes três sabonetes, de valor aproximado de R$ 12,00 (doze reais). Ao tentar sair do estabelecimento, entretanto, João é preso em flagrante delito pelo segurança, que chama a polícia. A esse respeito, assinale a alternativa correta.

(A) Embora sua conduta constitua crime, João deverá ser absolvido, uma vez que a prisão em flagrante é nula, por ter sido realizada por um segurança particular.

(B) A conduta de João não constitui crime, uma vez que o fato é materialmente atípico.

(C) A conduta de João constitui crime, uma vez que se enquadra no artigo 155 do Código Penal, não estando presente nenhuma das causas de exclusão de ilicitude ou culpabilidade, razão pela qual este deverá ser condenado.

(D) A conduta de João não constitui crime, uma vez que este agiu em estado de necessidade.

43. (EXAME OAB V)

Apolo foi ameaçado de morte por Hades, conhecido matador de aluguel. Tendo tido ciência, por fontes seguras, que Hades o mataria naquela noite e, com o intuito de defender-se, Apolo saiu de casa com uma faca no bolso de seu casaco. Naquela noite, ao encontrar Hades em uma rua vazia e escura e, vendo que este colocava a mão no bolso, Apolo precipita-se e, objetivando impedir o ataque que imaginava iminente, esfaqueia Hades, provocando-lhe as lesões corporais que desejava. Todavia, após o ocorrido, o próprio Hades contou a Apolo que não ia matá-lo, pois havia desistido de seu intento e, naquela noite, foi ao seu encontro justamente para dar-lhe a notícia. Nesse sentido, é correto afirmar que

(A) havia dolo na conduta de Apolo.

(B) mesmo sendo o erro inescusável, Apolo responde a título de dolo.

(C) mesmo sendo o erro escusável, Apolo não é isento de pena.

(D) Apolo não agiu em legítima defesa putativa.

44. (EXAME OAB V)

As regras do concurso formal perfeito (em que se adota o sistema da exasperação da pena) foram adotadas pelo Código Penal com o objetivo de beneficiar o agente que, mediante uma só conduta, praticou dois ou mais crimes. No entanto, quando o sistema da exasperação for prejudicial ao acusado, deverá prevalecer o sistema do cúmulo material (em que a soma das penas será mais vantajosa do que o aumento de uma delas com determinado percentual, ainda que no patamar mínimo). A essa hipótese, a doutrina deu o nome de

(A) exasperação sui generis.

(B) concurso formal imperfeito.

(C) concurso material benéfico.

(D) concurso formal heterogêneo.

45. (EXAME OAB V)

Acerca da aplicação da lei penal no tempo e no espaço, assinale a alternativa correta.

(A) Na ocorrência de sucessão de leis penais no tempo, não será possível a aplicação da lei penal intermediária mesmo se ela configurar a lei mais favorável.

(B) As leis penais temporárias e excepcionais são dotadas de ultra-atividade. Por tal motivo, são aplicáveis a qualquer delito, desde que seus resultados tenham ocorrido durante sua vigência.

(C) O ordenamento jurídico-penal brasileiro prevê a combinação de leis sucessivas sempre que a fusão puder beneficiar o réu.

(D) Se um funcionário público a serviço do Brasil na Itália praticar, naquele país, crime de corrupção passiva (art. 317 do Código Penal), ficará sujeito à lei penal brasileira em face do princípio da extraterritorialidade.

46. (EXAME OAB V)

Joaquim, conduzindo seu veículo automotor (que se encontrava sem as placas de identificação) em velocidade superior à máxima permitida para a via – 50km/h –, pratica o crime de lesões corporais culposas em virtude da sua não observância ao dever objetivo de cuidado no trânsito. Com base na situação acima e à luz do Código de Trânsito Brasileiro, assinale a alternativa correta.

(A) Pelo fato de Joaquim praticar o fato na condução de veículo automotor sem placas de identificação, o Juiz poderá, caso entenda necessário, agravar a penalidade do crime.

(B) A pena a que Joaquim estará sujeito não se alterará se a lesão corporal culposa for praticada em faixa de pedestres ou mesmo na calçada.

(C) Por se tratar a lesão corporal culposa praticada na direção de veículo automotor de uma infração de menor potencial ofensivo, Joaquim responderá pelo seu crime no Juizado Especial Criminal.

(D) Sem prejuízo da pena de detenção correspondente, Joaquim estará sujeito à suspensão ou proibição de se obter a permissão ou a habilitação para dirigir veículo automotor.

Conteúdo 15
DIREITO PROCESSUAL PENAL

1. (EXAME 2009)

Em *blitz* de rotina realizada em uma rodovia, policiais federais pararam um motorista que dirigia acima da velocidade permitida. Os documentos apresentados pelo motorista tinham indícios de falsidade. Ao fazerem uma busca no veículo, os policiais encontraram escondida, embaixo do banco, uma mala contendo dez quilos de cocaína. Os policiais levaram o motorista até o posto rodoviário e, em conversa informal, obtiveram uma confissão do motorista, que também informou quem era o dono da droga. A conversa foi gravada sem conhecimento do motorista, que não havia sido informado de seu direito de permanecer calado. Logo após, os policiais conduziram o motorista à delegacia de polícia mais próxima, para lavratura do auto de prisão em flagrante. Interrogado pela autoridade policial, o motorista não confirmou seu depoimento, passando a negar que soubesse que estava conduzindo a droga, pois o carro era emprestado. Com base nesse caso, é CORRETO afirmar que a gravação da confissão do motorista é

(A) prova ilícita, pois ele não foi informado do seu direito de permanecer calado.

(B) prova lícita, pois ele não pode invocar seu direito de privacidade, já que estava cometendo um crime.

(C) prova lícita e válida para condená-lo, mas não é válida para condenar a pessoa que ele delatou.

(D) prova ilícita, em função de não ter sido colhida pelo Ministério Público.

(E) prova lícita, pois o interesse público na apuração na verdade real se sobrepõe ao exercício do direito de defesa no caso.

2. (EXAME 2006)

Para responder à questão leia este texto extraído da obra *Os miseráveis* de Victor Hugo:

Uma porta de dois batentes, então fechada, a separava da grande sala onde se instalara o tribunal.

A escuridão era tamanha, que ele não receou dirigir-se ao primeiro advogado que encontrou.

– Meu senhor – disse – em que ponto estão?

– Já acabaram – respondeu o advogado.

– Acabaram!

Esta palavra foi repetida com tal expressão, que o advogado se voltou.

– Perdão; mas, por acaso, o senhor é algum parente do réu?

– Não; não conheço ninguém por aqui. Mas houve alguma condenação?

– Sem dúvida. Não podia ser de outro modo.

– Trabalhos forçados?

– Por toda a vida.

Ele, então, replicou com voz tão fraca, que apenas se podia ouvir.

– A identidade então foi provada?

– Que identidade? – perguntou o advogado. Não havia nenhuma identidade a constatar. O caso era muito simples. A mulher matou a própria filha, o infanticídio foi provado, o júri negou ter havido premeditação, e ela foi condenada por toda a vida.

– Então, é uma mulher? – disse ele.

– Mas, é claro. Uma tal de Limosin. De que estava falando?

– *De nada; mas, já que tudo acabou, como é que a sala ainda está iluminada?*

– *Ah! Esse é outro julgamento, que começou há, mais ou menos, duas horas.*

– *Que julgamento?*

– *É também um caso muito simples. Trata-se de uma espécie de vagabundo, um reincidente, um grilheta que praticou um roubo. Não sei mais como se chama. Afinal, tem mesmo cara de bandido. Só por aquela cara eu o mandaria para as galés.*

....

Como havia muitas causas a julgar, o presidente havia marcado para o mesmo dia dois casos simples e breves. Começara pelo infanticídio [...] O homem havia roubado frutas, mas isso não estava bem provado: o que era certo era ter ele estado nas galés de Toulon.

....

Quem era aquele homem? Fez-se um inquérito, ouviram-se testemunhas; todas estavam unânimes, e durante os debates novos esclarecimentos vieram elucidar a questão. A acusação dizia [...] O defensor desempenhara-se admiravelmente, nesse linguajar de província... .

(HUGO, Victor. *Os miseráveis*. Tradução de Frederico Pessoa de Barros. São Paulo: Editora das Américas, 1967. p. 141-142)

Analisando, ainda, o caso como se tivesse ocorrido nos dias atuais no Brasil,

(A) se houvesse condenação, poderia ser aplicada pena por toda a vida.

(B) se os jurados condenassem pelo infanticídio, deveriam em seguida votar quesitos específicos para a fixação da pena.

(C) o fato de o condenado por roubo ser reincidente qualifica o crime.

(D) o procedimento para julgar o roubo seria semelhante ao adotado no caso, com debates orais entre a acusação e o advogado.

(E) o infanticídio seria julgado pelo júri.

3. (EXAME 2003)

No ordenamento brasileiro, constitui resquício do sistema de julgamento por convicção íntima o julgamento

(A) nos casos de competência originária dos tribunais.

(B) pela Justiça Militar.

(C) pelo Tribunal do Júri.

(D) de crimes de imprensa.

(E) de crimes contra a segurança nacional.

4. (EXAME 2002)

A possibilidade de o Ministério Público dispor da ação penal pública, propondo ao autor da infração de menor potencial ofensivo a aplicação imediata de pena não privativa de liberdade, sem oferecimento de denúncia e instauração de processo, é chamada de

(A) renúncia.

(B) composição dos danos civis.

(C) transação penal.

(D) perdão.

(E) suspensão condicional do processo.

5. (EXAME 2002)

A representação, nos crimes de ação penal pública condicionada,

(A) é irretratável, durante a investigação criminal e durante o processo até a sentença.

(B) pode ser oferecida por qualquer pessoa do povo em favor de ofendido órfão.

(C) deve ser oferecida até seis meses após o fato, sob pena de decadência.

(D) não vincula o Ministério Público que, assim, pode denunciar pessoa diversa da apontada na representação.

(E) em caso de ofendido menor, com idade entre 18 e 21 anos, só pode ser oferecida pelo representante legal.

6. (EXAME 2002)

Instruções: A questão contêm duas afirmações. Assinale, na folha de respostas,

(A) se as duas são verdadeiras e a segunda justifica a primeira.

(B) se as duas são verdadeiras e a segunda não justifica a primeira.

(C) se a primeira é verdadeira e a segunda é falsa.

(D) se a primeira é falsa e a segunda é verdadeira.

(E) se as duas são falsas.

O Delegado de Polícia não pode arquivar inquérito policial

PORQUE

o arquivamento do inquérito policial deve ser determinado pelo membro do Ministério Público.

7. (EXAME 2001)

Em hipótese de absolvição proferida em processo iniciado por queixa do ofendido, o Ministério Público

(A) poderá apelar da sentença em caso de ação privada subsidiária da pública.

(B) poderá apelar da sentença independentemente da espécie da ação penal.

(C) nunca poderá apelar da sentença.

(D) poderá apelar da sentença em caso de ação privada exclusiva.

(E) poderá apelar da sentença em caso de ação privada personalíssima.

8. (EXAME 2001)

A revisão criminal, no sistema brasileiro,

(A) poderá ser requerida em qualquer tempo, somente enquanto estiver vivo o condenado.

(B) é cabível em caso de sentença absolutória transitada em julgado que aplicou medida de segurança.

(C) é julgada pelo juiz de direito que proferiu a sentença condenatória a ser revista.

(D) não pode ser requerida com pedido cumulado de indenização pelo erro judiciário, a qual deve ser pleiteada no juízo cível.

(E) não se presta ao reconhecimento da nulidade do processo condenatório.

9. (EXAME 2000)

Instruções: Para responder à, considere este hipotético Projeto de Lei:

Art. **1º** Esta lei disciplina o uso da Internet para difusão de informações, comunicação pessoal e empresarial, bem como as atividades econômicas e relações jurídicas vinculadas.

Art. **2º** Antes de iniciar suas atividades, a empresa de comercialização de produtos ou serviços pela Internet deverá obter a aprovação do órgão federal competente, renovável a cada cinco anos, comprovando o atendimento das exigências de capacitação técnica e econômica previstas em lei específica.

Parágrafo único - A empresa que, na realização de seus objetivos sociais, utilize serviços de pessoas físicas para desenvolvimento de sua atividade fim, será considerada empregadora desde que comprovadas a pessoalidade e a fiscalização direta dos trabalhos, mesmo quando os serviços sejam realizados por empresa interposta, assegurando-se ao contratado todos os direitos decorrentes do contrato de trabalho.

Art. **3º** A capacidade dos contratantes será condição de validade das transações efetuadas pela Internet para débito eletrônico em conta bancária.

Art. **4º** Considera-se crime informático, punido com pena de um a três anos de reclusão e multa, o acesso, sem autorização, aos registros de computador alheio, com a finalidade de causar dano, alterar informações ou obter qualquer outra vantagem ilícita.

§ 1º – A pena será acrescida de um terço se o agente divulga o conteúdo do registro.

§ 2º – A pena será reduzida de um terço se o agente não é reincidente e não houve perda dos registros.

§ 3º – O crime será punido com pena de dois a cinco anos de reclusão se:

I – o agente ingressou em computador situado em outro país;

II – o ingresso ocorreu em computador de órgão público.

Art. **5º** A competência para o julgamento dos crimes informáticos é da Justiça Federal, só se procedendo mediante ação penal pública incondicionada, ficando vedada a ação penal privada subsidiária da pública.

§ 1º – O prazo de decadência para oferecimento da denúncia é de seis meses após o conhecimento da autoria pelo ofendido ou pela autoridade policial.

§ 2º – Se a comarca em que foi cometido o crime não for sede da Justiça Federal, a denúncia poderá ser oferecida por membro do Ministério Público Estadual perante juiz estadual, sendo o recurso julgado pelo Tribunal de Justiça do Estado.

§ 3º – O juiz poderá, em despacho fundamentado, determinar a quebra do sigilo dos dados constantes do computador do investigado ou acusado.

Art. **6º** As disposições dessa lei deverão ser observadas estritamente pelos aplicadores, sendo vedada qualquer interpretação.

Art. **7º** Esta lei entra em vigor na data de sua publicação.

O art. 5º do Projeto

(A) não podia, no *caput*, vedar a ação penal privada subsidiária da pública.

(B) podia estabelecer no *caput* a competência da Justiça Federal para todos os crimes informáticos.

(C) podia delegar ao Tribunal Estadual, conforme § 2º, o julgamento do recurso.

(D) podia prever, no § 1º, prazo de decadência para a ação penal pública, em consonância com o sistema já adotado pelo Código de Processo Penal.

(E) usou corretamente o vocábulo "despacho", no § 3º, porque o ato de concessão da medida cautelar nele prevista não tem conteúdo decisório.

10. (EXAME 2000)

O ofendido, como assistente do Ministério Público, pode interpor

(A) apelação, agravo de execução e recurso extraordinário.

(B) agravo de execução, embargos de declaração e embargos infringentes.

(C) protesto por novo júri, apelação e recurso em sentido estrito.

(D) recurso especial, recurso em sentido estrito e embargos infringentes.

(E) recurso especial, apelação e embargos de declaração.

11. (EXAME 2000)

Durante a execução de pena privativa de liberdade, o

(A) condenado tem direito à remição à razão de um dia de pena por cinco dias de trabalho.

(B) condenado deve, necessariamente, ser submetido a exame criminológico.

(C) juiz poderá determinar a substituição da pena por medida de segurança, se sobrevier doença mental.

(D) juiz não poderá, se o condenado progrediu para regime semi-aberto, determinar o seu retorno ao regime fechado.

(E) condenado, se tiver cumprido dois terços da pena e tiver bom comportamento, terá direito à conversão da pena em multa ou em pena restritiva.

12. (EXAME 1999)

Segundo a teoria dos frutos da árvore envenenada ou venenosa, no Direito Processual Penal,

(A) a declaração de nulidade de um ato processual gera a nulidade dos atos válidos que lhe são dependentes.

(B) o vício de parte da sentença contamina-a inteiramente.

(C) a prova obtida mediante interceptação telefônica não pode ser utilizada em processo diverso daquele para o qual foi autorizada.

(D) a obtenção de prova por meio ilícito contamina a prova que lhe é derivada, ainda que esta seja produzida de forma regular.

(E) se produzida prova não prevista expressamente no Código de Processo Penal, não pode o juiz considerá-la no momento da sentença, sob pena de nulidade.

13. (EXAME 1999)

Assinale, na folha de respostas, a alternativa que contém SOMENTE afirmações corretas.

(A) I e III
(B) II e III
(C) II e IV
(D) III e IV
(E) I, II, III e IV

Em relação ao Direito Processual Penal:

I. As coisas apreendidas poderão ser restituídas pelo juiz ou pela autoridade policial, conforme o caso.

II. Se uma das partes arrolar mais testemunhas do que o número permitido e o juiz ouvir todas, há nulidade por ofensa ao princípio constitucional da isonomia processual.

III. O habeas corpus e a revisão criminal são, segundo o Código de Processo Penal, recursos, mas a doutrina atribui-lhes a natureza de ação.

IV. Admite-se, durante a execução penal, a conversão de multa em pena de detenção.

14. (EXAME 1999)

Instruções: A questão contém duas afirmações.

Assinale, na folha de respostas,

(A) se as duas são verdadeiras e a segunda justifica a primeira.
(B) se as duas são verdadeiras e a segunda não justifica a primeira.
(C) se a primeira é verdadeira e a segunda é falsa.
(D) se a primeira é falsa e a segunda é verdadeira.
(E) se as duas são falsas.

O Prefeito acusado de crime de homicídio doloso deve ser julgado pelo Tribunal do Júri e não pelo Tribunal de Justiça

PORQUE

a competência do Júri, para os crimes dolosos contra a vida, estabelecida na Constituição Federal, prevalece sobre a competência por prerrogativa de função do Tribunal de Justiça para julgar Prefeitos, também prevista na Constituição Federal.

15. (EXAME 1998)

O art. 5º, inc. LV, da Constituição Federal, afirma que "aos litigantes, em processo judicial ou administrativo, e aos acusados em geral são assegurados o contraditório e ampla defesa, com os meios e recursos a ela inerentes".

Em face desse preceito constitucional e de regras do Código de Processo Penal,

(A) a garantia do contraditório não impede que, nos casos de revelia, o processo siga sem intimação dos atos posteriores ao advogado constituído ou nomeado.

(B) a garantia do contraditório exige, no inquérito policial, por ser processo administrativo, que o suspeito seja previamente intimado para comparecer aos atos de investigação e para a audiência de testemunhas.

(C) a garantia da ampla defesa não exige que seja nomeado advogado ao revel que não tenha defensor constituído.

(D) a referência aos recursos inerentes à defesa não permite, segundo orientação assentada do Supremo Tribunal Federal, que possa ser imposta ao réu a prisão para apelar.

(E) admite-se o contraditório posterior para prova pericial no inquérito policial e para decretação de prisão preventiva.

16. (EXAME 1998)

A apelação, no Código de Processo Penal,

(A) interposta contra sentença condenatória só tem efeito devolutivo.

(B) interposta pelo ofendido é admissível quando o Ministério Público tenha recorrido de parte da sentença absolutória.

(C) interposta contra sentença do juiz-presidente do Tribunal do Juri não pode ser alterada pelo Tribunal de Justiça.

(D) permite, como sucede com o recurso em sentido estrito, retratação do juiz que proferiu a sentença.

(E) permite que o tribunal dê ao fato nova definição jurídica com base em circunstância elementar não contida, explícita ou implicitamente, na denúncia.

17. (EXAME 1998)

Ação Privada Subsidiária

I. A ação privada subsidiária consagrada constitucionalmente excepciona a regra constitucional da titularidade exclusiva do Ministério Público em relação à ação penal pública.

II. Aplicam-se à ação privada subsidiária as normas do Código Penal sobre renúncia e perdão do ofendido, bem como sobre decadência.

III. Não se admite, segundo entendimento do Supremo Tribunal Federal, a ação privada subsidiária em caso de arquivamento do inquérito policial.

IV. A ação privada subsidiária, apesar de inexistir vedação expressa no Código Penal, não é admitida em crimes praticados mediante violência ou grave ameaça.

Assinale na folha de respostas a alternativa que contém SOMENTE afirmações corretas.

(A) I e II
(B) I e III
(C) II e IV
(D) III e IV
(E) I, II e III

18. (EXAME 1998)

A vítima não pode utilizar a sentença penal condenatória transitada em julgado como título executivo judicial no juízo civil

PORQUE

o Código de Processo Penal não prevê a cumulação de ação penal com a ação civil.

Assinale, na folha de respostas,

(A) se as duas são verdadeiras e a segunda justifica a primeira.
(B) se as duas são verdadeiras e a segunda não justifica a primeira.
(C) se a primeira é verdadeira e a segunda é falsa.
(D) se a primeira é falsa e a segunda é verdadeira.
(E) se as duas são falsas.

19. (EXAME 2002) DISCURSIVA

A pessoa jurídica **X** tem como sócios **A** e **B**, o primeiro com 98% das cotas sociais e o segundo com 2%. O primeiro dirige a empresa. O segundo atua na parte de produção. A polícia estadual descobriu que o funcionário **C**, por ordem do sócio **A**, adquiriu notas fiscais de empresa inexistente (empresa fantasma). Com a contabilização das notas fiscais "frias", a empresa conseguiu pagar menos imposto de renda (tributo federal) e menos imposto sobre circulação de mercadorias e serviços – ICMS (tributo estadual). Vindo o inquérito a juízo, o Promotor de Justiça estadual, descrevendo os fatos antes referidos, ofereceu denúncia, imputando aos sócios **A** e **B** e ao funcionário **C** a prática dolosa de crime contra a ordem tributária. Capitulou as condutas dos denunciados no artigo 2º, I, da Lei 8.137/90, porque, de comum acordo, teriam empregado fraude para que a empresa **X** se eximisse, parcialmente, do pagamento do ICMS. Requereu, ainda, a remessa de cópia dos autos ao Ministério Público federal para que, se fosse o caso, viesse a ser oferecida outra denúncia em relação à sonegação do imposto de renda perante a Justiça Federal. O juiz estadual não recebeu a denúncia por três motivos: a) incompetência da Justiça Estadual; b) impossibilidade de ser incluído na denúncia o sócio **B**; c) erro no enquadramento do fato no artigo 2º, I, da Lei 8.137/90, pois o correto seria enquadrá-lo no artigo 1º, IV, da mesma lei.

Analise a decisão e esclareça se procedem os motivos aventados pelo juiz e se serviriam, efetivamente, para justificar o não recebimento da denúncia.

20. (EXAME 2001) DISCURSIVA

João desferiu tiros em Antonio, vindo a causar-lhe a morte. Ao ser ouvido perante a autoridade policial, João afirmou que agiu em legítima defesa, pois Antonio, dizendo que ia matá-lo, veio em sua direção com um facão e o derrubou. Então, em defesa própria, João atirou. Não fora localizada nenhuma testemunha presencial, mas os investigadores policiais souberam que Carlos, filho de João, presenciara o fato. Sendo intimado para prestar depoimento, Carlos se recusou a comparecer, pois sabia que a versão de seu pai não era verdadeira, tendo ele, na realidade, atirado em Antonio, de surpresa, porque este não pagara uma dívida. Inexistia, portanto, a situação de legítima defesa. Em virtude da atitude de Carlos, o Delegado de Polícia intimou-o novamente para comparecer à Delegacia, fazendo constar da intimação que, se não comparecesse, seria conduzido coercitivamente, e, caso se calasse ao ser perguntado sobre o fato, seria indiciado por falso testemunho.

Como advogado de Carlos, esclareça-o sobre a possibilidade de se recusar a depor e sobre a legalidade de eventual condução coercitiva e indiciamento por crime de falso testemunho.

BATERIA DE QUESTÕES EXTRAS[1]

21. (EXAME OAB VI.2)

No tocante ao inquérito policial, é correto afirmar que

(A) por ser um procedimento investigatório que visa reunir provas da existência (materialidade) e autoria de uma infração penal, sua instauração é indispensável.

(B) pode ser arquivado por determinação da Autoridade Policial se, depois de instaurado, inexistirem provas suficientes da autoria e materialidade do crime em apuração.

(C) para qualquer modalidade criminosa, deverá terminar no prazo de 10 (dez) dias se o indiciado tiver sido preso em flagrante ou estiver preso preventivamente, ou no prazo de 30 (trinta) dias, quando estiver solto.

(D) tem valor probatório relativo, mesmo porque os elementos de informação, no inquérito policial, não são colhidos sob a égide do contraditório e ampla defesa, nem na presença do magistrado.

22. (EXAME OAB VI.2)

Mévio recebeu intimação para comparecer ao Juizado Especial Criminal pelo fato de ter em sua guarda espécie silvestre considerada ameaçada de extinção. Mévio não aceitou a proposta de transação penal ofertada pelo membro do Parquet, tendo sido denunciado por crime previsto na Lei 9.605/98, nada sendo mencionado sobre o instituto da suspensão condicional do processo. A esse respeito, é correto afirmar que

(A) nos crimes previstos na Lei Ambiental, após o cumprimento das condições da proposta, o juiz somente declarará a extinção da punibilidade após o laudo de constatação de reparação do dano ambiental, salvo no caso de impossibilidade de fazê-lo.

(B) não é possível a suspensão condicional do processo nos crimes definidos na Lei Ambiental.

(C) o juiz, entendendo cabível o instituto, poderá formular e oferecer a proposta de suspensão do processo ao acusado.

(D) nos crimes previstos na Lei Ambiental, após o cumprimento das condições da proposta, o juiz declarará extinta a punibilidade.

23. (EXAME OAB VI.2)

A Justiça Brasileira recebeu Carta Rogatória encaminhada pelo Ministério das Relações Exteriores a pedido da Embaixada da Romênia, com o fim de verificar a possível ocorrência de crime de lavagem de dinheiro do empresário brasileiro Z. A quem compete a execução da Carta Rogatória?

(A) Aos Juízes Federais.

(B) Ao Superior Tribunal de Justiça.

(C) Aos Juízes Estaduais.

(D) Ao Supremo Tribunal Federal.

---

1 Organizadora FGV

24. (EXAME OAB VI.2)

O policial Fernando recebe determinação para investigar a venda de drogas em uma determinada localidade, próximo a uma reconhecida Faculdade de Direito. A autoridade judiciária autoriza que o policial, nesse primeiro momento, não atue sobre os portadores e vendedores de entorpecentes, com a finalidade de identificar e responsabilizar um maior número de integrantes na operacionalização do tráfico e de sua distribuição. A figura do flagrante diferido é prevista em quais legislações brasileiras?

(A) Na Lei de Drogas (11.343/06) e na Lei do Crime Organizado (9.034/95).

(B) Somente na Lei de Drogas (11.343/06).

(C) Na Lei de Drogas (11.343/06) e na Lei de Crimes Hediondos (8.072/90).

(D) Na Lei do Crime Organizado (9.034/95) e na Lei de Crimes Hediondos (8.072/90).

25. (EXAME OAB VI.2)

Em relação à conexão intersubjetiva por simultaneidade, assinale a alternativa correta.

(A) Ocorre quando duas ou mais pessoas forem acusadas pela mesma infração.

(B) Ocorre quando duas ou mais infrações são praticadas, por várias pessoas, umas contra as outras.

(C) Ocorre quando duas ou mais infrações são praticadas, ao mesmo tempo, por várias pessoas reunidas.

(D) Ocorre quando a prova de uma infração influir na prova de outra infração.

26. (EXAME OAB VI.1)

Caio, Mévio e Tício estão sendo acusados pela prática do crime de roubo majorado. No curso da instrução criminal, ficou comprovado que os três acusados agiram em concurso para a prática do crime. Os três acabaram condenados, e somente um deles recorreu da decisão. A decisão do recurso interposto por Caio

(A) aproveitará aos demais, sempre.

(B) se fundado em motivos que não sejam de caráter exclusivamente pessoal, aproveitará aos outros.

(C) sempre aproveitará apenas ao recorrente.

(D) aproveitará aos demais, desde que eles tenham expressamente consentido nos autos com os termos do recurso interposto.

27. (EXAME OAB VI.1)

A Constituição do Estado X estabeleceu foro por prerrogativa de função aos prefeitos de todos os seus Municípios, estabelecendo que "os prefeitos serão julgados pelo Tribunal de Justiça". José, Prefeito do Município Y, pertencente ao Estado X, está sendo acusado da prática de corrupção ativa em face de um policial rodoviário federal.

Com base na situação acima, o órgão competente para o julgamento de José é

(A) a Justiça Estadual de 1ª Instância.

(B) o Tribunal de Justiça.

(C) o Tribunal Regional Federal.

(D) a Justiça Federal de 1ª Instância.

28. (EXAME OAB VI.1)

Trácio foi denunciado pela prática do delito descrito no artigo 333 do Código Penal. A peça inaugural foi recebida pelo Juiz Titular da Vara Única da Comarca X, que presidiu a Audiência de Instrução e Julgamento. Encerrada a instrução do feito, o processo foi concluso ao juiz substituto, que proferiu sentença condenatória, tendo em vista que o juiz titular havia sido promovido e estava, nesse momento, na 11ª Vara Criminal da Comarca da Capital. De acordo com a Lei Processual Penal, assinale a alternativa correta.

(A) A sentença é nula, porque foi prolatada por juiz que não presidiu a instrução do feito, em desacordo com o princípio da identidade física do juiz.

(B) A sentença é nula, porque ao juiz substituto é vedada a prolação de decisão definitiva ou terminativa.

(C) Não há nulidade na sentença, porque não se faz exigível a identidade física do juiz diante das peculiaridades narradas no enunciado.

(D) A sentença é nula, porque viola o princípio do juiz natural.

29. (EXAME OAB VI.1)

Com base no Código de Processo Penal, acerca dos recursos, assinale a alternativa correta.

(A) Todos os recursos têm efeito devolutivo, e alguns têm também os efeitos suspensivo e iterativo.

(B) O recurso de apelação sempre deve ser interposto no prazo de cinco dias a contar da intimação, devendo as razões ser interpostas no prazo de oito dias.

(C) Apesar do princípio da complementaridade, é defeso ao recorrente complementar a fundamentação de seu recurso quando houver complementação da decisão recorrida.

(D) A carta testemunhável tem o objetivo de provocar o reexame da decisão que denegar ou impedir seguimento de recurso em sentido estrito, agravo em execução e apelação.

30. (EXAME OAB V)

Tendo em vista o enunciado da súmula vinculante n. 14 do Supremo Tribunal Federal, quanto ao sigilo do inquérito policial, é correto afirmar que a autoridade policial poderá negar ao advogado

(A) a vista dos autos, sempre que entender pertinente.

(B) o acesso aos elementos de prova que ainda não tenham sido documentados no procedimento investigatório.

(C) a vista dos autos, somente quando o suspeito tiver sido indiciado formalmente.

(D) do indiciado que esteja atuando com procuração o acesso aos depoimentos prestados pelas vítimas, se entender pertinente.

31. (EXAME OAB V)

Quando se tratar de acusação relativa à prática de infração penal de menor potencial ofensivo, cometida por estudante de direito, a competência jurisdicional será determinada pelo(a)

(A) natureza da infração praticada e pela prevenção.

(B) natureza da infração praticada.

(C) natureza da infração praticada e pelo local em que tiver se consumado o delito.

(D) local em que tiver se consumado o delito.

32. (EXAME OAB V)

A respeito da prova no processo penal, assinale a alternativa correta.

(A) A prova objetiva demonstra a existência/inexistência de um determinado fato ou a veracidade/falsidade de uma determinada alegação. Todos os fatos, em sede de processo penal, devem ser provados.

(B) As leis em geral e os costumes não precisam ser comprovados.

(C) A lei processual pátria prevê expressamente a inadmissibilidade da prova ilícita por derivação, perfilhando-se à "teoria dos frutos da árvore envenenada" *("fruits of poisonous tree")*.

(D) São consideradas provas ilícitas aquelas obtidas com a violação do direito processual. Por outro lado, são consideradas provas ilegítimas as obtidas com a violação das regras de direito material.

33. (EXAME OAB V)

Aristóteles, juiz de uma vara criminal da justiça comum, profere sentença em processo-crime cuja competência era da justiça militar. Com base em tal afirmativa, pode-se dizer que a não observância de Aristóteles à matriz legal gerará a

(A) nulidade absoluta do ato.

(B) nulidade relativa do ato.

(C) irregularidade do ato.

(D) inexistência do ato.

34. (EXAME OAB V)

Da sentença que absolver sumariamente o réu caberá(ão)

(A) recurso em sentido estrito.

(B) embargos.

(C) revisão criminal.

(D) apelação.

Conteúdo 16
DIREITO DO TRABALHO

1. (EXAME 2009)

A Constituição de 1988 estabelece a obrigatoriedade de participação dos sindicatos nas negociações coletivas e assegura o reconhecimento dos acordos e convenções coletivas de trabalho.

PORQUE

O Brasil ratificou a Convenção 87 da Organização Internacional do Trabalho – OIT, que determina a ampla liberdade sindical, proíbe a cobrança de contribuições sindicais obrigatórias e exige a participação das entidades sindicais nas negociações coletivas.

Assinale, na Folha de Respostas, a alternativa CORRETA de acordo com a seguinte chave:

(A) as duas afirmações são falsas.
(B) as duas afirmações são verdadeiras, e a segunda justifica a primeira.
(C) as duas afirmações são verdadeiras, e a segunda não justifica a primeira.
(D) a primeira afirmação é verdadeira, e a segunda é falsa.
(E) a primeira afirmação é falsa, e a segunda é verdadeira.

2. (EXAME 2009)

Sem trabalho eu não sou nada
Não tenho dignidade
Não sinto o meu valor
Não tenho identidade

RUSSO, Renato.

Quem deu a ti, carrasco, esse poder sobre mim?

GOETHE.

A proteção contra a despedida arbitrária no direito brasileiro é constitucionalmente assegurada. Entretanto, não são poucos os casos apreciados pelos tribunais em que se discute a validade de dispensas de empregados portadores do vírus HIV. A respeito do tema, é CORRETO afirmar que

(A) o empregado despedido por esse motivo não poderá ajuizar reclamação trabalhista com pedido de antecipação de tutela para obter sua reintegração ao emprego, tendo em vista ser incabível no direito processual do trabalho tal modalidade de provimento jurisdicional.
(B) o empregado despedido por ser portador do vírus HIV e que demonstre ter sido dispensado arbitrariamente por esse motivo, ao ingressar com sua reclamação trabalhista, poderá ser reintegrado por ordem judicial.
(C) o empregado despedido por ser portador do vírus HIV e que recebeu a indenização de 40% dos depósitos de sua conta vinculada de FGTS não pode rediscutir judicialmente a sua despedida, em face do ato jurídico perfeito da rescisão contratual válida.
(D) a confederação sindical poderá ajuizar reclamação trabalhista com pedido de antecipação de tutela jurisdicional, com vistas a obter a reintegração do empregado despedido, cumulando o pedido com o de condenação da empresa em danos morais.
(E) no direito brasileiro, é vedada a reintegração de empregados que não sejam portadores de estabilidades provisórias constitucionalmente asseguradas, tais como grávidas, suplentes e titulares de Comissões Internas de Prevenção de Acidentes.

3. (EXAME 2006)

A questão contêm duas afirmações. Assinale, na Folha de Respostas, a alternativa correta de acordo com a seguinte chave:

(A) as duas afirmações são verdadeiras e a segunda justifica a primeira.

(B) as duas afirmações são verdadeiras e a segunda não justifica a primeira.

(C) a primeira afirmação é verdadeira e a segunda é falsa.

(D) a primeira afirmação é falsa e a segunda é verdadeira.

(E) as duas afirmações são falsas.

O trabalho prestado por pessoa física, sem subordinação jurídica, para determinado tomador de serviços configura uma relação de trabalho e não uma relação de emprego,

PORQUE

a relação de trabalho é um gênero de prestação de serviços que engloba várias espécies (autônomo, eventual, temporário...), dentre elas a relação de emprego, que é o trabalho com subordinação jurídica, prestado por pessoa física.

4. (EXAME 2003)

No Direito do Trabalho, relativamente aos créditos de determinado empregado que houver trabalhado para uma empresa componente de grupo de empresas,

(A) há responsabilidade subsidiária entre todas as empresas componentes deste grupo econômico.

(B) há responsabilidade solidária somente em relação às empresas componentes deste grupo econômico para as quais se destinava diretamente o trabalho do empregado.

(C) há responsabilidade solidária entre todas as empresas componentes deste grupo econômico.

(D) há responsabilidade subsidiária somente em relação às empresas componentes deste grupo econômico para as quais se destinava o trabalho do empregado.

(E) não há responsabilidade solidária nem subsidiária, salvo em relação às empresas para as quais se destinava diretamente o trabalho do empregado.

5. (EXAME 2003)

O empregado dirigente sindical que não comete falta grave tem estabilidade desde

(A) o registro de sua candidatura e, se eleito, até um ano após o término de seu mandato.

(B) o registro de sua candidatura e, se eleito, até trinta dias após o término de seu mandato.

(C) sua posse, se eleito, e até um ano após o término de seu mandato.

(D) sua posse, se eleito, e até trinta dias após o término de seu mandato.

(E) o registro de sua candidatura ou de sua posse e até trinta dias ou um ano após o término do mandato, de acordo com o que for ajustado expressamente em negociação coletiva da categoria.

6. (EXAME 2003)

Instruções: A questão contêm duas afirmações. Assinale, na folha de respostas,

(A) se as duas são verdadeiras e a segunda justifica a primeira.

(B) se as duas são verdadeiras e a segunda não justifica a primeira.

(C) se a primeira é verdadeira e a segunda é falsa.

(D) se a primeira é falsa e a segunda é verdadeira.

(E) se as duas são falsas.

O acordo coletivo de trabalho pode regular determinada relação entre empregado e empregador de forma diversa do que dispõe a convenção coletiva de trabalho da respectiva categoria

PORQUE

o sindicato na condição de representante da categoria profissional não se submete aos limites mínimos estabelecidos na convenção coletiva de trabalho.

7. (EXAME 2002)

Para responder a esta questão considere o art. 442 da Consolidação das Leis do Trabalho (CLT):

> Art. 442. Contrato individual de trabalho é o acordo tácito ou expresso, correspondente à relação de emprego.
>
> Parágrafo único. Qualquer que seja o ramo de atividade da sociedade cooperativa, não existe vínculo entre ela e seus associados, nem entre estes e os tomadores de serviços daquela.

De acordo com o art. 442, *caput* e parágrafo único,

(A) a prestação formal de serviços por cooperativa exclui qualquer possibilidade de configuração de contrato de trabalho.

(B) provada a existência de cooperativa, ainda que informal, não poderá haver reconhecimento de contrato de trabalho.

(C) a existência formal de cooperativa e a demonstração de que não estão presentes os requisitos configuradores da relação de emprego importam o não reconhecimento de contrato de trabalho.

(D) a despeito da existência de cooperativa, ocorrendo qualquer tipo de prestação de serviços por pessoa física, haverá o reconhecimento de contrato de trabalho.

(E) desde que os serviços sejam prestados por pessoa física, haverá sempre reconhecimento de contrato de trabalho, independentemente da forma da prestação.

8. (EXAME 2002)

A parcela paga a título de participação nos lucros da empresa

(A) tem natureza salarial e pode ser ajustada individualmente entre empregado e empregador.

(B) não tem natureza salarial e pode ser ajustada individualmente ou por acordo coletivo.

(C) não tem natureza salarial e deve ser ajustada individualmente entre empregado e empregador.

(D) não tem natureza salarial e deve ser ajustada por comissão escolhida pelas partes com um representante sindical ou por convenção ou por acordo coletivo.

(E) tem natureza salarial e deve ser ajustada por comissão escolhida pelas partes com um representante sindical, por convenção ou acordo coletivo.

9. (EXAME 2002)

Instruções: A questão contêm duas afirmações. Assinale, na folha de respostas,

(A) se as duas são verdadeiras e a segunda justifica a primeira.

(B) se as duas são verdadeiras e a segunda não justifica a primeira.

(C) se a primeira é verdadeira e a segunda é falsa.

(D) se a primeira é falsa e a segunda é verdadeira.

(E) se as duas são falsas.

O empregado tem direito a receber cumulativamente os adicionais de insalubridade e de periculosidade, quando trabalhar em ambiente insalubre e também perigoso

PORQUE

os adicionais de insalubridade e de periculosidade integram o patrimônio do empregado, não mais podendo cessar o seu pagamento, ainda que cessados os efeitos dos agentes agressivos, sob pena de configurar-se alteração contratual ilegal.

10. (EXAME 2001)

Considere as seguintes afirmações sobre alterações do contrato de trabalho:

I. É ilícita a alteração contratual que resulte em prejuízo direto ou indireto ao empregado.

II. É lícita a alteração contratual, fruto do consenso entre empregado e empregador, independentemente do seu efeito no contrato de trabalho.

III. É lícita a alteração contratual decorrente do mútuo consentimento e que não trouxer prejuízo direto ou indireto ao empregado.

IV. É ilícita a alteração contratual fruto do consenso entre empregado e empregador, apenas se causar prejuízo direto ao empregado.

SOMENTE é correto o que se afirma em

(A) I e II

(B) I e III

(C) II e III

(D) II e IV

(E) III e IV

11. (EXAME 2001)

Em caso de dano causado à empresa pelo empregado, o empregador pode efetuar descontos no seu salário

(A) se constatado o dano, independentemente de culpa ou dolo e de ajuste anterior.

(B) na hipótese de dolo comprovado do empregado, desde que ajustado previamente.

(C) se constatado dolo ou culpa do empregado, independentemente de ajuste anterior.

(D) sempre que constatado o dolo do empregado e, no caso de culpa, desde que ajustado previamente.

(E) somente na hipótese de dano decorrente de culpa do empregado, devidamente comprovada.

12. (EXAME 2001)

Com relação aos adicionais, o empregado que trabalha em condição insalubre e passa a trabalhar também em condição perigosa

(A) poderá receber ambos cumulativamente, diante do caráter mais adverso de seu trabalho.

(B) poderá receber ambos, mas até o limite máximo de 50% do salário mínimo.

(C) deverá optar por um dos dois adicionais.

(D) receberá sempre o adicional pago inicialmente.

(E) receberá o adicional resultante do que for ajustado por escrito em seu contrato de trabalho.

13. (EXAME 2001)

Instruções: A questão contêm duas afirmações. Assinale, na folha de respostas,

(A) se as duas são verdadeiras e a segunda justifica a primeira.

(B) se as duas são verdadeiras e a segunda não justifica a primeira.

(C) se a primeira é verdadeira e a segunda é falsa.

(D) se a primeira é falsa e a segunda é verdadeira

(E) se as duas são falsas.

São obrigatórias a filiação sindical, bem como a manutenção da filiação a sindicato representativo de empregados ou de empregadores

PORQUE

é vedada a criação de mais de uma organização sindical, em qualquer grau, representativa de empregados ou de empregadores, na mesma base territorial.

14. (EXAME 2000)

Instruções: Para responder a questões, considere este hipotético Projeto de Lei:

Art. 1º Esta lei disciplina o uso da Internet para difusão de informações, comunicação pessoal e empresarial, bem como as atividades econômicas e relações jurídicas vinculadas.

Art. 2º Antes de iniciar suas atividades, a empresa de comercialização de produtos ou serviços pela Internet deverá obter a aprovação do órgão federal competente, renovável a cada cinco anos, comprovando o atendimento das exigências de capacitação técnica e econômica previstas em lei específica.

Parágrafo único - A empresa que, na realização de seus objetivos sociais, utilize serviços de pessoas físicas para desenvolvimento de sua atividade fim, será considerada empregadora desde que comprovadas a pessoalidade e a fiscalização direta dos trabalhos, mesmo quando os serviços sejam realizados por empresa interposta, assegurando-se ao contratado todos os direitos decorrentes do contrato de trabalho.

Art. 3º A capacidade dos contratantes será condição de validade das transações efetuadas pela Internet para débito eletrônico em conta bancária.

Art. 4º Considera-se crime informático, punido com pena de um a três anos de reclusão e multa, o acesso, sem autorização, aos registros de computador alheio, com a finalidade de causar dano, alterar informações ou obter qualquer outra vantagem ilícita.

§ 1º – A pena será acrescida de um terço se o agente divulga o conteúdo do registro.

§ 2º – A pena será reduzida de um terço se o agente não é reincidente e não houve perda dos registros.

§ 3º – O crime será punido com pena de dois a cinco anos de reclusão se:

I – o agente ingressou em computador situado em outro país;

II – o ingresso ocorreu em computador de órgão público.

Art. 5º A competência para o julgamento dos crimes informáticos é da Justiça Federal, só se procedendo mediante ação penal pública incondicionada, ficando vedada a ação penal privada subsidiária da pública.

§ 1º – O prazo de decadência para oferecimento da denúncia é de seis meses após o conhecimento da autoria pelo ofendido ou pela autoridade policial.

§ 2º – Se a comarca em que foi cometido o crime não for sede da Justiça Federal, a denúncia poderá ser oferecida por membro do Ministério Público Estadual perante juiz estadual, sendo o recurso julgado pelo Tribunal de Justiça do Estado.

§ 3º – O juiz poderá, em despacho fundamentado, determinar a quebra do sigilo dos dados constantes do computador do investigado ou acusado.

Art. 6º As disposições dessa lei deverão ser observadas estritamente pelos aplicadores, sendo vedada qualquer interpretação.

Art. 7º Esta lei entra em vigor na data de sua publicação.

O reconhecimento do contrato de trabalho, no art. 2º, parágrafo único, do Projeto, deve ser considerado

(A) incorreto, porque a empresa interposta é também pessoa jurídica.

(B) incorreto, porque não havendo fiscalização direta é irrelevante tratar-se de atividade meio ou atividade fim.

(C) incorreto, porque não pode haver contrato de trabalho ainda que uma das partes seja pessoa física.

(D) correto, porque, estando presentes os requisitos que configuram o contrato de trabalho, são consideradas empregadoras a empresa interposta e a tomadora de serviços.

(E) correto, porque, estando presentes os requisitos que configuram o contrato de trabalho, é considerada empregadora a empresa tomadora de serviços.

15. (EXAME 2000)

O processo de negociação coletiva constitui

(A) o único pressuposto necessário à elaboração da convenção coletiva.

(B) etapa necessária à celebração da convenção coletiva, sempre nos estritos termos da lei ordinária.

(C) pressuposto para a convenção coletiva, desde que previsto nas normas estatutárias.

(D) pressuposto essencial, salvo se não se tratar de processo bilateral de elaboração da convenção coletiva.

(E) um dos pressupostos fundamentais da convenção coletiva, já que o processo de negociação é sempre bilateral.

16. (EXAME 2000)

Determinada empresa e o sindicato de trabalhadores, representando este todos os empregados do setor de produção desta empresa, ajustam novas condições de trabalho e estabelecem reajuste salarial, num processo de negociação coletiva. O documento subscrito pela empresa e pelo sindicato é

(A) um contrato coletivo de trabalho, porque as novas condições ajustadas são fruto de negociação direta entre as partes.

(B) um acordo coletivo, porque tem caráter normativo, sendo aplicável aos contratos individuais de trabalho, alcançando apenas uma parcela da categoria.

(C) uma decisão normativa, porque as partes decidem ajustar, com força imperativa, novas condições de trabalho e de salário.

(D) uma convenção coletiva, porque estabelece normas gerais, de observância obrigatória no âmbito de sua aplicação.

(E) um acordo individual plúrimo, porque não ajustado com a totalidade da categoria.

17. (EXAME 2000)

Instruções: A questão contêm duas afirmações. Assinale, na folha de respostas,

(A) se as duas são verdadeiras e a segunda justifica a primeira.

(B) se as duas são verdadeiras e a segunda não justifica a primeira.

(C) se a primeira é verdadeira e a segunda é falsa.

(D) se a primeira é falsa e a segunda é verdadeira.

(E) se as duas são falsas.

Empregado que trabalha em sistema de turnos ininterruptos de revezamento tem direito ao cumprimento de jornada de trabalho de seis horas

PORQUE

o artigo 7º, XIII, da Constituição Federal assegura a duração do trabalho normal não superior a 8 horas diárias e 44 horas semanais.

18. (EXAME 1999)

Atenção: Para responder à questão, considere o texto abaixo.

"C – SISTEMAS DE JUSTA CAUSA. Há sistemas jurídicos chamados genéricos nos quais não existe enumeração das figuras de justa causa. A lei limita-se a conceituar justa causa ou, sem conceituá-la, simplesmente indicar os seus efeitos. Exemplifique-se com a Lei do Contrato de Trabalho de Portugal, com a seguinte noção legal: "Considera-se justa causa o comportamento culposo do trabalhador que, pela sua gravidade e consequências, torne imediata e praticamente impossível a subsistência da relação de trabalho". Outro exemplo é o da lei da França, que permite as dispensas individuais havendo causa real e séria. Não é demais acrescentar a lei da Alemanha, segundo a qual a dispensa é autorizada por motivo de justificado interesse social.

Em cada caso concreto o conteúdo desses conceitos é preenchido segundo a avaliação dos interessados, cabendo a interpretação definitiva do juiz.

Em outros sistemas jurídicos, denominados taxativos, a lei enumera as hipóteses de justa causa, às vezes tipificando-as, isto é, descrevendo o fato, outras vezes simplesmente denominando-o sem descrevê-lo, como em nosso direito.

Nada impede ainda que o sistema jurídico de um país adote um critério misto, combinação das duas formas anteriores.

Como em nossa lei é seguido o critério taxativo, não é de maior importância conceituar justa causa. É mais importante indicar as suas figuras e explicar o nomen juris usado pela lei. Outra conseqüência do sistema taxativo é que só será justa causa aquela contida em lei. Não nos parece viável dar validade a figuras de justa causa previstas de outro modo, em convenções coletivas, no regulamento da empresa ou no contrato individual, diante da taxatividade que implica a observância do princípio, análogo ao do direito penal, da anterioridade: *nulla justa causa sine lege*."

(Amauri Mascaro Nascimento. Iniciação ao Direito do Trabalho).

De acordo com o texto apresentado, pode-se afirmar a respeito da justa causa para dispensa de empregado *no regime jurídico brasileiro que*

(A) a legislação trabalhista brasileira adota, quanto ao conceito de justa causa, o chamado sistema híbrido de conceituação.

(B) diante do sistema rígido adotado pela lei brasileira importa, acima de tudo, conceituar a justa causa e indicar os seus efeitos.

(C) o Brasil segue, no que se refere ao conceito de justa causa para dispensa de empregados, os modelos europeus de Portugal, França e Alemanha, segundo os quais: *nulla justa causa sine lege.*

(D) não obstante o critério taxativo de justa causa adotado pela lei brasileira, podem as partes acordar, caso a caso, quanto a novas hipóteses de justa causa para a dispensa de empregado.

(E) o Brasil adota o critério taxativo de justa causa, daí decorrendo que só se pode admitir como justa causa uma das figuras expressamente previstas na lei.

19. (EXAME 1999)

Relativamente ao conceito de justa causa, nos vários sistemas jurídicos, e de acordo com o texto apresentado, é INCORRETO afirmar que

(A) há sistemas jurídicos que não enumeram as figuras da justa causa, limitando-se a conceituar a justa causa e indicar seus efeitos.

(B) o Brasil adota o modelo da enumeração taxativa das justas causas, consoante o modelo alemão.

(C) a dispensa por justa causa pode decorrer de motivo de justificado interesse social, no sistema jurídico alemão, ou de causa real e séria no sistema francês.

(D) o sistema jurídico brasileiro optou pela enumeração das justas causas, não descrevendo cada hipótese de fato.

(E) as convenções coletivas de trabalho, os regulamentos da empresa e os contratos individuais de trabalho não podem criar outras figuras de justa causa.

20. (EXAME 1999)

A idade mínima para o trabalho no Brasil, como regra geral, é de

(A) dezoito anos, salvo na condição de aprendiz, a partir dos doze anos.

(B) quatorze anos, salvo na condição de aprendiz, a partir dos doze anos.

(C) doze anos, tanto na condição de empregado, quanto na condição de aprendiz.

(D) dezesseis anos, salvo na condição de aprendiz, a partir dos quatorze anos.

(E) quatorze anos, tanto na condição de empregado, quanto na condição de aprendiz.

21. (EXAME 1999)

Instruções: A questão contém duas afirmações.

Assinale, na folha de respostas,

(A) se as duas são verdadeiras e a segunda justifica a primeira.

(B) se as duas são verdadeiras e a segunda não justifica a primeira.

(C) se a primeira é verdadeira e a segunda é falsa.

(D) se a primeira é falsa e a segunda é verdadeira.

(E) se as duas são verdadeiras.

O aviso prévio tem lugar quando quem recebe o aviso não comete falta e é compatível com a inexistência de prazo no contrato

PORQUE

desde que não haja justo motivo para a ruptura, o aviso prévio fixa termo final para o contrato, podendo ser da iniciativa tanto do empregado, quanto do empregador.

22. (EXAME 1998)

Determinada senhora foi admitida como cozinheira para trabalhar em escritório de advocacia, de 2ª a 6ª feira. Suas funções consistiam em cuidar da cozinha e da copa da casa em que funcionava o escritório, fazer compras e servir refeições para os advogados e estagiários. A vinculação existente entre a prestadora de serviços e o tomador de serviços era de:

(A) contrato de trabalho, nos termos da Consolidação das Leis do Trabalho.

(B) trabalho doméstico, nos termos da Lei nº 5.859, de 11.12.72.

(C) trabalho autônomo, porque não era cumprida a semana integral, de 2ª feira a sábado, equiparando-se a situação ao trabalho da empregada diarista.

(D) contrato de prestação de serviços, não regulado pela legislação do trabalho.

(E) contrato de trabalho temporário, porque a prestação de serviços ocorria em apenas alguns dias da semana, descaracterizando o contrato de trabalho típico.

23. (EXAME 1998)

Relativamente a dirigente sindical e empregada gestante, em caso de dispensa injusta, é correto afirmar que

(A) nenhum deles têm direito à reintegração no emprego.

(B) ambos têm direito à indenização pelo período restante de estabilidade provisória.

(C) o dirigente sindical tem direito à reintegração no emprego e a gestante não o tem, tendo direito à indenização pelo período restante de estabilidade provisória.

(D) o dirigente sindical tem direito à indenização pelo período restante de estabilidade provisória e a gestante tem direito à reintegração no emprego.

(E) dirigente sindical e empregada gestante podem optar pela reintegração ou pelo recebimento da indenização relativa ao período restante de estabilidade provisória.

24. (EXAME 1998)

Instruções: Na questão são dadas quatro afirmativas que podem estar corretas ou incorretas. Assinale na folha de respostas a alternativa que contém SOMENTE afirmações corretas.

(A) I e II

(B) I e III

(C) II e IV

(D) III e IV

(E) I, II e III

Alteração do contrato individual de trabalho

I. A alteração contratual só é lícita quando ajustada previamente no contrato de trabalho.

II. As alterações contratuais são sempre válidas, desde que fruto de ajuste expresso entre empregado e empregador, no momento de cada alteração.

III. As alterações contratuais para serem válidas devem decorrer de mútuo consentimento e, ainda assim, não podem acarretar prejuízo direto ou indireto ao empregado.

IV. O contrato de trabalho, como regra geral, está sujeito a alterações, desde que respeitados os limites legais para tanto.

25. (EXAME 1998)

Instruções: A questão contêm duas afirmações. Assinale, na folha de respostas,

(A) se as duas são verdadeiras e a segunda justifica a primeira.

(B) se as duas são verdadeiras e a segunda não justifica a primeira.

(C) se a primeira é verdadeira e a segunda é falsa.

(D) se a primeira é falsa e a segunda é verdadeira.

(E) se as duas são falsas.

O empregador está obrigado a conceder as férias ao empregado, relativamente ao primeiro período aquisitivo, somente após doze meses de vigência do contrato de trabalho

PORQUE

o empregado só adquire direito ao primeiro período de férias após o cumprimento do período aquisitivo de doze meses de trabalho, seguindo-se a este o período concessivo respectivo, em que as férias deverão ser concedidas.

26. (EXAME 2006) DISCURSIVA

Eustáquio, com 14 anos de idade, é contratado como aprendiz pela empresa "Sapatos & Cia. Ltda." para aprender o ofício de sapateiro. O Ministério Público do Trabalho, após verificar denúncia anônima de exploração do trabalho infantil alega violação da Convenção 138 da OIT (Organização Internacional do Trabalho), ratificada pelo Brasil, em 2002. Esta convenção proíbe o trabalho de menores de 15 anos. Alega, ainda, violação da Constituição Federal (art. 7º, inc. XXXIII) por considerar a atividade do aprendiz insalubre.

Responda justificadamente:

a) A função de aprendiz configura exploração do trabalho infantil?

b) Se Eustáquio contasse entre 16 e 18 anos de idade e fosse contratado pela empresa, mas não na função de aprendiz, para realizar atividade insalubre, esta situação violaria o ordenamento jurídico vigente?

c) A eventual violação da Convenção 138 da OIT, no caso narrado no enunciado, configura responsabilidade internacional do Estado brasileiro?

27. (EXAME 2003) DISCURSIVA

Enunciado nº 289 do Tribunal Superior do Trabalho:

"Insalubridade. Adicional. Fornecimento do Aparelho de Proteção. Efeito. O simples fornecimento do aparelho de proteção pelo empregador não o exime do pagamento do adicional de insalubridade, cabendo-lhe tomar as medidas que conduzam à diminuição ou eliminação da nocividade, dentre as quais as relativas ao uso efetivo do equipamento pelo empregado." (RES. TST nº 22/88, de 17-03-88, DJ 24,25 e 28-03-88).

Sabendo-se que o uso efetivo do equipamento de proteção individual beneficia o empregado, indique as razões por que é responsabilizado o empregador pela fiscalização do uso deste equipamento.

28. (EXAME 2002) DISCURSIVA

Armando e Flávio moram e trabalham na periferia da cidade de Lençóis, em sítios contíguos, separados apenas por uma cerca, que divide as duas propriedades.

Armando trabalha no sítio Garça Branca, onde há criação de galinhas e porcos e plantação de milho e hortaliças. A propriedade é da família Bartô, que reside no centro da cidade e utiliza o sítio exclusivamente para lazer, consumindo toda a produção, não o explorando comercialmente.

Flávio trabalha no sítio Colibri, onde também há criação de galinhas e porcos e plantação de feijão, milho e frutas. A propriedade é da família Gastão que ali reside. Comercializam tudo o que produzem, retirando seu sustento da venda de sua produção.

Armando e Flávio cumprem jornada das 6:00 horas às 15:00 horas, com uma hora de intervalo para refeição, de 2ª feira a sábado, com folgas aos domingos e cuidam ambos de todos os afazeres dos sítios.

Tendo em conta as propriedades em que trabalham e suas finalidades, bem como a destinação dos serviços prestados, responda, justificadamente, se Armando e Flávio são empregados urbanos, rurais, ou domésticos e se têm direito ao registro do contrato de trabalho, salário mínimo, férias, 13º salário e horas extras.

29. (EXAME 2001) DISCURSIVA

Antonio trabalha na empresa Sempre Viva Ltda., na seguinte escala mensal de horário: nos primeiros dez dias, das 06:00 às 15:00 horas; nos dez dias seguintes, das 14:00 às 23:00 horas e, nos últimos dez dias, das 22:00 às 06:00 horas. Diariamente goza de intervalo de uma hora para refeição e descanso. Após seis dias de trabalho goza o repouso semanal remunerado. O artigo 7º, inciso XIV, da Constituição Federal assegura aos trabalhadores *"jornada de seis horas para o trabalho realizado em turnos ininterruptos de revezamento, salvo negociação coletiva."* Antonio, alegando trabalhar duas horas a mais, em razão do sistema de turnos ininterruptos de revezamento, pretende receber duas horas extraordinárias por dia, com adicional de 50%. A norma coletiva da categoria nada dispõe a respeito. A empresa nega-se a pagar as horas extraordinárias, entendendo que não se configura o sistema de turnos ininterruptos de revezamento, porque o intervalo para refeição e descanso e o repouso semanal remunerado descaracterizam o sistema de turnos ininterruptos.

Na condição de advogado de Antonio, oriente-o quanto a eventual direito às horas extraordinárias diárias e, ainda, se a escala de horário caracteriza ou não o sistema de turnos ininterruptos de revezamento.

30. (EXAME 2000) DISCURSIVA

Um empregado bancário trabalha como escriturário em agência situada na cidade de Dourados no Mato Grosso do Sul. O contrato escrito, celebrado entre empregado e empregador, contém cláusula que prevê a possibilidade de transferência do empregado para qualquer agência no território nacional.

O empregado recebeu ordem escrita de transferência, devendo apresentar-se na agência da cidade de Gurupi, em Tocantins, para prestar os mesmos serviços, por período de seis meses. Não houve menção dos motivos que levaram o empregador a alterar o local de trabalho.

O empregado, não sabendo se está obrigado a acatar a ordem de transferência, se essa ordem é ilegal e se há a seu favor alguma providência jurídica em caso de recusa, além de eventual ressarcimento cabível, procura um advogado.

Como advogado do empregado oriente-o quanto aos seus direitos, considerando, dentre outros pontos, se o empregado está obrigado a aceitar a transferência; se, em caso de discordância, pode socorrer-se de alguma medida judicial, e se, aceita a transferência, tem direito a algum ressarcimento.

31. (EXAME 1999) DISCURSIVA

Determinado empregado procurou um advogado alegando que a convenção coletiva da categoria profissional a que pertence determinou às empresas o reajuste salarial de 7%, a partir de 1º de fevereiro de 1999. Não tendo recebido esse reajuste, procurou saber da empresa o motivo.

A empresa alegou que, embora pertença à categoria econômica em questão, não é associada ao sindicato patronal, não participou da assembléia que autorizou o sindicato à negociação coletiva, nem foi consultada a respeito do reajuste, motivos por que é indevido o pleiteado.

Na qualidade de Advogado oriente o empregado a respeito de seus direitos.

BATERIA DE QUESTÕES EXTRAS[1]

32. (EXAME OAB VI.1)

Após 23 anos de trabalho numa empresa, Renato é dispensado sem justa causa, no dia 31 de janeiro de 2012. Na hipótese, ele fará jus ao aviso prévio de

(A) 90 dias.

(B) 30 dias.

(C) 96 dias.

(D) 99 dias.

33. (EXAME OAB VI.1)

No direito brasileiro, a redução do salário é

(A) impossível.

(B) possível, em caso de acordo entre empregado e empregador, desde que tenha por finalidade evitar a dispensa do empregado sem justa causa.

(C) possível mediante autorização da Superintendência Regional do Trabalho e Emprego.

(D) possível mediante convenção ou acordo coletivo de trabalho.

34. (EXAME OAB VI.1)

Determinada empresa encontra-se instalada em local de difícil acesso, não servida por transporte público regular. Em razão disso, fornece condução para o deslocamento dos seus empregados, da residência ao trabalho e vice-versa, mas cobra deles 50% do valor do custo do transporte. Na hipótese, é correto afirmar que

(A) o tempo de deslocamento será considerado hora in itinere.

(B) o tempo de deslocamento não será considerado hora in itinere porque é custeado pelo empregado, ainda que parcialmente.

(C) o empregado tem direito ao recebimento do vale-transporte.

(D) metade do tempo de deslocamento será considerada hora in itinere porque é a proporção da gratuidade do transporte oferecido.

35. (EXAME OAB VI.1)

A empresa X pagou em 10/6/2011 as parcelas do rompimento do contrato do empregado Tício, após dação de aviso prévio, datado de 30/5/2011, de cujo cumprimento o trabalhador foi dispensado. À época da dispensa, o trabalhador, que tinha 11 (onze) anos de tempo de serviço, recebia salário de R$ 700,00 mensais, com forma de pagamento semanal.

Com base no exposto, é correto afirmar que o empregado

(A) não faz jus a uma indenização no valor do salário, porque o empregador teria até o dia seguinte ao prazo de 30 (trinta) dias do aviso prévio do qual foi dispensado para fazer o pagamento das verbas resilitórias.

---

1 Organizadora FGV

(B) faz jus a uma indenização no valor do salário, por ter superado o prazo de 10 (dez) dias previsto em lei para o pagamento.

(C) faz jus a uma indenização no valor do salário, por ter superado o prazo de 8 (oito) dias para o pagamento de quem recebe por semana.

(D) faz jus a aviso prévio em dobro, porque contava com mais de 10 (dez) anos de tempo de serviço à época da dispensa e a uma indenização no valor do salário, porque superado o prazo para o pagamento das parcelas decorrentes do rompimento do contrato.

36. (EXAME OAB VI.1)

Uma empresa que atua no ramo gráfico, com jornada de trabalho de 8 horas diárias, pretende reduzir o intervalo para refeição de seus empregados para 30 minutos diários. De acordo com a Lei e o entendimento do TST, a pretensão

(A) não poderá ser atendida porque a norma é de ordem pública, tratando da higiene, salubridade e conforto, não passível de negociação.

(B) poderá ser efetivada, mas dependerá da realização de acordo ou convenção coletiva nesse sentido.

(C) poderá ser efetivada se autorizada pelo Ministério do Trabalho e Emprego, que verificará se o local tem refeitório adequado e se o empregador não exige realização de horas extras.

(D) poderá ser efetivada se houver autorização judicial.

37. (EXAME OAB VI.1)

Com relação às normas de duração do trabalho, assinale a alternativa correta.

(A) A concessão de intervalos para repouso e alimentação durante a jornada de seis horas descaracteriza o regime de turno ininterrupto de revezamento.

(B) Considera-se de "prontidão" o empregado que permanecer em sua própria casa, aguardando a qualquer momento o chamado para o serviço, com escala de, no máximo, vinte e quatro horas, sendo contadas as respectivas horas à razão de 1/3 (um terço) do salário normal.

(C) A compensação de jornada de trabalho pode ser ajustada por acordo individual escrito, acordo coletivo ou convenção coletiva.

(D) A mera insuficiência de transporte público regular enseja o pagamento de horas in itinere.

38. (EXAME OAB VI.2)

A respeito das alterações no contrato de trabalho, assinale a alternativa correta.

(A) Nos contratos individuais de trabalho, só é lícita a alteração com a interveniência do sindicato da categoria dos empregados, nos termos da CRFB, que autoriza a flexibilização, desde que por acordo ou convenção coletiva.

(B) Desde que por mútuo consentimento, as alterações dos contratos serão lícitas, pois se prestigia a livre manifestação de vontade das partes.

(C) Nos contratos individuais de trabalho, a alteração só será lícita se de comum acordo entre as partes e desde que não resultem qualquer tipo de prejuízo ao empregado.

(D) A alteração do turno diurno de trabalho para o noturno será lícita, mediante a concordância do empregado, pois é mais benéfica a ele, já que a hora noturna é menor que a diurna e há pagamento de adicional de 20%.

39. (EXAME OAB VI.2)

Consideram-se acidentes do trabalho

(A) os acidentes típicos, a doença profissional, a doença do trabalho e as hipóteses definidas em lei a ele equiparadas.

(B) a doença degenerativa, a inerente a grupo etário e a doença endêmica.

(C) para fins de responsabilidade civil do empregador, somente os acidentes típicos e a doença profissional.

(D) apenas os acidentes típicos, a doença ocupacional e os acidentes in itinere.

40. (EXAME OAB VI.2)

Com relação ao contrato de emprego, assinale a alternativa correta.

(A) Quando da contratação por prazo determinado, somente é possível nova contratação entre as mesmas partes num prazo nunca inferior a três meses.

(B) São as formas autorizadas por lei para a celebração de qualquer contrato de trabalho por prazo determinado: transitoriedade do serviço do empregado, transitoriedade da atividade do empregador e quantidade extraordinária de serviço que justifique essa modalidade de contratação.

(C) Em nenhuma hipótese o contrato por prazo determinado poderá suceder, dentro de seis meses, a outro contrato por prazo determinado.

(D) O contrato de emprego por prazo indeterminado é aquele em que as partes, ao celebrá-lo, não estipulam a sua duração nem prefixam o seu termo extintivo, podendo versar sobre qualquer obrigação de prestar qualquer tipo de serviço, manual ou intelectual.

41. (EXAME OAB VI.2)

Marcos Paiva ficou afastado do seu trabalho, em gozo de benefício previdenciário, em razão de enfermidade não relacionada ao exercício de suas atribuições funcionais, pelo prazo de 7 (sete) meses. Diante dessa situação hipotética, é correto afirmar que

(A) Marcos tem direito ao recolhimento dos depósitos do FGTS durante esse período de afastamento do trabalho.

(B) esse tempo de afastamento previdenciário deve ser considerado no cômputo do período aquisitivo das férias.

(C) durante esse afastamento previdenciário o contrato de trabalho esteve interrompido.

(D) Marcos deve retornar ao trabalho no prazo de 30 (trinta) dias, contados a partir da cessação do benefício previdenciário, sob pena de se presumir o abandono de emprego caso não justifique o motivo do não retorno.

42. (EXAME OAB VI.2)

A idade mínima para que alguém seja contratado como empregada doméstica, aprendiz e no trabalho em subsolo é de, respectivamente,

(A) 16 anos, 14 anos e 25 anos.

(B) 21 anos, 16 anos e 18 anos.

(C) 14 anos, 16 anos e 30 anos.

(D) 18 anos, 14 anos e 21 anos.

43. (EXAME OAB VI.2)

Assinale a alternativa que contém categorias ou profissões que, de acordo com a lei, possuem intervalo interjornada diferenciado.

(A) Professores, médicos e rodoviários.

(B) Ferroviários, jornalistas e operadores cinematográficos.

(C) Advogados, mineiros de subsolo e securitários.

(D) Bancários, comerciários e domésticos.

44. (EXAME OAB V)

Maria da Silva foi contratada para trabalhar como cozinheira na residência de Márcio dos Santos, percebendo um salário mínimo. Passados dois anos, Márcio ficou desempregado e decidiu iniciar um negócio próprio de venda de doces e salgados. Para atingir seu objetivo, aproveitou-se dos serviços de Maria, oferecendo-lhe um acréscimo de R$ 100,00 na remuneração. Assim, além de preparar as refeições da família de Márcio, a empregada Maria também dedicava parte de seu tempo preparando os doces e salgados que seriam vendidos por ele posteriormente. Durante três anos, Márcio desenvolveu essa atividade comercial com base em sua residência. Contudo, em virtude de uma proposta de emprego, Márcio encerrou a venda de quitutes e retirou o acréscimo de R$ 100,00 da remuneração de Maria. Inconformada, Maria reclamou ao longo de seis meses com o seu empregador, a fim de ver restabelecida a gratificação. Entretanto, depois de tanta insistência, Márcio decidiu dispensá-la sem justa causa. Dois meses depois, Maria ajuizou ação trabalhista, pleiteando o pagamento de aviso prévio, 13º salário, férias e terço constitucional, FGTS e indenização de 40%, além de seis meses de diferença salarial, tudo com base na sua remuneração total (salário mínimo acrescido de R$ 100,00).

Com base na situação acima descrita, assinale a alternativa correta.

(A) Maria faz jus à permanência do acréscimo remuneratório, uma vez que, por se tratar de parcela de natureza salarial, não poderia ser reduzida unilateralmente pelo empregador.

(B) Maria faz jus ao pagamento de FGTS, mas sem indenização de 40%, uma vez que voltou a ser empregada doméstica.

(C) Maria não faz jus à permanência do acréscimo remuneratório, uma vez que, por se tratar de salário- condição vinculado à confecção de doces e salgados, seu empregador poderia suprimi-lo quando a situação especial deixasse de existir.

(D) Maria não faz jus ao pagamento de FGTS e indenização de 40%, uma vez que era empregada doméstica.

45. (EXAME OAB V)

Para equiparação salarial, é necessário que

(A) os empregados comparados tenham a mesma função, pois todo trabalho deve ser igualmente remunerado de acordo com o princípio da isonomia consagrado constitucionalmente.

(B) haja identidade de funções, trabalho com a mesma produtividade e perfeição técnica, para o mesmo empregador, na mesma região metropolitana, com contemporaneidade na prestação de serviços na mesma função e a qualquer tempo, e quadro de carreira homologado pelo Ministério do Trabalho e Emprego.

(C) haja identidade de funções, trabalho de igual valor para o mesmo empregador, na mesma região metropolitana, sendo a prestação de serviços entre o empregado e o modelo contemporânea na mesma função, mas com diferença não superior a 2 anos, inexistindo quadro de carreira organizado.

(D) haja identidade de funções, trabalho de igual valor para o mesmo empregador, na mesma localidade, com contemporaneidade na prestação dos serviços na mesma função e a qualquer tempo, inexistindo quadro de carreira organizado.

46. (EXAME OAB V)

O sindicato dos empregados de empresa de transporte e o sindicato das empresas de transporte firmaram convenção coletiva, na qual foi estipulado aviso prévio de 60 dias por tempo de serviço, no caso de dispensa sem justa causa. Dois meses depois de esse instrumento normativo estar em vigor, o motorista Sílvio de Albuquerque foi despedido imotivadamente pela Transportadora Carga Pesada Ltda. Em virtude de não ter a CTPS assinada e de não terem sido pagas suas verbas rescisórias, Sílvio ajuizou ação trabalhista, pleiteando o reconhecimento do vínculo de emprego, assim como o pagamento das verbas rescisórias, observando-se o aviso prévio de 60 dias, bem como a projeção de 2/12 nas suas férias proporcionais, 13º proporcional e FGTS, além da contagem desse período no registro do termo final do contrato em sua CTPS. Em contestação, a transportadora impugnou a pretensão de Sílvio, sob o argumento de que ele era autônomo e, ainda que não o fosse, o instituto do aviso prévio, tal como previsto no art. 7º, XXI, da CRFB, é de trinta dias, inexistindo lei que o regulamente. Argumentou, ainda, que convenção coletiva não é lei em sentido formal e que, portanto, seria inválida a regulamentação da Constituição por meio da autonomia coletiva sindical. Com base na situação acima descrita, é correto afirmar que Sílvio

(A) faz jus ao aviso prévio de 60 dias, uma vez que era trabalhador autônomo.

(B) não faz jus ao aviso prévio de 60 dias, uma vez que não teve a CTPS assinada.

(C) não faz jus ao aviso prévio de 60 dias, uma vez que o art. 7º, XXI, da CRFB é norma de eficácia limitada, inexistindo lei que a regulamente.

(D) faz jus ao aviso prévio de 60 dias, uma vez que o art. 7º, XXI, da CRFB não é empecilho para a ampliação do período de 30 dias por meio de norma coletiva.

47. (EXAME OAB V)

Uma empresa põe anúncio em jornal oferecendo emprego para a função de vendedor, exigindo que o candidato tenha experiência anterior de 11 meses nessa função. Diante disso, assinale a alternativa correta.

(A) A exigência é ilegal, pois o máximo que o futuro empregador poderia exigir seriam 6 meses de experiência.

(B) A exigência é ilegal, pois o máximo que o futuro empregador poderia exigir seriam 3 meses de experiência.

(C) A exigência é legal, pois a experiência até 1 ano pode ser exigida do candidato a qualquer emprego, estando inserida no poder diretivo do futuro empregador.

(D) A exigência não traduz discriminação no emprego, de modo que poderia ser exigido qualquer período de experiência anterior.

48. (EXAME OAB V)

A respeito do pagamento das verbas rescisórias, assinale a alternativa correta.

(A) As verbas rescisórias devidas após decurso normal de prazo de contrato a termo deverão ser pagas até o décimo dia contado do término, em face da inexistência do aviso prévio.

(B) O empregador que descumpre o prazo de pagamento das verbas rescisórias deverá pagá-las posteriormente acrescidas de 50% de multa, nos termos do artigo 467 da Consolidação das Leis do Trabalho.

(C) No caso de pedido de demissão em contrato por prazo indeterminado, o prazo para pagamento das verbas rescisórias é de 10 dias contados da data da notificação da demissão, quando dispensado o empregado do cumprimento do aviso prévio pelo empregador.

(D) O pagamento das verbas rescisórias ocorrerá no primeiro dia útil imediato ao término do contrato de trabalho quando o empregador indenizar o aviso prévio.

49. (EXAME OAB V)

João da Silva, empregado da empresa Alfa Ltda., exerce suas atribuições funcionais em dois turnos de trabalho alternados de oito horas cada, que compreendem o horário diurno e o noturno. Considerando que a atividade de seu empregador não se desenvolve de forma ininterrupta e que não existe norma coletiva disciplinando a jornada de trabalho, assinale a alternativa correta.

(A) João não tem direito ao pagamento de horas extras, mas tem direito à redução da hora noturna.

(B) João tem direito ao pagamento de horas extras, mas não tem direito à redução da hora noturna.

(C) João tem direito ao pagamento de horas extras e à redução da hora noturna.

(D) João não tem direito ao pagamento de horas extras e à redução da hora noturna.

Conteúdo 17
DIREITO PROCESSUAL DO TRABALHO

1. (EXAME 2003)

Em Direito Processual do Trabalho,

(A) a sentença passada em julgado ou da qual não tenha havido recurso com efeito suspensivo e o acordo, quando não cumprido, são títulos executivos trabalhistas, não se reconhecendo título executivo extrajudicial no processo do trabalho.
(B) a sentença, o acordo judicial, o termo de ajuste de conduta firmado perante o Ministério Público do Trabalho e o termo de conciliação firmado perante as Comissões de Conciliação Prévia constituem títulos executivos judiciais trabalhistas.
(C) a sentença, o acordo judicial, o termo de ajuste de conduta firmado perante o Ministério Público do Trabalho e o termo de conciliação firmado perante as Comissões de Conciliação Prévia constituem títulos executivos extrajudiciais trabalhistas.
(D) todos os títulos executivos judiciais e extrajudiciais previstos no Código de Processo Civil, desde que decorrentes de contrato de trabalho, são títulos executivos no processo do trabalho.
(E) os títulos executivos judiciais são a sentença e o acordo judicial; e os títulos executivos extrajudiciais são o termo de ajuste de conduta firmado perante o Ministério Público do Trabalho e o termo de conciliação firmado perante as Comissões de Conciliação Prévia.

2. (EXAME 2003)

Em Direito Processual do Trabalho, não havendo norma expressa,

(A) o direito processual comum e a lei que dispõe sobre a cobrança judicial da Dívida Ativa da Fazenda Pública (Lei nº 6.830/80) serão utilizados sem prevalência de qualquer um deles, independentemente da fase processual.
(B) a lei que dispõe sobre cobrança judicial da Dívida Ativa da Fazenda Pública (Lei nº 6.830/80) será fonte subsidiária na fase de conhecimento e o direito processual comum será fonte subsidiária na fase de execução.
(C) o direito processual comum será fonte subsidiária obrigatória tanto na fase de conhecimento quanto na fase de execução.
(D) a lei que dispõe sobre cobrança judicial da Dívida Ativa da Fazenda Pública (Lei nº 6.830/80) será fonte subsidiária obrigatória tanto na fase de conhecimento quanto na fase de execução.
(E) o direito processual comum será fonte subsidiária na fase de conhecimento e a lei que dispõe sobre cobrança judicial da Dívida Ativa da Fazenda Pública (Lei nº 6.830/80) será fonte subsidiária na fase de execução.

3. (EXAME 2002)

Empregado e empregador, a fim de solucionar conflito decorrente do contrato de trabalho, recorrem à Comissão de Conciliação Prévia e chegam a um acordo. O termo de conciliação, firmado em razão do acordo, tem eficácia liberatória

(A) restrita, não valendo como título executivo extrajudicial.
(B) geral, sem possibilidade de ressalvas, não valendo como título executivo extrajudicial.
(C) restrita, sem possibilidade de ressalvas, não valendo como título executivo extrajudicial.
(D) geral, com possibilidade de ressalva expressa, não valendo como título executivo extrajudicial.
(E) geral, com possibilidade de ressalva expressa, valendo como título executivo extrajudicial.

4. (EXAME 2002)

No procedimento sumaríssimo, em processo do trabalho, os pedidos deverão ser certos e determinados,

(A) com indicação dos valores líquidos, não se admitindo a notificação inicial do reclamado por edital.

(B) com indicação dos valores líquidos, podendo a notificação inicial do reclamado ser direta ou por edital.

(C) ainda que os valores não sejam indicados de forma líquida, podendo haver a notificação inicial do reclamado por edital.

(D) ainda que os valores não sejam indicados de forma líquida, devendo ser direta a notificação inicial do reclamado.

(E) com indicação dos valores líquidos, sendo por edital a notificação inicial do reclamado.

5. (EXAME 2002)

No processo do trabalho, é cabível o recurso ordinário

(A) das sentenças das Varas do Trabalho em todos os tipos de procedimento.

(B) das sentenças das Varas do Trabalho nos procedimentos ordinário e sumaríssimo e dos acórdãos dos Tribunais Regionais do Trabalho apenas em processos de sua competência originária.

(C) das sentenças das Varas do Trabalho e de todas as decisões dos Tribunais Regionais do Trabalho, em todos os tipos de procedimento.

(D) das decisões das Varas do Trabalho nos procedimentos ordinário, sumário e sumaríssimo e das decisões dos Tribunais Regionais do Trabalho apenas em processos de sua competência derivada.

(E) dos acórdãos dos Tribunais Regionais do Trabalho em todos os tipos de procedimento.

BATERIA DE QUESTÕES EXTRAS[1]

6. (EXAME OAB VI.2)

No Processo do Trabalho, em relação ao ônus da prova, assinale a alternativa correta.

(A) É do empregador quanto à alegação de inexistência de vínculo de emprego, se admitida a prestação de serviços com outra qualidade.

(B) É sempre do empregador nas reclamações versando sobre horas extras.

(C) É sempre da parte que fizer a alegação, não importando o comportamento da parte contrária a respeito.

(D) É sempre do empregador nas reclamações versando sobre equiparação salarial.

7. (EXAME OAB VI.2)

Em relação às exceções processuais, assinale a alternativa correta.

(A) No processo trabalhista, entre as exceções previstas em lei, a de suspeição suspende o processo, com abertura de vista ao exceto por 24 horas improrrogáveis, devendo a decisão ser proferida na primeira audiência ou sessão que se seguir.

(B) No processo trabalhista, em face dos princípios da celeridade e da simplicidade, as exceções não suspendem o processo, devendo ser decididas na sentença que a ele põe termo.

(C) No processo trabalhista, são cabíveis as exceções de incompetência absoluta ou relativa e de suspeição, devendo ser decididas na sentença que põe termo ao processo.

(D) No processo trabalhista, a incompetência relativa e a suspeição do juiz devem ser arguidas como matéria de defesa e decididas somente na sentença que põe termo ao processo.

8. (EXAME OAB VI.2)

Carlos José Pereira teve julgados procedentes os pedidos de equiparação salarial e de pagamento das diferenças salariais daí decorrentes. Iniciada a execução provisória, Carlos apresentou seus cálculos de liquidação, requerendo a sua homologação. O juiz, contudo, abriu prazo para que a parte contrária se manifestasse sobre os cálculos. Feito o contraditório, o juiz acabou por homologar os cálculos apresentados pela demandada e, com base nesse valor, expediu o mandado de citação, penhora e avaliação. Vinte e quatro horas após a expedição, o executado garantiu o juízo e requereu a expedição de alvará para o exequente, com a consequente extinção da execução. O juiz indeferiu o requerimento do executado, sob o argumento de que deveria aguardar o decurso de cinco dias a contar da garantia efetuada. Passados os cinco dias, o juiz julgou extinta a execução pelo cumprimento da obrigação e determinou a expedição de alvará em favor do exequente, intimando-o dessa decisão.

Com base na situação acima descrita, é correto afirmar que o exequente tem o direito de interpor

(A) apelação no prazo de 15 dias, uma vez que não foi intimado da garantia do juízo e, portanto, não lhe foi dada a oportunidade de impugnar a sentença de homologação dos cálculos.

(B) agravo de petição no prazo de 8 dias, uma vez que não foi intimado da garantia do juízo e, portanto, não lhe foi dada a oportunidade de impugnar a sentença de homologação dos cálculos.

(C) recurso ordinário no prazo de 8 dias, uma vez que não foi intimado da garantia do juízo e, portanto, não lhe foi dada a oportunidade de impugnar a sentença de homologação dos cálculos.

(D) agravo de instrumento no prazo de 10 dias, uma vez que não foi intimado da garantia do juízo e, portanto, não lhe foi dada a oportunidade de impugnar a sentença de homologação dos cálculos.

9. (EXAME OAB VI.2)

Se um empregado é contratado em determinado lugar para prestar serviço em outra localidade, a eventual reclamação trabalhista

(A) deve ser ajuizada apenas no lugar da prestação dos serviços.

(B) poderá ser ajuizada no local da contratação ou da prestação dos serviços.

1 Organizadora FGV

(C) deve ser ajuizada no lugar da contratação, somente.

(D) poderá ser ajuizada no local da prestação do serviço ou do domicílio do autor.

10. (EXAME OAB VI.2)

Proferida decisão em reclamação trabalhista, foi o réu X, empresa pública estadual, fornecedor de energia elétrica e serviços, condenado ao pagamento das parcelas postuladas, bem como ao pagamento das custas processuais no valor de R$ 200,00, calculadas sobre o valor da condenação arbitrado em R$ 10.000,00. Ao interpor recurso ordinário, invocando o disposto no art. 790-A, I, da CLT, assevera a recorrente que não procederá ao recolhimento das custas, já que isenta.

Diante da hipótese, é correto afirmar que

(A) se considera deserto o recurso, e não será conhecido por falta de requisito extrínseco, já que os únicos entes isentos do pagamento das custas processuais são a União, os Estados, o Distrito Federal, os Municípios e respectivas autarquias e fundações públicas, que não explorem atividade econômica, além do Ministério Público do Trabalho.

(B) se considera deserto o recurso interposto, porquanto a empresa pública estadual não goza de isenção de custas processuais, mas apenas as empresas públicas de âmbito federal.

(C) não se considera deserto o recurso interposto porque, tratando-se de ente público da administração indireta, sempre será isento do pagamento das custas processuais.

(D) não se considera deserto o recurso interposto, porque o reclamado, empresa pública, no caso específico, não está obrigado ao recolhimento das custas, uma vez que o valor arbitrado à condenação não ultrapassa o limite de 40 salários mínimos.

11. (EXAME OAB VI.1)

No processo trabalhista, a compensação ou retenção

(A) só poderá ser arguida como matéria de defesa.

(B) poderá ser arguida em qualquer fase do processo, mesmo na execução definitiva da sentença.

(C) poderá ser arguida em qualquer momento, até que a sentença seja proferida pelo juiz de 1ª instância.

(D) poderá ser arguida em qualquer momento, até que a sentença tenha transitado em julgado.

12. (EXAME OAB VI.1)

Numa reclamação trabalhista, o autor teve reconhecido o direito ao pagamento de horas extras, sem qualquer reflexo. Após liquidado o julgado, foi homologado o valor de R$ 15.000,00, iniciando-se a execução. Em seguida, as partes comparecem em juízo pleiteando a homologação de acordo no valor de R$ 10.000,00.

Com base no narrado acima, é correto afirmar que

(A) o juiz não pode homologar o acordo porque isso significaria violação à coisa julgada.

(B) é possível a homologação do acordo, mas o INSS será recolhido sobre R$ 15.000,00.

(C) a homologação do acordo, no caso, dependeria da concordância do órgão previdenciário, pois inferior ao valor homologado.

(D) é possível a homologação do acordo, e o INSS será recolhido sobre R$ 10.000,00.

13. (EXAME OAB VI.1)

Uma ação é movida contra duas empresas integrantes do mesmo grupo econômico e uma terceira, que alegadamente foi tomadora dos serviços durante parte do contrato. Cada empresa possui um advogado. No caso de interposição de recurso de revista,

(A) o prazo será computado em dobro porque há litisconsórcio passivo com procuradores diferentes.

(B) o prazo será contado normalmente.

(C) o prazo será de 10 dias.

(D) fica a critério do juiz deferir a dilação do prazo para não prejudicar os réus quanto à ampla defesa.

14. (EXAME OAB VI.1)

Cíntia Maria ajuíza reclamação trabalhista em face da empresa Tictac Ltda., postulando o pagamento de horas extraordinárias, aduzindo que sempre labutou no horário das 8h às 19h, de segunda a sexta-feira, sem intervalo intrajornada. A empresa ré oferece contestação, impugnando o horário indicado na inicial, afirmando que a autora sempre laborou no horário das 8h às 17h, com 1 hora de pausa alimentar, asseverando ainda que os controles de ponto que acompanham a defesa não indicam a existência de labor extraordinário. À vista da defesa ofertada e dos controles carreados à resposta do réu, a parte autora, por intermédio de seu advogado, impugna os registros de frequência porque não apresentam qualquer variação no registro de entrada e saída, assim como porque não ostentam sequer a pré-assinalação do intervalo intrajornada. Admitindo-se a veracidade das argumentações do patrono da parte autora e com base na posição do TST acerca da matéria, é correto afirmar que

(A) compete ao empregado o ônus de comprovar o horário de trabalho indicado na inicial, inclusive a supressão do intervalo intrajornada, a teor do disposto no art. 818 da CLT.

(B) diante da impugnação apresentada, inverte-se o ônus probatório, que passa a ser do empregador, prevalecendo o horário da inicial, se dele não se desincumbir por outro meio probatório, inclusive no que se refere à ausência de intervalo intrajornada.

(C) em se tratando de controles de ponto inválidos, ao passo que não demonstram qualquer variação no registro de entrada e saída, não poderá a ré produzir qualquer outra prova capaz de confirmar suas assertivas, porquanto a prova documental é a única capaz de demonstrar a jornada de trabalho cumprida.

(D) diante da impugnação apresentada, inverte-se o ônus probatório, que passa a ser do empregador, prevalecendo o horário da inicial, se dele não se desincumbir, exceto quanto ao intervalo intrajornada, cujo ônus probatório ainda pertence à parte autora.

15. (EXAME OAB VI.1)

Quanto à nomeação de advogado na Justiça do Trabalho, com poderes para o foro em geral, é correto afirmar que

(A) na Justiça do Trabalho, a nomeação de advogado com poderes para o foro em geral poderá ser efetivada mediante simples registro na ata de audiência, a requerimento verbal do advogado interessado e com a anuência da parte representada.

(B) as partes que desejarem a assistência de advogado sempre deverão outorgar poderes para o foro em geral por intermédio de instrumento de mandato, com firma devidamente reconhecida.

(C) na Justiça do Trabalho, o advogado pode atuar sem que lhe sejam exigidos poderes outorgados pela parte, haja vista o princípio do jus postulandi.

(D) somente o trabalhador poderá reclamar na Justiça do Trabalho sem a necessidade de nomeação de advogado, uma vez que o princípio do jus postulandi somente se aplica à parte hipossuficiente.

16. (EXAME OAB V)

Caio, metalúrgico, ajuizou ação trabalhista em face da empresa Ômega postulando sua reintegração ao emprego, pois, segundo suas alegações, teria sido dispensado no curso de estabilidade sindical. Postulou ainda a concessão de medida liminar visando a tal reintegração até o final do processo, com base no art. 659, X, da CLT. O juiz, ao apreciar o pedido de medida liminar antes da citação da ré, decidiu pela sua denegação, dando prosseguimento ao feito. A esse respeito, assinale a alternativa correta.

(A) A natureza jurídica da decisão denegatória da liminar é de decisão interlocutória, não cabendo interposição de recurso imediato, devendo ser deferida a liminar.

(B) A natureza jurídica da decisão denegatória da liminar é de decisão definitiva, cabendo impetração de mandado de segurança, pois não há recurso próprio no caso.

(C) A natureza jurídica da decisão denegatória da liminar é de decisão interlocutória, não cabendo interposição de recurso imediato, razão pela qual é cabível a impetração de mandado de segurança.

(D) A natureza jurídica da decisão denegatória da liminar é de decisão terminativa, cabendo interposição de recurso ordinário, razão pela qual é incabível a impetração de mandado de segurança por haver recurso próprio.

17. (EXAME OAB V)

Com relação à competência material da Justiça do Trabalho, é correto afirmar que

(A) a Justiça do Trabalho é competente para julgar ação ajuizada por sindicato de categoria profissional em face de determinada empresa para que esta seja condenada a repassar-lhe as contribuições assistenciais descontadas dos salários dos empregados sindicalizados.

(B) não compete à Justiça do Trabalho, mas à Justiça Federal, o julgamento de ação anulatória de auto de infração lavrado por auditor fiscal do trabalho.

(C) de acordo com o entendimento do Superior Tribunal de Justiça, é da competência da Justiça do Trabalho processar e julgar a ação de cobrança ajuizada por profissional liberal contra cliente.

(D) é da competência da Justiça do Trabalho o julgamento das ações ajuizadas em face da Previdência Social que versem sobre litígios ou medidas cautelares relativos a acidentes do trabalho.

18. (EXAME OAB V)

A respeito das nulidades no processo do trabalho, é correto afirmar que

(A) é desnecessária a provocação da parte para a declaração de nulidade.

(B) as partes poderão alegar nulidade enquanto estiver aberta a instrução, mesmo que já tenham tido oportunidade de manifestação nos autos.

(C) só serão considerados nulos os atos que alegadamente causarem manifesto prejuízo às partes litigantes.

(D) declarada a nulidade, por qualquer fundamento, todos os atos processuais posteriores serão nulos.

19. (EXAME OAB V)

A respeito da prova testemunhal no processo do trabalho, é correto afirmar que

(A) no processo do trabalho sumaríssimo, a simples ausência da testemunha na audiência enseja a sua condução coercitiva.

(B) em se tratando de ação trabalhista pelo rito ordinário ou sumaríssimo, as partes poderão ouvir no máximo três testemunhas cada; sendo inquérito, o número é elevado para seis.

(C) as testemunhas comparecerão à audiência independentemente de intimação e, no caso de não comparecimento, serão intimadas *ex officio* ou a requerimento da parte.

(D) apenas as testemunhas arroladas previamente poderão comparecer à audiência a fim de serem ouvidas.

20. (EXAME OAB V)

No dia 22/7/2009 (quarta-feira), foi publicada a sentença de improcedência do pedido. O advogado do autor tomou ciência da decisão, mas, como estava viajando, localizando-se em outro Estado da federação, interpôs recurso ordinário via fac-símile no dia 27/7/2009 (segunda-feira). Ao retornar de viagem, o advogado do autor requereu a juntada do recurso original no dia 04/8/2009 (terça-feira). Entretanto, após este último ato do advogado do autor, o juiz considerou intempestiva a interposição do recurso ordinário, negando-lhe seguimento. Diante dessa situação concreta, é correto afirmar que o advogado do autor deve

(A) impetrar mandado de segurança, uma vez que o juiz violou o seu direito líquido e certo de interpor recurso ordinário no prazo de oito dias a contar da publicação.

(B) ajuizar uma ação rescisória, uma vez que a sentença judicial se tornou irrecorrível diante da decisão judicial que negou seguimento ao recurso ordinário.

(C) interpor agravo de instrumento, uma vez que atendeu o prazo de oito dias para a interposição do recurso ordinário e o prazo de cinco dias para a juntada do original.

(D) ingressar com uma reclamação correicional, uma vez que o juiz praticou um ato desprovido de amparo legal.

Conteúdo 18

DIREITO INTERNACIONAL

1. (EXAME 2009)

Situação 01: Na Segunda Guerra Mundial, foi alvejado o barco de pesca SHANGRI-LLA na área costeira de Cabo Frio, ocasião em que morreram 10 pessoas. Após idas e vindas do processo, houve sua reapreciação pelo Tribunal Marítimo, em ação em que os familiares das vítimas pretendiam receber indenização por danos morais. Ficou provado que o barco foi alvejado pela embarcação U-199 da Alemanha. Após regular citação, em sua defesa, o governo alemão alega imunidade absoluta de jurisdição. A decisão definitiva do conflito de interesses foi pela prevalência da posição da República Alemã. (RO 72/RJ – STJ)

Situação 02: Francês, de origem judaica, naturalizado brasileiro e aqui residente, propõe demanda em face da República Alemã, por ter sofrido danos morais, juntamente com sua família, durante a ocupação do território francês, na Segunda Guerra Mundial. O juiz de primeiro grau extinguiu a ação, sem citação, afirmando impossibilidade jurídica do pedido, em face da imunidade absoluta do Estado Alemão. Após regular tramitação, o Recurso Especial foi provido, com base no princípio da dignidade da pessoa humana, que recomendaria o conhecimento da causa, facultando a citação e manifestação da República Alemã, que poderia ter interesse em ver a causa julgada. (RO 64/SP – STJ)

Ao analisar as situações descritas, chega-se à conclusão de que

(A) não há possibilidade de submissão do Estado Soberano à jurisdição estrangeira.
(B) quando a questão litigiosa referir-se aos direitos fundamentais, o Estado soberano será submetido à jurisdição estrangeira.
(C) a imunidade absoluta para atos de império, aqueles praticados pelo Estado soberano, pode ser excepcionada havendo concordância do Estado.
(D) a imunidade absoluta só prevalece quando se trata de atos de gestão, os que o Estado pratica como se particular fosse.
(E) inexiste imunidade de jurisdição por atos delituosos que foram praticados no território do Estado do foro.

2. (EXAME 2009)

Helena da Silva era uma mulher que não tivera oportunidade de concluir o ensino básico. Mas, em razão do destino, veio a conhecer John Look, divorciado há 20 anos, homem rico e bemsucedido, que, em pouco tempo, se casou com Helena, na esperança de viver um grande amor com a consorte que conhecera no Rio de Janeiro. Logo após o casamento, o casal passeou por diversas capitais do país, entre as quais Recife, Maceió e Salvador. Infelizmente, John Look, em uma visita a seu país, dois meses depois, veio a falecer. No Brasil, o *de cujus* deixou um pequeno apartamento que deveria partilhar com a ex-mulher, do primeiro casamento. Entretanto, Helena soube que a lei do país de John, diferentemente do Brasil, incluía na sucessão excônjuges separados há mais de 10 anos.

Considerando o inciso XXXI do artigo 5º da Constituição brasileira, que dispõe que a sucessão de bens de estrangeiros situados no país será regulada pela lei brasileira em benefício do cônjuge ou dos filhos brasileiros, sempre que não lhes seja mais favorável a lei pessoal do *de cujus*, é CORRETO afirmar que

(A) a sucessão deve obedecer às leis do Brasil, uma vez que o casamento foi realizado sob as leis brasileiras.
(B) a sucessão deve observar as leis do país do *de cujus*, independentes de serem ou não mais favoráveis à Helena.

(C) a sucessão deve ser regulada pelo direito internacional de um país neutro, uma vez que há conflito de competência.

(D) a sucessão deve excluir qualquer pretensão de Helena e beneficiar a ex-cônjuge do *de cujus*, em razão de o óbito ter ocorrido no exterior.

(E) a sucessão deverá ser regida pela lei brasileira, uma vez que seria mais favorável à Helena.

3. (EXAME 2006)

Se um dos dados da identidade internacional do Brasil é a sua escala continental; se o território é uma das dimensões da nação (dimensão que faz da delimitação do espaço nacional um momento importante da política externa de qualquer Estado), cabe perguntar: como é que se foi configurando a escala continental do país que é hoje o Brasil? Sua especificidade geográfica é resultado de um processo histórico, iniciado há 500 anos. Navegantes, bandeirantes e diplomatas foram os três agentes sociais que no percurso da criação do Brasil configuraram a escala do país (...).

(LAFER, Celso. *A identidade internacional do Brasil e a política externa brasileira*: passado, presente e futuro. São Paulo: Perspectiva, 2001. p. 24-25 – destaques do original)

Com relação à formação e delimitação das fronteiras nacionais, foi especialmente importante a participação dos

(A) navegadores, por terem rapidamente ocupado toda a costa nacional, impedindo que outros povos invadissem o território nacional.

(B) navegadores, na medida em que penetraram pelos rios, enfrentando a resistência oferecida pelos espanhóis, que defendiam as fronteiras estabelecidas pelos Tratados de Tordesilhas, de 1494 e de Madri, de 1750, com base na força bélica.

(C) bandeirantes, ao se cingirem aos limites estabelecidos pelo Tratado de Tordesilhas, de 1494, evitando conflitos armados com os povos nativos e com os vizinhos de origem espanhola.

(D) diplomatas, ao construírem a teoria do *uti possidetis* de fato, que embasou as negociações dos tratados de fronteira e os laudos arbitrais em favor do Brasil.

(E) diplomatas, ao concordarem com a teoria do *ut possidetis* de direito, criada pelos espanhóis com base em títulos de possessão jurídica, e que os impediu de invadir o território brasileiro.

4. (EXAME 2006)

No Brasil existem diversos acórdãos consagrando o primado do DI [Direito Internacional], como é o caso da União Federal v. Cia. Rádio Internacional do Brasil (1951) em que o Supremo Tribunal Federal decidiu unanimemente que um *tratado revogava as leis anteriores (Apelação Cível no 9.587). (...). Entretanto, houve no Brasil um verdadeiro retrocesso no Recurso Extraordinário no 80.004, decidido em 1978, em que o STF decidiu que uma lei revoga tratado anterior. Esta decisão viola também a convenção de Viena sobre direito dos tratados (1969) que não admite o término de tratado por mudança de direito superveniente.*

(MELLO, Celso D. de Albuquerque. *Direito Constitucional Internacional*. 2. ed. Rio de Janeiro: Renovar, 2000. p. 366).

Os acórdãos citados no texto são, respectivamente, compatíveis com as teorias

(A) monista com primazia do direito internacional e monista com primazia do direito interno.

(B) monista com primazia do direito interno e dualista ex tremada.

(C) monista com primazia do direito internacional e dualista extremada.

(D) dualista extremada e dualista moderada.

(E) dualista moderada e monista com primazia do direito interno.

5. (EXAME 2006)

Com referência aos princípios que regem as relações do Estado brasileiro com os outros Estados, considere as afirmações:

I. O princípio da defesa da paz e o princípio da solução pacífica de controvérsias internacionais estão relacionados ao reconhecimento do direito à paz (direito de terceira geração) na medida em que buscam garantir a paz de toda a coletividade.

II. O princípio da cooperação entre os povos para o progresso da humanidade deriva necessariamente do direito à autodeterminação dos povos (direito de terceira geração), ou seja, ao direito que os povos têm de se desenvolver sem a interferência de outros.

III. O princípio da não intervenção internacional deixou de ser observado pelo Brasil, recentemente, ao enviar soldados e oficiais para integrar as forças de paz da ONU no Haiti.

IV. O princípio da cooperação entre os povos para o progresso da humanidade está, em certa medida, relacionado ao direito ao desenvolvimento, reconhecido pela ONU e pela UNESCO.

São corretas SOMENTE as afirmações

(A) I e II.

(B) I e III.

(C) I e IV.

(D) II e III .

(E) II e IV.

6. (EXAME 2009) DISCURSIVA

Ao buscar emprego, Ana Letícia depara-se com o seguinte anúncio na seção de classificados:

"MOTORISTA. Casa de família procura motorista, homem, preferencialmente branco, salário R$ 850,00, para transporte de crianças, com referências. Enviar correspondência para a portaria do Jornal."

Com base nessa situação, responda às questões e apresente argumentos que justifiquem sua resposta.

a) O anúncio incorre em modalidades de discriminação vedadas pela Convenção 111 da Organização Internacional do Trabalho. A ocorrência do ato discriminador é, por si só, capaz de configurar a responsabilidade internacional do Estado Brasileiro? (VALOR: 5 PONTOS)

b) O Ministério Público Federal tem legitimidade para a defesa judicial de Ana Letícia a fim de garantir e assegurar sua contratação? (VALOR: 5 PONTOS)

BATERIA DE QUESTÕES EXTRAS[1]

7. (EXAME OAB VI.2)

Uma sociedade brasileira, sediada no Rio de Janeiro, resolveu contratar uma sociedade americana, sediada em Nova York, para realizar um estudo que lhe permitisse expandir suas atividades no exterior, para poder vender seus produtos no mercado americano. Depois de várias negociações, o representante da sociedade americana veio ao Brasil, e o contrato de prestação de serviços foi assinado no Rio de Janeiro. Não há no contrato uma cláusula de lei aplicável, mas alguns princípios do UNIDROIT foram incorporados ao texto final. Por esse contrato, o estudo deveria ser entregue em seis meses. No entanto, apesar da intensa troca de informações, passados 10 meses, o contrato não foi cumprido. A sociedade brasileira ajuizou uma ação no Brasil, invocando a cláusula penal do contrato, que previa um desconto de 10% no preço total do serviço por cada mês de atraso. A sociedade americana, na sua contestação, alegou que a cláusula era inválida segundo o direito americano.

Conforme a Lei de Introdução às Normas do Direito Brasileiro, qual é a lei material que o juiz deverá aplicar para solucionar a causa?

(A) A lei brasileira, pois o contrato foi firmado no Brasil.

(B) A lei americana, pois o réu é domiciliado nos Estados Unidos.

(C) Os princípios do UNIDROIT, porque muitas cláusulas foram inspiradas nessa legislação.

(D) A Lex Mercatoria, porque o que rege o contrato internacional é a prática internacional.

8. (EXAME OAB VI.2)

Tício, espanhol, era casado com Tácita, brasileira. Os cônjuges eram domiciliados no Brasil. Tício possuía uma filha adotiva espanhola, cujo nome é Mévia, e que residia com o pai. Em razão de um grave acidente na Argentina, Tício faleceu. O de cujus era proprietário de dois bens imóveis em Barcelona e um bem imóvel no Rio de Janeiro. Diante da situação exposta, à luz das regras de Direito Internacional Privado veiculadas na Lei de Introdução às Normas do Direito Brasileiro (LINDB) e do Código de Processo Civil Brasileiro (CPC), assinale a assertiva correta.

(A) Ainda que a lei espanhola não conceda direitos sucessórios à filha adotiva, poderá ela habilitar-se na ação de inventário ajuizada pelo cônjuge supérstite, no Brasil, regendo-se a sucessão pela lei brasileira, que não faz qualquer distinção entre filhos naturais e adotivos.

(B) A capacidade de suceder da filha é regulada pela legislação espanhola.

(C) A ação de inventário e partilha de todos os bens é de competência exclusiva do Poder Judiciário Brasileiro, já que o de cujus era domiciliado no Brasil.

(D) Se o de cujus houvesse deixado bens imóveis somente na Espanha, a sucessão seria regida pela lei espanhola.

9. (EXAME OAB VI.1)

A sociedade empresária do ramo de comunicações A Notícia Brasileira, com sede no Brasil, celebrou contrato internacional de prestação de serviços de informática com a sociedade empresária Santiago Info, com sede em Santiago. O contrato foi celebrado em Buenos Aires, capital argentina, tendo sido estabelecido como foro de eleição pelas partes Santiago, se porventura houver a necessidade de resolução de litígio entre as partes.

Diante da situação exposta, à luz das regras de Direito Internacional Privado veiculadas na Lei de Introdução às Normas do Direito Brasileiro (LINDB) e no estatuto processual civil pátrio (Código de Processo Civil – CPC), assinale a alternativa correta.

(A) No tocante à regência das obrigações previstas no contrato, aplica-se a legislação chilena, já que Santiago foi eleito o foro competente para se dirimir eventual controvérsia.

(B) Nos contratos internacionais, a lei que rege a capacidade das partes pode ser diversa da que rege o contrato. É o que se verifica no caso exposto acima.

(C) Como a execução da obrigação avençada entre as partes se dará no Brasil, aplica-se, obrigatoriamente, no tocante ao cumprimento do contrato, a legislação brasileira.

(D) A Lei de Introdução às Normas do Direito Brasileiro veda expressamente o foro de eleição, razão pela qual é nula ipso jure a cláusula estabelecida pelas partes nesse sentido.

10. (EXAME OAB VI.1)

Arnaldo Butti, cidadão brasileiro, falece em Roma, Itália, local onde residia e tinha domicílio. Em seu testamento, firmado em sua residência poucos dias antes de sua morte, Butti, que não tinha herdeiros naturais, deixou um imóvel localizado na Avenida Atlântica, na cidade do Rio de Janeiro, para Júlia, neta de sua enfermeira, que vive no Brasil. Inconformada com a partilha, Fernanda, brasileira, sobrinha-neta do falecido, que há dois anos vivia de favor no referido imóvel, questiona no Judiciário brasileiro a validade do testamento. Alega, em síntese, que, embora obedecesse a todas as formalidades previstas na lei italiana, o ato não seguiu todas as formalidades preconizadas pela lei brasileira.

Com base na hipótese acima aventada, assinale a alternativa correta.

(A) Fernanda tem razão em seu questionamento, pois a sucessão testamentária de imóvel localizado no Brasil rege-se, inclusive quanto à forma, pela lei do local onde a coisa se situa (lex rei sitae).

(B) Fernanda tem razão em questionar a validade do testamento, pois a Lei de Introdução às Normas do Direito Brasileiro veda a partilha de bens imóveis situados no Brasil por ato testamentário firmado no exterior.

(C) Fernanda não tem razão em questionar a validade do testamento, pois o ato testamentário se rege, quanto à forma, pela lei do local onde foi celebrado (locus regit actum).

(D) O questionamento de Fernanda não será apreciado, pois a Justiça brasileira não possui competência para conhecer e julgar o mérito de ações que versem sobre atos testamentários realizados no exterior.

---

1 Organizadora FGV

11. (EXAME OAB V)

Em janeiro de 2003, Martin e Clarisse Green, cidadãos britânicos domiciliados no Rio de Janeiro, casam-se no Consulado-Geral britânico, localizado na Praia do Flamengo. Em meados de 2010, decidem se divorciar. Na ausência de um pacto antenupcial, Clarisse requer, em petição à Vara de Família do Rio de Janeiro, metade dos bens adquiridos pelo casal desde a celebração do matrimônio, alegando que o regime legal vigente no Brasil é o da comunhão parcial de bens. Martin, no entanto, contesta a pretensão de Clarisse, argumentando que o casamento foi realizado no consulado britânico e que, portanto, deve ser aplicado o regime legal de bens vigente no Reino Unido, que lhe é mais favorável. Com base no caso hipotético acima e nos termos da Lei de Introdução às Normas do Direito Brasileiro, assinale a alternativa correta.

(A) O regime de bens obedecerá à lex domicilli dos cônjuges quanto aos bens móveis e à lex rei sitae (ou seja, a lei do lugar onde estão) quanto aos bens imóveis, se houver.

(B) O juiz brasileiro não poderá conhecer e julgar a lide, pois o casamento não foi realizado perante a autoridade competente.

(C) Clarisse tem razão em sua demanda, pois o regime de bens é regido pela lex domicilli dos nubentes e, ao tempo do casamento, ambos eram domiciliados no Brasil.

(D) Martin tem razão em sua contestação, pois o regime de bens se rege pela lei do local da celebração (lex loci celebrationis), e o casamento foi celebrado no consulado britânico.

12. (EXAME OAB V)

A embaixada de um estado estrangeiro localizada no Brasil contratou um empregado brasileiro para os serviços gerais. No final do ano, não pagou o 13º salário, por entender que, em seu país, este não era devido. O empregado, insatisfeito, recorreu à Justiça do Trabalho. A ação foi julgada procedente, mas a embaixada não cumpriu a sentença. Por isso, o reclamante solicitou a penhora de um carro da embaixada. Com base no relatado acima, o Juiz do Trabalho decidiu

(A) deferir a penhora, pois o Estado estrangeiro não goza de nenhuma imunidade quando se tratar de ações trabalhistas.

(B) deferir a penhora, pois a Constituição atribui competência à justiça brasileira para ações de execução contra Estados estrangeiros.

(C) extinguir o feito sem julgamento do mérito por entender que o Estado estrangeiro tem imunidade de jurisdição.

(D) indeferir a penhora, pois o Estado estrangeiro, no que diz respeito à execução, possui imunidade, e seus bens são invioláveis.

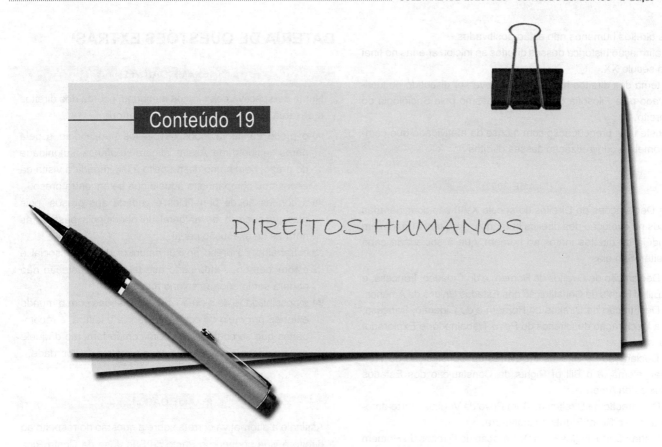

Conteúdo 19 — DIREITOS HUMANOS

1. (EXAME 2006)

Não há, em suma, um direito justo no céu dos conceitos platônico, e um direito imperfeito e injusto no nosso pobre e *imperfeito mundo sublunar. O problema do Direito Natural não é descobrir esse celestial livro de mármore onde, gravadas a caracteres de puro ouro, as verdadeiras leis estariam escritas, e que, ao longo dos séculos, sábios legisladores terrenos não conseguiram vislumbrar.*

(CUNHA, Paulo Ferreira da. *O ponto de Arquimedes:* natureza humana, direito natural, direitos humanos. Coimbra: Almedina, 2001. p. 94)

Considerando as reflexões contidas no texto, é possível afirmar sobre os direitos humanos na atualidade:

(A) a afirmação histórica dos direitos humanos, desde o jusnaturalismo, se iniciou apenas muito recentemente, no final do século XX, por isso ainda são desconhecidos dos juristas.

(B) o grande problema dos direitos humanos é o de que não estão positivados, por isso não são efetivados.

(C) o problema atual dos direitos humanos é o de que, apesar de positivados e constitucionalizados, carecem de ser efetivados.

(D) o problema atual dos direitos humanos é o de sua fundamentação lógica, na medida em que ainda são considerados deduções teológicas ou frutos de conjunturas econômicas.

(E) os direitos humanos são, em todas as suas manifestações, garantias negativas da cidadania, por isso não carecem nenhum tipo de prestação econômica por parte do Estado.

2. (EXAME 2003)

O Direito Internacional dos Direitos Humanos, expressando a consciência global de proteção à dignidade da pessoa humana, ganhou relevância em

(A) 1648, com a Paz de Westfália, que selou o fim das disputas territoriais européias, com o término da Guerra dos 30 anos, permitindo a formação do Estado Moderno.

(B) 1945, com a Carta de São Francisco, que instituiu a Organização das Nações Unidas (ONU) e incluiu na agenda internacional o diálogo consensual entre as nações sobre os direitos fundamentais.

(C) 1969, com a Convenção Americana sobre Direitos Humanos, também conhecida como Pacto de São José da Costa Rica, que tornou textuais os direitos fundamentais.

(D) 1989, com a queda do Muro de Berlim, que consolidou o fim da Guerra Fria, dando lugar à paz entre os Estados.

(E) 1998, com a criação do Tribunal Penal Internacional, que deu caráter permanente à jurisdição penal internacional por crimes relacionados em seu Estatuto, inclusive os crimes contra a humanidade.

3. (EXAME 2003)

"O problema fundamental em relação aos direitos do homem, hoje, não é tanto o de justificá-los, mas o de protegê-los. Trata-se de um problema não filosófico, mas político." Esta afirmação de Norberto Bobbio repercute profundamente na discussão sobre o tema dos direitos humanos e justifica-se porque

(A) o tema dos direitos humanos se encontra ausente do constitucionalismo contemporâneo.

(B) os direitos humanos não estão positivados.

(C) a afirmação histórica desses direitos se iniciou apenas no final do século XX.

(D) o tema dos direitos humanos não deve ser discutido ou justificado pela Filosofia do Direito ou mesmo pela Sociologia do Direito.

(E) existe uma preocupação com a crise de efetividade que compromete a concretização desses direitos.

4. (EXAME 2002)

Duas Declarações de Direitos do século XVIII são consideradas marcos na evolução dos direitos humanos, porquanto trazem em si a idéia de direitos inatos ao homem, que à sociedade cabe respeitar. São elas

(A) a Declaração de Direitos do Homem e do Cidadão, francesa, e o Bill of Rights da Constituição dos Estados Unidos da América.

(B) a Declaração de Direitos do Homem e do Cidadão, francesa, e a Declaração de Direitos do Povo Trabalhador e Explorado, russa.

(C) a Declaração de Direitos e Deveres da Constituição de Weimar, alemã, e o Bill of Rights da Constituição dos Estados Unidos da América.

(D) a Declaração de Direitos do Bom Povo da Virgínia, norte-americana, e o Bill of Rights da Inglaterra.

(E) a Magna Carta, inglesa, e a Declaração de Direitos do Homem e do Cidadão, francesa.

5. (EXAME 2006) DISCURSIVA

Ao desabar muito do que tem sido o estado-nação, como realidade e imaginação, logo fica posto o desafio para as ciências sociais. O paradigma clássico, cujo emblema tem sido a sociedade nacional simbolizada no estado-nação, está posto em causa. Continuará a ter vigência, mas subordinada à globalização, à sociedade global, como realidade e imaginação. O mundo não é mais apenas, ou principalmente, uma coleção de estados nacionais, mais ou menos centrais e periféricos, arcaicos e modernos, agrários e industrializados, coloniais e associados, dependentes e interdependentes, ocidentais e orientais, reais e imaginários. As nações transformaram-se em espaços, territórios ou elos da sociedade global. Esta é a nova totalidade em movimento, problemática e contraditória. Na medida em que se desenvolve, a globalização confere novos significados à sociedade nacional, como um todo e em suas partes. Assim como cria inibições e produz anacronismos, também deflagra novas condições para uns e outros, indivíduos, grupos, classes, movimentos, nações, nacionalidades, culturas, civilizações. Cria outras possibilidades de ser, agir, pensar, imaginar.

(IANNI, Octavio. A era do globalismo. 8. ed. Rio de Janeiro: Civilização Brasileira, 2004, p. 87)

Sob o signo da globalização, muitas transformações estão se processando, com impactos severos na dinâmica da vida contemporânea.

a) A intensificação do terrorismo é uma das reações aos entrechoques da vida globalizada? Por quê?

b) Existem conflitos entre os direitos humanos positivados e as políticas de segurança dos estados-nação? Por quê?

BATERIA DE QUESTÕES EXTRAS[1]

6. (EXAME OAB VI.2)

Numa perspectiva dos direitos humanos, acerca dos direitos e deveres dos presos, é correto afirmar que

(A) o preso conserva todos os direitos não atingidos pela perda da liberdade. Assim, afigura-se ofensa à dignidade do preso, bem como desrespeito à lei, impedir a visita da esposa ou companheira àquele que se encontra preso.

(B) a concessão de benefícios é vedada aos presos, pois eles possuem o dever geral de obediência pessoal às normas de execução penal.

(C) o trabalho do preso possui natureza de dever social e é remunerado, sendo certo que tal contraprestação não poderá ser inferior ao salário mínimo.

(D) a possibilidade de o preso manter relações com o mundo exterior, por meio de correspondência e leitura, é recompensa que se confere pelo bom comportamento daquele que se encontra cumprindo pena privativa de liberdade.

7. (EXAME OAB VI.2)

Assinale a alternativa correta sobre a questão do respeito ao direito à vida segundo o Pacto de São José da Costa Rica e a CRFB.

(A) A CRFB não prevê em seus artigos a pena de morte. Sendo assim, está em conformidade com o Pacto de São José da Costa Rica e não poderá incluir disposições nesse sentido em seu texto constitucional.

(B) O Pacto de São José da Costa Rica, em respeito à soberania estatal, dispõe que o Estado-membro poderá adotar a pena de morte. Logo, o Estado-parte poderá estender a pena de morte a delitos aos quais não se aplique atualmente.

(C) O país poderá adotar a pena de morte, mas essa só poderá ser imposta pelos delitos mais graves, em cumprimento de sentença final de tribunal competente e em conformidade com a lei que estabeleça tal pena, promulgada antes de haver o delito sido cometido.

(D) O Pacto de São José da Costa Rica, em respeito à soberania estatal e ao fato de ser o Poder Constituinte originário dos países inicial, autônomo e incondicionado, dispõe que o Estado-membro poderá adotar a pena de morte. Logo, o Estado-parte que já adotou a pena capital em algum momento de sua história poderá criar novas legislações sobre o tema, mesmo que atualmente tenha abolido sua aplicação. Mas ela só poderá ser imposta pelos delitos mais graves, em cumprimento de sentença final de tribunal competente e em conformidade com a lei que estabeleça tal pena, promulgada antes de haver o delito sido cometido.

---

1 Organizadora FGV

8. (EXAME OAB VI.2)

O Protocolo de San Salvador é complementar à Convenção Americana sobre Direitos Humanos em Matéria de Direitos Econômicos, Sociais e Culturais. Assim, o direito de petição ao Sistema Interamericano de Direitos Humanos é estendido pelo Protocolo de San Salvador aos casos de violação

(A) ao direito de livre associação sindical.

(B) ao direito de vedação ao trabalho escravo.

(C) à proibição do tráfico internacional de pessoas.

(D) ao direito à moradia digna.

9. (EXAME OAB VI.1)

A respeito da Convenção sobre Eliminação de Todas as Formas de Discriminação contra a Mulher, ratificada pelo Brasil, assinale a alternativa correta.

(A) Uma vez que a Convenção tem como objetivo proteger um grupo específico, não pode ser considerada como um documento de proteção internacional dos direitos humanos.

(B) A Convenção possui um protocolo facultativo, que permite a apresentação de denúncias sobre violação dos direitos por ela consagrados.

(C) A Convenção permite que o Estado-parte adote, de forma definitiva, ações afirmativas para garantir a igualdade entre gêneros.

(D) A Convenção traz em seu texto um mecanismo de proteção dos direitos que consagra, por meio de petições sobre violações, que podem ser protocoladas por qualquer Estado-parte.

10. (EXAME OAB VI.1)

O Pacto Internacional dos Direitos Econômicos, Sociais e Culturais e o Pacto Internacional dos Direitos Civis e Políticos preveem em seu texto mecanismos de proteção, efetivação e monitoramento dos Direitos Humanos consagrados em seus respectivos textos. É correto afirmar que, em ambos os pactos, encontra-se o seguinte mecanismo:

(A) envio de relatórios sobre medidas adotadas e progressos alcançados.

(B) acusação de regresso de proteção dos direitos, que poderá ser protocolada por qualquer Estado-parte, inclusive o próprio analisado.

(C) sistemática de petições, que deverão ser elaboradas e protocoladas por um Estado-parte diferente daquele que está sendo acusado.

(D) envio de relatórios sobre medidas adotadas e progressos alcançados, que deverão ser elaborados e protocolados por um Estado-parte diferente daquele que está sendo analisado.

11. (EXAME OAB VI.1)

A Convenção Interamericana de Direitos Humanos dispõe que toda pessoa tem direito à vida, que deve ser protegida por lei, e que ninguém dela poderá ser privado arbitrariamente. A respeito da pena de morte, o documento afirma que

(A) é inadmissível a aplicação da pena de morte em qualquer circunstância, já que o direito à vida deve ser protegido por lei desde a concepção.

(B) não se pode aplicar pena de morte aos delitos políticos, exceto se forem conexos a delitos comuns sujeitos a tal pena.

(C) a pena de morte não pode ser imposta àquele que, no momento da perpetração do delito, for menor de dezoito anos, nem aplicada à mulher em estado gestacional.

(D) não se admite que Estados promulguem pena de morte, exceto se já a tiverem aplicado e a tenham abolido, hipótese em que a tal pena poderá ser restabelecida.

12. (EXAME OAB V)

No âmbito dos direitos humanos, a respeito do Incidente de Deslocamento de Competência, instituído pela Emenda Constitucional 45, assinale a alternativa correta.

(A) Pelo incidente de deslocamento de competência, a Justiça Federal só julgaria os casos relativos aos direitos humanos após o Brasil ser responsabilizado internacionalmente.

(B) O incidente de deslocamento de competência se efetiva contrariamente ao princípio do federalismo cooperativo por não obedecer à hierarquia de competência para julgamento dos crimes comuns, mesmo no âmbito de ferimento aos direitos humanos.

(C) Para assegurar o cumprimento de obrigações decorrentes de tratados internacionais de direitos humanos de que o Brasil seja parte, o Procurador-Geral da República pode suscitar, perante o Superior Tribunal de Justiça, incidente de deslocamento de competência para a Justiça Federal, nas hipóteses de graves violações aos direitos humanos.

(D) O incidente de deslocamento de competência, embora garanta o cumprimento de obrigações do Estado brasileiro em relação aos tratados internacionais de direitos humanos, não está relacionado com a razoável duração do processo para a consecução da finalidade de efetiva proteção dos direitos humanos.

13. (EXAME OAB V)

A respeito da internacionalização dos direitos humanos, assinale a alternativa correta.

(A) A limitação do poder, quando previsto na Constituição, garante por si só o respeito aos direitos humanos.

(B) A internacionalização dos direitos humanos impõe que o Estado, e não o indivíduo, seja sujeito de direitos internacional.

(C) A criação de normas de proteção internacional no âmbito dos direitos humanos possibilita a responsabilização do Estado quando as normas nacionais forem omissas.

(D) Já antes do fim da II Guerra Mundial ocorreu a internacionalização dos direitos humanos, com a limitação dos poderes do Estado a fim de garantir o respeito integral aos direitos fundamentais da pessoa humana.

14. (EXAME OAB V)

As Constituições brasileiras se mostraram com avanços e retrocessos em relação aos direitos humanos. A esse respeito assinale a alternativa correta.

(A) A Constituição de 1934 se revelou retrógrada ao ignorar normas de proteção social ao trabalhador.

(B) A Constituição de 1969, mesmo incorporando as medidas dos Atos Institucionais, se revelou mais atenta aos direitos humanos que a Constituição de 1967.

(C) A Constituição de 1946 apresentou diversos retrocessos em relação aos direitos humanos, principalmente no tocante aos direitos sociais.

(D) A Constituição de 1967 consolidou arbitrariedades decretadas nos Atos Institucionais, caracterizando diversos retrocessos em relação aos direitos humanos.

Conteúdo 20
DIREITO DA CRIANÇA E DO ADOLESCENTE

1. (EXAME 2009)

"Os portugueses (...), assim que se estabeleceram no Brasil, começaram a anexar ao seu sistema de organização agrária de economia e de família uma dissimulada imitação de poligamia, permitida pela adoção legal, por pai cristão, quando este incluía em seu testamento os filhos naturais, ou ilegítimos, resultantes de mães índias e também de escravas negras. Filhos que, nesses testamentos, eram socialmente iguais, ou quase iguais, aos filhos legítimos. Aliás, não raras vezes, os naturais, de cor, foram mesmo instruídos na Casa Grande pelos frades ou pelos mesmos capelães que educavam a prole legítima, explicando-se assim a ascensão social de alguns desses

mestiços." FREYRE, Gilberto.

Com base na comparação entre esse texto, as mudanças da tutela jurídica das relações familiares, as transformações trazidas pela Constituição de 1988 e os dispositivos e princípios consagrados pelo Estatuto da Criança e do Adolescente, analise as seguintes afirmativas:

I. Em decorrência dos avanços tecnológicos, em especial o exame de DNA, o vínculo biológico é o único critério vigente no sistema brasileiro atual para o estabelecimento da filiação.

II. Os filhos havidos de relações incestuosas têm assegurado o vínculo de paternidade sem qualquer distinção de ordem patrimonial ou extrapatrimonial.

III. Pelo princípio da isonomia da prole e da dignidade da pessoa humana, os filhos serão diferenciados em legítimos ou ilegítimos, sendo equiparados para efeitos sucessórios.

IV. Atualmente, no sistema jurídico brasileiro, os critérios vigentes para o estabelecimento da filiação são: o vínculo biológico, o vínculo jurídico e o vínculo socioafetivo.

Estão CORRETAS somente as afirmativas

(A) I e II.
(B) I e III.
(C) II e IV.
(D) III e IV.
(E) I, III e IV.

BATERIA DE QUESTÕES EXTRAS

2. (EXAME OAB VI.2)

Companheiros há cinco anos e com estabilidade familiar, Jonas, de trinta anos de idade, e Marta, de vinte e cinco anos de idade, conheceram, em um abrigo, Felipe, de oito anos de idade e filho de pais desconhecidos, e pretendem adotá-lo. Como advogado consultado pelo casal, assinale a alternativa correta.

(A) Jonas e Marta não podem adotar a criança, tendo em vista não serem casados.

(B) Jonas e Marta podem adotar a criança mediante a lavratura de escritura pública de adoção, tendo em vista ser desnecessário o consentimento de Felipe e de seus pais biológicos, bem como que os adotantes são companheiros, com estabilidade familiar.

(C) Jonas e Marta não podem adotar a criança, tendo em vista que a diferença de idade entre Marta e Felipe é de apenas dezessete anos.

(D) Jonas e Marta poderão adotar a criança, desde que seja instaurada ação judicial, sendo desnecessário o consentimento de Felipe e de seus pais biológicos.

3. (EXAME OAB VI.2)

Acerca da colocação da criança ou adolescente em família substituta por meio da guarda e da tutela, é correto afirmar que

(A) a adoção de uma dessas medidas, dada a prioridade de manutenção do menor com a família natural, é precedida pela destituição do poder familiar.

(B) a pessoa que exercerá a guarda ou a tutela do menor poderá ser indicada por seus genitores em testamento.

(C) o tutor assume o poder familiar em relação ao menor e, sendo assim, a destituição da tutela observa os mesmos requisitos da destituição do poder familiar.

(D) o deferimento da tutela não pressupõe a perda ou suspensão do poder familiar e, sendo assim, não implica necessariamente o dever de guarda.

4. (EXAME OAB VI.1)

Considerando os princípios norteadores do Estatuto da Criança e do Adolescente, a prática de atos infracionais fica sujeita a medidas que têm objetivos socioeducativos. Nesse sentido, é correto afirmar que

(A) se Aroldo, que tem 11 anos, subtrair para si coisa alheia pertencente a uma creche, deverá cumprir medida socioeducativa de prestação de serviços comunitários, por período não superior a um ano.

(B) a obrigação de reparar o dano causado pelo ato infracional não é considerada medida socioeducativa, tendo em vista que o adolescente não pode ser responsabilizado civilmente.

(C) o acolhimento institucional e a colocação em família substituta podem ser aplicados como medidas protetivas ou socioeducativas, a depender das características dos atos infracionais praticados.

(D) a internação, como uma das medidas socioeducativas previstas pelo ECA, não poderá exceder o período máximo de três anos, e a liberação será compulsória aos 21 anos de idade.

5. (EXAME OAB VI.1)

Um famoso casal de artistas residente e domiciliado nos Estados Unidos, em viagem ao Brasil para o lançamento do seu mais novo filme, se encantou por Caio, de 4 anos, a quem pretende adotar. Caio teve sua filiação reconhecida exclusivamente pela mãe Isabel, que, após uma longa conversa com o casal, concluiu que o melhor para o filho era ser adotado, tendo em vista que o famoso casal possuía condições infinitamente melhores de bem criar e educar Caio. Além disso, Isabel ficou convencida do amor espontâneo e sincero que o casal de imediato nutriu pelo menino. Ante a situação hipotética, é correto afirmar que

(A) a adoção só é concedida quando for impossível manter a criança ou o adolescente em sua família, razão pela qual o consentimento de Isabel é irrelevante para a apreciação do pedido do famoso casal, que será deferido caso represente o melhor interesse de Caio.

(B) independentemente da manifestação de vontade de Isabel, o famoso casal terá prioridade na adoção de Caio, depois de esgotadas todas as possibilidades de colocação de Caio em uma família brasileira.

(C) tendo em vista o consentimento da mãe de Caio, o famoso casal terá prioridade em sua adoção em face de outros casais já previamente inscritos nos cadastros de interessados na adoção, mantidos pela Justiça da Infância e da Juventude.

(D) a adoção internacional é medida excepcional; entretanto, em virtude do consentimento de Isabel para a adoção de seu filho pelo famoso casal, este só não terá prioridade se houver casal de brasileiro, residente no Brasil, habilitado para a adoção.

6. (EXAME OAB V)

Com nítida inspiração na doutrina da proteção integral, o ECA garantiu à criança e ao adolescente o mais amplo acesso à Justiça, como forma de viabilizar a efetivação de seus direitos, consagrou-lhes o acesso a todos os órgãos do Poder Judiciário, assim como lhes assegurou o acesso a órgãos que exercem funções essenciais à Justiça, como o Ministério Público e a Defensoria. Tendo em conta tal ampla proteção, assinale a alternativa correta.

(A) Na hipótese de colisão de interesses entre a criança ou adolescente e seus pais ou responsável, a autoridade judiciária lhes dará curador especial, o mesmo ocorrendo nas hipóteses de carência de representação ou assistência legal, ainda que eventual.

(B) Em obediência ao princípio da publicidade, é permitida a divulgação de atos judiciais e administrativos que digam respeito à autoria de ato infracional praticado por adolescente, podendo ser expedida certidão ou extraída cópia dos autos, independentemente da demonstração do interesse e justificativa acerca da finalidade. Tais fatos, no entanto, se noticiados pela imprensa escrita ou falada, devem conter apenas as iniciais do nome e sobrenome do menor, sendo vedadas as demais formas expositivas, como fotografia, referência ao nome, apelido, etc.

(C) A assistência judiciária gratuita será prestada aos que dela necessitarem por defensor público, sendo admitida a nomeação pelo juiz de advogado se o adolescente não tiver defensor, não podendo, posteriormente, o adolescente constituir outro de sua preferência.

(D) As custas e emolumentos nas ações de destituição do poder familiar, perda ou modificação da tutela deverão ser custeadas pela parte sucumbente ao final do processo.

7. (EXAME OAB V)

Fernando e Eulália decidiram adotar uma menina. Iniciaram o processo de adoção em maio de 2010. Com o estágio de convivência em curso, o casal se divorciou. Diante do fim do casamento dos pretendentes à adoção, é correto afirmar que

(A) a adoção será deferida, contanto que o casal acorde sobre a guarda, regime de visitas e desde que o estágio de convivência tenha sido iniciado na constância do período de convivência e que seja comprovada a existência de vínculo de afinidade e afetividade com aquele que não seja o detentor da guarda que justifique a excepcionalidade da concessão.

(B) a lei não prevê tal hipótese, pois está em desacordo com os ditames constitucionais da paternidade responsável.

(C) a adoção deverá ser suspensa, e outro casal adotará a menor, segundo o princípio do melhor interesse do menor, pois a adoção é medida geradora do vínculo familiar.

(D) a adoção poderá prosseguir, contanto que o casal opte pela guarda compartilhada no acordo de divórcio, mesmo que o estágio de convivência não tenha sido iniciado na constância do período de convivência.

Conteúdo 21
ÉTICA PROFISSIONAL

BATERIA DE QUESTÕES EXTRAS[1]

1. (EXAME OAB VI.2)

O escritório de advocacia do Dr. Zangão decide patrocinar programa televisivo juntamente com um supermercado e uma companhia de cervejas. O programa é de estilo popular, com belas mulheres vestidas de forma apropriada ao verão brasileiro. No intervalo do programa, o apresentador apresenta homenagens aos seus patrocinadores e, em relação ao escritório de advocacia, recita um texto: "Caso você tenha um problema com a Justiça, procure quem é bom. Consulte um dos advogados do Escritório do Dr. Zangão. Pode não ser uma rima, mas é a solução." Essa situação caracteriza

(A) publicidade imoderada.
(B) propaganda regular.
(C) patrocínio cultural.
(D) atividade permitida pelo Estatuto.

2. (EXAME OAB VI.2)

Maurício, advogado recém-formado, ciente das suas prerrogativas, pretende apresentar requerimento de certidão ao escrivão que chefia o Cartório Judicial de determinada comarca, havendo situação de urgência. Como a localização física do Chefe do Cartório é distante do balcão de atendimento ao público, o advogado precisa entrar no recinto em que ele está. Seu ingresso, contudo, não é permitido. Com base nas normas estatutárias, é correto afirmar que

(A) o requerimento deve ser apresentado no balcão, vedado o ingresso do advogado no recinto cartorário.
(B) o ingresso poderá ocorrer mediante autorização do escrivão.
(C) deve haver participação do representante da OAB nesse ingresso.
(D) o livre acesso ao recinto, no caso, é direito do advogado.

3. (EXAME OAB VI.2)

A empresa Consumidor Ltda., composta por contadores, despachantes, arquitetos e engenheiros, divulga, semanalmente, sua agenda de defesa judicial dos direitos dos consumidores, não possuindo advogados nos seus quadros. Notificada pelo órgão seccional da OAB, alega que as atividades de consultoria jurídica não seriam privativas dos advogados. Diante desse quadro, à luz das normas estatutárias, é correto afirmar que é atividade privativa da advocacia

(A) a postulação nos Juizados Especiais.
(B) a consultoria e assessoria jurídicas.
(C) a impetração de habeas corpus.
(D) a divulgação conjunta da advocacia com outras atividades.

[1] Organizadora FGV

4. (EXAME OAB VI.2)

Morgano, advogado recém-formado e inscrito na OAB, com aprovação no Exame de Ordem logo após a colação de grau, é contratado para defender cliente em audiência de instrução e julgamento. No recinto forense, depara-se com um tablado onde estão alocados a mesa ocupada pelo juiz e ao seu lado o representante do Ministério Público. Curioso pela situação e ainda inexperiente, questiona se tal arquitetura é comum nos demais recintos e a razão de o advogado estar em plano inferior aos demais agentes do processo. Como resposta, recebe a informação de que a disposição física foi estabelecida em respeito à hierarquia entre magistrados e membros do Ministério Público, que devem permanecer em posição superior à dos advogados das partes. Diante do narrado, à luz das normas estatutárias, é correto afirmar que

(A) a hierarquia é inerente à atividade desenvolvida pelos advogados, que atuam de forma parcial em defesa dos seus clientes.

(B) como dirigente do processo, o magistrado subordina a atuação dos advogados como forma de disciplina da audiência.

(C) os membros do Ministério Público nos atos processuais são hierarquicamente superiores aos advogados.

(D) advogados, membros do Ministério Público e magistrados não têm relação de hierarquia entre si.

5. (EXAME OAB VI.2)

Terêncio é convocado, a altas horas da noite, para assistir cliente que se encontra recolhido preso em delegacia de polícia, tendo comparecido ao local para ter ciência das acusações existentes e contatar o seu cliente. Ao adentrar o recinto, encontra presentes dois agentes policiais de plantão, estando os demais em diligências para o esclarecimento de crimes ocorridos durante o dia. Os agentes informam que somente poderia ocorrer o contato com o cliente quando o delegado retornasse de uma das diligências, o que estaria na iminência de ocorrer. No concernente ao tema, à luz das normas aplicáveis, é correto afirmar que

(A) deve o advogado aguardar pacientemente o retorno da autoridade policial ao recinto da delegacia.

(B) o advogado pode contatar o seu cliente independentemente da presença do delegado.

(C) o contato do advogado fora do horário normal depende de assistência da OAB.

(D) nesses casos, tendo em vista a segurança pública, somente com autorização judicial pode ocorrer o ato.

6. (EXAME OAB VI.2)

No concernente à Sociedade de Advogados, é correto afirmar, à luz do Estatuto e do Código de Ética e Disciplina da OAB, que

(A) pode se organizar de forma mercantil, com registro na Junta Comercial.

(B) está vinculada às regras de ética e disciplina dos advogados.

(C) seus sócios estão imunes ao controle disciplinar da OAB.

(D) seus componentes podem, isoladamente, representar clientes com interesses conflitantes.

7. (EXAME OAB VI.2)

Esculápio realiza contrato escrito de honorários com Terêncio, no valor de R$ 20.000,00. Consoante as normas estatutárias aplicáveis à espécie, é correto afirmar que

(A) esse documento não se reveste passível de futura execução, como título executivo.

(B) a ausência de pagamento do valor pactuado leva ao arbitramento judicial dos honorários.

(C) o contrato escrito é título executivo, podendo o advogado ingressar com ação de execução dos seus honorários.

(D) esse crédito não possui privilégio em eventual insolvência do cliente.

8. (EXAME OAB VI.2)

Esculápio, advogado militante, fica comovido com a dificuldade de Astrolábio, bacharel em Direito, em lograr aprovação no Exame de Ordem. Com o intuito de auxiliá-lo, aceita subscrever petições realizadas pelo referido graduado em Direito, bem como permitir que ele receba os seus clientes no seu escritório, como se advogado fosse, não percebendo Esculápio qualquer vantagem pecuniária por isso. Consoante as normas estatutárias, é correto afirmar que

(A) Esculápio está cometendo infração disciplinar por manter sociedade profissional fora dos limites legais.

(B) Esculápio estaria praticando a conduta de facilitação do exercício da profissão aos não inscritos.

(C) havendo motivo de força maior, o advogado pode propiciar acesso profissional aos não inscritos.

(D) o advogado estaria apenas angariando causas para o seu escritório de advocacia.

9. (EXAME OAB VI.2)

Entre as competências do Tribunal de Ética e Disciplina da OAB, NÃO se inclui, à luz das normas aplicáveis do Estatuto da Advocacia e do Código de Ética,

(A) instaurar de ofício processo sobre ato que considere em tese infração à norma de ética profissional.

(B) mediar pendências entre advogados, bem como conciliar questões sobre partilha de honorários.

(C) responder a consultas "em tese", aconselhando e orientando sobre ética profissional.

(D) elaborar seu orçamento financeiro a ser submetido ao Conselho Seccional.

10. (EXAME OAB VI.2)

Nos termos das normas do Regulamento Geral do Estatuto da Advocacia e da OAB, o estagiário poderá isoladamente realizar o seguinte ato:

(A) atuar em audiências nos Juizados Especiais representando os clientes do escritório.

(B) obter com os Chefes de Secretarias certidões de peças de processos em curso.

(C) sustentar oralmente os recursos nos tribunais, quando cabível a defesa oral.

(D) assinar petições iniciais ou contestações quando incluído no instrumento de mandato.

11. (EXAME OAB VI.2)

O Bacharel em Direito, após aprovação no Exame de Ordem, deve apresentar cópia do diploma. Caso ele não tenha sido expedido, segundo as normas do Regulamento Geral do Estatuto da Advocacia e da OAB,

(A) ocorrerá a inscrição provisória como advogado.

(B) não poderá ocorrer a inscrição até expedido o diploma.

(C) pode apresentar certidão de conclusão com histórico escolar.

(D) deve obter permissão especial do Conselho Seccional.

12. (EXAME OAB VI.2)

O advogado Mévio casou-se com a médica Esculápia, vindo a ter cinco filhos. No curso do casamento, Esculápia veio a concluir o curso de Bacharel em Direito, obtendo aprovação no Exame de Ordem e vindo a obter o seu registro profissional, atuando, concomitantemente com sua profissão de médica, como advogada em vários processos. Em determinado momento, veio a desentender-se com seu marido, gerando diversos processos civis e criminais. Quanto à assistência da OAB nesse caso, à luz das normas do Regulamento Geral do Estatuto da Advocacia e da OAB, é correto afirmar que a assistência

(A) ocorrerá pela qualidade dos litigantes, ambos advogados.

(B) é assegurada nos processos vinculados ao exercício da profissão.

(C) poderá ocorrer em qualquer processo, autorizada pelo Conselho Seccional.

(D) é inerente à condição de advogado, mas com autorização do Presidente da Seccional.

13. (EXAME OAB VI.1)

Mévio é advogado empregado de empresa de grande porte atuando como diretor jurídico e tendo vários colegas vinculados à sua direção. Instado por um dos diretores, escala um dos seus advogados para atuar em processo judicial litigioso, no interesse de uma das filhas do referido diretor. À luz das normas estatutárias, é correto afirmar que

(A) a defesa dos interesses dos familiares dos dirigentes da empresa está ínsita na atuação profissional do advogado empregado.

(B) a atuação do advogado empregado nesses casos pode ocorrer voluntariamente, sem relação com o seu emprego.

(C) a relação de emprego retira do advogado sua independência profissional, pois deve defender os interesses do patrão.

(D) em casos de dedicação exclusiva, a jornada de trabalho máxima do advogado será de quatro horas diárias e de vinte horas semanais.

14. (EXAME OAB VI.1)

Terêncio, após intensa atividade advocatícia, é acometido por mal de origem psiquiátrica, mas diagnosticado como passível de cura após tratamento prolongado. Não podendo exercer os atos da vida civil, apresenta requerimento à OAB. No concernente ao tema, à luz das normas aplicáveis, é correto afirmar que é caso de

(A) cancelamento da inscrição como advogado.

(B) impedimento ao exercício profissional, mantida a inscrição na OAB.

(C) licença do exercício da atividade profissional.

(D) penalidade de exclusão por doença.

15. (EXAME OAB VI.1)

Mévio, advogado, é procurado por Eulâmpia, que realiza consulta sobre determinado tema jurídico. Alguns meses depois, o advogado recebe uma intimação para prestar depoimento como testemunha em processo no qual Eulâmpia é ré, pelos fatos relatados por ela em consulta profissional. No concernente ao tema, à luz das normas estatutárias, é correto afirmar que

(A) o advogado deve comparecer ao ato e prestar depoimento como testemunha dos fatos.

(B) é caso de recusa justificada ao depoimento por ter tido o advogado ciência dos fatos em virtude do exercício da profissão.

(C) a simples consulta jurídica não é privativa de advogado, equiparada a mero aconselhamento protocolar.

(D) o advogado poderá prestar o depoimento, mesmo contra sua vontade, desde que autorizado pelo cliente.

16. (EXAME OAB VI.1)

Após recebida representação disciplinar sem fundamentos, cabe ao relator designado pelo presidente do Conselho Seccional da OAB, à luz das normas aplicáveis,

(A) arquivar o processo ato contínuo.

(B) propor ao presidente o arquivamento do processo.

(C) designar data para a defesa oral pelo advogado.

(D) julgar improcedente a representação.

17. (EXAME OAB VI.1)

Caio, próspero comerciante, contrata, para prestação de serviços profissionais de advocacia, Mévio, que se apresenta como advogado. O cliente outorga a devida procuração com poderes gerais para o foro. Usando o referido instrumento, ocorre a propositura de ação judicial em face de Trácio. Na contestação, o advogado do réu alega vício na representação, uma vez que Mévio não possui registro na OAB, consoante certidão que apresenta nos autos judiciais. Diante de tal circunstância, é correto afirmar que

(A) os atos praticados pelo suposto advogado não ofendem qualquer dispositivo legal.

(B) verificada a ausência de inscrição profissional, deverá ser outorgado prazo para sua regularização.

(C) os atos praticados por Mévio são nulos, pois foram praticados por pessoa não inscrita na OAB.

(D) a declaração de nulidade dos atos processuais esgota o rol de atos sancionatórios.

18. (EXAME OAB VI.1)

Raul, advogado, é acusado, em processo disciplinar, de ter perdido prazos em diversos processos, de ter atuado contra os interesses dos seus clientes e de ter um número exagerado de indeferimento de petições iniciais, por ineptas, desconexas, com representações sucessivas à OAB. Em relação a tais circunstâncias, à luz das normas estatutárias, é correto afirmar que as condutas imputadas a Raul

(A) não caracterizam infração disciplinar.

(B) são consideradas desvios processuais exclusivamente.

(C) demandam atuação da OAB no sentido educativo.

(D) caracterizam inépcia da atuação profissional.

19. (EXAME OAB VI.1)

Caio ajuíza ação em face da empresa Toupeira e Lontra S.A. buscando a devolução de numerário por ter recebido produto com defeito oculto. O pedido é julgado improcedente por ausência de provas. Houve recurso de apelação. No início do julgamento, o relator apresentou críticas à atuação do advogado do recorrente, que não teria instruído o processo adequadamente. Presente no julgamento, o advogado pediu a palavra, que lhe foi negada, por já ter apresentado sua sustentação oral. Com base no relato acima, de acordo com as normas estatutárias, é correto afirmar que

(A) a sustentação oral esgota a atividade do advogado no julgamento.

(B) só esclarecimentos de situação de fato serão admitidos no caso.

(C) somente em momento posterior poderá o advogado tomar providências.

(D) é assegurado ao advogado o direito de usar a palavra para replicar a acusação feita contra ele, ainda que já proferida sua sustentação oral.

20. (EXAME OAB VI.1)

Mévio, advogado recém-formado com dificuldades de iniciar sua atividade profissional, propõe a colegas de bairro e de escola a participação percentual nos honorários dos clientes que receber para consultas ou que pretendam ajuizar ações judiciais. Consoante as normas aplicáveis, assinale a alternativa correta em relação à conduta de Mévio.

(A) Caracteriza agenciamento de causas com participação dos honorários.

(B) É possível, desde que conste em contrato escrito entre as partes.

(C) O agenciamento de clientela é admitido em situações peculiares como essa.

(D) Desde que os serviços advocatícios sejam prestados por Mévio, inexiste infração disciplinar.

21. (EXAME OAB VI.1)

Daniel, advogado, resolve divulgar seus trabalhos contratando empresa de propaganda e marketing. Esta lhe apresenta um plano de ação, que inclui a contratação de jovens, homens e mulheres, para a distribuição de prospectos de propaganda do escritório, coloridos, indicando as especialidades de atuação e apresentando determinados temas que seriam considerados acessíveis à multidão de interessados. O projeto é realizado. Em relação a tal projeto, consoante as normas aplicáveis aos advogados, é correto afirmar que

(A) a moderna advocacia assume características empresariais e permite publicidade como a apresentada.

(B) atividades moderadas como as sugeridas são admissíveis.

(C) desde que autorizada pela OAB, a propaganda pode ser realizada.

(D) existem restrições éticas à propaganda da advocacia, entre as quais as referidas no texto.

22. (EXAME OAB VI.1)

Semprônia, advogada há longos anos, é contratada para representar os interesses de Esculápio, que está preso à disposição da Justiça criminal. Ao procurar contatar seu cliente, verifica que ele está em penitenciária, considerado incomunicável, por determinação de normas regulamentares do sistema. Apesar disso, requer o acesso ao seu cliente, que foi indeferido. Consoante as normas legais e estatutárias, é correto afirmar que

(A) a atuação do advogado deve estar submetida aos regulamentos penitenciários, para a sua própria segurança.

(B) os estabelecimentos penitenciários civis devem organizar as visitas dos advogados por ordem de chegada.

(C) o advogado, quando for contatar o seu cliente em prisão, deve ser acompanhado por representante da OAB.

(D) é ilegal vedar a presença do advogado no contato com seu cliente, ainda que considerado incomunicável.

23. (EXAME OAB VI.1)

No caso de arbitramento judicial de honorários, pela ausência de estipulação ou acordo em relação a eles, é correto afirmar, à luz das regras estatutárias, que

(A) os valores serão livremente arbitrados pelo juiz, sem parâmetros, devendo o advogado percebê-los.

(B) a fixação dos honorários levará em conta o valor econômico da questão.

(C) a tabela organizada pela OAB não é relevante para essa forma de fixação.

(D) havendo acordo escrito, poderá ocorrer o arbitramento judicial de honorários.

24. (EXAME OAB VI.1)

Mévio, advogado de longa data, pretendendo despachar uma petição em processo judicial em curso perante a Comarca Y, é surpreendido com aviso afixado na porta do cartório de que o magistrado somente receberia para despacho petições que reputasse urgentes, devendo o advogado dirigir-se ao assessor principal do juiz para uma prévia triagem quanto ao assunto em debate. À luz das normas estatutárias, é correto afirmar que

(A) a organização do serviço cartorário é da competência do juiz, que pode estabelecer padrões de atendimento aos advogados.

(B) a triagem realizada por assessor do juiz permite melhor eficiência no desempenho da atividade judicial e não colide com as normas estatutárias.

(C) o advogado tem direito de dirigir-se diretamente ao magistrado no seu gabinete para despachar petições sem prévio agendamento.

(D) a duração razoável do processo é princípio que permite a triagem dos atos dos advogados e o exercício dos seus direitos estatutários.

25. (EXAME OAB V)

Tício é advogado regularmente inscrito nos quadros da OAB e conhecido pela energia e vivacidade com que defende a pretensão dos seus clientes. Atuando em defesa de um dos seus clientes, exalta-se em audiência, mas mantém, apesar disso, a cortesia com o magistrado presidente do ato e com o advogado da parte contrária. Mesmo assim, sofreu representação perante o órgão disciplinar da OAB. Em relação a tais fatos, é correto afirmar que

(A) no processo judicial, os atos do advogado constituem múnus privado.

(B) a defesa do cliente deve ser pautada pelo dirigente da audiência, o magistrado.

(C) a atuação de Tício desborda os limites normais do exercício da advocacia.

(D) inexistindo atividade injuriosa, os atos do advogado são imunes ao controle disciplinar.

26. (EXAME OAB V)

Crésio é procurado por cliente que já possui advogado constituído nos autos. Prontamente recusa a atuação até que seu cliente apresente a quitação dos honorários acordados e proceda à revogação dos poderes que foram conferidos para o exercício do mandato. Após cumpridas essas formalidades, comprovadas documentalmente, Crésio apresenta sua procuração nos autos e requer o prosseguimento do processo. À luz das normas aplicáveis, é correto afirmar que

(A) a revogação do mandato exime o cliente do pagamento de honorários acordados.

(B) permite-se o ingresso do advogado no processo mesmo que atuando outro, sem sua ciência.

(C) a verba de sucumbência deixa de ser devida após a revogação do mandato pelo cliente.

(D) o advogado deve, antes de assumir mandato, procurar a ciência e autorização do antecessor.

27. (EXAME OAB V)

A empresa Frios e Gelados S.A. promove ação de responsabilidade civil em face da empresa Calor e Chaud Ltda. No curso do processo, surge decisão judicial, atacada por recurso apresentado pelo representante judicial da empresa autora, o advogado Lúcio. Tal recurso não tem previsão legal de sustentação oral. Apesar disso, o advogado comparece à sessão de julgamento e requer ao tribunal o tempo necessário para a sustentação referida. Nos termos das normas estatutárias, é correto afirmar que

(A) a sustentação oral dependerá do relator do recurso.

(B) o direito à sustentação oral será por trinta minutos.

(C) é direito do advogado a sustentação oral em todos os recursos.

(D) o direito à sustentação oral está vinculado à sua previsibilidade recursal.

28. (EXAME OAB V)

No julgamento da ação envolvendo Manoel e Joaquim, o relator do processo assacou diversas acusações contra os representantes judiciais das partes, inclusive relacionadas à litigância de má-fé. Os advogados requereram a palavra, que foi indeferida, sendo retirados do recinto por servidores do Tribunal. Requereram, então, as medidas próprias à OAB. Com base nesse cenário, à luz das regras estatutárias, é correto afirmar que

(A) é situação típica de desagravo pela atuação profissional dos advogados.

(B) esses litígios devem ser resolvidos no âmbito do processo judicial.

(C) inexistem medidas administrativas a realizar no âmbito da OAB.

(D) a separação entre a atividade do juiz e a do advogado bloqueia a atividade da OAB.

29. (EXAME OAB V)

A Administração Pública, por meio de determinado órgão, promove processo administrativo de natureza disciplinar em face do servidor público Francisco. O servidor contrata o advogado Sócrates para defendê-lo. Munido do instrumento de mandato, Sócrates requer vista dos autos do processo administrativo e posteriores intimações. O requerimento foi indeferido pela desnecessidade de advogado atuar no referido processo. Com base no relatado acima, à luz das normas estatutárias, é correto afirmar que

(A) o direito de vista é aplicável ao processo administrativo.

(B) o advogado não tem direito de atuar em processo administrativo.

(C) nos processos disciplinares, a regra é a da presença do advogado.

(D) a atuação do advogado é obrigatória nos processos administrativos.

30. (EXAME OAB V)

Na Secretaria Municipal de Fazenda, tramita procedimento administrativo relacionado à imposição do IPTU em determinada área urbana. O proprietário do imóvel contrata o advogado Juliano para solucionar a questão. Portando mandato extrajudicial, o advogado dirige-se ao local e, em face dos seus conhecimentos pessoais, obtém o ingresso no recinto da secretaria e recebe as informações pertinentes, apresentando, por petição, os esclarecimentos necessários. Em um dos dias em que atuava profissionalmente, viu-se interpelado por um dos chefes de seção, que questionou sua permanência no local, proibida por atos regulamentares. Diante disso, é correto afirmar que

(A) as características especiais dos órgãos fazendários limitam os direitos dos advogados.

(B) o ingresso em quaisquer recintos de repartições públicas, no exercício da profissão, é direito dos advogados.

(C) o advogado não pode ter acesso a procedimentos administrativos, salvo com autorização da autoridade competente.

(D) a questão em tela está vinculada à proteção do sigilo profissional.

31. (EXAME OAB V)

Conceição promove ação possessória em face de vários réus que ocuparam imóvel sem construção, de sua propriedade, em área urbana. Houve a designação de audiência de conciliação, com a presença dos réus e dos seus advogados. Na audiência, visando organizar o ato, o magistrado proibiu que os advogados se mantivessem de pé, bem como saíssem do local durante a sua realização. Com base no que dispõe o Estatuto da Advocacia e as leis regentes, é correto afirmar que

(A) caso o advogado necessite retirar-se do local, deve postular licença à autoridade.

(B) o advogado pode permanecer sentado ou de pé nos recintos do Poder Judiciário.

(C) pode permanecer de pé, caso autorizado pela autoridade competente.

(D) o advogado deve permanecer sentado na sala de audiências até o final do ato.

32. (EXAME OAB V)

José foi condenado criminalmente, com sentença transitada em julgado, e, paralelamente, punido também em processo disciplinar perante a OAB em função dos mesmos atos que resultaram naquela condenação criminal. Nos termos das normas estatutárias, é correto afirmar que

(A) a reabilitação administrativa é pressuposto da criminal.

(B) é pressuposto da reabilitação à OAB o deferimento da criminal.

(C) ambas as reabilitações podem tramitar paralelamente.

(D) a reabilitação administrativa independe da criminal.

33. (EXAME OAB V)

Manoel, empresário, promove ação de separação judicial litigiosa em face de Maria, sua esposa, alegando graves violações aos deveres do casamento, entre as quais abandono material e moral das duas filhas do casal. Anexa documento comprovando que sua esposa deixara as menores em casa para comparecer a festas em locais distantes, o que lhes causou riscos à saúde física e mental. Apesar de as normas sobre o tema determinarem o sigilo, o processo tramita como se fosse público. O advogado do autor comunica o fato ao juiz que preside o processo e ao escrivão que chefia o cartório judicial. Baldados foram os seus esforços. Em relação ao caso acima, à luz das normas estatutárias, é correto afirmar que

(A) não pode reclamar para outra autoridade, já tendo apresentado a primeira ao juiz da causa.

(B) a publicidade do processo constitui mera irregularidade, infensa a medidas de qualquer naipe.

(C) o advogado atuou corretamente ao reclamar do descumprimento de lei.

(D) a reclamação deve ser escrita.

34. (EXAME OAB V)

Alcides, advogado de longa data, resolve realizar concurso para o Ministério Público, vindo a ser aprovado em primeiro lugar. Após os trâmites legais, é designada data para a sua posse, circunstância que acarreta seu requerimento para suspender sua inscrição nos quadros da OAB, o que vem a ser indeferido. No caso em comento, em relação a Alcides, configura-se situação de

(A) incompatibilidade, podendo atuar, como advogado, em determinadas situações.

(B) cancelamento da inscrição por assunção de cargo incompatível.

(C) suspeição enquanto permanecer no cargo.

(D) suspensão da inscrição até a aposentadoria do membro do Ministério Público.

35. (EXAME OAB V)

O advogado Antônio é convocado para prestar depoimento como testemunha em ação em que um dos seus clientes é parte. Inquirido pelo magistrado, passa a tecer considerações sobre fatos apresentados pelo seu cliente durante as consultas profissionais, mesmo sobre estratégias que havia sugerido para a defesa do seu cliente. Não omitiu quaisquer informações. Posteriormente à audiência, foi notificado da abertura de processo disciplinar pelo depoimento prestado. Em relação ao caso acima, com base nas normas estatutárias, é correto afirmar que

(A) no caso em tela, houve justa causa, capaz de permitir a revelação de dados sigilosos.

(B) o sigilo profissional é uma faculdade do advogado.

(C) inquirido pelo magistrado, o advogado não pode se escusar de depor e prestar informações.

(D) a quebra do sigilo profissional, ainda que judicialmente, como no caso, é infração disciplinar.

36. (EXAME OAB V)

Ademir, formado em Jornalismo e Direito e exercendo ambas as profissões, publica, em seu espaço jornalístico, alegações forenses por ele apresentadas em juízo. Instado por outros profissionais do Direito a também apresentar os trabalhos dos colegas, Ademir alega que o espaço é exclusivamente dedicado à divulgação dos seus próprios trabalhos forenses. Com base no relatado, à luz das normas estatutárias, é correto afirmar que a divulgação promovida por Ademir é

(A) justificado pelo interesse jornalístico dos trabalhos forenses.

(B) punível, por caracterizar infração disciplinar.

(C) é equiparado a ato educacional permitido.

(D) perfeitamente justificável, por ser pertinente a outra profissão.

Capítulo VI
Gabarito e Padrão de Resposta

ANEXO

GABARITO E PADRÃO DE RESPOSTA

CONTEÚDO 01 – ECONOMIA E CIÊNCIA POLÍTICA

1. A
2. E
3. A
4. D
5. C
6. C
7. E
8. E
9. C

CONTEÚDO 2 – HISTÓRIA E SOCIOLOGIA GERAL E JURÍDICA

1. D
2. D
3. C
4. B
5. C
6. E
7. A
8. E
9. E
10. B

11. DISCURSIVA

ANÁLISE OFICIAL – PADRÃO DE RESPOSTA

Pretende-se que os graduandos identifiquem como elemento da doutrina liberal a idéia de que a garantia da igualdade perante a lei (formal) e da liberdade de agir permitiria que os homens prosperassem conforme seus méritos pessoais. A partir daí, devem apontar que tal idéia se opõe ao pensamento do personagem Salvador, negando que haja, na prática, tal liberdade de ação ao homem e afirmando que fatores da realidade podem impedir que, sobretudo partindo da miséria, os homens possam prosperar, realizando o máximo de suas potencialidades.

12. DISCURSIVA

ANÁLISE OFICIAL – PADRÃO DE RESPOSTA

O tema proposto comporta diferentes enfoques. Resumidamente, a interdisciplinaridade foi imaginada como o núcleo da resposta. As sugestões aqui arroladas apresentam apenas parte dos possíveis tópicos a serem explorados: x relações ente o direito e a ciência do direito, com debate sobre os limites dos métodos tradicionais no campo jurídico; x comparação entre, de um lado, a técnica artística e o seu valor intrínseco (o belo) e, de outro lado, a técnica jurídica e o valor do direito (o justo); x analogia, por exemplo, entre a interpretação em geral (teatral, musical, etc) e a interpretação jurídica; x debate sobre a criatividade do artista e do cientista e sua relação com o caminho das descobertas no plano jurídico; x afinidades entre as evoluções científica e artística e a evolução do direito; x diferenças e correspondências entre o senso comum (artístico, por exemplo) e a dimensão operativa (técnico-dogmática) do sistema jurídico; x ligações entre uma concepção moderna e outra pós-moderna do direito, da arte e da ciência.

BATERIA DE QUESTÕES EXTRAS

13. 1 Correta, 2 Correta
14. 1 Errada
15. 1 Correta, 2 Errada, 3 Correta
16. 1 Errada
17. C
18. B
19. 1 Errada, 2 Correta, 3 Correta, 4 Correta

CONTEÚDO 3 – FILOSOFIA GERAL E JURÍDICA

1. B
2. D
3. D
4. D
5. A
6. C
7. E
8. D
9. D
10. E

11. DISCURSIVA

ANÁLISE OFICIAL – PADRÃO DE RESPOSTA

A) Admitem-se como resposta, desde que observadas a coerência e a lógica textuais: a viagem como fuga; como descobrimento interior; como busca/desafio do desconhecido.

B) Admitem-se como resposta, desde que observadas a coerência e a lógica textuais: a viagem como laços; como estreitamento de laços; como manutenção das origens ; como percepção dos afetos.

12. DISCURSIVA

ANÁLISE OFICIAL – PADRÃO DE RESPOSTA

As leis positivas servem como grandes parâmetros para a construção da justiça em sociedade, o que não significa necessariamente que estejam isentas de erros e inconveniências. As leis estão eivadas de abstrações e generalidades que as afastam do senso real das situações presentes e futuras, motivo que somente reforça a importância do papel não do legislador, mas do intérprete das leis, aquele que constrói e reconstrói os sentidos da lei para realizar justiça nos casos concretos. Assim, deve-se relativizar a importância do apego ao texto da lei, valorizar a importância do homem prudente, do bom julgador, na construção das decisões que aplicam leis. Inclusive, no que tange ao aspecto político, destaca-se ser melhor o governo dos homens do que o governo das leis, inclusive por força do pensamento platônico optar pela idéia do rei-filosófo, que contemplou o Bem, para governar a pólis.

13. DISCURSIVA

ANÁLISE OFICIAL – PADRÃO DE RESPOSTA

O tema proposto comporta diferentes enfoques. Resumidamente, a interdisciplinaridade foi imaginada como o núcleo da resposta. As sugestões aqui arroladas apresentam apenas parte dos possíveis tópicos a serem explorados: x relações ente o direito e a ciência do direito, com debate sobre os limites dos métodos tradicionais no campo jurídico; x comparação entre, de um lado, a técnica artística e o seu valor intrínseco (o belo) e, de outro lado, a técnica jurídica e o valor do direito (o justo); x analogia, por exemplo, entre a interpretação em geral (teatral, musical, etc) e a interpretação jurídica; x debate sobre a criatividade do artista e do cientista e sua relação com o caminho das descobertas no plano jurídico; x afinidades entre as evoluções científica e artística e a evolução do direito; x diferenças e correspondências entre o senso comum (artístico, por exemplo) e a dimensão operativa (técnico-dogmática) do sistema jurídico; x ligações entre uma concepção moderna e outra pós-moderna do direito, da arte e da ciência.

14. DISCURSIVA

ANÁLISE OFICIAL – PADRÃO DE RESPOSTA

Relação de possíveis linhas de desenvolvimento de respostas ao problema não dogmático:

1) A ineficácia das leis. O candidato pode discorrer sobre as peculiaridades do sistema jurídico brasileiro, destacando aspectos da nossa organização social que contribuem para a ineficácia das leis.

2) Law in Books versus Law in Action. A clássica distinção do direito americano pode ilustrar o formalismo de fachada de nossas praxes forenses. Ao lado do direito oficial das leis e códigos, prevalece um direito informal – imoral e antijurídico – baseado na vontade dos poderosos: que motivos conduzem a isso?

3) Governo das leis ou governo dos homens? De um lado, está a lei geral, universal e abstrata. De outro lado, está a vontade do fazendeiro, o privilégio e a impunidade. É possível pensar nas grandes categorias do direito moderno – Estado de Direito, legalidade, direitos humanos, igualdade perante a lei, constitucionalismo, etc. – no contexto de justiça privada apresentado no texto?

4) Legalidade e democracia. Em que medida o descaso para com as formas jurídicas não é sintoma de perversão das regras do jogo democrático?

5) Constitucional. Utilização dos princípios da igualdade, legalidade, contraditório e moralidade, por exemplo, para formular uma crítica ao fazendeiro.

6) Histórica. Comparação entre os dois momentos, destacando os avanços democráticos da ordem jurídica contemporânea e a importância do Estado de Direito.

7) Filosófica. Utilização do jusnaturalismo para criticar a situação descrita ou recurso a outras abordagens valorativas (justiça, ética, boa-fé).

8) Sociológica. Argumentação, por exemplo, a partir de análises do coronelismo, da desigualdade social, do direito oficial contraposto ao direito informal. Na mesma linha, poderiam ser desenvolvidas análises sobre o patrimonialismo na vida brasileira (Raymundo Faoro, Sérgio Buarque de Holanda, etc).

9) Política. Utilização dos princípios da democracia, da comparação entre a atual conjuntura institucional e o texto indicado.

O tema é propositalmente aberto e não comporta uma enumeração exaustiva. As linhas sugeridas apenas exemplificam algumas das muitas abordagens – sócio-jurídicas, jusfilosóficas e juspolíticas – que podem ser adotadas.

BATERIA DE QUESTÕES EXTRAS

15. D
16. A
17. E
18. C
19. A
20. B
21. 1 Errada, 2 Correta
22. 1 Correta

COLETÂNEA DE QUESTÕES – GABARITO E PADRÃO DE RESPOSTA – 2ª Edição   189

CONTEÚDO 4 – TEORIA DO ESTADO

1. C
2. C
3. C
4. A
5. E
6. A
7. D
8. E
9. A
10. B
11. **DISCURSIVA**

ANÁLISE OFICIAL – PADRÃO DE RESPOSTA

Os graduandos devem distinguir a visão dos autores quanto à representação política e quanto ao papel do povo e dos representantes no exercício do poder e na elaboração das leis. Assim devem demonstrar que, para Montesquieu, o governo representativo é necessário, pois o povo não tem condições de exercer diretamente o poder, embora este lhe pertença. O povo tem, entretanto, capacidade para escolher os representantes capazes de decidir os negócios públicos e de elaborar as leis. Já Rousseau sustenta a impossibilidade de representação, pois a vontade geral não se representa, uma vez que equivale à vontade de todo o povo e não de uma parte dele. Assim, não há espaço para representantes exercerem o poder e a lei deve ser ratificada por todo o povo diretamente.

CONTEÚDO 5 – INTRODUÇÃO AO ESTUDO DO DIREITO

1. D
2. D
3. C
4. B
5. D
6. C
7. C
8. C
9. D
10. C
11. **DISCURSIVA**

ANÁLISE OFICIAL – PADRÃO DE RESPOSTA

O tema proposto comporta diferentes enfoques. Resumidamente, o próprio conceito de direito pode se transformar no objeto da resposta. As sugestões aqui arroladas apresentam apenas parte dos possíveis tópicos a serem explorados:

- Discussão sobre as fontes do direito, especialmente lei e Jurisprudência.
- Exame das relações entre direito e Justiça: a Justiça no caso concreto; a Justiça contra a lei; a Justiça alternativa.
- Análise de figuras da dogmática jurídica, como a adesão ao direito positivo, a completude do ordenamento jurídico e a proibição de denegação de justiça.
- A independência do Juiz e a criatividade jurisprudencial.
- Adequação das decisões judiciais às novas demandas da sociedade: limites do direito positivo, expansão dos poderes do Juiz e hiperjuridificação das relações sociais.

- Debate sobre os métodos de interpretação do direito.
- Compatibilidade ou não das súmulas vinculantes com o ordenamento jurídico brasileiro.
- Relação entre a independência judicial e a democracia.

CONTEÚDO 6 – DIREITO CONSTITUCIONAL

1. B
2. E
3. B
4. B
5. A
6. A
7. B
8. E
9. A
10. C
11. B
12. E
13. C
14. D
15. A
16. B
17. D
18. C
19. B
20. C
21. A
22. C
23. B
24. C
25. E
26. **DISCURSIVA**

ANÁLISE OFICIAL – PADRÃO DE RESPOSTA

É necessário que o estudante aborde o tema da irretroatividade, assim como se refere à vigência da lei no tempo, ao agir de forma compatível com a legalidade da época, à retroatividade benigna e à motivação e à equidade da conduta.

27. **DISCURSIVA**

ANÁLISE OFICIAL – PADRÃO DE RESPOSTA

a) A resposta é negativa. Espera-se seja apresentado, como fundamento principal da resposta, o enquadramento, pela Constituição de 1988 (arts. 1º, 18, 29 e 30), do Município como ente da Federação, gozando de todos os aspectos da autonomia: política, legislativa, administrativa, financeira e, principalmente (novidade do regime de 1988), de auto-organização. A resposta deve conter a idéia de que os entes da Federação não podem alterar, a seu critério, as prerrogativas que lhes são fixadas pela Constituição. Como argumento de reforço, pode-se apontar que a relevância da preservação da Federação no sistema constitucional é evidenciada por dispositivos como art. 34, VII, "c" e art. 60, § 4º, I. (valor: 4,0 pontos)

b) A competência tributária, assim como se passa com as competências constitucionais em geral dos entes da Federação, são indelegáveis, dada a supremacia da Constituição. Essa idéia decorre da manutenção da estrutura e do equilíbrio federativo, decorrentes da Constituição. (valor: 3,0 pontos)

c) Como exemplos, podem ser mencionados os convênios de cooperação e os consórcios públicos, nos termos do art. 241 da Constituição e da Lei nº 11.107/05, lembrando-se que convênios mantém natureza contratual e os consórcios públicos dão origem a pessoas jurídicas distintas dos entes consorciados; pode também ser mencionada a figura tradicional da concessão de serviços públicos, em relação à qual uma pessoa integrante da Administração pública de um ente federativo pode apresentar-se como concessionário de serviço público de titularidade de outro ente; e ainda pode ser lembrada a previsão do parágrafo único do art. 23 da Constituição. (valor: 3,0 pontos)

28. DISCURSIVA

ANÁLISE OFICIAL – PADRÃO DE RESPOSTA

Pontos a serem avaliados:

a) Noção de discriminação positiva; problemática aduzida a respeito; exemplos de discriminação positiva e possíveis soluções.

b) Noção acerca dos princípios da igualdade e da proporcionalidade; relação entre ambos e hipóteses em que o princípio da proporcionalidade pode ser usado para estabelecer a interpretação do princípio da igualdade conforme ilação retirada do texto.

c) Noção do princípio da eqüidade, possibilidade de o juiz decidir por eqüidade e situações em que isto é possível; possibilidade de decisão por eqüidade para aplicação do princípio da igualdade no sentido dado pelo texto, ou para permitir a adoção da discriminação positiva ou afastar discriminação negativa mesmo que fixada em lei.

29. DISCURSIVA

ANÁLISE OFICIAL – PADRÃO DE RESPOSTA

Como pontos prioritários, o graduando poderá analisar a viabilidade jurídica de a CPI:

1) Investigar notícia genérica de corrupção. A Constituição Federal estabelece de modo expresso que as CPIs só podem ser constituídas para apurar fato determinado.
   Portanto, é inconstitucional a criação de CPI para investigar notícias genéricas, que, por óbvio, não constituem fato determinado.

2) Determinar a quebra do sigilo de correspondência e do sigilo de comunicação telefônica dos convocados e a busca e apreensão domiciliar de documentos, independentemente de mandado judicial. O cerne da questão está na compreensão do que sejam poderes de investigação próprios das autoridades judiciais. Como a questão é polêmica, pode o graduando optar por resposta negativa ou positiva, desde que fundamente a opção.

3) Aplicar penalidades administrativo-funcionais. As CPIs, por definição constitucional, são órgãos de investigação, não tendo sido investidas de poder de julgar e aplicar penas de qualquer natureza aos investigados. Assim, a aplicação de penasadministrativo-funcionais depende de regular processo administrativo ou judicial, em que sejam assegurados ao réu as garantias processuais constitucionais.

O exame desses pontos envolve interpretação e aplicação principalmente, dos arts. 58, §3º, e 5º , incisos XI e XII da Constituição Federal.

BATERIA DE QUESTÕES EXTRAS

30. B
31. C
32. C
33. D
34. C
35. D
36. C
37. A
38. D
39. A
40. C
41. C
42. A
43. B
44. A
45. C
46. A
47. B
48. C
49. D
50. D

CONTEÚDO 7 – DIREITO ADMINISTRATIVO

1. D
2. A
3. E
4. D
5. E
6. D
7. B
8. D
9. B
10. A
11. B
12. A
13. B
14. D
15. E
16. C
17. C
18. A
19. B
20. A
21. C
22. B
23. D
24. B
25. A
26. D
27. B

28. DISCURSIVA

ANÁLISE OFICIAL – PADRÃO DE RESPOSTA

A questão formulada envolve Direito Constitucional, Direito Administrativo e Direitos Fundamentais e permite abordagem sob vários ângulos. Dentre esses, são pontos relevantes a serem enfrentados:

- A questão dos limites materiais do Poder de Reforma Constitucional ou das chamadas cláusulas pétreas, especialmente ante o art. 60, § 4º , inciso IV (intocabilidade dos direitos e garantias individuais).

- O sentido, o alcance e a abrangência do direito adquirido (art. 5º, XXXVI).

- Os efeitos de Emenda Constitucional sobre o direito anterior e sobre o direito adquirido na vigência da Constituição ou da legislação anterior.

- A possibilidade de Emenda Constitucional modificar ou restringir direitos de funcionários públicos (no caso, a irredutibilidade de vencimentos e o direito à acumulação de cargos) estabelecidos pelo Poder Constituinte Originário e o alcance de tais modificações com relação às situações funcionais preexistentes.

- A existência, ou não, de direitos adquiridos pelo funcionário, no caso relatado, e a possibilidade de Emenda Constitucional afetar tais direitos adquiridos.

BATERIA DE QUESTÕES EXTRAS

29. C
30. D
31. B
32. C
33. C
34. D
35. A
36. D
37. A
38. B
39. B
40. B
41. C
42. A
43. D
44. C
45. D

CONTEÚDO 8 – DIREITO AMBIENTAL

BATERIA DE QUESTÕES EXTRAS

1. D
2. A
3. D
4. B
5. A
6. B

CONTEÚDO 9 – DIREITO TRIBUTÁRIO

1. A
2. B
3. D
4. E
5. B
6. C
7. B

8. DISCURSIVA

ANÁLISE OFICIAL – PADRÃO DE RESPOSTA

A questão comporta o exame de dois pontos principais: o primeiro relativo a contribuição de melhoria e o segundo sobre a proteção ambiental.

Sobre contribuição de melhoria:

primeiro ponto:

- identificação do correto fato gerador da contribuição. CF, art. 145, III. aprofundamentos:
- valorização imobiliária decorrente de obra pública.
- caracterização da obra em questão como pública, ainda que vinculada à prestação de serviço.
- identificação da valorização imobiliária no caso concreto (represa). Aplicação e interpretação constitucional e legal.

segundo ponto:

- afastamento, como fato gerador da contribuição de melhoria, do fornecimento de energia. CF, art 145, III. aprofundamentos:
- identificação da taxa como tributo adequado para a remuneração de serviços públicos. CF, art 145, II. Interpretação constitucional. terceiro ponto:
- discussão sobre a possibilidade de o Estado ser sujeito passivo da contribuição de melhoria. Interpretação constitucional. aprofundamentos:
- análise da alienabilidade dos bens públicos. CF e interpretação constitucional. aspectos complementares:
- considerações sobre importância e utilidade da contribuição de melhoria.
- análise das formalidades para sua instituição (CTN, art. 82).
- discussão sobre constitucionalidade do limite global de arrecadação (CTN, art. 81).
- outras considerações pertinentes.

Sobre proteção ambiental:

primeiro ponto:

- identificação dos instrumentos específicos de tutela do meio ambiente e sua base constitucional: ação popular e ação civil pública. CF, art 5º, LXXIII e 129, §1º (Interpretação constitucional e legal) aprofundamento:
- discussão sobre principais características de cada instrumento.

segundo ponto:

- identificação do Estado como titular da ação civil pública (Fundamento constitucional e legal). aprofundamentos:
- afastamento do Estado como titular da ação popular.
- análise das conseqüências do provimento da ação civil pública. terceiro ponto:
- identificação do cidadão como titular da ação popular. aprofundamentos:

– afastamento do cidadão como titular da ação civil pública.
– análise das conseqüências do provimento da ação popular.
aspectos complementares:
– identificação da competência comum dos entes federativos para proteção do meio ambiente. CF, art 23, VI.
– indicação de formalidades para a realização de obras, mesmo públicas, com impacto ambiental.

BATERIA DE QUESTÕES EXTRAS

9. B
10. C
11. B
12. A
13. D
14. D
15. D
16. B
17. D
18. D
19. D
20. A

CONTEÚDO 10 – DIREITO CIVIL

1. E
2. B
3. D
4. B
5. D
6. C
7. E
8. C
9. B
10. A
11. D
12. C
13. B
14. A
15. A
16. B
17. C
18. B
19. E
20. B
21. E
22. B
23. A
24. C
25. D
26. B
27. C
28. A
29. A
30. C
31. A
32. C
33. A
34. E

35. DISCURSIVA

ANÁLISE OFICIAL – PADRÃO DE RESPOSTA

a) Sim, porque a obrigação de prestar contas não se confunde com existência de dívida. Aquele que está obrigado a prestar contas pode inclusive ter crédito. A obrigação de prestar contas é própria do contrato de mandato.

b) Sim, porque embora não fossem legitimados para a ação de prestação de contas, que se desenvolve em duas fases, são obrigados pela dívida já apurada enquanto era vivo o obrigado a prestar contas.

c) No que se refere às penas impostas a Antonio, em virtude do princípio da personalidade das penas, elas não serão estendidas aos herdeiros.

BATERIA DE QUESTÕES EXTRAS

36. C
37. D
38. D
39. A
40. B
41. B
42. B
43. C
44. D
45. D
46. C
47. A
48. C
49. D
50. C
51. D
52. A
53. B
54. B
55. B

CONTEÚDO 11 – DIREITO PROCESSUAL CIVIL

1. D
2. C
3. A
4. B
5. A
6. C
7. C
8. E
9. D
10. A
11. E
12. D
13. A
14. B
15. D
16. B
17. A
18. A
19. D
20. D

COLETÂNEA DE QUESTÕES – GABARITO E PADRÃO DE RESPOSTA – 2ª Edição 193

21. A
22. C
23. E
24. E
25. D
26. E
27. DISCURSIVA

ANÁLISE OFICIAL – PADRÃO DE RESPOSTA

a) Sim, porque a obrigação de prestar contas não se confunde com existência de dívida. Aquele que está obrigado a prestar contas pode inclusive ter crédito. A obrigação de prestar contas é própria do contrato de mandato.

b) Sim, porque embora não fossem legitimados para a ação de prestação de contas, que se desenvolve em duas fases, são obrigados pela dívida já apurada enquanto era vivo o obrigado a prestar contas.

c) No que se refere às penas impostas a Antonio, em virtude do princípio da personalidade das penas, elas não serão estendidas aos herdeiros.

BATERIA DE QUESTÕES EXTRAS
28. D
29. B
30. A
31. D
32. A
33. B
34. A
35. C
36. A
37. A
38. B
39. C
40. A
41. B
42. C
43. B
44. B
45. C

CONTEÚDO 12 – DIREITO EMPRESARIAL
1. B
2. B
3. A
4. B
5. A
6. A
7. E
8. B
9. D
10. B
11. D
12. E
13. A
14. E
15. B
16. C

17. D
18. D
19. B
20. DISCURSIVA

ANÁLISE OFICIAL – PADRÃO DE RESPOSTA

a) O contrato de arrendamento mercantil é aquele em que o objeto vem a ser locado com opção de compra pelo locatário, ao cabo de certo prazo.

b) A vinculação é possível, no contrato de leasing, se a entidade financeira obtiver recursos no estrangeiro.

c) A solução possível será a revisão amigável ou judicial do contrato por onerosidade excessiva (art. 6º, V, do Código de Defesa do Consumidor).

21. DISCURSIVA

ANÁLISE OFICIAL – PADRÃO DE RESPOSTA

Pretende-se que os graduandos concluam que:
– O vínculo ao negócio fundamental ou sua ligação com a causa é o que caracteriza a causalidade de um título de crédito.
– A causalidade do título de crédito permite a oposição de exceções baseadas em questões ligadas ao negócio fundamental, mesmo contra quem não tenha dele participado.

22. DISCURSIVA

ANÁLISE OFICIAL – PADRÃO DE RESPOSTA

José tem direito a obter indenizações por danos materiais e morais (súmula 37 do STJ) do dono do estabelecimento, porque, respondendo pelos atos do gerente do estabelecimento (art. 1.521, III, do Código Civil), que é seu empregado, estava obrigado a respeitar o ajustado com o cliente. Do descumprimento deste ajuste, surge a obrigação de indenizar os danos verificados.

O banco não será responsável pela indenização, porque o cheque é uma ordem de pagamento à vista, logo, sendo apresentado e existindo fundos, tem de ser pago (art. 28 da lei uniforme relativa ao cheque).

23. DISCURSIVA

ANÁLISE OFICIAL – PADRÃO DE RESPOSTA

Esta questão envolve conhecimentos das seguintes matérias: Direito Comercial, Direito do Consumidor, Direito Civil e Direito Processual Civil.

No campo do Direito Comercial, deverá conhecer a possibilidade de exclusão do sócio por deliberação majoritária do capital social e obrigatoriedade do registro pela Junta Comercial, salvo quando houver cláusula restritiva, conforme o artigo 35, VI, da Lei 8.934/94.

Quanto ao Direito do Consumidor, o examinando poderá optar por uma de duas soluções: a) se o fabricante da peça for conhecido deste será a responsabilidade (art. 12, do CDC). b) se o fabricante não for identificado ou se a peça tiver sido fornecida sem identificação adequada, responderá a pessoa jurídica e, se não tiver patrimônio suficiente, poderá ser desconsiderada sua personalidade jurídica para que respondam solidariamente os sócios que houverem abusado dos poderes de administração, inclusive o excluído (Arts. 13 e 28 do CDC).

No tocante ao Direito Civil, deverá saber que a solidariedade não se presume, resultando da lei ou da vontade das partes (Art. 896 do Código Civil).

Finalmente, em matéria processual terá de conhecer a regra específica do artigo 88 do CDC, que veda a denunciação da lide no caso de o comerciante vir a ser demandado pelo consumidor.

BATERIA DE QUESTÕES EXTRAS

24. B
25. C
26. C
27. D
28. A
29. C
30. D
31. D
32. A
33. A
34. B
35. B
36. A
37. D

CONTEÚDO 13 – DIREITO DO CONSUMIDOR

1. E
2. E
3. D
4. E
5. DISCURSIVA

ANÁLISE OFICIAL – PADRÃO DE RESPOSTA

Esta questão envolve conhecimentos das seguintes matérias: Direito Comercial, Direito do Consumidor, Direito Civil e Direito Processual Civil.

No campo do Direito Comercial, deverá conhecer a possibilidade de exclusão do sócio por deliberação majoritária do capital social e obrigatoriedade do registro pela Junta Comercial, salvo quando houver cláusula restritiva, conforme o artigo 35, VI, da Lei 8.934/94.

Quanto ao Direito do Consumidor, o examinando poderá optar por uma de duas soluções: a) se o fabricante da peça for conhecido deste será a responsabilidade (art. 12, do CDC). b) se o fabricante não for identificado ou se a peça tiver sido fornecida sem identificação adequada, responderá a pessoa jurídica e, se não tiver patrimônio suficiente, poderá ser desconsiderada sua personalidade jurídica para que respondam solidariamente os sócios que houverem abusado dos poderes de administração, inclusive o excluído (Arts. 13 e 28 do CDC).

No tocante ao Direito Civil, deverá saber que a solidariedade não se presume, resultando da lei ou da vontade das partes (Art. 896 do Código Civil).

Finalmente, em matéria processual terá de conhecer a regra específica do artigo 88 do CDC, que veda a denunciação da lide no caso de o comerciante vir a ser demandado pelo consumidor.

BATERIA DE QUESTÕES EXTRAS

6. D
7. A
8. C
9. B
10. B
11. B

CONTEÚDO 14 – DIREITO PENAL

1. A
2. A
3. B
4. D
5. C
6. A
7. B
8. A
9. B
10. E
11. E
12. E
13. D
14. B
15. E
16. D
17. C
18. C
19. D
20. E
21. D
22. A
23. B
24. C
25. B
26. E
27. DISCURSIVA

ANÁLISE OFICIAL – PADRÃO DE RESPOSTA

Os crimes cometidos por João e pelo fiscal Antonio são, respectivamente, os crimes de corrupção ativa qualificada, (art. 333, parágrafo único, do Código Penal) e de corrupção passiva qualificada (art. 317, § 1º, do Código Penal). Houve continuidade porque foram várias entregas de dinheiro feitas por João para Antonio, aplicando-se, para ambos, o artigo 71 "caput" do Código Penal.

Quanto ao pedido do advogado de João não pode ser aceito porque não se trata de flagrante preparado, mas de flagrante esperado. As doutrina e jurisprudência distinguem bem as duas hipóteses. Há flagrante preparado quando o agente é induzido a praticar o delito com o objetivo de, no momento de sua execução, vir a ser pilhado em flagrante.

Entende-se que, nesse caso, há crime impossível, não sendo cabível a prisão em flagrante. Contudo, na hipótese, a situação era outra, ou seja, tratava-se de flagrante esperado. Neste caso, o próprio agente idealiza a prática delituosa, mas, vindo a polícia a ter conhecimento de que ele pretende cometer o crime, arma um esquema para prendê-lo.

COLETÂNEA DE QUESTÕES – GABARITO E PADRÃO DE RESPOSTA – 2ª Edição   195

Trata-se de prisão regular e legítima.

Sobre a outra alegação, a de que o crime se consumara anteriormente, a resposta seria de que se trata de crime continuado e há, em cada ação, o cometimento de novo crime.

Sendo assim, seria possível a prisão em flagrante no momento em que cada infração está sendo realizada. O efeito do crime continuado ocorre no momento da aplicação da pena. Aplica-se somente a pena de um só dos crimes, se idênticos, ou a mais grave, se diversas, aumentada de um sexto a dois terços.

Outra possível resposta seria a de que inexiste o crime continuado e o recebimento das importâncias configuram exaurimento do crime que já se consumara no dia 10 de março de 1999. É menos aceitável, contudo. Será levada em conta se houver desenvolvimento de boa fundamentação, mostrando o aluno conhecimento jurídico, utilização de raciocínio lógico e capacidade de argumentação.

BATERIA DE QUESTÕES EXTRAS

28. C
29. C
30. C
31. B
32. C
33. D
34. D
35. D
36. B
37. C
38. A
39. C
40. C
41. A
42. B
43. A
44. C
45. D
46. D

CONTEÚDO 15 – DIREITO PROCESSUAL PENAL

1. A
2. E
3. C
4. C
5. D
6. C
7. A
8. B
9. A
10. E
11. C
12. D
13. A
14. E

15. E
16. B
17. B
18. D

19. DISCURSIVA

ANÁLISE OFICIAL – PADRÃO DE RESPOSTA

Sobre os pontos levantados na questão o graduando deverá apresentar as seguintes justificativas: a) O juiz não podia deixar de receber a denúncia por ser incompetente, apenas devia remeter os autos à justiça competente. Estava certo, contudo, quanto à questão da incompetência porque, conforme está assentado na jurisprudência, do Supremo Tribunal Federal inclusive, havendo conexão entre dois crimes, um da competência da Justiça Estadual e outro da Justiça Federal, esta prevalece sobre aquela, julgando os dois crimes. Entende-se que se aplica no caso o artigo 78, IV, do Código de Processo Penal. b) O juiz não podia deixar de receber inteiramente a denúncia porque um dos sócios não podia ser incluído. Devia recebê-la parcialmente, apenas contra o sócio A e o empregado. Estava certo quanto ao fundamento da rejeição, pois, pelos dados do problema, o sócio B, além de ter pequena participação na empresa, só atuava na parte da produção e o empregado que comprou as notas não estava a ele subordinado. c) O juiz não podia deixar de receber a denúncia por erro na classificação, pois os fatos estavam corretamente descritos. Tinha, contudo, razão quanto à melhor classificação. No caso, houve utilização de documentos que os agentes sabiam ser falsos (art. 1º, IV, da Lei 8.137/90). Trata-se de crime mais grave e, assim, prevalece sobre o do art. 2º, I, que tem caráter subsidiário e só incidirá se a prática não corresponder a nenhuma conduta do artigo 1º.

20. DISCURSIVA

ANÁLISE OFICIAL – PADRÃO DE RESPOSTA

A questão relativa à recusa de depor deve ser respondida com base no artigo 206, do Código de Processo Penal. Por esse dispositivo, a regra é a possibilidade de o filho se recusar a depor contra o pai, mas não se admite a recusa "quando não for possível, por outro modo, obter-se ou integrar-se a prova do fato e de suas circunstâncias". É esta a situação do caso.

A condução coercitiva é possível, conforme dispõe o artigo 218, do Código de Processo Penal.

A questão proposta é verificar a orientação que seria dada pelo advogado em caso de a pessoa pretender se calar. O advogado deve indicar as duas possibilidades em face das duas orientações a respeito do assunto. O entendimento prevalente é o de que o filho não comete falso testemunho, por não ser compromissado. A outra orientação admite o falso testemunho ainda quando não seja o depoente compromissado.

BATERIA DE QUESTÕES EXTRAS

21. D
22. A
23. A
24. A
25. C

COLETÂNEA DE QUESTÕES – GABARITO E PADRÃO DE RESPOSTA – 2ª Edição

26. B
27. C
28. C
29. A
30. B
31. C
32. C
33. A
34. D

CONTEÚDO 16 – DIREITO DO TRABALHO

1. D
2. B
3. A
4. C
5. A
6. C
7. C
8. D
9. E
10. B
11. D
12. C
13. D
14. E
15. E
16. B
17. B
18. E
19. B'
20. D
21. A
22. A
23. C
24. D
25. A

26. DISCURSIVA

ANÁLISE OFICIAL – PADRÃO DE RESPOSTA

a) Não, na medida em que o aprendiz é contratado para o ensino de um ofício ou profissão, com carga horária reduzida e condições privilegiadas, possibilitando o exercício do direito à educação que tem, justamente, a qualificação da pessoa para o trabalho como um de seus objetivos.

b) Sim, pois a Constituição Federal (art. 7º, inc. XXXIII) não permite a contratação de menores de dezoito anos para exercerem trabalho noturno, nem atividade insalubre.

c) Configurada a violação, em tese estará configurada a Responsabilidade Internacional do Estado Brasileiro. No entanto, os foros internacionais têm sustentado a necessidade de esgotamento dos recursos internos e, portanto, como o Ministério Público tomou a iniciativa de investigar o caso, a responsabilidade internacional deixa de existir, na medida em que afastada a culpa (na modalidade negligência) do Estado brasileiro.

27. DISCURSIVA

ANÁLISE OFICIAL – PADRÃO DE RESPOSTA

A questão envolve quatro idéias básicas que o graduando deverá desenvolver a fim de obter a nota máxima.

As idéias, pela ordem de importância são:

– O ideal é a eliminação do trabalho insalubre e preservação da saúde do empregado;

– O empregador tem o poder de comando, pois dirige a prestação pessoal de serviços, conforme art. 2º da CLT;

– O pagamento do adicional é forma de onerar o empregador, estimulando-o à eliminação ou redução da insalubridade;

– O uso efetivo do equipamento é essencial para eliminar ou neutralizar a insalubridade.

28. DISCURSIVA

ANÁLISE OFICIAL – PADRÃO DE RESPOSTA

Armando é trabalhador doméstico, pois o sítio é considerado extensão da residência da família Bartô, já que utilizado somente para lazer, não sendo explorado economicamente. (Lei 5.859/72, art. 1º).

Flávio é empregado rural, pois trabalha em prédio rústico (ainda que na zona urbana), com destinação comercial, já que a produção é comercializada. (Lei 5.889/73, arts. 2º e 3º)

Ambos têm direito ao registro do contrato de trabalho, a salário mínimo, férias e 13º salário, na condição de empregados doméstico e rural. (CF, art. 7º e parágrafo único)

Flávio tem direito a horas extras, pois a duração do trabalho semanal ultrapassa as 44 horas fixadas pelo art. 7º, XIII, da CF.

Armando não tem direito a horas extras, pois o benefício não foi assegurado aos domésticos, conforme a CF, art. 7º, parágrafo único e a Lei 5.859/72.

29. DISCURSIVA

ANÁLISE OFICIAL – PADRÃO DE RESPOSTA

O artigo 7º, *caput* da Constituição Federal assegura direitos aos trabalhadores, daí por que seus incisos são interpretados sob a ótica dos destinatários.

O inciso XIV do artigo 7º, ao limitar a jornada a seis horas para os que se submetem a sistema de turnos ininterruptos de revezamento, tem em conta regime de trabalho que provoca maior desgaste ao trabalhador.

Desse modo, a interrupção da jornada pela observância de intervalo para refeição e o respeito ao repouso semanal remunerado não significam inexistência de turnos ininterruptos de revezamento. Este caracteriza-se pelo fato de o empregado prestar serviços em horário diurno e noturno, alternadamente, de forma ininterrupta quanto à mudança de turno, como ocorre no caso em análise.

Antonio, trabalhando oito horas diárias, tem direito às horas extraordinárias pleiteadas, excedentes da jornada de seis horas, na forma do inciso XVI do artigo 7º da Constituição Federal, porque está submetido à regra do artigo 7º, XIV, da Constituição Federal. Nesse sentido aliás, o entendimento do enunciado nº 360 do Tribunal Superior do Trabalho.

30. DISCURSIVA

ANÁLISE OFICIAL – PADRÃO DE RESPOSTA

O art. 469 da CLT veda ao empregador transferir o empregado para localidade diversa daquela que resultar do contrato de trabalho. Excepcionam-se da proibição os exercentes de cargo de confiança e aqueles cujos contratos tenham cláusula implícita ou explícita de transferência, condicionando-se, porém, o ato do empregador à comprovação da real necessidade de serviço. O Tribunal Superior do Trabalho, fixou o entendimento, pelo seu enunciado no 43, no sentido de que se presume abusiva a transferência de que trata o § 1º do art. 469 da CLT, sem comprovação da necessidade do serviço.

Apenas a existência de cláusula contratual expressa de transferência não dispensa o empregador de comprovar a real necessidade do serviço, conforme a lei e a jurisprudência, podendo o empregado recusar licitamente a ordem, se não houver aquela comprovação.

Diante do impacto da transferência, o art. 659, IX, da CLT atribui ao juiz titular da Vara do Trabalho a prerrogativa de conceder medida liminar, até decisão final do processo, em reclamação que vise a tornar sem efeito a transferência. Deverá o empregado ajuizar reclamação trabalhista, postulando a condenação do empregador na obrigação de não o transferir, com pedido de liminar para sustar a ordem.

Concretizada a transferência, que é provisória na hipótese, o empregado terá direito ao adicional de pelo menos 25% dos salários, nos termos do §3º do art. 469 da CLT.

31. DISCURSIVA

ANÁLISE OFICIAL – PADRÃO DE RESPOSTA

Nosso sistema jurídico trabalhista reconhece a representação pelo sindicato de toda a categoria profissional e patronal, conforme o art. 114, § 2º, da Constituição Federal e o art. 611 da CLT. Assim, não obstante o disposto no art. 8º da Constituição Federal, as convenções coletivas de trabalho obrigam todas as empresas e empregados integrantes da categoria dos signatários. Dessa forma, o fato de a empresa não ser filiada ao sindicato e não ter participado da assembléia que definiu as bases da convenção coletiva, não a exime do cumprimento da norma coletiva.

A prerrogativa da negociação coletiva é do sindicato, conforme o art. 513 da CLT, expressamente. O art. 8º, III, da Constituição Federal define como atribuição do sindicato a defesa dos interesses individuais e coletivos da categoria e não só dos associados. Portanto, não tem fundamento jurídico a afirmação da empresa que por não ser filiada ao sindicato e não ter participado da assembléia sindical, não estaria obrigada à concessão do reajuste salarial definido na norma coletiva. O reajuste de 7% é devido. O empregado deverá ingressar com uma ação de cumprimento, nos termos do art. 872, parágrafo único da CLT e Lei nº 8.984/95, perante a Junta de Conciliação e Julgamento.

BATERIA DE QUESTÕES EXTRAS

32. A
33. D
34. A
35. B
36. C
37. C
38. C
39. A
40. D
41. D
42. D
43. B
44. A
45. C
46. D
47. A
48. C
49. C

CONTEÚDO 17 – DIREITO PROCESSUAL DO TRABALHO

1. E
2. E
3. E
4. A
5. B

BATERIA DE QUESTÕES EXTRAS

6. A
7. A
8. B
9. B
10. A
11. A
12. D
13. B
14. B
15. A
16. A
17. A
18. C
19. C
20. C

CONTEÚDO 18 – DIREITO INTERNACIONAL

1. C
2. E
3. D
4. A
5. C

6. DISCURSIVA

ANÁLISE OFICIAL – PADRÃO DE RESPOSTA

a) Não. Embora o ato discriminatório tenha ocorrido. A publicação do anúncio, por si só, não é capaz de configurar a responsabilidade internacional do Estado. É necessário que haja também a omissão do país em condená-lo ou repará-lo, para configurar sua responsabilidade internacional.

b) Apesar da ampla legitimidade ativa do Ministério Público do Trabalho para a defesa dos direitos coletivos dos trabalhadores e para a cessação de atos discriminatórios, no caso em tela a instituição não teria como assegurar a contratação de Ana Letícia, ademais, o Ministério Público do Trabalho, não se confunde com o Ministério Público Federal.

BATERIA DE QUESTÕES EXTRAS

7. A
8. A
9. B
10. C
11. C
12. D

CONTEÚDO 19 – DIREITO HUMANOS

1. C
2. B
3. E
4. A
5. DISCURSIVA

ANÁLISE OFICIAL – PADRÃO DE RESPOSTA

a) Sim, o terrorismo representa uma organização em rede de forças de reação à globalização, na medida em que o desmanchar de tradições, culturas, símbolos e demais representações nacionais são abaladas pelo crescente processo de aproximação dos povos. Neste sentido, o terrorismo não reage à globalização somente por motivos políticos, mas também por motivos culturais, religiosos, econômicos e sociais. Sua reação explosiva contra vítimas anônimas, cujas faces se revelam somente após cada ataque pontual, é a característica mais clara desta luta contra um inimigo também anônimo.

b) Sim, os conflitos existem, na medida que o enrijecimento dos processos de controle de imigração gera tensões nacionais que tornam ambígua a disputa pela inclusão social de imigrantes. Ademais, direitos humanos de primeira geração são cassados dos próprios cidadãos nacionais (direito ao sigilo de correspondência, direito à liberdade de expressão...) em nome da segurança nacional, como mecanismo de contenção da violência e do terrorismo.

BATERIA DE QUESTÕES EXTRAS

6. A
7. C
8. A
9. B
10. A
11. C
12. C
13. C
14. D

CONTEÚDO 20 – DIREITO DA CRIANÇA E DO ADOLESCENTE

1. C

BATERIA DE QUESTÕES EXTRAS

2. D
3. C
4. D
5. D
6. A
7. A

CONTEÚDO 21 – ÉTICA PROFISSIONAL

BATERIA DE QUESTÕES EXTRAS

1. A
2. D
3. B
4. D
5. B
6. B
7. C
8. B
9. D
10. B
11. C
12. B
13. B
14. C
15. B
16. B
17. C
18. D
19. D
20. A
21. D
22. D
23. B
24. C
25. D
26. D
27. D
28. A
29. A
30. B
31. B
32. B
33. C
34. B
35. D
36. B

Impressão e Acabamento